Perspektiven der Gemeinschaftspolitiken in der erweiterten EU

CeGE-Schriften

Center for Globalization and Europeanization of the Economy
Zentrum für Globalisierung und Europäisierung der Wirtschaft
Georg-August-Universität Göttingen

Band 10

PETER LANG
Frankfurt am Main · Berlin · Bern · Bruxelles · New York · Oxford · Wien

Götz Zeddies

Perspektiven der Gemeinschaftspolitiken in der erweiterten EU

PETER LANG
Europäischer Verlag der Wissenschaften

Bibliografische Information Der Deutschen Bibliothek
Die Deutsche Bibliothek verzeichnet diese Publikation in der Deutschen Nationalbibliografie; detaillierte bibliografische Daten sind im Internet über <http://dnb.ddb.de> abrufbar.

Zugl.: Göttingen, Univ., Diss., 2004

D 7
ISSN 1617-741X
ISBN 3-631-53399-3

www.peterlang.de

Vorwort der verantwortlichen Herausgeberin

Während sich in den ersten Jahrzehnten des europäischen Integrationsprozesses stets längere Phasen der Vertiefung mit ebenfalls längeren Phasen der Erweiterung der europäischen Gemeinschaft abwechselten, haben sich im letzten Jahrzehnt die Abstände zwischen Vertiefungs- und Erweiterungsaktivitäten erheblich verkürzt. So wirken EU-Richtlinien und EU-Kompetenzen in immer mehr Politikbereiche hinein, und vor kurzem fand die letzte Erweiterung der ursprünglich für sechs Länder konzipierten Gemeinschaft auf mittlerweile 25 Mitgliedsländer statt. Institutionelle Arrangements und Zielperspektiven, die ursprünglich für die Gemeinschaft von sechs Mitgliedstaaten konzipiert waren, können aber für eine Gemeinschaft von 25 Ländern ihre Funktionsfähigkeit verlieren. Durch die nun vollzogene Osterweiterung der EU wird darüber hinaus die Entscheidungsfindung in der EU aufgrund der zunehmenden Heterogenität der Interessen immer schwieriger. Auch können sich in den einzelnen Politikbereichen unter Umständen eindeutige Richtungsänderungen ergeben, da andere Mehrheiten und Koalitionen nun die Entscheidungen dominieren werden.

Vor diesem Hintergrund ist es das Ziel der vorliegenden Untersuchung, die Einflussfaktoren des Abstimmungsverhaltens der Mitgliedstaaten in den politischen Verhandlungs- und Entscheidungsprozessen der EU zu erfassen, um daraus Rückschlüsse auf die in der erweiterten Union zu erwartenden Interessenverlagerungen ziehen zu können. Dazu wird der europäische Entscheidungsprozess zunächst aus politökonomischer Perspektive analysiert (Kapitel 2). Anschließend werden spieltheoretische Überlegungen zur Abbildung europäischer Entscheidungsprozesse herangezogen (Kapitel 3). In Kapitel 4 werden die ökonomischen Auswirkungen der Osterweiterung dargestellt, anhand derer unterschiedliche Interessenlagen der einzelnen Beitrittsländer und auch der einzelnen bisherigen Mitgliedsländer erfasst werden können. Der entscheidende Schritt wird in Kapitel 5 vollzogen: Aufbauend auf den theoretischen Grundlagen der Kapitel 2 und 3 werden Länder mit ähnlichen politischen Interessen identifiziert, um dann Aussagen über mögliche Länderkoalitionen und einflussreiche Länderblöcke im europäischen Entscheidungsprozess treffen zu können. Als methodisches Instrumentarium wird hierzu die Cluster-Analyse verwendet, mit deren Hilfe die Mitgliedstaaten nach dem Kriterium der Ähnlichkeit ihrer politischen Präferenzen gruppiert, bzw. voneinander abgegrenzt werden und eventuelle Interessenverlagerungen bzw. Veränderungen in den Gemeinschaftspräferenzen empirisch herausgearbeitet werden können. Die Betrachtung konzentriert sich dabei auf spezifische Politikbereiche, wie die Sozialpolitik, die Umweltpolitik, die Agrarpolitik und die Handelspolitik.

Die vorliegende Arbeit ist in das Forschungsprogramm des Centrums für Globalisierung und Europäisierung der Wirtschaft (CeGE) eingebettet. Das CeGE hat sich unter anderem zum Ziel gesetzt, die institutionellen Rahmenbedingungen und die ökonomischen sowie politökonomischen Wirkungsmechanismen des europäischen Integrationsprozesses systematisch zu erforschen, um den Integrationsweg konstruktiv von wissenschaftlicher Seite her zu begleiten. Die hier vorgestellte Analyse trägt mit ihrer sowohl aus wissenschaftlicher Perspektive anspruchsvollen als auch hoch aktuellen Fragestellung und ihren interessanten Ergebnissen wesentlich dazu bei.

Renate Ohr

Inhaltsverzeichnis

Abbildungsverzeichnis

Schaubilder:

Tabellen:

Übersichten:

1. Einleitung

Der Prozess der Europäischen Integration, der zunächst mit der Gründung der Europäischen Gemeinschaft für Kohle und Stahl 1951 noch sektoral beschränkt war, hat sich in den folgenden Jahren über die bereits 1968 realisierte Zollunion bis zur Vollendung des Binnenmarktes Anfang der 90er Jahre und zur Einführung einer Währungsunion hin entwickelt. Neben der vollendeten Marktintegration wurden auch im Bereich der institutionellen Integration Fortschritte erzielt. Vor diesem Hintergrund drängt sich die Frage auf, welche Auswirkungen die Osterweiterung der Europäischen Union auf die weitere Entwicklung des Integrationsprozesses haben wird. Es ist relativ unstrittig, dass durch die mit der Osterweiterung einhergehende zunehmende Heterogenität der Union und die wachsende Mitgliederzahl die Entscheidungsfindung auf europäischer Ebene erschwert wird. Über die strukturellen Unterschiede zwischen den alten EU-Mitgliedern und den Beitrittsländern[1] wurden bisher ebenso viele Untersuchungen angestellt wie über die Veränderung des politischen Einflusses und der Machtposition einzelner Mitgliedstaaten in den EU-Institutionen. Relativ unerforscht sind bisher jedoch die Auswirkungen, die die Osterweiterung auf einzelne EU-Politiken haben wird.

Das Ziel dieser Arbeit soll daher darin bestehen, mit Hilfe empirischer Methoden für einige ausgewählte EU-Politiken Ländergruppen mit ähnlichen politischen Interessenlagen zu identifizieren. Die theoretische Basis für die Interessenwahrnehmung der Mitgliedstaaten auf europäischer Ebene und die zu erwartenden politischen Ergebnisse bilden Elemente der Neuen Politischen Ökonomie sowie der Spieltheorie. Die auf deren Grundlagen zu erwartenden Verhaltensweisen der Vertreter der Mitgliedstaaten in politischen Verhandlungs- und Entscheidungsprozessen lassen, gemeinsam mit den empirisch zu ermittelnden einzelstaatlichen Interessen in einzelnen Politikbereichen,

[1] Im folgenden werden für die zehn neuen EU-Mitglieder zuzüglich der Beitrittsländer Bulgarien und Rumänien der Einfachheit halber durchweg die Begriffe ‚Beitrittsländer' oder

Rückschlüsse auf die in der erweiterten Union zu erwartende Interessenverlagerung zu. Im Rahmen dieser Arbeit soll dabei im folgenden überprüft werden, in welchem Maße sich realwirtschaftliche und strukturelle Unterschiede zwischen einzelnen Ländergruppen innerhalb der erweiterten EU auch in unterschiedlichen politischen Präferenzen niederschlagen. Dazu sollen auch Politikbereiche betrachtet werden, für die auf den ersten Blick nicht unbedingt ein Zusammenhang zwischen den strukturellen Bedingungen und den politischen Interessen zu vermuten ist.

In den folgenden Kapiteln 2 und 3 sollen die theoretischen Grundlagen für die späteren Überlegungen abgehandelt werden. In Kapitel 4 werden die derzeitigen strukturellen Unterschiede zwischen den Mitgliedstaaten der erweiterten EU[2] und die zu erwartenden Auswirkungen der Binnenmarktintegration der mittel- und osteuropäischen Länder auf deren zukünftige Entwicklung aufgezeigt. Ob und in welcher Weise strukturelle Anpassungsprozesse stattfinden, wird in erheblichem Maße durch die außenwirtschaftliche Verflechtung einzelner Mitgliedstaaten bestimmt. Darüber hinaus ist letztere ein Indikator für den einzelstaatlichen Nutzen aus der politischen Integration. Es steht außer Frage, dass den Kosten der politischen Integration, die sich aus den Folgen des Verlustes an einzelstaatlicher Souveränität ergeben, Nutzenzuwächse gegenüberstehen müssen, die die Verlagerung politischer Kompetenzen auf supranationale Ebene aus einzelstaatlicher Sicht dennoch als rational erscheinen lassen. Diese Nutzengewinne, die einzelne Staaten aus einer zunehmenden Harmonisierung der Politiken, der gesetzlichen Regelungen und Normen ziehen können, sind in weiten Teilen positiv korreliert mit dem Integrationsgrad eines Landes in den Gemeinsamen Markt, so dass dieser letztlich auch das Interesse an politischen Absprachen bestimmt.[3] Aus den genannten Gründen werden deshalb im vierten Kapitel empirische Bestandsaufnahmen bezüglich der realwirtschaftlichen und strukturellen Charakteristiken sämtlicher Mitgliedstaaten der erweiterten EU (inklusive Bulgarien und Rumänien) sowie ihrer

---

'Beitrittsstaaten' verwendet. Die Türkei, deren Beitritt derzeit noch nicht feststeht, bleibt unberücksichtigt.

[2] Die ,erweiterte EU' umfasst im folgenden immer auch die Länder Bulgarien und Rumänien.

einzelstaatlichen Perspektiven im erweiterten Gemeinsamen Markt durchgeführt. Darauf aufbauend sollen dann im Kapitel 5 Clusteranalysen für ausgewählte Politikbereiche, in denen die EU mehr oder weniger weitreichende Kompetenzen besitzt, durchgeführt werden, um die Mitgliedstaaten gemäß ihrer politischen Präferenzen zu gruppieren beziehungsweise voneinander abzugrenzen und Aussagen über die Zukunft der politischen Entscheidungsprozesse und die Gemeinschaftspolitiken ableiten zu können.

---

[3] vgl. z.B. MARSH (2000), S. 87

2. Der europäische Entscheidungsprozess aus polit-ökonomischer Perspektive

2.1 Erklärungsansätze der mikroökonomisch determinierten Neuen Politischen Ökonomie

Um Aussagen über die zu erwartenden Positionen der Mitgliedstaaten der erweiterten EU in verschiedenen Politikbereichen treffen zu können, ist zunächst der politische Willensbildungs- und Entscheidungsprozess auf nationaler Ebene als Grundlage für die auf europäischer Ebene artikulierten Präferenzen theoretisch zu untersuchen.

Die theoretischen Grundlagen zur Entwicklung politischer Verhaltensmodelle lassen sich im deutschen Sprachraum unter dem Begriff ‚Neue Politische Ökonomie' subsumieren.[4] Die Neue Politische Ökonomie basiert auf den Überlegungen von *Mitchell*, der einen interdisziplinären Ansatz zur Erklärung politischer Entscheidungen bezüglich der Produktion und Allokation öffentlicher Güter entwickelte und dabei politikwissenschaftliche Theorien mit ökonomischen Methoden und Theorien, wie etwa finanzwissenschaftlichen, wohlfahrtsökonomischen oder spieltheoretischen Ansätzen, verband.[5] Die Neue Politische Ökonomie verwendet hauptsächlich das Instrumentarium der neoklassischen Wirtschaftstheorie, wie etwa den methodologischen Individualismus, das Rationalverhalten sowie das Eigeninteresse als Triebkraft menschlichen Verhaltens zur Erklärung politischer Entscheidungsprozesse. Das Hauptaugenmerk ist dabei auf die gegenseitigen Abhängigkeiten von Wirtschaft und Politik gerichtet.

Der methodologische Individualismus entstammt der sozialwissenschaftlichen Lehre und geht von der Perspektive des Individuums als kleinste und einzige Analyseeinheit aus. Dieser Ansatz erklärt sämtliche sozialen Beziehungen, Strukturen und Prozesse ausschließlich durch Entscheidungen, Handlungen und

---

[4] vgl. FREY (1970), S. 1f.

[5] vgl. MITCHELL (1968), S. 78f.

das Verhalten menschlicher Individuen.[6] Obwohl auch in der mikroökonomischen Theorie Aggregate gebildet werden (etwa zur Ableitung von Marktgleichgewichten), bilden dennoch analytisch immer einzelne, für eine bestimmte Gruppe als repräsentativ angesehene Wirtschaftssubjekte den Untersuchungsgegenstand. Somit werden auch das Verhalten, die Aktionen und die Entscheidungen von Gruppen vollständig durch die Verhaltensweisen einzelner Gruppenmitglieder determiniert. Gruppen stellen somit prinzipiell keine Einheiten dar. Es ist vielmehr entscheidend, wie sich das Verhalten einzelner Individuen innerhalb der Gruppe ändert, wenn die gegebenen Rahmenbedingungen variieren. Dennoch kann das unterstellte ökonomische Rationalverhalten mit dem Ziel der individuellen Nutzenmaximierung implizieren, in gewissem Maße auch das Wohlergehen des engeren oder weiteren Umfeldes in die persönlichen Entscheidungen oder die Entscheidungen eines Kollektivs mit einzubeziehen, sofern das individuelle Wohlergehen vom Wohlergehen anderer Individuen oder Gruppen abhängig ist.[7]

Da die menschlichen Bedürfnisse zu einem gewissen Teil sozial bedingt sind, muss allerdings die gegenseitige Abhängigkeit von individuellen Bedürfnisstrukturen und gesellschaftlichen Beziehungszusammenhängen berücksichtigt werden, um politische Prozesse erklären zu können. Darüber hinaus kann eine Vielzahl der am politischen Prozess beteiligten Akteure nicht als Individuen angesehen werden. Beispiele hierfür wären staatliche Behörden, politische Parteien oder Interessenverbände, sodass der methodologische Individualismus allein ein unzureichender Erklärungsansatz für politische Entscheidungsprozesse wäre.[8]

Dennoch wird mit der Anwendung dieses aus der Mikroökonomie stammenden Ansatzes, entgegen den Annahmen der traditionellen, wohlfahrtsökonomisch geprägten Theorie der Wirtschaftspolitik, das Bild wohlmeinender Politiker zugunsten einer realistischeren Sichtweise aufgegeben, die den politischen Entscheidungsträgern die selbe Verhaltensmaxime unterstellt wie

---

[6] vgl. POPPER (1992), S. 116

[7] vgl. BEHRENDS (2001), S. 5

[8] vgl. HINDESS (1988), S. 5

den Akteuren des privaten Sektors. Somit hat sich durch die Neue Politische Ökonomie die Theorie der Wirtschaftspolitik von einer normativen zu einer positiven Theorie entwickelt. Analog zum ökonomischen Markt lässt sich ein politischer Markt ableiten, auf dem sich auf beiden Marktseiten nutzenmaximierende Akteure befinden. Auf dem politischen Markt tritt auf der Nachfrageseite der nutzenmaximierende Wähler an die Stelle des nutzenmaximierenden Konsumenten, auf der Angebotsseite tritt der stimmenmaximierende politische ‚Unternehmer' an die Stelle des gewinnmaximierenden Produzenten. Dem Tausch von Wirtschaftsgütern gegen Faktorleistungen auf dem ökonomischen Markt entspricht ein Tausch von wirtschafts- und sozialpolitischen Gütern gegen Wählerstimmen auf dem politischen Markt.[9]

Innerhalb der Neuen Politischen Ökonomie existieren nun unterschiedliche Elemente, die jeweils bestimmte Teilaspekte zur Erklärung der Strukturen und Prozesse auf dem politischen Markt in den Vordergrund rücken. An dieser Stelle sollen nun die wichtigsten Elemente der mikroökonomisch determinierten Neuen Politischen Ökonomie betrachtet werden, die einen Beitrag zur Erklärung des (wirtschafts-)politischen Willensbildungs- und Entscheidungsprozesses leisten. Für das vorliegende Untersuchungsziel wäre jedoch prinzipiell die makroökonomisch determinierte Neue Politische Ökonomie, bei der die ökonomisch relevanten Entscheidungen und Handlungen der zu Sektoren oder Aggregaten kumulierten Wirtschaftssubjekte im Mittelpunkt stehen, von Interesse. Innerhalb dieser makroökonomisch fundierten Neuen Politischen Ökonomie existieren zwei verschiedene Ansätze. Beim ersten, mikroökonomisch fundierten Ansatz der Makroökonomie wird wiederum davon ausgegangen, dass die als gesamtwirtschaftlich bezeichneten Zusammenhänge das Aggregat der Handlungen einzelner Wirtschaftssubjekte sind. Damit kann aus den Verhaltensweisen repräsentativer Wirtschaftssubjekte auf das Verhalten sämtlicher Mitglieder eines Aggregats geschlossen werden.[10] Dieser Ansatz soll auch in dieser Arbeit Anwendung finden. Der zweite Ansatz, der die im ersten

[9] vgl. BEHRENDS (1999), S. 179f.
[10] vgl. MONISSEN (1982), S. 29

Ansatz vorherrschende Verallgemeinerung als Trugschluss bezeichnet, verlangt nach einer Trennung der Verhaltensweisen des Einzelnen von den Verhaltensweisen der Gesamtheit.[11] Für die Analyse des politischen Entscheidungsprozesses soll darauf jedoch verzichtet werden.

2.1.1 Die ökonomische Theorie der Demokratie

Unter Verwendung des oben beschriebenen Instrumentariums hat *Downs* ein Modell des politischen Wettbewerbs konstruiert, in dem er das rationale Verhalten mit dem Ziel der Nutzenmaximierung auf politische Akteure (in Form von Regierungen beziehungsweise politischen Parteien) und die Wählerschaft (in Form von Bürgern und Interessengruppen) übertragen hat.[12] Seitens der politischen Parteien liegt das primäre Ziel in der Machtgewinnung beziehungsweise im Machterhalt. Mit dem Erreichen dieses Ziels sind dann automatisch weitere Nutzenzuwächse für die politischen Repräsentanten verbunden, etwa durch zusätzliches Einkommen und Prestige. Der Einfachheit halber wird dabei von der nicht ganz unproblematischen Annahme ausgegangen, dass die Mitglieder politischer Parteien absolut identische und widerspruchsfreie Ziele und Präferenzen verfolgen und somit innerparteiliche Konflikte ausgeschlossen sind. Da die ebenfalls nutzenmaximierenden Wähler ihre Stimme letztlich derjenigen Partei geben werden, von deren politischen Aktivitäten sie sich aufgrund des Parteiprogramms den höchsten individuellen Nutzen versprechen, sind Politiker und Parteien gezwungen, ihr Programm so zu gestalten, dass die Erzielung der erforderlichen Stimmenmehrheit möglich wird. Die politischen Parteien umwerben also gezielt bestimmte Wählergruppen und versprechen diesen Vorteile zu Lasten anderer Gruppen. Die Implementierung einer bestimmten Politik ist somit nur ein sekundäres Ziel nutzenmaximierender politischer Parteien und das politische Programm somit letztlich nur Mittel zum

[11] vgl. RITTENBRUCH (1990), S. 5

[12] vgl. DOWNS (1957), S. 36ff.

Zweck.[13] Das Ziel der Stimmenmaximierung wird faktisch durch die Begünstigung zahlenmäßig überlegener gesellschaftlicher Gruppen erreicht, was eine Tendenz zur Umverteilung von wohlhabenden Minderheiten hin zu gesellschaftlich ärmeren Gruppen zur Folge hat.[14]

Es ist also fraglich, inwieweit das sekundäre Ziel, also die Durchsetzung einer bestimmten Politik, und das primäre Ziel, der Machtgewinn beziehungsweise der Machterhalt, miteinander kompatibel sind. Sofern der Machtgewinn beziehungsweise -erhalt den politischen Akteuren Nutzen stiftet, können sie durchaus bereit sein, von ihrer parteipolitischen Ideologie abzuweichen, um die politische Macht zu sichern. Dies gilt nicht nur generell für Wahlkampfstrategien, sondern insbesondere auch für die anschließende Bildung von Koalitionen zwischen verschiedenen Parteien, sofern dies zur Erreichung einer parlamentarischen Mehrheit erforderlich ist. So werden insbesondere kleinere Parteien, die aufgrund des Machtstrebens ihrer Führung Koalitionen mit großen, mächtigen Parteien eingehen, nur Bruchteile ihres politischen Programms in die Tat umsetzen können. Dies würde im Prinzip die Theorie stützen, dass sich die Politik einer Regierung an den Interessen der Mehrheit der Wählerschaft ausrichtet und die Interessen von Minderheiten, die durch kleine Parteien vertreten werden, untergehen. Inwieweit dies der Fall ist, ist abhängig vom Streben der Politiker nach politischen Ämtern und Macht auf der einen und der Berücksichtigung parteipolitischer Ideologie auf der anderen Seite.[15]

Die vorangegangenen Überlegungen haben jedoch gezeigt, dass die sich letztlich ergebenden Politikrichtungen und die Parteienkonkurrenz in starkem Maße von der Präferenzstruktur der Wählerschaft abhängig sind. Je ähnlicher die Präferenzen der Wählerschaft werden, umso stärker müssen sich auch die Parteiprogramme annähern (sog. Medianwählermodell). Differieren dagegen die Präferenzen der Wählerschaft, werden sich auch unterschiedliche politische Lager bilden, weil in einem solchen Fall Bewegungen der Parteien hin zum Medianwähler weniger Stimmengewinne einbrächten als gleichzeitig an den

---

[13] vgl. DOWNS (1957), S. 28ff.

[14] vgl. DOWNS (1957), S. 198

[15] vgl. KIRCHSTEIGER/PUPPE (1997), S. 312ff.

politischen Rändern Stimmen von Wählern verloren gingen, die die Ideologie der anderen Parteien grundsätzlich ablehnen (sog. Stammwählermodell).[16] Die Unterschiede in den Wählerpräferenzen sind vermutlich abhängig von Faktoren wie Einkommens- und Vermögensverteilung oder Strukturunterschieden innerhalb einer Gebietskörperschaft. Aus diesem Grund kann davon ausgegangen werden, dass mit zunehmender Angleichung regionaler Strukturen innerhalb von Gebietskörperschaften die Wahrscheinlichkeit signifikanter Politikwechsel abnimmt und die langfristige politische Marschrichtung deutlicher erkennbar wird, während im Umkehrschluss bei einer Zunahme regionaler Struktur-, Einkommens-, und Vermögensunterschiede die politische Marschrichtung instabiler werden kann.

Der Vollständigkeit halber müssen diese Überlegungen allerdings noch etwas differenzierter betrachtet werden, da die Anpassung des Programms einer regierenden Partei an die mehrheitlichen Wählerpräferenzen nicht zwingend deren Wiederwahl sichert. Der Opposition stehen zweierlei wesentliche Strategien zur Verfügung, die Wiederwahl der amtierenden Regierung zu verhindern. Für den Fall, dass die Wählerpräferenzen in sämtlichen Politikbereichen eine unimodale Verteilung aufweisen, wäre die Strategie zur Herbeiführung eines Regierungswechsels seitens der Opposition entweder durch eine Annäherung des eigenen Parteiprogramms an das der Regierungspartei möglich. In diesem Fall würden die Wähler ihre Wahlentscheidung anhand eines Vergleichs der Leistungen der amtierenden Regierung mit den Leistungen vorheriger Regierungen treffen. Daneben wäre jedoch eine Strategie denkbar, bei der die Opposition ihr Programm in Einzelfragen gezielt den Interessen von Minderheiten anpasst. Minderheiten, die in einzelnen Politikfeldern stark ausgeprägte Präferenzen haben, werden derjenigen Partei ihre Stimme geben, die sie in diesen einzelnen, für sie wichtigen Politikfeldern angemessen repräsentiert, selbst wenn sich ihre Auffassung in anderen, für sie aber unbedeutenderen Politikfeldern nicht mit der offiziellen Parteilinie deckt. Parteien können auf diese Weise also dadurch, dass sie in verschiedenen politischen Einzelfragen gezielt Minderheiten ansprechen, eine Stimmen-

[16] vgl. HOTELLING (1929), S. 56

mehrheit erzielen, die sie von einer Koalition aus Minderheiten erhalten. Dies verdeutlicht, dass in demokratischen Systemen auch die Interessen von Minderheiten bei politischen Parteien und demnach auch bei amtierenden Regierungen Gehör finden und nicht allein der Mehrheitswille ausschlaggebend sein muss.[17]

Bei dieser Betrachtungsweise ist jedoch kritisch anzumerken, dass, entgegen dem Grundsatz des methodologischen Individualismus, den verschiedenen Akteuren im politischen Prozess ein im Voraus festgelegtes Nutzenkalkül unterstellt wird und keine individuell differenzierte Betrachtung erfolgt. So wird pauschal allen Unternehmern die Gewinnmaximierung, allen Politikern die Stimmenmaximierung, allen Bürokraten die Budgetmaximierung und allen Wählern die Einkommensmaximierung als Verhaltensmaxime unterstellt.[18] Diese Annahmen sollen jedoch im folgenden dennoch getroffen werden, um eine Untersuchung der politischen Prozesse zu ermöglichen.

Die Aussage, dass sich die Politik einer Regierung an den zahlenmäßig überlegenen Wählergruppen ausrichtet wird jedoch auch durch die Tatsache eingeschränkt, dass nicht allein die zahlenmäßige Überlegenheit gesellschaftlicher Gruppen, sondern deren Einfluss auf politische Entscheidungsträger und im gesellschaftlichen Willensbildungsprozess politische Entscheidungen bestimmt. Als Mittler zwischen politischen Parteien und Wählern kommt den Interessengruppen eine entscheidende Bedeutung zu. Aus parteipolitischer Sicht scheint es insbesondere bei divergierenden Wählerpräferenzen rational zu sein, bestimmte Gruppen mit einer politischen Ideologie anzusprechen. Besondere Beachtung finden dabei die in Interessenverbänden organisierten Gruppen, die häufig vorgeben, einen Großteil der Wählerschaft zu repräsentieren. Denn nicht nur aus der Sicht der Politiker ist der einzelne Haushalt oder der einzelne Wähler relativ unbedeutend. Auch der Wähler selbst weiß, dass er mit seiner Stimme einen verschwindend kleinen Einfluss auf den Wahlausgang oder das Handeln der Politiker hat.

---

[17] vgl. DOWNS (1957), S. 55f.
[18] vgl. HINDESS (1988), S. 43

Daraus ergeben sich folgende Konsequenzen: Zum einen ist es aus dem Kosten-Nutzen-Kalkül des Wählers irrational, sich politisch zu informieren und zu engagieren, da aufgrund seines verschwindend geringen individuellen Einflusses auf Wahlergebnisse und Abstimmungsverhalten der Politiker der Grenznutzen zusätzlich beschaffter Informationen über die Parteipolitiken weit hinter den Grenzkosten zusätzlicher Informationsbeschaffung zurückbleibt. Der einzelne Wähler gibt sich somit zumeist mit dem Informationsangebot der Medien und Presseorgane zufrieden. Dies ist jedoch anders bei organisierten Wählergruppen, die durch den Zusammenschluss nicht nur einen relativ großen Stimmenanteil erlangen, sondern auch durch Lobbyismus Einfluss auf politische Entscheidungen nehmen können. Organisierte Gruppen, wie zum Beispiel Branchenverbände, versuchen, die Politik zu Gunsten ihrer Brancheninteressen zu beeinflussen. Ein zusätzlicher Vorteil dieser organisierten Wählerschaft liegt darin, dass sie sich bei der Einflussnahme auf diejenigen Bereiche konzentriert, in denen sie von Berufs wegen bereits gut informiert ist und die Informationskosten entsprechend geringer ausfallen. Die in Interessengruppen organisierten Wähler gelten demnach als Spezialisten und finden mehr Gehör als die unorganisierten Wähler, die relativ schlecht informiert sind, zu verallgemeinern versuchen und über alle Bereiche hinweg Gesamtvergleiche zwischen den Parteien ziehen.[19] Die Determinanten des Einflusses der Interessengruppen im politischen Entscheidungsprozess müssen daher genauer betrachtet werden.

2.1.2 Die ökonomische Theorie der Interessengruppen

Die Grundlagen der ökonomischen Theorie der Gruppen sind auf *Olsons* ‚Theorie kollektiven Handelns' zurückzuführen, die im Kern die Aussage liefert, dass nicht alle Interessen gesellschaftlicher Gruppen gleichermaßen zu politisch

[19] vgl. DOWNS (1957), S. 247ff.

relevanter Interessenartikulierung und –aggregation führen und auch nicht unbedingt das Gemeinwohl fördern.[20]

Das wirtschaftliche Ziel der Interessenverbände besteht in der Maximierung des Anteils am Volkseinkommen der von ihnen repräsentierten gesellschaftlichen Gruppe beziehungsweise in der Sicherung der Einkommensanteile und sonstiger Vorteile ihrer Klientel. Dies wird erreicht über das politische Ziel der Interessenverbände, welches in der Erlangung von Einfluss und Macht in den politischen Entscheidungsprozessen liegt. Dieses politische Ziel stellt das Zwischenziel dar auf dem Weg zur Erreichung der oben genannten wirtschaftlichen Ziele.[21] Die meisten Aktivitäten der ökonomisch orientierten Interessenverbände sind demnach rent-seeking-Aktivitäten, bei denen die Interessenverbände versuchen, sich durch Tauschbeziehungen mit den politischen Parteien vor marktwirtschaftlichem Wettbewerb zu schützen und auf Kosten nicht begünstigter Gruppen ein höheres Einkommen allein durch die Beeinflussung politischer Entscheidungen zu erzielen. Erreicht werden diese Ziele über die Verhinderung oder Verzögerung struktureller oder gesellschaftlicher Veränderungen, als Instrumente werden Regulierungen, Protektionismus durch Zölle oder Quoten, Subventionen oder Transferzahlungen gefordert.[22]

Gesamtwirtschaftlich sind rent-seeking-Aktivitäten mit Wohlfahrtsverlusten verbunden, weil Ressourcen nicht produktiv, sondern für die Beeinflussung politischer Kräfte mit dem Ziel der Umlenkung oder Schaffung künstlicher Renten zu Gunsten von Minderheiten eingesetzt werden. Diese müssen letztlich durch die Allgemeinheit finanziert werden. Weitere Wohlfahrtsverluste entstehen durch Ineffizienzen, deren Ursache in der Verhinderung struktureller Anpassungsprozesse liegt, die sich bei freier Entfaltung der Marktprozesse einstellen würden.[23] Der Nutzen von Interessengruppen ergibt sich also einerseits aus den begünstigenden politischen Maßnahmen abzüglich des Ressourcenaufwandes zur Organisation und zur Beeinflussung des politischen

[20] vgl. OLSON (1965), S. 53f.
[21] vgl. WERNER (1957), S. 103f.
[22] vgl. KRUEGER (1974), S. 291
[23] vgl. FAFCHAMPS/DE JANVRY/SADOULET (1999), S. 5

Entscheidungsprozesses und abzüglich der letztgenannten gesellschaftlichen Wohlfahrtsverluste durch die Beschränkung der strukturellen Anpassungsprozesse. Denn auch die Mitglieder bestimmter Branchenverbände sind, obwohl ihr Hauptziel in der Erhaltung ihrer Branche liegt, langfristig von den negativen Folgen einer solchen Politik betroffen, wenn dadurch das gesamtwirtschaftliche Wachstum, die Produktivitätsentwicklung und das nationale pro Kopf-Einkommen hinter der möglichen Entwicklung zurückbleiben, die Abgabenlast zur Finanzierung politischer Maßnahmen immer weiter ansteigt, negative Anreize entstehen oder die Konsumentenrente durch Protektionismus sinkt.[24]

Die letztgenannten gesamtwirtschaftlichen rent-seeking-Kosten werden jedoch unter gewissen Voraussetzungen umso geringer ausfallen, je mehr Interessengruppen mit unterschiedlichen Zielsetzungen im Wettbewerb stehen. Dies wäre genau dann der Fall, wenn der Wettbewerb zwischen Interessengruppen nicht dazu führt, dass jeder einzelnen organisierten Gruppe politische Zugeständnisse gewährt werden und somit die Regulierungsdichte permanent zunimmt, sondern statt dessen die Begünstigung einzelner Berufsgruppen oder Branchen verhindert. Mit zunehmender Diversifikationsstruktur müsste somit einseitiges Lobbying tendenziell abnehmen.[25]

Wie soeben erwähnt, sind aus der Sicht einzelner Interessengruppen Lobbying-Aktivitäten nur sinnvoll, solange der gewonnene Nutzen aus der Umverteilung mindestens so groß ist wie die entstehenden Kosten der politischen Einflussnahme, der Organisation und die Wohlfahrtsverluste ihrer Mitglieder durch die entstehenden Ineffizienzen.[26] Im Falle der EU können die Anreize für Lobbying-Aktivitäten in gewisser Weise auch dadurch begrenzt werden, dass die Budgetobergrenze zumindest den finanziellen Spielraum der politischen Entscheidungsträger einschränkt. Es hat sich allerdings in der alten EU der 15 Mitgliedstaaten bereits gezeigt, dass der Einfluss verschiedener gesellschaftlicher, berufs- oder branchenspezifischer Gruppierungen auf den politischen Entscheidungsprozess sehr unterschiedlich zu sein scheint, so dass

---

[24] vgl. OLSON (1991), S. 41ff.

[25] vgl. BECKER (1996), S. 163ff.

[26] vgl. BECKER (1983), S. 390

eine Erweiterung der Gemeinschaft um strukturell rückständigere Staaten trotz der damit verbundenen weiter zunehmenden Interessenpluralität zusätzliche Ineffizienzen hervorrufen kann.[27]

Dies kann damit begründet werden, dass die Verteilung des Privatvermögens auf verschiedene Branchen und Sektoren und die Spezifität der Qualifikation des Humankapitals den Zulauf zu Interessengruppen maßgeblich beeinflussen. Je stärker das Vermögen einzelner Haushalte auf bestimmte Branchen oder Sektoren konzentriert ist und je fach- und branchenspezifischer die Qualifikation der Arbeitskräfte ist, umso stärker ist der Anreiz, sich in Branchenverbänden zu organisieren. So ist es empirisch erwiesen, dass Länder mit polarisierten sektoralen Interessen politisch weniger flexibel und weniger anpassungs- und reformfähig sind als Länder mit stärkerer sektoraler Diversifikation. Darüber hinaus kann davon ausgegangen werden, dass Lobbying-Aktivitäten ebenfalls determiniert sind durch das Ausmaß des internationalen Wettbewerbs, dem eine Branche ausgesetzt ist, so dass insbesondere in offenen Volkswirtschaften die Interessenwahrnehmung potenziell stärker ausgeprägt sein müsste als in geschlossenen Volkswirtschaften. Dies wird umso stärker der Fall sein, je weniger wettbewerbsfähig die betreffenden Branchen sind.[28]

Die Kosten von rent-seeking-Aktivitäten sind, neben den eben genauer beschriebenen gesamtwirtschaftlichen Ineffizienzen, abhängig von den ebenfalls bereits erwähnten Kosten der Organisation von Interessengruppen, den Informationskosten und den Beeinflussungskosten des politischen Willensbildungs- und Entscheidungsprozesses. Diese Kosten der Organisation von Interessengruppen werden hauptsächlich von der Gruppengröße bestimmt, auf die im folgenden etwas genauer eingegangen werden soll.[29]

Die treibende Kraft der Interessengruppen ergibt sich aus der Annahme, dass ihre Mitglieder identische Ziele verfolgen. Je homogener die Zielsetzungen von Interessengruppen sind, umso einfacher wird es sein, eine gemeinsame Gruppenstrategie zu formulieren. Würde mit abnehmender Gruppengröße auch

---

[27] vgl. SUTTER (2002), S. 105ff.

[28] vgl. FAFCHAMPS/DE JANVRY/SADOULET (1999), S. 22f.

[29] vgl. TULLOCK (1967), S. 227f.

die Interessenpluralität innerhalb der Gruppe geringer, so würden auch die Organisationsfähigkeit sowie die Effektivität der Gruppenarbeit zunehmen. Am leichtesten organisierbar müssten demzufolge die Interessen bestimmter Status- oder Funktionsgruppen, vergleichsweise schwer organisierbar müssten dagegen die Interessen großer gesellschaftlicher Gruppen wie zum Beispiel der Konsumenten oder der Steuerzahler sein.[30]

In diesem Zusammenhang ergibt sich auch das Problem, dass bei identischen Interessen und Zielen der Gruppenmitglieder durch deren Einflussnahme bereitgestellte politische Leistungen den Charakter gruppenspezifischer Kollektivgüter haben. Entweder steht die politische Maßnahme ausschließlich den Gruppenmitgliedern zur Verfügung und stiftet diesen Nutzen, oder aber sie stiftet sogar auch anderen, Nicht-Mitgliedern mit gleichen Interessen Nutzen. Die Finanzierungskosten der politischen Maßnahme obliegen jedoch in beiden Fällen der gesamten Gesellschaft. Deshalb kann es, nicht nur für gesellschaftliche Individuen, die keiner Interessengruppe angehören, aber aus der Bereitstellung eines politischen Gutes Nutzen ziehen, sondern auch für Gruppenmitglieder rational sein, sich ab einer bestimmten Mitgliederzahl der Interessengruppe nicht persönlich für die Erreichung des Gruppenziels einzusetzen, wenn dies mit individuellen Kosten verbunden ist, obwohl sie dies bei individuellem Handeln tun würden. Dieses abweichende Verhalten würde selektive Anreize erforderlich machen.[31]

Die Wahrscheinlichkeit dieses free-rider-Verhaltens ist aber umso geringer, je kleiner die Gruppe ist, weil dann Einfluss und Bedeutung des einzelnen Mitglieds umso größer werden, und je unterschiedlich stark das Interesse der Gruppenmitglieder an der Bereitstellung des präferierten politischen Gutes ist. Denn in kleinen Gruppen mit unterschiedlich starken Interessen an der Bereitstellung einer politischen Leistung werden diejenigen Mitglieder, die einen relativ großen Nutzen aus der Leistung ziehen, bereit sein, einen überproportionalen Teil der Finanzierungskosten zu tragen. Allerdings kann sich daraus für diejenigen Gruppenmitglieder, die zwar einen Nutzen, allerdings nur

[30] vgl. BEHRENDS (2001), S. 55
[31] vgl. OLSON (1965), S. 33

einen unterdurchschnittlichen Nutzen aus einer gruppenspezifischen politischen Leistung ziehen, wiederum ein Anreiz zum free-rider-Verhalten ergeben.[32]

Die vorangegangenen Ausführungen sollen verdeutlichen, dass politische Entscheidungen, entgegen der These der ökonomischen Theorie der Demokratie, nicht allein am Willen der Mehrheit oder am Willen großer Gruppen der Wählerschaft ausgerichtet sein müssen, sondern die Interessen von Minderheiten im politischen Entscheidungsprozess oft mehr Gehör finden als die Interessen großer, latenter gesellschaftlicher Gruppen, die aufgrund des free-rider-Verhaltens äußerst schwer zu organisieren sind.[33] Die im vorausgegangenen Kapitel abgeleitete Nutzenfunktion der Politiker muss daher etwas modifiziert werden. Zwar ist und bleibt der Machtgewinn beziehungsweise der Machterhalt das oberste Ziel politischer Parteien und ihrer Akteure. Interessengruppen können durch finanzielle oder programmatische Unterstützung einer bestimmten Partei deren Machterhalt oder Machtgewinn fördern. Dies kann etwa durch politische Kampagnen zur Mobilisierung schlecht informierter oder unentschlossener Wähler seitens der Interessengruppen erfolgen. Der Nutzen einer politischer Partei oder einer Regierung in Form des Machtgewinns beziehungsweise des Machterhalts ist letztlich abhängig von der politischen Unterstützung, die die Partei oder die Regierung erhält. Es ist dabei jedoch nicht gesagt, dass mit der Maximierung der politischen Unterstützung auch eine Maximierung der gesamtgesellschaftlichen Wohlfahrt einhergeht, da, abgesehen von der Problematik der Definition und der Realisierung der gesamtgesellschaftlichen Wohlfahrt, die politische Unterstützung, die eine Partei oder eine Regierung erhält, eben nur zu einem Teil von der von ihr proklamierten Maximierung der nationalen Wohlfahrt, zum anderen Teil aber von Wahlkampfhilfen für die Partei von Seiten der Interessengruppen abhängig ist.[34]

Die Voraussetzung für die im vorangegangenen Abschnitt ausgeführten Einflussmöglichkeiten von Interessengruppen wäre jedoch, dass sie über

[32] vgl. OLSON (1965), S. 36

[33] vgl. OLSON (1965), S. 22ff.

[34] vgl. GROSSMAN/HELPMAN (2002), S. 112f.

ausreichend Ressourcen verfügen, um politischen Einfluss ausüben zu können, und dass sich ausreichend große Teile der Wählerschaft mit ihnen identifizieren. Dies lässt den Schluss zu, dass der Einfluss von Interessengruppen mit wachsender Klientel zunimmt. Vor allem für diejenigen Interessengruppen, die äußerst spezifische Partikularinteressen vertreten und die vermutlich nicht in der Lage sind, in nennenswertem Umfang Wähler zu mobilisieren, böte sich die Alternative, ihre Interessen über den bürokratischen Apparat durchzusetzen.[35]

Obwohl gemäß der ökonomischen Theorie der Interessengruppen insbesondere kleine gesellschaftliche Gruppierungen organisationsfähig sind, stehen die gewonnenen Erkenntnisse dennoch nicht grundsätzlich in Konflikt mit der ökonomischen Theorie der Demokratie. Nach letzterer Theorie wäre im politischen Entscheidungsprozess zur Beeinflussung politischer Entscheidungsträger eine gewisse Marktmacht der Interessengruppen erforderlich, um sich Gehör zu verschaffen, die eher größere Gruppierungen besitzen. Vertritt jedoch ein relativ kleiner Interessenverband in einer Marktwirtschaft einen Monopolisten, ein Kartell oder einen Oligopolisten, so ist der Verband in der Lage, durch seine Aktionen neben den eigenen Mitgliedern und Nicht-Mitgliedern mit gleichen Interessen auch Wählerkreise zu beeinflussen, die als Abnehmer oder Lieferanten der von seinen Mitgliedern angebotenen Waren oder Dienstleistungen auftreten. Dieses Störpotenzial bietet die Möglichkeit der Beeinflussung politischer Parteien und vor allem der Regierungen, weil die Bevölkerung aufgrund mangelnder Kenntnis dazu neigt, die Regierungspolitik für derartige Entwicklungen verantwortlich zu machen.[36] Im politischen Entscheidungsprozess besitzen daher neben den großen Wählergruppen auch branchenspezifische Interessenverbände sehr wohl die Fähigkeit und Macht zum Handeln. Diese ist jedoch latent vorhanden und muss gegebenenfalls mittels selektiver Anreize, die unterschiedlich auf die einzelnen Gruppenmitglieder wirken, mobilisiert werden. Diese Anreize können entweder positiver Art als Belohnung, z.B. in Form von individuellen Güter- oder Geldleistungen, oder

[35] vgl. VAN WINDEN (1999), S. 8
[36] vgl. BERNHOLZ/BREYER (1994), S. 170

negativer Art in Form von Zwangsmaßnahmen, etwa die Industrie- und Handelskammerpflichtmitgliedschaft, sein.[37]

Die Marktmacht von Interessengruppen kann jedoch nicht als Fixum betrachtet werden. Insbesondere diejenigen Interessengruppen, die populäre Ziele verfolgen, haben das Potenzial, Mehrheiten zu mobilisieren. So wäre es denkbar, dass in Fragen von allgemeinem Interesse, wie zum Beispiel aus dem gesundheits- oder umweltpolitischen Bereich, die Wählerschaft relativ sensibilisiert und beeinflussbar ist.[38]

Es bleibt also festzuhalten, dass die Marktmacht beziehungsweise das wirtschaftspolitische Einflusspotenzial von Interessengruppen positiv korreliert ist mit der Homogenität der Gruppen, der Mobilisierungsfähigkeit von Nicht-Mitgliedern, dem Zugang zu Massenmedien oder der Finanzkraft. Eine weitere wesentliche Determinante der Marktmacht ist die Konfliktfähigkeit von Interessen: Die Interessen müssen nicht nur organisierbar, sondern gleichermaßen auch konfliktfähig sein. Sofern Interessengruppen in der Lage sind, gesamtwirtschaftliche Prozesse zu stören oder Leistungen zu verweigern und damit das Wohlergehen anderer negativ zu beeinflussen, besitzen sie politischen Einfluss.[39] Aufgrund dieses Machtpotenzials sind Interessengruppen in der Lage, parteipolitische Programme zu beeinflussen und sie mitzugestalten, während nicht-organisierte, einzelne Individuen im politischen Prozess lediglich als Wähler auftreten und über alternative parteipolitische Konzepte abstimmen.[40]

Die Erkenntnisse der ökonomischen Theorie der Interessengruppen liefern somit einen Beitrag zur Erklärung wirtschafts- und strukturpolitischer Entscheidungsmuster, beispielsweise weshalb große Gruppen, wie die Konsumenten, die Steuerzahler oder Rentner, trotz gemeinsamer Interessen oft wenig organisiert sind und einen vergleichsweise geringen Einfluss haben auf politische Entscheidungsprozesse oder warum hauptsächlich Interessenverbände mit relativ geringer Mitgliederzahl, wie etwa die Produzentenverbände, ihre Interessen durchsetzen können. In bezug auf die politischen

[37] vgl. OLSON (1965), S. 132f.
[38] vgl. BECKER (1983), S. 393f.
[39] vgl. OFFE (1969), S. 167ff.

Entscheidungsprozesse in der Europäischen Union liefert die Interessengruppentheorie nicht nur Erkenntnisse über die Einflussmöglichkeiten einzelner Branchenverbände oder Berufsgruppen, sondern auch für Gruppenphänomene in den politischen Institutionen der EU, zum Beispiel in bezug auf selektive Anreize, die Homogenität oder die Gruppengröße zur Organisation von Mehrheiten.

In der EU sind die relevanten Interessenverbände, die auf nationalen oder regionalen Ebenen tätig sind, im allgemeinen auch auf der Gemeinschaftsebene in den dortigen sektoralen Organisationen anzutreffen. Somit kann davon ausgegangen werden, dass die Interessenverbände zum einen auf nationaler Ebene ihren Einfluss auf die Politik geltend machen, der sich dann in der Interessenwahrnehmung der Ländervertreter in den EU-Institutionen wiederfindet, hauptsächlich in Rat und Parlament, und zum anderen auch auf europäischer Ebene direkten Einfluss auf die EU-Institutionen nehmen. Dies betrifft neben dem Parlament die Ausschüsse und die Generaldirektionen, die sich aus Vertretern der Mitgliedstaaten zusammensetzen.[41]

Neben dieser Nachfrageseite nach politischen Leistungen müssen aber auch die Verhaltensmuster der Anbieterseite betrachtet werden, um genauere Aussagen über den politischen Entscheidungsprozess treffen zu können.

2.1.3 Die ökonomische Theorie der Bürokratie

In den vorangegangenen Überlegungen wurden in den polit-ökonomischen Modellen als Akteure auf der Anbieterseite des Marktes für politische Leistungen lediglich Regierungen und politische Parteien berücksichtigt. Bei der Vorbereitung und Durchführung wirtschaftspolitischer Maßnahmen und bei der Bereitstellung politischer Güter kommt jedoch der staatlichen Bürokratie eine große Bedeutung zu. Die Institutionen der staatlichen Bürokratie, in diesem Zusammenhang vor allem die Generaldirektionen, Ausschüsse, Kommissionen

---

[40] vgl. GROSSMAN/HELPMAN (2002), S. 145

[41] vgl. DE BENEDICTIS/PADOAN (1991), S. 12ff.

auf der übergeordneten europäischen Ebene sowie die korrespondierenden Fachressorts und Behörden auf nationaler Ebene, verfügen in der Regel über ein Monopol bei der Bereitstellung bestimmter staatlicher Leistungen. Ebenso wie Politikern und Parteien kann auch den Bürokraten nutzenmaximierendes Verhalten unterstellt werden. Diese Nutzenmaximierung der staatlichen Bürokratie kann jedoch mit Ineffizienzen bei der Bereitstellung politischer Güter verbunden sein. Im Rahmen der Bürokratietheorie wird auf dieses Effizienzproblem im Rahmen eines Prinzipal-Agenten-Ansatzes zwischen Politikern und Bürokraten eingegangen. Im hier vorliegenden Zusammenhang ist dabei von Interesse, ob und wie der bürokratische Apparat politische Entscheidungen beeinflussen kann, die Probleme bei der Umsetzung bereits getroffener politischer Beschlüsse sind dagegen irrelevant.

Es kann davon ausgegangen werden, dass der Nutzen, dessen Maximierung die Bürokraten anstreben, positiv korreliert ist mit Macht, Reputation, ihrem Gehalt und den Beförderungschancen. Diese Ziele ließen sich einerseits durch Budgetmaximierung erreichen.[42] Da aber staatlichen Budgets in der Regel Grenzen gesetzt sind, wäre die Erhöhung der Budgets einzelner Ressorts nur auf Kosten anderer Ressorts möglich und würde Konflikte heraufbeschwören, die die Autonomie und die Handlungsfähigkeit bürokratischer Institutionen gefährden würden.[43] Darüber hinaus sind die Mitglieder des staatlichen Apparates, im Gegensatz zu Politikern, größtenteils Experten, die eher auf der Basis professioneller Kriterien und sachlicher Erkenntnisse handeln und entscheiden. Aus diesen Gründen ist es in Bürokratien wahrscheinlicher, dass diese bestrebt sind, anstelle der Budgetmaximierung sich selbst zu erhalten und ihren Status, ihre Kompetenzen, ihre Funktionsbereiche und ihren Mitarbeiterstab zu sichern. Auch dadurch ließen sich die genannten individuellen Ziele der Bürokraten erreichen. Natürlich ist dabei das Budget staatlicher Bürokratien nicht unerheblich, es bildet jedoch nicht mehr das Ziel, sondern eine Ressource auf dem Weg zur Zielerreichung.[44]

---

[42] vgl. NISKANEN (1971), S. 12

[43] vgl. DOWNS (1966), S. 27

[44] vgl. LEHNER (1981), S. 132

Dem kann jedoch entgegen gebracht werden, dass das Expertenwissen, über welches die Politiker und Parlamentarier nicht verfügen, den Bürokraten Budgetausweitungen ermöglicht. Dies kann einerseits dadurch geschehen, dass Bürokraten den Politikern und Parlamentariern die Notwendigkeit bestimmter politischer Leistungen ihrer ‚Büros' relativ unschwer glaubhaft machen können, vor allem aber dadurch, dass sie die bei der Produktion politischer Güter anfallenden Kosten, die für Politiker und Parlamentarier nicht abschätzbar sind, zu hoch ansetzen.[45] Als zweite wichtige Ressource tritt neben das Budget die Kompetenz der Regulation, also die Möglichkeit, sozioökonomisches Verhalten oder das Verhalten anderer Bürokratien durch Normen zu steuern. Da diese Kompetenz aber dem Parlament oder den Politikern obliegt, können Bürokratien nur in dem Maße die Gesetzgebung in ihrem Sinne beeinflussen, wie es ihnen gelingt, eine ausreichende politische Unterstützung zu mobilisieren. Sie sind also faktisch von Politikern und Interessengruppen abhängig. Bürokratische Institutionen neigen also vor allem dann, wenn sie über ausreichend Einfluss und Rückhalt bei bestimmten organisierten gesellschaftlichen Gruppen verfügen, zur Resistenz gegen Verringerungen ihres Ressourcenrahmens oder der Zahl, Breite und Wichtigkeit ihrer Funktionen.[46]

Die Größe und die Komplexität der staatlichen Aufgaben und der Umwelt machen eine organisatorische Differenzierung der Staatsbürokratie erforderlich. Dies bewirkt nicht nur eine funktionale Spezialisierung der einzelnen ‚Büros', sondern hat darüber hinaus die Herausbildung spezifischer Zielsysteme, Handlungsbedingungen, professioneller Maßstäbe und Ideologien für die verschiedenen ‚Büros' zur Folge. Die verschiedenen Büros würden damit eigene Identitäten entwickeln, die zwar ihre internen Funktionsfähigkeiten erhöhen, die Zusammenarbeit untereinander aber eher erschweren und Konfliktpotenzial erzeugen. Da die einzelnen Büros aber, wie schon erwähnt, auf Konfliktvermeidung bedacht sind, versuchen sie, sich jeweils ein eigenes Territorium zu schaffen, in dem sie weitgehend autonom handeln können. (Ressort-)übergreifende Problemzusammenhänge werden dabei zumeist

---

[45] vgl. NISKANEN (1971), S. 46

[46] vgl. LEHNER (1981), S. 113ff.

vernachlässigt, was Externalitäten und Ineffizienzen verursacht. Dies wird dadurch weiter verstärkt, dass Sonderinteressen bei starker Segmentierung der Bürokratie günstige Einflusschancen erhalten und somit organisierte Interessengruppen gestärkt werden.[47]

Somit lässt sich festhalten, dass das Handeln der Bürokratie wesentlich bestimmt wird durch die Vorgaben der politischen Leitungsebene und den Zwang zur parlamentarischen Zustimmung zu den bürokratischen Entscheidungen. Jedoch sind nicht nur Parlamentarier, sondern auch Bürokraten abhängig von Interessengruppen. Sowohl die Durchsetzung ihrer Vorstellungen als auch der Fortbestand von Ressorts ist in starkem Maße abhängig von der jeweiligen Klientel, woraus eine starke Klientel-Orientierung der Bürokratie resultiert.[48] Wie bereits in der ökonomischen Theorie der Interessengruppen deutlich wurde, sind es vor allem kleine, homogene, branchenorientierte Gruppierungen, die von speziell auf ihre Bedürfnisse ausgerichteten Regulierungen profitieren. Zur Befriedigung der Interessen einzelner Gruppierungen bietet es sich aus der Sicht der Politiker sogar an, spezifische ‚Büros' einzurichten.[49] Die Tatsache, dass diese mit Experten besetzt sind, die aufgrund ihres Fachwissens über einen Informationsvorsprung gegenüber den Prinzipalen, den Politikern, verfügen, verleiht der staatlichen Bürokratie zusätzliche Macht. Der Tatbestand, dass Gesetzesvorlagen nicht von gewählten Politikern oder Parlamentariern, sondern, im Falle der EU, in den Generaldirektionen ausgearbeitet werden, deutet auf einen erheblichen Einfluss der Bürokratie auf den Gesetzgebungsprozess hin.

Wie jedoch ebenfalls in der ökonomischen Theorie der Interessengruppen deutlich wurde, können auch relativ große, heterogene gesellschaftliche Gruppen erheblichen Einfluss haben, wenn es Interessengruppen gelingt, deren Meinungsbildung zu beeinflussen. Insbesondere die Annahme, dass Wähler vollständig informiert sind und sich auf der Grundlage dieser Informationen

[47] vgl. LEHNER (1981), S. 125f.
[48] vgl. LEHNER (1981), S. 128f.
[49] vgl. STIGLER (1971), S. 17

rational verhalten, ist fragwürdig.[50] Zudem muss berücksichtigt werden, dass in der traditionellen Interessengruppentheorie zumeist davon ausgegangen wird, dass der Nutzen politischer Maßnahmen ausschließlich einer bestimmten Gruppe zukommt, während die Kosten von der Allgemeinheit getragen werden. Sofern diese Konstellation Gültigkeit besitzt, besteht eine relativ starke wechselseitige Abhängigkeit zwischen öffentlichen Institutionen und den von ihnen begünstigten Gruppen. In diesem Fall wären die Kosten der staatlichen Maßnahmen aufgrund der breiten Streuung pro Kopf so niedrig, dass aus der Sicht der Allgemeinheit die Anreize, sich den Nutznießern der staatlichen Maßnahmen entgegen zu stellen, relativ gering sind. Die Folge dieser Konstellation wäre eine ausgeprägte Klientelpolitik. Wenn jedoch neben den Kosten auch der Nutzen staatlicher Politik relativ breit auf die Bevölkerung verteilt ist und wenn demzufolge keine definierbaren gesellschaftlichen Gruppierungen existieren, die politische eindeutig bevorzugt behandelt werden, sind auch die Anreize, sich zu organisieren geringer. Infolge dessen ist auch der Einfluss von Interessengruppen entsprechend geringer und folglich auch die wechselseitige Abhängigkeit zwischen öffentlichen Institutionen und den Begünstigten.[51] Somit liefert der Einfluss der Bürokratie auf den politischen Willensbildungs- und Entscheidungsprozess keine neuen Erkenntnisse, es wird lediglich aufgrund der Klientel-Orientierung insbesondere durch eine segmentierte Bürokratie, wie sie in der Europäischen Union anzutreffen ist, der Einfluss organisierter Interessen auf die Politik steigen.

2.1.4 Die ökonomische Theorie der politischen Organisation

Während bei den bisher behandelten Ansätzen der Neuen Politischen Ökonomie auf der Anbieterseite des Marktes für politische Leistungen einzelne Politiker, Bürokraten, Regierungen oder Parteien betrachtet wurden, wurde die Tatsache, dass für die Bereitstellung von Gruppen- oder Kollektivgütern zumeist

---

[50] vgl. MOE (1980), S. 3

[51] vgl. WILSON (1980), S. 368f.

komplexe Organisationen erforderlich sind, außer Acht gelassen. Die ökonomischen Theorien der Demokratie und der Interessengruppen dienten vor allem der Erklärung politischer Willensbildungs- und Entscheidungsprozesse auf nationaler Ebene, die das Verhandlungs- und Abstimmungsverhalten nationaler Politiker auf der EU-Ebene determinieren. Die ökonomische Theorie der Bürokratie ist sowohl für die nationale Ebene als auch für die Bürokratie auf EU-Ebene relevant. Die ökonomische Theorie der politischen Organisation von *Wilson* widmet sich u.a. den Problemen, die mit der Entscheidung über und der Schaffung von Anreizen für bestehende oder potenzielle Mitglieder von Organisationen verbunden sind. Ein Mangel an derartigen Anreizen kann den Fortbestand einer Organisation gefährden. Die genannten Probleme können dadurch zustande kommen, dass der Entscheidungsfindungs- und Bereitstellungsprozess derartiger Anreize, etwa in Form von Gruppen- oder Kollektivgütern, in der Regel nicht von einzelnen Personen, sondern durch Interaktionen zwischen mehreren Personen oder Personengruppen beziehungsweise von einer Führungsschicht vollzogen wird.[52] In der EU besteht diese Führungsschicht, die für die Entscheidungen über die Produktion und Bereitstellung der hier zu analysierenden politischen Güter im Rahmen der Gemeinschaftspolitiken verantwortlich ist, im wesentlichen aus EU-Bürokraten, nationalen Regierungschefs oder Ministern, EU-Parlamentariern, Mitgliedern der Ausschüsse, Generaldirektionen und der Kommission. Mittels der ökonomischen Theorie der politischen Organisation soll somit der Übergang von der nationalen auf die europäische Ebene vollzogen werden.

Im Rahmen der mikroökonomisch determinierten Neuen Politischen Ökonomie findet die ökonomische Theorie der politischen Organisation in ihrer ursprünglichen Form Anwendung auf organisierte gesellschaftliche Gruppen (z.B. Gewerkschaften, Großunternehmen etc.). Im Gegensatz zur ökonomischen Theorie der Interessengruppen, bei der vornehmlich das Außenverhältnis organisierter Gruppen analysiert wird (hauptsächlich die rent-seeking-Aktivitäten), rückt bei der ökonomischen Theorie der politischen Organisation die Frage nach der optimalen inneren Struktur und Größe organisierter Gruppen

[52] vgl. WILSON (1973), S. 13f.

stärker in den Mittelpunkt. Im Vergleich zur Interessengruppentheorie werden verstärkt heterogene Interessen der Gruppenmitglieder sowie die in der Interessengruppentheorie zwar berücksichtigte, aber nicht näher analysierte Eigennutzenfalle beziehungsweise free-rider-Problematik und deren Konsequenzen für die Leitungsebene von Organisationen betrachtet.[53] Die Entscheidungsträger innerhalb von Organisationen müssen, sofern sie die Unterstützung der Organisationsmitglieder erhalten wollen, deren unterschiedliche Interessen bei ihren Entscheidungen berücksichtigen.[54] Obwohl die ökonomische Theorie der politischen Organisation mikroökonomisch fundiert ist und ursprünglich Anwendung auf Unternehmen, Gewerkschaften oder Interessengruppen fand, liefert sie dennoch allgemeingültige Erkenntnisse, die auch für größere Aggregate, wie etwa Gebietskörperschaften, zutreffen.

2.1.4.1 Die Politische Organisation

Neben das in der Interessengruppentheorie unterstellte primäre Ziel der Förderung der wirtschaftlichen Interessen der Verbandsmitglieder tritt in der ökonomischen Theorie der politischen Organisation ein weiteres Ziel, welches eigentlich die unabdingbare Voraussetzung zur Förderung der Mitgliederinteressen ist: Die Selbsterhaltung von Organisationen. Im Mittelpunkt steht also das Problem der Leitungsebene von Organisationen, den verschiedenen heterogenen Interessen der Organisationsmitglieder Rechnung zu tragen.[55] Unter ‚Organisation' kann ein soziales System mit zweckorientierter, zielgerichteter, zentraler Steuerung verstanden werden, im Gegensatz zum Markt, der ein soziales System ohne zentrale, sondern mit spontaner Steuerung ist.[56] Fraglich ist allerdings in diesem Zusammenhang, inwieweit das soziale System einer Gebietskörperschaft als Markt oder als ‚Organisation' bezeichnet werden kann. Im Rahmen der Neuen Politischen Ökonomie werden in bezug auf das

[53] vgl. WILSON (1973), S. 12
[54] vgl. OLSEN (1991), S. 90
[55] vgl. WILSON (1973), S. 9f.

Regierungssystem vielfach Marktmechanismen unterstellt, so etwa bei dem bereits geschilderten Parteienverhalten oder bei Wahlprozessen. In bezug auf das Entscheidungsverhalten von Regierungen und staatlichen Institutionen gewinnt jedoch das Organisationskonzept zunehmend an Bedeutung.[57]

Im Falle der Europäischen Union muss zur Durchsetzung bestimmter politischer Beschlüsse bei der Abstimmung in den gesetzgebenden Organen der EU stets eine erforderliche Mehrheit organisiert werden. Dabei besteht eine ähnliche Problematik wie bei den Interessengruppen: Da die bereitgestellten, politischen Güter Kollektivgutcharakter haben, wird die Bereitschaft einzelner Mitglieder der Gemeinschaft, in diesem Fall also einzelner Staaten, zur Beteiligung an den Bereitstellungskosten relativ gering sein. Dies ist dann der Fall, wenn die Mitglieder relativ homogen sind und homogene Interessen verfolgen und somit von der Bereitstellung eines politischen Gutes gleichermaßen profitieren. In einem solchen Fall wäre dann zwar latent eine Präferenz für ein politisches Gut vorhanden, problematisch wäre jedoch die Einigung über die Lastenverteilung. Ebenso wie bei den Interessengruppen, wird sich diese Problematik mit zunehmender Größe des Kollektivs verschärfen. Je größer ein Kollektiv wird, umso geringer werden die Auswirkungen der Verweigerung einer angemessenen Beitragszahlung auf die insgesamt erzeugte Gütermenge sein. Die Lösung des Dilemmas liegt in der Bereitstellung selektiver Anreize, etwa in der Bereitstellung zusätzlicher individueller Güter, von deren Konsum diejenigen Mitglieder, die keinen Beitrag zur Bereitstellung des Kollektivgutes leisten, ausgeschlossen werden können.[58]

Von wesentlich größerem Interesse ist in diesem Zusammenhang jedoch der Fall heterogener Präferenzen, da hier schon die Organisation von Mehrheiten ein Problem bildet. Auch hier wäre vor der Abstimmung über die ‚Produktion' politischer Güter zunächst eine ‚Produktion' von Anreizen erforderlich, die einen mehrheitlichen Beschluss zur ‚Produktion' der politischen Güter erst ermöglicht. Diese Anreize können einerseits materieller Art sein, andererseits

---

[56] vgl. ETZIONI (1967), S. 12
[57] vgl. LEHNER (1981), S. 77f.
[58] vgl. LEHNER (1981), S. 79ff.

aber auch immateriellen Charakter haben in der Form von Prestige, Machtzuwächsen durch die Zugehörigkeit zu einer einflussreichen Ländergruppe oder in der Form politischer Zugeständnisse. Auf der Ebene der politischen Organisation von Gebietskörperschaften, welcher im Gesetzgebungs- und Entscheidungsprozess der Europäischen Union die größte Bedeutung hat, kommt den materiellen Anreizen besonderes Gewicht zu. Diese weisen naturgemäß auch die vergleichsweise höchsten Kosten der Anreizbeschaffung auf, die im Prinzip nur finanzkräftige Organisationen aufbringen können. Das Verhalten von Gruppenmitgliedern beziehungsweise deren Bereitschaft, Beiträge zur Durchsetzung von Gruppenzielen zu leisten, lässt sich umso eher beeinflussen, je exklusiver die Anreize sind. Auch dies unterstreicht nochmals die Bedeutung materieller Anreize: Immaterielle Anreize verlieren einerseits bei großzügiger Verteilung schnell ihre Geltung und können andererseits Kontroversen um Macht und Status hervorrufen.[59]

In bezug auf die Entscheidungsprozesse in der EU wären danach zweierlei Tendenzen möglich: Zum einen könnten diejenigen Mitglieder mit höherem sozialen Status (in diesem Fall Macht durch Stimmenanteile und Stimmengewicht in den gesetzgebenden Organen und höherem finanziellen Ressourcenpotenzial) versuchen, das Verhalten von Mitgliedern mit geringerem sozialen Status mittels materieller Anreize zu kontrollieren. Es würde sich eine bestimmte Führungsgruppe herausbilden, die bestrebt ist, jegliche Konkurrenz zu unterbinden und eine Monopolstellung einzunehmen. Dadurch würden die Einflussmöglichkeiten kleinerer Mitglieder auf die Organisationsentscheidungen eingeschränkt. Gefördert würde eine solche Entwicklung durch bestehende Unterschiede zwischen den einzelnen Mitgliedern im sozialen Status oder durch gezielte und differenzierte Einsatzmöglichkeit selektiver Anreize für diejenigen Mitglieder, die für die Organisation wichtig sind.[60] Zum anderen bestünde die Möglichkeit, dass sich vor allem weniger einflussreiche Mitglieder zusammenschließen um eine Gegenmacht zu den einflussreichen Mitgliedern zu bilden. Denn inwieweit es den einflussreichen Mitgliedern gelingt, weniger einfluss-

[59] vgl. WILSON (1973), S. 33ff.
[60] vgl. LEHNER (1981), S. 93ff.

reiche Mitglieder durch materielle Anreize an sich zu binden, hängt nicht zuletzt von der Interessenpluralität ab, da mit zunehmender Heterogenität der Mitgliederinteressen auch die zur Verhaltenskontrolle erforderliche Höhe der materiellen Anreize steigt. Somit wird bei zunehmender Heterogenität der Interessen die Gewährung materieller Anreize zur Verhaltenskontrolle auch für finanzkräftige Organisationsmitglieder irgendwann nicht mehr rational sein.[61] Allerdings ist eine genaue Betrachtung der im Rahmen der EU-Politiken bereitgestellten politischen Güter notwendig. Es wäre also die Frage zu klären, inwieweit die von der Europäischen Union erlassenen politischen Maßnahmen überhaupt den Charakter öffentlicher Güter haben und in welchem Ausmaß sich Kosten und Nutzen, die die einzelnen Mitglieder aus den verschiedenen EU-Politiken ziehen, unterscheiden.

2.1.4.2 Abwanderung und Widerspruch

Wie die Theorie der politischen Organisation gezeigt hat, können in komplexen Organisationen Konflikte auftreten, wenn die getroffenen politischen Entscheidungen den Interessen bestimmter Mitglieder widersprechen. Wie bereits erwähnt, besteht für unzufriedene Mitglieder die Möglichkeit, durch die Organisation einer eigenen Mehrheit Widerstand gegen die etablierte Mehrheit zu leisten, um die eigenen Interessen besser befriedigen zu können. Dies wird vor allem dann rational sein, wenn die etablierte Mehrheit nicht zu ausreichend politischen oder finanziellen Zugeständnissen fähig oder bereit ist beziehungsweise wenn die Zugeständnisse nicht den Forderungen der zu beeinflussenden Mitglieder entsprechen, aus deren Sicht also nicht adäquat sind. Bezogen auf die Europäische Union ist zunächst zu klären, auf welche ‚Organisationen' die Theorie von ‚Abwanderung und Widerspruch'[62] Anwendung finden kann.

Wie im vorhergehenden Kapitel erwähnt, besteht das Ziel der Leitungsebenen von Organisationen in der Sicherung der Loyalität der Mitglieder zu ihrer

---

[61] vgl. MOE (1981), S. 537f.

[62] vgl. HIRSCHMAN (1974)

Organisation. Die an dieser Stelle relevanten Organisationen wären zum einen die EU selbst und auf untergeordneter Ebene die Mitgliedstaaten. Letztere stehen in der Europäischen Union in einem Systemwettbewerb, in dem für die privaten Akteure die Möglichkeit besteht, mit ihren Dispositionen zwischen alternativen Rechtssystemen in den einzelnen Mitgliedstaaten zu wählen. Da für die Wählerschaft als Organisationsmitglieder der Mitgliedstaaten eine Abwanderung in andere Mitgliedstaaten aufgrund kultureller Hemmnisse eher unrealistisch ist, käme alternativ zur Abwanderung in eine andere Jurisdiktion der Widerspruch gegen die Leitungsebene der eigenen Organisation in Frage. Dies käme einer Abwanderung innerhalb der Organisation ‚Mitgliedstaat' hin zu einer anderen Partei gleich, die eine alternative Führungsschicht in Aussicht stellt. Dies sollte Regierungsmitglieder dazu veranlassen, ihre Politik zu modifizieren.[63]

Anders als für die Wählerschaft kann jedoch insbesondere für den Produktionsfaktor Kapital von einer hohen Mobilität ausgegangen werden. Der wirtschaftspolitische Erfolg einer Regierung, von dem die Zustimmung der Wählerschaft und somit die Wiederwahlchancen maßgeblich abhängig sind, wird oft an bestimmten makroökonomischen Kennzahlen, wie etwa der Inflationsrate, der Entwicklung der Arbeitslosenquote, der Wachstumsrate oder dem Außenwert der Währung, festgemacht. Diese Zielgrößen werden, zumindest teilweise, durch Investitionen und Kapitalimporte determiniert, so dass die Nationalstaaten in einem Standortwettbewerb um diese mobilen Produktionsfaktoren stehen und nationale Wettbewerbsvorteile der Zustimmung nicht unerheblicher Teile der Wählerschaft durchaus förderlich sind. Es kann also davon ausgegangen werden, dass nationale Regierungen nicht ausschließlich partikulären Interessen unterworfen sind, sondern in ihren politischen Entscheidungen auch deren Auswirkungen auf die nationalen Standortbedingungen zu berücksichtigen haben.[64] Würde der Produktionsfaktor Kapital in großem Umfang von seiner Abwanderungsoption Gebrauch machen,

---

[63] vgl. MUSSLER/STREIT (1996), S. 271

[64] vgl. MUELLER (1990), S. 294f.

würde dies mit hoher Wahrscheinlichkeit langfristig den Widerspruch der nationalen Wählerschaft auslösen.

Über die Wahlhandlungen der Nachfrager politischer Güter sind die Anbieter, also die nationalen Regierungen, folglich einem Anpassungsdruck ausgesetzt, der sowohl in der Imitation bereits existierender staatlicher Regelsysteme als auch in der Entwicklung völlig neuer Konzepte münden kann. Für die EU müsste dies bedeuten, dass die verschiedenen Mitgliedstaaten, solange ihnen ausreichend Kompetenzen zur Verfügung stehen, mit unterschiedlichen Angeboten auf regional divergierende Präferenzen reagieren sollten.[65]

Die Theorie von ‚Abwanderung und Widerspruch' beschreibt also zweierlei Reaktionsmöglichkeiten auf einen Leistungsabfall in Organisationen. Bei Anwendung auf die EU-Politiken wären die einzelnen Staaten die Mitglieder der Organisation, die Organisation selbst wäre die EU, deren Leitungsebene den Mitgliedern Leistungen im Rahmen der einzelnen EU-Politiken bereitstellt. Bezüglich der Organisation EU stehen den Organisationsmitgliedern, also den Mitgliedstaaten, in erster Linie die Option des Widerspruchs, neuerdings aber auch die Option der Abwanderung offen, wobei hier unter Abwanderung weniger das Verlassen der Organisation, also der Austritt, sondern die Möglichkeit einer ‚verstärkten Zusammenarbeit' angesehen werden kann. Bei dieser Option könnte anstelle der Organisation des Widerspruchs eine neue ‚Organisation' geschaffen und zusätzliche oder alternative politische Maßnahmen beschlossen werden, die den Interessen der betreffenden Mitglieder eher gerecht werden.[66]

Ob nun eine ‚Abwanderung' verfolgt wird, hängt von der Bedeutung der Organisation für das einzelne Mitglied, den Möglichkeiten und Erfolgschancen des Widerspruchs und den bei beiden Strategien zu erwartenden Kosten und Nutzen ab. Besitzen Organisationsmitglieder so viel Macht, dass ihr Widerspruch mit hoher Wahrscheinlichkeit erfolgreich sein wird, weil bei ihrem Austritt aus der Organisation deren Fortbestand gefährdet würde, wird die Strategie der Abwanderung unwahrscheinlicher. Mächtige Mitglieder können

---

[65] vgl. MUSSLER/STREIT (1996), S. 273

[66] vgl. BUCHANAN/FAITH (1987), S. 1023f.

somit allein die Option einer Abwanderung als Drohpotenzial nutzen. Der Entwurf für die Europäische Verfassung sieht erstmals explizit einen Austritt aus der ‚Organisation' EU vor und müsste vor allem den großen Mitgliedern, die über großen ökonomischen und politischen Einfluss verfügen, erhebliches Drohpotenzial bieten.

Allerdings wird mit zunehmender Mitgliederzahl einer Organisation das Drohpotenzial des einzelnen Mitglieds abnehmen, weil in diesem Fall der Austritt eines einzelnen Mitglieds den Fortbestand der Organisation weniger gefährden würde. Je nach Größe der Organisation kann ein beschränktes Maß an Abwanderung die Funktionsfähigkeit der Organisation und den Nutzen der Organisationsmitglieder sogar steigern, wenn dadurch die Bedürfnisbefriedigung und die Ressourcenallokation verbessert werden. Andernfalls wäre, bei sehr hoher Mitgliederzahl, unter Umständen ein übermäßig hoher Ressourcenaufwand zur Konfliktregulierung und für die innere Kontrolle der Organisation erforderlich.[67] Ob nun seitens einzelner Mitglieder einer Organisation eine Abwanderung in eine andere Organisation realisiert wird, hängt, ebenso wie die Bereitschaft der Organisationsmitglieder, diese Abwanderung zu verhindern, von den mit der Abwanderung verbundenen Kosten und Nutzen sowohl für das abwandernde Mitglied als auch für die Organisation ab. Für die daraus resultierende Frage nach der optimalen Größe und Struktur einer Organisation wie der EU kann die ökonomische Theorie der Clubs herangezogen werden.

2.1.4.3 Die ökonomische Theorie der Clubs

Überträgt man die obigen Ausführungen auf Gebietskörperschaften, so hat sich gezeigt, dass die Schwierigkeiten, die sich durch eine institutionelle Integration ergeben, von der Größe beziehungsweise von der Anzahl der Mitglieder des Integrationsraumes, vor allem aber von deren Interessenpluralität abhängig sind. Je heterogener die Mitglieder eines Integrationsraumes in struktureller Hinsicht

[67] vgl. HIRSCHMAN (1974), S. 17ff.

sind, umso differenzierter können die Anforderungen an die bereitzustellenden politischen Güter sein. In einem solchen Fall wäre es sinnvoll, wenn den Nachfragern, im europäischen Kontext also den einzelnen Mitgliedstaaten, gemäß ihrer unterschiedlichen Bedürfnisse auch alternative, unterschiedlich ausgestaltete Güter bereitgestellt würden. Es müsste eine Unterteilung der Grundgesamtheit in einzelne Untereinheiten (größer als eins) mit spezifischen Eigentums- und Verfügungsrechten vorgenommen werden. Darüber hinaus wäre die Bereitstellung von Gütern, die nur einer bestimmten Zahl von Mitgliedern der Grundgesamtheit zur Verfügung stehen, dann sinnvoll, wenn, anders als bei reinen öffentlichen Gütern, mit zunehmender Gruppengröße Rivalität oder Überfüllungseffekte auftreten würden, die die Vorteile der kollektiven Bereitstellung überkompensieren. Bei den bereitgestellten Gütern läge die optimale Anzahl der Konsumenten zwischen eins (wie bei einem privaten Gut) und unendlich (wie bei öffentlichen Gütern). Es ist durchaus plausibel anzunehmen, dass nur relativ wenige Güter den Charakter reiner öffentlicher Güter haben, bei denen die optimale Menge der Konsumenten unendlich ist. Bei einer Vielzahl von Gütern ist es vielmehr offensichtlich, dass die optimale Nutzerzahl nicht die Grundgesamtheit umfasst. Stattdessen werden diese von den Mitgliedern einer Untergruppe bereitgestellt und stehen auch nur diesen zum Konsum zur Verfügung.[68]

Bei der Frage nach der Abgrenzung beziehungsweise der optimalen Größe solcher Kollektive oder Clubs ist einerseits zu beachten, dass, ähnlich wie bei privaten Gütern, auf der Anbieterseite der Zusammenschluss zu ‚Produzentenclubs' mit Effizienzgewinnen verbunden sein kann. Diese können beispielsweise durch positive Skalenerträge bei der Produktion politischer Güter verursacht werden, die die Durchschnittskosten der Bereitstellung pro Clubmitglied mit zunehmender Vergrößerung des Clubs senken würden. Als Beispiele könnten in der EU etwa Maßnahmen im Rahmen der Gemeinsamen Außen- und Sicherheitspolitik oder im Rahmen der Zusammenarbeit in der Justiz- und Innenpolitik

[68] vgl. BUCHANAN (1965), S. 1f.

genannt werden. Hinzu kommen allgemeine positive Wohlfahrtseffekte, wie zum Beispiel Allokationsgewinne im Rahmen des Binnenmarktprogramms.[69]

Die Durchschnittskosten der Produktion sind jedoch in starkem Maße abhängig vom Charakter des Clubgutes. Definitionsgemäß zeichnen sich Clubgüter durch die Möglichkeit des Ausschlusses von Nicht-Mitgliedern vom Konsum des Clubgutes aus. Gleichzeitig herrscht innerhalb des Clubs keine Rivalität im Konsum. Sofern die Nicht-Rivalität unabhängig von der Zahl der Clubmitglieder gegeben wäre, müsste bei einer Vergrößerung des Clubs die produzierte Menge des Clubgutes nicht nach oben angepasst werden. Folglich würden die Durchschnittskosten pro Clubmitglied mit zunehmender Mitgliederzahl sinken. Allerdings muss dem Vorteil sinkender Durchschnittskosten der Nachteil einer zunehmenden Interessenpluralität gegenüber gestellt werden.

Diese Interessenpluralität schlägt sich in Kosten nieder, die sich bei Staatengemeinschaften vornehmlich aus Verhandlungskosten zur Erzielung politischer Einigungen ergeben. Darüber hinaus ist die Vergrößerung eines Clubs mit zusätzlichen Organisationskosten verbunden, die den Nutzenzuwächsen durch den Zusammenschluss zu Produzentenclubs ebenfalls gegenüber gestellt werden müssen.[70] Die optimale Größe eines Produzentenclubs wäre dann erreicht, wenn Pareto-Effizienz vorliegt. Dies wäre wiederum dann der Fall, wenn die Produktionsfaktoren, die einen Beitrag zur Produktion der Clubgüter leisten (in diesem Fall also die Jurisdiktionen bzw. die Mitgliedstaaten), in einer Weise in verschiedene Kollektive zur Produktion politischer Leistungen unterteilt würden, dass durch einen Wechsel eines Produktionsfaktors (einer Jurisdiktion) von einem Kollektiv in ein anderes keinem der beteiligten Kollektive ein Nutzenzuwachs (durch Verbesserung der Effizienz oder der Verringerung der Produktions- und Verhandlungskosten) entstehen würde.[71]

Während aus ökonomischer Perspektive der Betrachtung der Anbieterbeziehungsweise Produzentenseite zur Beantwortung der Frage nach der

---

[69] vgl. McGUIRE (1972), S. 85f.
[70] vgl. DE BENEDICTIS/PADOAN (1991), S. 3ff.
[71] vgl. McGUIRE (1972), S. 87f.

optimalen Clubgröße eine relativ hohe Bedeutung beigemessen werden sollte, kommt im politischen Prozess der Betrachtung der einzelnen Jurisdiktionen als Nachfrager beziehungsweise als Konsumenten politischer Leistungen zur Befriedigung der Bedürfnisse der Wählerschaft sicherlich eine ebenso große Bedeutung zu.

Aus der Sicht der Konsumenten eines Clubgutes ist der Zusammenschluss zu einem Kollektiv einerseits mit negativen Grenzkosten verbunden, die sich aus der Verteilung der Finanzierungslast des Clubgutes auf mehrere Konsumenten ergibt. Andererseits ergeben sich aus der Sicht der Konsumenten Grenznutzen aus dem Zusammenschluss zu einem Kollektiv. Diese können ebenfalls negativ sein, wenn bei gegebener Menge des Clubgutes mit zunehmender Anzahl von Konsumenten irgendwann Rivalität und Überfüllungseffekte auftreten, die eine Nutzeneinbuße bewirken. In diesem Fall ließe sich aufgrund irgendwann einsetzender Rivalität eine optimale Bildung von ‚Konsumentenclubs' nur durch optimale Verteilung der Konsumenten auf einzelne Clubs erzielen.[72] Ob allerdings die genannten Überfüllungseffekte auftreten, ist, wie bereits erwähnt, vom Charakter des bereitgestellten Gutes abhängig. So würden etwa in der EU beim Clubgut ‚Binnenmarkt' oder beim Clubgut ‚Schengener Abkommen', dessen Mitglieder einen Club im ‚EU-Club' bilden, mit zunehmender Mitgliederzahl keine Überfüllungseffekte auftreten, sondern stattdessen mit zunehmender Clubgröße die erzielbaren Allokations- oder Effizienzgewinne zunehmen.[73]

Die optimale Größe von Konsumentenclubs wäre somit abhängig von Art und Menge der bereitgestellten Güter. Sofern es sich bei den produzierten politischen Leistungen um Güter handeln würde, die sich durch Nicht-Rivalität im Konsum auszeichnen, wäre die optimale Clubgröße unendlich, da mit zunehmender Mitgliederzahl die Grenzkosten sinken würden. Je mehr das bereitgestellte Gut aber den Charakter eines privaten Gutes besitzt und Rivalität im Konsum (zusätzlich zu der ohnehin unterstellten Ausschließbarkeit) herrscht, umso größer wird der Einfluss der ‚Produktionsmenge' auf die optimale

[72] vgl. BUCHANAN (1965), S. 4
[73] vgl. OHR (2003), S. 121

Clubgröße.[74] Nutzeneinbußen können bei der Vergrößerung eines Konsumentenclubs jedoch auch dadurch entstehen, dass sich der Charakter des bereitgestellten Gutes verändert. Je heterogener ein Konsumentenclub hinsichtlich der Präferenzen seiner Mitglieder wird, umso weniger können diese durch das Clubgut befriedigt werden. Es würde dann Rivalität herrschen bezüglich der Charakteristiken des Clubgutes.

Bezüglich der Europäischen Union ist eine Trennung von Produzenten und Konsumenten schwierig vorzunehmen. Sofern die Mitgliedstaaten als Aggregationsebene herangezogen werden, können diese als Produzenten und gleichermaßen auch als Konsumenten der politischen Güter in der EU angesehen werden. Aus der Sicht des einzelnen Clubmitglieds wäre also die pareto-effiziente Clubgröße genau dann erreicht, wenn seine Grenzkosten durch die Aufnahme eines weiteren Clubmitglieds genau den Grenznutzen entsprechen. Die gleiche Kalkulation lässt sich für potenzielle Neu-Mitglieder eines Clubs anstellen. Aus deren Sicht entstehen positive Grenzkosten durch die erhobene Finanzierungsbeteiligung, gleichzeitig aber auch ein positiver Grenznutzen durch den Konsum des Clubgutes.[75] Bezüglich des Grenznutzens aus einer Vergrößerung des EU-Clubs insgesamt oder einer Bildung von Clubs im Club wäre dieser auf der Produktionsseite positiv (etwa durch Skaleneffekte oder positive externe Effekte in der Produktion), aber fallend. Betrachtet man die Mitgliedstaaten als Nachfrager der politischen Güter, wäre für diese der Grenznutzen einer Cluberweiterung positiv, sofern keine Rivalität im Konsum vorliegt. Käme es dagegen zu Rivalität im Konsum, würde der Grenznutzen negativ. Ebenso würde eine zunehmende Heterogenität der Nachfragepräferenzen bezüglich der bereitgestellten Clubgüter aufgrund sinkender Bedürfnisbefriedigung den Nutzen aus einer Erweiterung schmälern. Die Grenzkosten einer Cluberweiterung sind dagegen produktionsseitig positiv, insbesondere durch die zunehmenden Verhandlungskosten. Aus nachfrageseitiger Sicht wären die Grenzkosten der Cluberweiterung dagegen negativ, sofern keine Rivalität im Konsum herrscht (woraus sinkende Finan-

---

[74] vgl. BUCHANAN (1965), S. 11f.

[75] vgl. BUCHANAN (1965), S. 7f.

zierungsbeiträge resultieren). Sofern jedoch Rivalität im Konsum besteht, wären auch aus nachfrageseitiger Sicht Clubberweiterungen mit positiven Grenzkosten verbunden. Entscheidend ist also, inwieweit bei den einzelnen EU-Politiken Rivalität im Konsum vorherrscht oder nicht. Sofern aus den EU-Politiken, wie etwa im Falle des Binnenmarktes oder der Währungsunion, positive Wohlfahrtseffekte in Form von Allokations- und Effizienzgewinne sowie Kostenersparnisse resultieren, wird bezüglich dieser Nicht-Rivalität vorliegen. Sofern bestimmte Leistungen der EU-Politiken jedoch mengenmäßigen Beschränkungen unterliegen (wie etwa finanzielles Transfervolumen), hätte dies eine Rivalität zwischen den Konsumenten zur Folge. Bei der Mehrheit der später zu analysierenden Politikbereiche (namentlich der Europäischen Umwelt-, Sozial- und Agrarpolitik) bilden derartige Transfers einen Bestandteil der Politiken. Aus diesem Grund ist nicht eindeutig feststellbar, inwieweit Rivalität im Konsum gegeben ist oder nicht. Generell kann jedoch festgehalten werden, dass mit zunehmender Größe und Heterogenität der Nachfragepräferenzen bezüglich der bereitgestellten Clubgüter die Kosten der Produktion der Clubgüter überproportional steigen.[76] Somit soll im folgenden davon ausgegangen werden, dass mit zunehmender Clubgröße die Grenzkosten steigen und die Grenznutzen abnehmen und die optimale Clubgröße somit endlich ist.

Hinsichtlich der Osterweiterung der EU muss den genannten potenziellen Nutzeneinbußen aufgrund zunehmender Heterogenität der Mitglieder eines Clubs Beachtung geschenkt werden. Würden die einzelnen Clubmitglieder in unterschiedlicher Weise von einem bereitgestellten Clubgut profitieren, wäre dies im Prinzip nicht mit identischer Lastverteilung vereinbar, so dass Zugeständnisse in Form von Transfers oder Veränderungen der Lastverteilungen zugunsten derjenigen Mitglieder, die aus dem betreffenden Clubgut geringeren Nutzen ziehen, eingeführt werden müssten. Ansonsten wäre eine weitere Mitgliedschaft dieser Länder im Club nicht rational. Diese Zugeständnisse können jedoch auch bei anderen Clubgütern, also in anderen Politikbereichen, erfolgen.

[76] vgl. OHR (2003), S. 129

Als Alternativen dazu bieten sich Modifikationen der Clubgüter oder die zur Verfügung stehenden Möglichkeiten flexibler Integration an.[77]

Im Falle der EU wären die bei der Bildung oder Vergrößerung politischer Clubs relevanten Kosten neben den monetären Aufwendungen zur Finanzierung der Clubgüter hauptsächlich institutionell bedingt, etwa durch zusätzlich zu schaffende Organisationen, Verwaltungs- und Kontrollinstanzen oder durch zusätzliche Verhandlungskosten. Auch der durch eine vertiefte Integration entstehende Nutzen wird sich vermutlich nur in geringem Maße in direkten monetären Größen niederschlagen, als vielmehr in nicht direkt messbaren Faktoren. Hier wären zum Beispiel Vorteile durch die Harmonisierung von Vorschriften und Standards, die einen Markt mit gleichen Rahmenbedingungen schaffen, zu nennen, zudem Vorteile weiterer Liberalisierung, Vorteile durch die Zugehörigkeit zu einer Länderkoalition mit stärkerem politischen Gewicht oder die aus der Bürokratietheorie herrührenden verbesserten Möglichkeiten der Sicherung der Existenz von Organisationen, die positiv korreliert sind mit der Organisationsgröße.[78]

Für die späteren empirischen Analysen müssen also Indikatoren, die die Kosten und Nutzen, die den Mitgliedstaaten aus den Gemeinschaftspolitiken entstehen, abbilden, ausgemacht werden. Obwohl diese von Politikbereich zu Politikbereich verschieden sein werden, kann der für sämtliche Politikbereiche geltende Grundsatz festgehalten werden, dass der Netto-Nutzen eines Landes beziehungsweise seiner Bevölkerung aus gemeinschaftlichen politischen Maßnahmen umso höher sein wird, je eher die Gemeinschaftspolitik den nationalen Präferenzen entspricht, je eher es also einem Mitgliedstaat gelingt, nationale Präferenzen in den Gemeinschaftspolitiken zu verankern und je niedriger die Verhandlungs-, Organisations- oder Anpassungskosten sind. Ein wichtiger Indikator für die optimale Größe und Struktur des EU-Clubs oder von Clubs innerhalb der EU ist somit die zwischenstaatliche Varianz politischer, gesellschaftlicher oder ökonomischer Charakteristiken.

[77] vgl. McGUIRE (1972), S. 89ff.

[78] vgl. DE BENEDICTIS/PADOAN (1991), S. 3ff.

Bezüglich der Netto-Nutzen, die die Gemeinschaftspolitiken einzelnen Mitgliedstaaten stiften, lassen sich generelle Einflussfaktoren ausmachen. So ist es etwa empirisch erwiesen, dass in föderativen Staaten eine Tendenz zu fiskalischen Kartellen zwischen ‚benachbarten' Jurisdiktionen beziehungsweise zur zunehmenden Übertragung fiskalpolitischer Kompetenzen auf die übergeordnete Bundesebene besteht.[79] Fraglich ist nur, inwieweit das ‚Gebilde EU' mit einem föderativen Staat gleichgesetzt werden kann und was unter ‚Nachbarschaft' zu verstehen ist. Das Motiv für die fiskalische Kartellisierung zwischen Jurisdiktionen oder die Übertragung fiskalischer Kompetenzen liegt in der damit einhergehenden Ausschaltung fiskalischen Wettbewerbs, der mit der Gefahr eines race-to-the-bottom verbunden ist. Im Vergleich zu föderativen Bundesstaaten besitzen in der EU die Mitgliedstaaten ein hohes Maß an Autonomie. Mit zunehmender fiskalischer Autonomie einzelner Mitgliedstaaten würden sich einerseits die nationalen Wählerpräferenzen in den Entscheidungen stimmenmaximierender Politiker niederschlagen, andererseits würde aber auch der fiskalische Wettbewerb zunehmen.[80]

Im Falle homogener Wählerpräferenzen zwischen verschiedenen Jurisdiktionen würde die Bildung politischer Kartelle oder die Zentralisierung politischer Entscheidungen sinnvoller erscheinen als im Fall heterogener Präferenzen, da bei homogenen Wählerpräferenzen im Falle einer Harmonisierung der ohnehin schon relativ ähnlichen Politiken verhältnismäßig wenig Wählerstimmen verloren gingen und der fiskalische Wettbewerb gleichzeitig ausgeschaltet würde. Im Falle heterogener Wählerpräferenzen zwischen einzelnen Jurisdiktionen wäre die Bildung politischer Kartelle bzw. die Zentralisierung politischer Entscheidungen über die damit verbundene Harmonisierung der Politiken mit Stimmenverlusten verbunden, so dass nationale Politiker in einem solchen Fall eher dazu geneigt sein könnten, den politischen Wettbewerb in Kauf zu nehmen oder versuchen werden, auf die zentralisierte Entscheidungsfindung zugunsten der Interessen ihrer Wählerschaft einzuwirken.

---

[79] vgl. z.B. BRENNAN/BUCHANAN (1980), S. 182
vgl. auch SCHALTEGGER/KÜTTEL (2002), S. 9f.
vgl. auch CASE/ROSEN/HINES (1993), S. 298

Wie in den zitierten Studien ermittelt wurde, hat, neben fundamentalen Faktoren wie pro Kopf-Einkommen, Bevölkerungsdichte und Zuwendungen von anderen Jurisdiktionen, die ‚Nachbarschaft' einen entscheidenden Einfluss sowohl auf die Höhe, als auch auf die Struktur der nationalstaatlichen Einnahmen und Ausgaben.[81] Die fiskalpolitischen Maßnahmen einer Jurisdiktion werden also von den fiskalpolitischen Maßnahmen derjenigen Jurisdiktionen beeinflusst, die ökonomische oder demographische Ähnlichkeiten aufweisen oder die ihnen geographisch nahe gelegen sind. Inwieweit diese Faktoren eine Rolle spielen und ob sich nationale fiskalpolitische Maßnahmen gegenseitig positiv oder negativ beeinflussen, hängt jedoch von der jeweils betrachteten politischen Maßnahme ab.[82]

Ergänzend zu den bisherigen mikroökonomisch fundierten Überlegungen sollen nun abschließend noch mesoökonomische Überlegungen einbezogen werden, die ebenfalls Hinweise auf das Verhalten der Mitgliedstaaten im europäischen Kontext liefern können.

2.2 Erklärungsansätze der mesoökonomisch determinierten Neuen Politischen Ökonomie

Im Rahmen der im vorhergehenden Kapitel abgehandelten mikroökonomisch determinierten Neuen Politischen Ökonomie bilden die Handlungen einzelner Individuen den zentralen Untersuchungsgegenstand. Trotz der Tatsache, dass dort das Handeln von Personengruppen oder Kollektiven untersucht wird, bauen die Überlegungen auf Mikrorelationen und dem methodologischen Individualismus auf. Es werden somit nur jene gesellschaftlichen Gruppen betrachtet, deren Verhalten exakt auf die Verhaltensweisen der in den Gruppen organisierten Mitglieder zurückgeführt werden kann. Als logische Konsequenz daraus ergibt sich individuell rationales Verhalten, welches sich dann im

---

[80] vgl. SCHALTEGGER/KÜTTEL (2002), S. 10
[81] vgl. CASE et al. (1993), S. 286
[82] vgl. CASE et al. (1993), S. 287f.

Gruppenverhalten wiederfindet. Darüber hinaus findet, obwohl sich die im vorhergehenden Kapitel genannten Theorien durchaus mit organisierten Gruppen beschäftigen, die Seite der wirtschafts- und strukturpolitischen Entscheidungsträger relativ wenig Beachtung. Auch auf der makroökonomischen Ebene werden Aggregate in Form homogener Gruppen gebildet (wie z.B. Haushalte, Unternehmen, Sektoren), es werden allerdings ausschließlich gleichartige Handlungsweisen unterstellt. Gruppenstrukturelles und gruppenwirtschaftliches Verhalten, insbesondere hinsichtlich ordnungs- und strukturpolitischer Einflussnahmen, wird sowohl bei den individualistisch determinierten Gruppen in der Mikroökonomie als auch bei den makroökonomischen, gesamtwirtschaftlichen Aggregaten nur rudimentär betrachtet (die einzige Ausnahme in der Makroökonomie bilden die Tarifvertragsparteien). Während also auf der niedrigsten Aggregationsebene, der Mikroebene, das Verhalten einzelner Wirtschaftssubjekte und die Beziehungen zwischen ihnen und auf der höchsten Aggregationsebene, der Makroebene, das gesamtwirtschaftliche Verhalten aller Wirtschaftssubjekte oder die Größen, die ihr Verhalten beeinflussen, untersucht werden, fehlt hierbei zur Ergänzung noch diejenige Ebene, die die größenmäßig mittleren Aggregate von Wirtschaftssubjekten, hierbei nicht nur Gruppen, sondern auch Branchen oder Regionen, untersucht. Diesen Bereich zwischen einzel- und gesamtwirtschaftlicher Ebene deckt die sogenannte mesoökonomische Interaktionstheorie der Wirtschaftspolitik ab, welche die strukturellen Phänomene auf Gruppenebene und die Interaktionen zwischen strukturpolitischen Entscheidungsträgern und Interessengruppen analysiert.[83]

2.2.1 Elemente der Mesoökonomie

Die Mesoökonomie greift einerseits auf die aus der mikroökonomisch determinierten Neuen Politischen Ökonomie bekannten Ansätze zurück, bedient sich

[83] vgl. PETERS (2000a), S. 9ff.

aber zusätzlich Erkenntnissen aus der Soziologie, der Verbändetheorie und der Politologie, um gruppenstrukturelle Phänomene zu erfassen.[84]

In der Soziologie existiert zum einen der in der Mikroökonomie verwendete methodologische Individualismus. Dieser kann nur dann Anwendung finden, wenn das individuelle Verhalten nicht vom spezifischen Gruppenverhalten determiniert wird, sondern wenn umgekehrt das Gruppenverhalten und die Gruppenstruktur ausschließlich durch das Verhalten der Einzelmitglieder der Gruppe bestimmt werden. Wird jedoch das Gruppenverhalten von sozialen Faktoren, wie etwa spezifischen Gruppenstrukturen, Konformitätsdruck oder gemeinnützigen Zielen der Gruppe bestimmt, ist der methodologische Individualismus weniger geeignet. Zur Erklärung des Gruppenverhaltens, das durch wechselseitige Beziehungen zwischen den Gruppenmitgliedern determiniert wird, ist der sogenannte methodische Kollektivismus erforderlich. Insbesondere dann, wenn eine Gruppe spezifische Ziele verfolgt, bildet ein gleichförmiges Verhalten aller Mitglieder die Voraussetzung zur Zielerreichung, auch wenn dieses Verhalten aus individueller Sicht nur als second-best Lösung angesehen wird und somit nicht als vollkommen rational erscheint. So ist es durchaus denkbar, dass zur Erreichung von Gruppenzielen und für die Sicherung des inneren Halts der Gruppe ein Stück Individualität und damit ein Stück individuell rationales Verhalten aufgegeben wird und eine gegenseitige Annäherung der Positionen stattfindet.[85]

Auch bei der Untersuchung der Verhaltensweisen von Interessengruppen und politischen Entscheidungsträgern geht die mesoökonomische Interaktionstheorie über den mikroökonomischen Ansatz insoweit hinaus, als sie nicht nur rationales und individualistisches Verhalten unterstellt. Überprüfungen mit der Realität offenbaren recht deutlich, dass sowohl das Verhalten Einzelner als auch das Verhalten von Gruppen durch Irrationalismen gekennzeichnet ist. Beispiele hierfür wären auf individueller Ebene etwa der Einfluss ideologischer Prägung, traditioneller Parteienbindung oder der allgemeinen Stimmungslage auf das Wahl- beziehungsweise Abstimmungsverhalten. Auch auf der Gruppenebene

[84] vgl. BEHRENDS (1999), S. 245f.
[85] vgl. BEHRENDS (1999), S. 247

werden die Verhaltensmuster oft nicht nur durch das Eigennutzenkalkül der Gruppenmitglieder, sondern beispielsweise durch soziale Verantwortung, Patriotismus oder Nationalismus geprägt. Die mesoökonomische Interaktionstheorie versucht nun, neben den individualistisch determinierten Gruppenprozessen auch derartige eigenständige Gruppenprozesse zur Erklärung des Gruppenverhaltens zu verwenden.[86] So können im politischen Meinungsbildungs- und Entscheidungsprozess neben den ökonomischen Faktoren zusätzlich soziologische oder organisatorische Aspekte, internationale Dependenzen sowie die Interaktionen zwischen politischen Entscheidungsträgern oder zwischen den verschiedenen Gebietskörperschaften eine Rolle spielen.[87]

Bezüglich der politischen Entscheidungsprozesse werden durch die Mesoökonomie die in der ökonomischen Theorie der Bürokratie vorhandenen Aussagen nochmals untermauert. In der Realität ist eine zunehmende Verschmelzung und Angleichung der Interessen sektoraler Organisationen und staatlicher Institutionen erkennbar. In zahlreichen Politikfeldern haben sich korporatistische Strukturen in Form einer institutionalisierten Verflechtung zwischen Segmenten der öffentlichen Verwaltung und organisierten sektoralen Interessengruppen gebildet. Staatliche Behörden, die die Sonderinteressen bestimmter Gruppen fördern, sind an Austauschbeziehungen mit diesen Gruppen interessiert, da sie zum Zwecke der Selbsterhaltung auf deren Unterstützung gegenüber Parlamenten oder in inneradministrativen Konflikten angewiesen sind. Augenscheinliche Ergebnisse derartiger Mesokorporatismen sind, in der EU sowohl im nationalen als auch im supranationalen Bereich, die Agrarpolitik oder auch die Industriepolitik, bei der durch korporatistische Strategien von Wirtschaft, Politik und Wissenschaft Branchenstrukturen beeinflusst werden sollen.[88]

---

[86] vgl. PETERS (2000a), S. 302ff.

[87] vgl. WALDOW (1992), S. 17

[88] vgl. LEHMBRUCH (1983), S. 408ff.

2.2.2 Mesoökonomische Wirtschaftspolitik

Das Ziel der mesoökonomischen Interaktionstheorie besteht nun darin, mit Hilfe eines primär verhaltenswissenschaftlichen Ansatzes innerhalb der Volkswirtschaftslehre unter Zuhilfenahme markt- und preistheoretischer Erkenntnisse einen Markt für Strukturhilfen zu modellieren. Dabei fungieren auf der Angebotsseite, sei es auf nationaler oder auf EU-Ebene, Parlamentarier, Regierungsmitglieder, politische Parteien und, wie soeben geschildert, in besonderem Maße die Bürokratien als Anbieter von Strukturhilfen oder vergleichbaren politischen Maßnahmen. Auf der Nachfrageseite finden sich die Interessenverbände, Verbandsorganisationen oder, im Falle der EU, die Mitgliedstaaten, die die Strukturhilfen nachfragen. Zwischen Anbieter- und Nachfragerseite werden dann Strukturhilfen gegen Wählerstimmen getauscht. Das Tauschgut Strukturhilfen beinhaltet dabei die Regulierungspolitik, die Strukturwandelförderungs-, -verzögerungs- und -erhaltungspolitik sowie die Strukturanpassungspolitik, die dem Ziel der sektoralen Einkommenssicherung und Besitzstandswahrung dienen sollen.[89] Die wichtigsten Instrumente sind Subventionen, Preisregulierungen, Abnahme- und Absatzgarantien, Steuervergünstigungen, Wettbewerbsbeschränkungen und protektionistische Maßnahmen, die den verschiedenen Sektoren, Branchen und Gruppierungen neben den Sektoralpolitiken auch in funktionalen Politikbereichen bereitgestellt werden können (z.B. in der Wettbewerbs-, Regional-, Umwelt-, Beschäftigungs- oder Handelspolitik).[90] Die gewährten Strukturhilfen haben insoweit Kollektivgutcharakter, als sie spezifisch abgegrenzten Gruppen (seien es Branchen, Produktionsfaktoren oder Regionen) zur Verfügung stehen, für deren Mitglieder das Prinzip der Nicht-Ausschließbarkeit gilt. Für die Konsumenten hätten die Strukturhilfen folglich den Charakter eines Clubgutes. Die Finanzierung der Strukturhilfen sowie die sozialen Kosten, die die Strukturhilfen durch die Verzögerung des strukturellen Wandels verursachen, werden großen

[89] vgl. PETERS (2000b), S. 700f.

gesellschaftlichen Gruppen (Steuerzahlern, Konsumenten, Auslandskonkurrenten) aufgebürdet werden, während nur bestimmte Gruppen der Grundgesamtheit (seien es Branchen, Produktionsfaktoren oder Regionen) begünstigt werden, ohne dass einzelne Gruppenmitglieder davon ausgeschlossen werden können.[91]

Vor dem Hintergrund des Mesokorporatismus muss auch die ökonomische Theorie der Demokratie nochmals betrachtet werden. Die politischen Parteien und die von ihnen gestellten Regierungen umwerben zur Erreichung des Wiederwahlziels einerseits bestimmte Wählergruppen, die ihnen ideologisch nahe stehen, zum anderen jedoch auch potenzielle Wechselwähler. Obwohl Linksparteien traditionell Koalitionen mit Gewerkschaften bilden und zu einer mesoökonomischen Verteilungspolitik, die auf eine Verbesserung der Arbeits- und Einkommensverhältnisse der abhängig Beschäftigten abzielt, neigen, sind diesem Verhalten durch die Nebenbedingung der Gewinnung von Wechselwählern Grenzen gesetzt. Gleiches gilt für die mesoökonomische Verteilungspolitik von Rechtsparteien, die sich eher auf die Instrumentarien zur Erhöhung der Kapital-, Leitungs- und Subventionseinkommen konzentriert, die aber ebenfalls die Nebenbedingung ‚Wechselwähler' zu berücksichtigen hat. Da sowohl Links- als auch Rechtsparteien und –regierungen aufgrund ihres Ziels der Wählerstimmenmaximierung gezwungen sind, neben ihren Stammwählern auch Wechselwähler zu begünstigen, verfolgen beide Seiten eine politische Strategie, mit der sie möglichst viele Gruppen begünstigen. Die politischen Entscheidungen oder Präferenzen von Regierungen sind aus diesem Grund nicht in erster Linie abhängig von deren parteipolitischer Couleur, sondern von den Präferenzen der Wählerschaft. Für den europäischen Entscheidungsprozess würde dies bedeuten, dass die Parteienzugehörigkeit der Ländervertreter eher zweitrangig ist.[92]

---

[90] vgl. BOSS/ROSENSCHON (2000), S. 46, in diesem Zusammenhang kann die in der Mesoökonomie auf Strukturhilfen beschränkte Betrachtung auf sämtliche politische Maßnahmen mit allokativer oder distributiver Zielsetzung ausgedehnt werden.

[91] vgl. BEHRENDS (1999), S. 258

[92] vgl. PETERS (2000a), S. 386

2.3 Zusammenfassung der zentralen Ergebnisse

Die verschiedenen Teilelemente der Neuen Politischen Ökonomie liefern Erkenntnisse über die wechselseitigen Beziehungen zwischen öffentlichem und privatem Sektor und bilden die Grundlage zur Entwicklung realistischer politischer Verhaltensmodelle. Die grundlegende theoretische Basis bilden der methodologische Individualismus sowie das Eigennutzenaxiom. Gemäß dieser Grundlagen sind sämtliche sozialen Beziehungen und Prozesse stets durch das Verhalten einzelner Akteure zu erklären. Sowohl den privaten wie auch den politischen Akteuren wird dabei die Maximierung des individuellen Nutzens unterstellt. Es kann dabei davon ausgegangen werden, dass die Nutzenmaximierung der privaten Wirtschaftssubjekte durch eine Maximierung ihres Einkommens erfolgt. Das primäre Ziel der politischen Akteure, zu denen neben den Regierungsmitgliedern die Funktionäre sämtlicher politischer Parteien sowie die staatliche Bürokratie zählen, liegt im Machterhalt beziehungsweise im Machtgewinn. Die Sicherung beziehungsweise die Erlangung der Macht bilden die Grundvoraussetzung zur Realisierung weiterer Ziele, wie etwa der Einkommensmaximierung oder des Prestigegewinns. Sowohl die privaten als auch die politischen Akteure können ihre Ziele realisieren, indem sie miteinander eine Tauschbeziehung eingehen. Die politischen Akteure bieten den privaten politische Leistungen an (in Form von öffentlichen Gütern, Regulierungen, strukturpolitischen oder wettbewerbsbeschränkenden Maßnahmen) und erhalten im Gegenzug dafür die Wählerstimmen der von den politischen Maßnahmen profitierenden Wählergruppen.

Im Falle divergierender Wählerpräferenzen läge die Konsequenz des Machtstrebens der politischen Akteure in einer Orientierung ihres politischen Programms an bestimmten, relativ großen Wählergruppen. Dabei muss jedoch berücksichtigt werden, dass die Interessenartikulierung und der Einfluss verschiedener privater Interessengruppen auf den politischen Entscheidungsprozess von der Größe und der Struktur der Gruppen abhängig sind. Inwieweit sich die Interessen privater Akteure in politischen Entscheidungen wiederfinden, wird von Faktoren wie deren geschlossenem Auftreten oder deren

Möglichkeiten, gesamtwirtschaftliche Prozesse zu stören, bestimmt. Insbesondere das geschlossene Auftreten und das Engagement einzelner Mitglieder von Interessengruppen wird umso größer sein, je homogener die Interessen einer Gruppe sind, wobei die Homogenität einer Gruppe wiederum negativ korreliert sein wird mit deren Größe. Diese Überlegungen zeigen, dass auch diejenigen privaten Akteure, die nur eine Minderheit der Wählerschaft stellen, beachtlichen politischen Einfluss haben können und dass nicht alle Interessen in einer Gesellschaft gleichermaßen organisierbar sind. Aus diesem Grund ist es fraglich, ob sich ein Machtgleichgewicht zwischen den verschiedenen Interessengruppen einer Gesellschaft herausbildet, das langfristig den Interessen aller im politischen Prozess entspricht.

Sofern sich die parteipolitischen Akteure den Interessen bestimmter Wählergruppen widersetzen, besteht für letztere die Möglichkeit, den betreffenden politischen Akteuren ihre Stimme zu entziehen und stattdessen zu einer opponierenden politischen Organisation, auf nationaler Ebene also einer opponierenden Partei, überzuwechseln. Unter Einbeziehung eines internationalen Umfelds bestünde eine weitere Möglichkeit der Privaten in der Abwanderung in eine andere Jurisdiktion, was einen zusätzlichen Druck auf die nationalen politischen Akteure hin zu einer vermehrten Berücksichtigung vor allem der Präferenzen wirtschaftlicher Interessengruppen verursachen müsste. Die Möglichkeiten der Abwanderung und des Widerspruchs lassen sich von einzelnen Individuen auf einzelne Jurisdiktionen in Staatenverbünden übertragen. Sofern die nationalen Politiker in der EU die Interessen ihrer nationalen Wählerschaft beziehungsweise einflussreicher nationaler Interessengruppen vertreten, bestünde auch für sie die Möglichkeit, supranationale Entscheidungen, die den nationalen Interessen widersprechen, zu verhindern. Eine Alternative bestünde im Extremfall in einer Abwanderung aus der ‚Organisation EU' oder in einem Zusammenschluss mit Ländern, die ähnliche Interessen verfolgen und mit denen eine verstärkte Zusammenarbeit, also eine Integration, die über das EU-weit geltende Integrationsniveau hinausgeht, sinnvoll erscheint.

3. Der europäische Entscheidungsprozess aus politischer und institutioneller Perspektive

Nachdem in den obigen Ausführungen die Determinanten der Interessenwahrnehmung politischer Entscheidungsträger analysiert wurden, lassen sich nun die daraus resultierenden Konsequenzen für den politischen Entscheidungsprozess in der EU ableiten. Zur Durchsetzung beziehungsweise Verabschiedung bestimmter Politikentwürfe in den gesetzgebenden Organen der EU müssen Einigungen erzielt oder Mehrheiten organisiert werden. Zur Untersuchung der Entscheidungsprozesse eignen sich die Theorie der Koalitionenbildung von *Riker*[93] und die Spieltheorie von *von Neumann* und *Morgenstern*[94]. Die Bedingungen des Mitwirkens in politischen Koalitionen sind dabei nicht allein die ideologische Übereinstimmung, sondern, zumindest temporär, übereinstimmende, konkrete politische und/oder wirtschaftliche Interessen und Ziele. Das Ziel der Koalitionenbildung ist der Machtgewinn und die Erzielung der Stimmenmehrheit zur Durchsetzung bestimmter Politiken.[95]

Diese Definition beträfe die allgemein geläufige Form der Bildung von Koalitionen zwischen politischen Parteien. Übertragen auf die EU wäre diese Art der Koalitionenbildung relevant im Europäischen Parlament und bei der verstärkten Zusammenarbeit, bei der sich einzelne Mitgliedstaaten auf längere Sicht zu Koalitionen zusammenschließen und eine voranschreitende Integration betreiben würden. Doch auch bei den Abstimmungsverfahren in den EU-Gremien ist die Bildung von Koalitionen nach theoretischem Verständnis relevant, auch wenn es sich lediglich um einen Abstimmungsprozess handelt, bei dem die politischen Entscheidungsträger kurzfristig zusammentreffen und bei dem jeder Stimmberechtigte möglichst die Interessen seiner Wählerschaft vertritt. In diesem Fall käme es nicht bei den Abstimmungen selbst, sondern hauptsächlich im Vorfeld der Abstimmungen zur Bildung von Koalitionen, da

---

[93] vgl. RIKER (1972)

[94] vgl. VON NEUMANN/MORGENSTERN (1947)

[95] vgl. KIRCHSTEIGER/PUPPE (1997), S. 293f.

die zur Disposition stehenden Politikentwürfe beziehungsweise politischen Beschlüsse so ausgehandelt werden müssen, dass in den EU-Institutionen die erforderlichen Mehrheiten erzielt werden. Diese Form der Bildung von Koalitionen ist aber nicht nur für Mehrheitsentscheidungen relevant. Auch die Ergebnisse der Verhandlungen beziehungsweise der Beschlussfassungen bei einstimmigen Entscheidungen sind abhängig von den Mehrheitsverhältnissen und dem Einfluss einzelner Länderblöcke, welche sich z.B. nach der Osterweiterung ändern können.

Bevor der politische Entscheidungsprozess mittels relevanter Theorien genauer betrachtet wird, soll noch ein kurzer Blick auf die speziell für den politischen Entscheidungsprozess der EU wichtigsten Akteure geworfen werden.

3.1 Der institutionelle Rahmen politischer Entscheidungen in der Europäischen Union

3.1.1 Intergouvernementalismus versus Supranationalismus – Das institutionelle Gefüge der Europäischen Union

Im vorangegangenen Kapitel wurden in allgemeiner Form die wichtigsten Determinanten politischer Interessenwahrnehmung beschrieben. Diese theoretischen Konzepte sind jedoch in erster Linie bezüglich nationaler politischer Prozesse anwendbar. Was die EU betrifft, müssen bei der Analyse politischer Entscheidungen die institutionellen Rahmenbedingungen des ‚Konstrukts EU' berücksichtigt werden. Dabei muss das Hauptaugenmerk auf die Frage gelenkt werden, inwieweit nationale Interessen im europäischen Entscheidungsprozess tatsächlich Berücksichtigung finden können. Dies soll letztlich der Beantwortung der Frage dienen, welcher Einfluss den Mitgliedstaaten auf die politischen Beschlüsse auf europäischer Ebene überhaupt beigemessen werden kann.

Die bisher geschilderten theoretischen Konzepte waren behavioristische Ansätze, bei denen politische Entscheidungen entscheidend durch den Einfluss einzelner gesellschaftlicher Gruppen auf die politischen Akteure geprägt sind. Institutionelle Aspekte wurden dabei jedoch weitgehend ausgeblendet. Insbesondere für den europäischen Entscheidungsprozess wäre also zu fragen, inwieweit die beteiligten Institutionen für Interessengruppen zugänglich sind, beziehungsweise inwieweit die am Entscheidungsprozess beteiligten Institutionen autonome politische Akteure sind.[96] Wie noch zu zeigen sein wird, hängt das Ausmaß, in dem in der EU sowohl die nationalen als auch die supranationalen Institutionen Lobbying-Aktivitäten ausgesetzt sind und somit nationale Interessen in den EU-Politiken Berücksichtigung finden, unter anderem ab von der Entscheidungsregel im Rat der EU, der Kompetenzverteilung zwischen den Institutionen auf der europäischen Ebene, der Anzahl der Mitgliedstaaten und der vertikalen Kompetenzverteilung, also der Kompetenzverteilung zwischen europäischen und nationalen Institutionen, vornehmlich zwischen Kommission und nationalen Regierungen.[97]

Einige dieser genannten Punkte lassen sich durch eine genauere Analyse des institutionellen Gefüges der EU klären. Hierbei sind verschiedene Möglichkeiten institutioneller Ausgestaltung und daraus resultierender Konsequenzen für den politischen Entscheidungsprozess zu untersuchen: Speziell für die EU wäre in diesem Zusammenhang zu klären, inwieweit dort der politische Entscheidungsprozess den Charakter einer ‚Multilevel Governance' hat, bei der die einzelnen Mitgliedstaaten die Kontrolle über das Ergebnis politischer Prozesse zunehmend verlieren, beziehungsweise inwieweit sich eine sogenannte ‚Supranational Governance' herausgebildet hat.

Das Konzept der ‚Multilevel Governance'[98] steht in gewissem Maße im Widerspruch zum sogenannten intergouvernementalen Ansatz. Letzterer würde in bezug auf die EU den Mitgliedstaaten im politischen Entscheidungsprozess den alleinigen Einfluss auf die Ausgestaltung der EU-Politiken zuweisen, da diese das Ergebnis zwischenstaatlicher Verhandlungen sind. Vertreter des Konzepts der ‚Multilevel Governance' stellen die zentrale Rolle der Mitglied-

---

[96] vgl. GEORGE/BACHE (2000), S. 21

[97] vgl. POLLACK (1997), S. 157

[98] vgl. MARKS et al. (1996)

staaten im Entscheidungsprozess nicht in Frage, verweisen aber auf einige Tatbestände, die den Einfluss der Mitgliedstaaten schmälern. Dies liegt zum einen natürlich darin begründet, dass etwa bei Mehrheitsentscheidungen, die in der EU mehr und mehr ausgeweitet wurden, diejenigen Mitgliedstaaten, die überstimmt werden, überhaupt keinen Einfluss auf die zu beschließende Politik haben. Zudem besteht in einem Mehrebenensystem wie der EU die Gefahr, dass sich supranationale Institutionen, wie etwa die Kommission, verselbständigen und sich dem Einfluss nationaler Regierungen entziehen. Dies kann etwa dadurch gefördert werden, dass sich Interessengruppen, die sich von ihrer nationalen Regierung in den politischen Verhandlungen auf EU-Ebene nicht angemessen vertreten fühlen, mit Gleichgesinnten aus anderen Mitgliedstaaten zusammenschließen, somit transnationale Allianzen bilden und versuchen, sich direkt bei den supranationalen Institutionen Gehör zu verschaffen.[99] Als Beispiel hierfür können zum Beispiel die Lobbying-Aktivitäten in der Wettbewerbspolitik angesehen werden. So werden dort nationale Monopolisten, die naturgemäß enge Beziehungen zu nationalen Behörden und Regierungsvertretern haben, eher auf nationaler Ebene versuchen, sich Gehör zu verschaffen, während für potenzielle Wettbewerber eher die Kommission der Adressat für die Interessenvertretung ist. Die Kommission kann dann mit Hilfe dieser transnationalen Allianzen wiederum versuchen, sowohl die Bevölkerung als auch nationale Regierungen von ihren Präferenzen, die bekanntermaßen auf Marktöffnungen abzielen, zu überzeugen.[100]

Der zweitgenannte Aspekt, die sogenannte ‚Supranational Governance'[101], beschäftigt sich mit den Faktoren, die eine zunehmende Verlagerung politischer Entscheidungen auf die supranationale Ebene begünstigen. Als bedeutendste Faktoren können hier die Bildung einer supranationalen Gesellschaft und internationale politische Externalitäten angesehen werden. Von einer supranationalen Gesellschaft kann gesprochen werden, wenn aufgrund zunehmender grenzüberschreitender Transaktionen bei den involvierten Akteuren ein Interesse

---

[99] vgl. MARKS et al. (1996), S. 368
[100] vgl. GEORGE/BACHE (2000), S. 21
[101] vgl. STONE SWEET/SANDHOLTZ (1997)

an einheitlichen, supranationalen Regelungen besteht. Das Ergebnis wäre dann die ‚Europäisierung' sektoraler Politiken. Die Einhaltung der in den einzelnen Politikbereichen gefassten Beschlüsse und Regelwerke würde dann von einer supranationalen Administration (wie z.B. dem EuGH) überwacht, so dass die Auslegung der gefassten Beschlüsse wiederum supranationalen Institutionen obliegt und damit den eigentlichen Absichten der Mitgliedstaaten zuwider laufen kann.[102]

Wenngleich die hier geschilderten Ansätze Faktoren aufzeigen, die den Einfluss nationaler Regierungen auf den europäischen Entscheidungsprozess schmälern, sind die Mitgliedstaaten bei der Beschlussfassung in der EU dennoch unbestritten die entscheidende Instanz. Beide geschilderten Governance-Formen können den intergouvernementalen Ansatz, bei dem das Ergebnis multinationaler politischer Beschlüsse in erster Linie das Resultat zwischenstaatlicher Verhandlungen ist, nicht widerlegen. Selbst dann, wenn ein gewisser Einfluss supranationaler Institutionen auf politische Entscheidungen vorhanden ist, ist dies noch kein Beweis für eine supranationale Integration.[103] Dennoch werden die Politiken der ersten Säule der Europäischen Union, der Europäischen Gemeinschaft, aufgrund der Tatsache, dass die dort getroffenen Entscheidungen für die Mitgliedstaaten und die Unionsbürger verbindliches Recht setzen und dass dort neben dem Rat der EU auch die Kommission und das Europäische Parlament am Rechtssetzungsverfahren beteiligt sind, als supranationale Rechtssetzung angesehen.[104] Die Beschlussfassungen in der zweiten und dritten Säule der EU (der Gemeinsamen Außen- und Sicherheitspolitik und der Zusammenarbeit in der Justiz- und Innenpolitik) haben dagegen einen stärker intergouvernementalen Charakter, da hier die supranationalen Institutionen kaum Mitwirkungsmöglichkeiten haben und die Beschlüsse im Regelfall einstimmig gefasst werden, was Verhandlungslösungen impliziert.[105]

Obgleich das ‚Konstrukt EU' häufig als supranationale Organisation umschrieben wird, sind es dennoch die Mitgliedstaaten, die die Ziele der einzelnen

---

[102] vgl. STONE SWEET/SANDHOLTZ et al. (1997), S. 312

[103] vgl. BRANCH/ØHRGAARD (1999), S. 127

[104] vgl. WEIDENFELD/WESSELS (2002), S. 111

Politikbereiche festlegen. Zwar haben die EU-Mitgliedstaaten, etwa im Vergleich zu Mitgliedstaaten anderer internationaler Organisationen, zugunsten der Gemeinschaft auf Teile ihrer Hoheitsgewalt verzichtet. Auch der Katalog von Aufgaben, die der Gemeinschaft übertragen wurden, geht weit über die anderer internationaler Organisationen hinaus, da diese Aufgaben im Falle der EU existenzprägenden Charakter für die Mitgliedstaaten besitzen. Wie aber im folgenden noch deutlich werden wird, fehlt den supranationalen EU-Institutionen, vornehmlich der Kommission, die ein bundesstaatliches Gebilde kennzeichnende Allzuständigkeit und die Befugnis, neue Zuständigkeiten zu schaffen, was wiederum den intergouvernementalen Charakter der EU hervorhebt.[106]

Im folgenden sollen die am politischen Entscheidungsprozess beteiligten Institutionen sowie deren Kompetenzen in den verschiedenen Rechtssetzungsverfahren genauer betrachtet werden.

3.1.2 Die Rolle der EU-Institutionen im Europäischen Entscheidungsprozess

3.1.2.1 Entscheidungsverfahren bei der Verabschiedung der EU-Politiken

Der politische Gestaltungsprozess in der EU ist charakterisiert durch die Wechselwirkungen zwischen nationalen und europäischen Institutionen. Der politische Prozess der EU kann mit Hilfe der Spieltheorie als zweistufiges Spiel, bei dem die erste Stufe die nationalen Ebenen und die zweite Stufe die europäische Ebene wiedergibt, angesehen werden. Somit sind im folgenden spieltheoretische Überlegungen zur Analyse des politischen Prozesses der EU angebracht.[107]

---

[105] vgl. WEIDENFELD/WESSELS (2002), S. 116
[106] vgl. BORCHARDT (1999), S. 16
[107] vgl. PUTNAM (1988), S. 433

Als Konsequenz dieser Zweistufigkeit ergeben sich aus der Sicht der einzelnen Mitgliedstaaten Wechselwirkungen zwischen den politischen Verhandlungen auf der nationalen und der europäischen Ebene. Auf nationaler Ebene sind die politischen Entscheidungsträger, also die nationalen Regierungen, dem Druck nationaler Interessengruppen ausgesetzt, dem sie zur Realisierung des Wiederwahlziels nachgeben müssen. Infolgedessen werden sie sich auf EU-Ebene für Politiken einsetzen, die den nationalen Interessen gerecht werden. Die Regierungen der Mitgliedstaaten werden folglich bestrebt sein, ihre national etablierten Politiken möglichst unverändert auf die EU-Ebene zu übertragen, um dann bei der obligatorischen Implementierung der auf EU-Ebene gefassten politischen Beschlüsse in nationales Recht die nationale Anpassungslast zu minimieren. Die nationalen Regierungen bilden dabei das Scharnier zwischen europäischer und nationaler Ebene. Einerseits sind die nationalen gesellschaftlichen Gruppierungen, Interessengruppen und Bürokraten nicht gewillt, etwaige Kosten, die sich aus Beschlüssen auf EU-Ebene ergeben, zu tragen und machen dafür ihre nationale Regierung verantwortlich. Andererseits sind diese es jedoch, die sich vor der Europäischen Kommission und dem Europäischen Gerichtshof verantworten müssen, sollten die EU-Politiken auf nationaler Ebene nicht ordnungsgemäß implementiert oder durch die nationale Administration nicht ordnungsgemäß umgesetzt werden.[108]

Im europäischen Entscheidungsprozess tragen somit die nationalen Akteure einen Wettbewerb um Politikentwürfe aus, die den nationalen Interessen gerecht werden. Es findet also eine Art Politik- und Regulierungswettbewerb statt, in dem, trotz der im vorangegangenen Kapitel hervorgebrachten Argumente, die nationalen Regierungen zumindest in der Beschlussfassung die entscheidenden Akteure sind.[109] Dennoch soll der Gesetzgebungs- und Entscheidungsprozess in der EU und die Kompetenzverteilung zwischen den einzelnen EU-Institutionen kurz etwas näher betrachtet werden.

Aufgrund der Vielzahl der beteiligten Institutionen und aufgrund der verschiedenen Verfahren ist dieser relativ komplex. Das Ziel der vorliegenden

---

[108] vgl. PUTNAM (1988), S. 438ff.
[109] vgl. BÖRZEL (2002), S. 193ff.

Betrachtung soll sein, Tendenzen der Entwicklung in den wichtigsten EU-Politikbereichen zu analysieren, Teilbereiche und Einzelentscheidungen müssen außen vor bleiben. Für langfristige Prognosen erweist sich insbesondere die Tatsache als problematisch, dass dem Europäischen Parlament in den zurückliegenden Jahren eine zunehmende Kompetenzausweitung eingeräumt wurde. Sowohl über dessen zukünftige Zusammensetzung als auch über die Veränderung der Kompetenzen und der Zusammensetzung der einzelnen Institutionen kann auch über einen künftigen Zeitraum von 20 bis 30 Jahren nur spekuliert werden. Dennoch muss die Rolle der einzelnen Institutionen im Gesetzgebungs- und Entscheidungsprozess nach derzeitigem Stand der Dinge kurz erwähnt werden.

Das Gemeinschaftsrecht, der sogenannte „Acquis Communautaire", setzt sich aus drei verschiedenen Arten von Rechtsakten zusammen. Diese sind das *Primärrecht*, bestehend aus den Verträgen und Vereinbarungen, die unmittelbar zwischen den Regierungen der Mitgliedstaaten getroffen werden. Dazu zählen die Verträge von Maastricht, Amsterdam und Nizza sowie die Gemeinsame Europäische Akte. Diese werden vom Europäischen Rat, bestehend aus den Regierungschefs der Mitgliedstaaten, einstimmig beschlossen. Das sogenannte *verbindliche Sekundärrecht* besteht aus Verordnungen, Richtlinien, Entscheidungen und Beschlüssen, das *unverbindliche Sekundärrecht* aus Empfehlungen und Stellungnahmen. Das Sekundärrecht baut auf den Verträgen auf und wird im Wege unterschiedlicher Verfahren, die in einzelnen Vertragsartikeln festgelegt sind, erlassen, wie zum Beispiel dem Anhörungsverfahren, dem Verfahren der Zusammenarbeit, dem Mitentscheidungs- oder dem Zustimmungsverfahren, um nur die wichtigsten zu nennen. Letztlich existiert noch die *Rechtssprechung des Europäischen Gerichtshofes* und des Gerichtes erster Instanz in Streitsachen, die von der Kommission, von innerstaatlichen Gerichten der Mitgliedstaaten oder Einzelpersonen vorgelegt werden.[110]

Neben diesen in den Gemeinschaftsverträgen aufgeführten Rechtshandlungen stehen dem Europäischen Rat, dem Rat der EU, bestehend aus je einem Vertreter der Mitgliedstaaten auf Ministerebene, sowie dem Europäischen

[110] vgl. BORCHARDT (1999), S. 34ff.

Parlament *Entschließungen* und *Erklärungen* als weitere Handlungsformen zur Verfügung. In den Entschließungen werden die gemeinsamen Auffassungen und Absichten im Hinblick auf die Gesamtentwicklung der Integration sowie über konkrete Aufgaben innerhalb und außerhalb der Gemeinschaft zum Ausdruck gebracht. Sie dienen als Orientierungshilfe für die künftige Arbeit des Rates. Sofern Erklärungen die weitere Entwicklung der Gemeinschaft zum Gegenstand haben, sind sie von ihrer Bedeutung her den Entschließungen gleichzusetzen. Daneben existieren aber auch *auslegende Erklärungen*, in denen Ratsmitglieder ihre Auffassung über die Auslegung der gefassten Ratsbeschlüsse darlegen. Darüber hinaus existieren noch die vom Rat und der Kommission erstellten *Aktionsprogramme*, die der Konkretisierung der in den Gemeinschaftsverträgen niedergelegten Gesetzgebungsprogramme und der allgemeinen Zielvorstellungen dienen.[111]

Zum wichtigsten Gesetzgebungsverfahren des verbindlichen Sekundärrechts hat sich das sogenannte *Mitentscheidungsverfahren* (nach Art. 251 EGV) entwickelt, bei dem Parlament und Rat der EU mittlerweile nahezu gleichberechtigte Partner bei der Gesetzgebung sind. Nach diesem Verfahren kann das Parlament an einem Beschlussentwurf des Rates zu einer Verordnung oder Richtlinie Änderungen vorschlagen, die, sofern sie vom Rat nicht übernommen werden, einem paritätisch zusammengesetzten Vermittlungsausschuss zwischen Rat und Parlament vorgelegt werden. Dieser Vermittlungsausschuss kann einen Kompromissvorschlag unterbreiten, der von Rat und Parlament nicht mehr verändert, sondern nur angenommen oder verworfen werden kann. Es besteht im Prinzip ein Zwang zur Zusammenarbeit zwischen beiden Organen, da jedes Organ Gesetzesvorhaben stoppen kann.[112]

Auch beim *Verfahren der Zusammenarbeit* (Art. 252 EGV) hat das Parlament die Möglichkeit, Gesetzesvorschläge der Kommission abzuändern. Hier liegt jedoch im Zweifelsfall die letzte Entscheidung immer beim Rat der EU. Dieses Verfahren findet mittlerweile allerdings nur noch Anwendung im Bereich der

---

[111] vgl. BORCHARDT (1999), S. 42f.
[112] vgl. WEIDENFELD/WESSELS (2002), S. 113f.

Wirtschafts- und Währungsunion, alle früheren Anwendungsfälle sind inzwischen dem Verfahren der Mitentscheidung unterstellt.[113]

Relativ gering ist der Einfluss des Parlaments nach wie vor bei Rechtsakten, die nach dem sogenannten *Anhörungsverfahren* verabschiedet werden, bei denen das Parlament zu den von der Kommission vorgelegten Gesetzesentwürfen lediglich Stellung nehmen muss, bevor sie vom Rat verabschiedet werden.[114]

Letztlich wäre noch das *Zustimmungsverfahren* zu nennen, nach dem ein Rechtsakt ohne die Zustimmung des Europäischen Parlaments nicht zustande kommen kann. Anwendung findet dieses Verfahren bei Beschlüssen zum Beitritt von Staaten zur EU, beim Abschluss von Abkommen mit Drittstaaten, bei der Ernennung des Kommissionspräsidenten und der Kommission als Kollegialorgan sowie bei der Übertragung weiterer Aufgaben an die EZB.[115] Beim Erlass der unverbindlichen Rechtsakte (Empfehlungen und Stellungnahmen) wird das Parlament vom Rat oder der Kommission lediglich unterrichtet.[116] Im Haushaltsbereich hat das Parlament bei den nichtobligatorischen Ausgaben, die sich nicht aus anderen Beschlüssen ergeben, Einflussmöglichkeiten auf deren Höhe und Verteilung (etwa bei den Strukturfonds oder der Forschungs- und Entwicklungspolitik).[117]

3.1.2.2 Kompetenzen der EU-Institutionen im europäischen Entscheidungsprozess

Es stellt sich nun die Frage, von welchen Motiven die verschiedenen Institutionen bei den soeben geschilderten Beschlussfassungen geleitet werden. Darüber hinaus muss die genaue Rolle und Stellung der Institutionen in der EU erörtert werden.

---

[113] vgl. GEORGE/BACHE (2000), S. 223f.
[114] vgl. BORCHARDT (1999), S. 43ff.
[115] vgl. BORCHARDT (1999), S. 48
[116] vgl. WEIDENFELD/WESSELS (2002), S. 112
[117] vgl. KOHLER-KOCH/WOYKE (1996), S. 108ff.

Bezüglich des Gesetzgebungsprozesses besitzen weder der Rat der EU noch das Europäische Parlament das Initiativrecht. Dieses ist, zumindest bei denjenigen Rechtssetzungsverfahren, die die Europäische Gemeinschaft und damit die Zusammenarbeit auf wirtschaftlichem Terrain betreffen, allein der Kommission vorbehalten. Lediglich bei der Gemeinsamen Außen- und Sicherheitspolitik und bei der Zusammenarbeit in der Justiz- und Innenpolitik kommen die Beschlüsse allein durch intergouvernementale Verhandlungen zustande.[118] Aufgrund dieses Initiativmonopols gilt die Kommission als ‚Motor der Integration', darüber hinaus umfassen ihre Aufgaben die Überwachung der Umsetzung und Anwendung des Gemeinschaftsrechts und die Durchführung von Rechtsakten auf Gemeinschaftsebene sowie die Ausführung des Haushalts. Aufgrund der letztgenannten Aufgaben gilt sie auch als Exekutivorgan der Gemeinschaft (Art. 11-19 EGV).[119]

Da im hiesigen Zusammenhang der politische Entscheidungsprozess der EU im Mittelpunkt steht, muss die Rolle der Kommission im Rechtssetzungsverfahren genauer betrachtet werden. Wenn die EU eine eher intergouvernementale Organisation wäre, wäre dies nur mit der Rolle der Kommission als internationales Sekretariat vereinbar, welches, wie bei anderen internationalen Organisationen auch, den Mitgliedstaaten bei der Erreichung ihrer kollektiven Ziele behilflich ist und somit als deren Agent fungiert. Im Widerspruch dazu stünde jedoch die Funktion der Kommission als treibende Kraft im Integrationsprozess.[120]

Würde die Kommission als Agent der Mitgliedstaaten handeln, würde sie die grundsätzliche Ausrichtung der EU-Politiken nicht entscheidend beeinflussen können; sie würde den Mitgliedstaaten lediglich bei der Einigung auf Details bei den von ihnen beschlossenen politischen Marschrichtungen behilflich sein. Aus der Sicht der Mitgliedstaaten wäre im Falle grundsätzlicher Einigkeit eine Delegation von Detailfragen an die Kommission rational, weil diese über mehr technische Informationen verfügt, die ihr von den Generaldirektionen und

---

[118] vgl. GEORGE/BACHE (2000), S. 217

[119] vgl. WEIDENFELD/WESSELS (2002), S. 143

[120] vgl. GEORGE/BACHE (2000), S. 236

Ausschüssen zur Verfügung gestellt werden. Darüber hinaus könnte sie als relativ neutrale Instanz etwaige zwischenstaatliche Konflikte in Einzelfragen schlichten.[121] Zudem ist zu erwähnen, dass die Kommission bei der Ausarbeitung ihrer Gesetzesentwürfe in engem Kontakt zu Vertretern der nationalen Bürokratien steht und dass sich der bürokratische Apparat, der hinter der Kommission steht (v.a. die Generaldirektionen und die Ausschüsse) ebenfalls aus Vertretern der Mitgliedstaaten zusammensetzt.[122] Auch wenn die Kommissionsmitglieder bestrebt sind, ‚Europäische Interessen' zu vertreten und unabhängig von äußeren Einflüssen zu handeln, sind sie in gewissem Maße doch nationalen Einflüssen unterworfen. So haben die Kommissare vor ihrem Wechsel nach Brüssel zumeist auf nationaler Ebene politisch Karriere gemacht und sind durch die dortigen politischen Prozesse und Gepflogenheiten geprägt. Darüber hinaus sind sie in ihren Entscheidungen auf europäischer Ebene der Kritik der Mitgliedstaaten ausgesetzt. Die Gesetzesvorschläge und Politikentwürfe, die die Kommission dem Rat der EU unterbreitet, bedürfen der Zustimmung sämtlicher Kommissare, so dass jeder einzelne Kommissar auf sämtliche Gesetzesvorlagen aus allen Politikbereichen einen Einfluss ausüben kann.[123]

Dem steht jedoch die These gegenüber, dass sich die Kommission aufgrund ihres Initiativmonopols und aufgrund der Tatsache, dass sie in engem Kontakt zu Interessengruppen steht, zu einer autonomen Instanz im europäischen Integrationsprozess entwickeln kann. Auch die weitreichenden Kompetenzen, die sich die Kommission im Bereich der Wettbewerbspolitik angeeignet hat, könnten als Indiz zur Stützung dieser Hypothese angesehen werden. Das Initiativmonopol ermöglicht der Kommission zwar, eine Europäisierung sektoraler Politiken zu initiieren, die inhaltliche Ausgestaltung dieser Politiken muss sich jedoch an den Interessen der Mitgliedstaaten orientieren, um deren Zustimmung zu erlangen.[124] Trotz dieser Restriktion kann die Kommission bei Kenntnis der Interessenlagen der Stimmberechtigten, also der Mitgliedstaaten,

[121] vgl. MORAVCSIK (1993), S. 512
[122] vgl. GEORGE/BACHE (2000), S. 217
[123] vgl. SMITH (2003), S. 141f.
[124] vgl. CRAM (1997), S. 164

die Abstimmungsergebnisse in gewissem Maße beeinflussen. Aufgrund ihrer ausgeprägten Machtposition bei der Ausarbeitung von Gesetzesentwürfen, dem Initiativmonopol, kann die Kommission mit ihren Gesetzesvorlagen den inhaltlichen Ausgangspunkt für die weiteren Verhandlungen zwischen den Mitgliedstaaten setzen, da letztere die Gesetzesvorlagen nur modifizieren, aber keine Alternativvorschläge unterbreiten können. Wie bereits erwähnt muss lediglich sichergestellt sein, dass die Gesetzes- und Politikentwürfe die Präferenzen einer Mindestzahl von Mitgliedstaaten abdecken, da sie ansonsten vom Rat verworfen werden können.[125] Die Tatsache, dass die qualifizierte Mehrheitsregel mehr und mehr Anwendung findet und einzelne Mitgliedstaaten damit keine Veto-Möglichkeit im Rat haben, trägt zu einer Erhöhung des Spielraums der Kommission bei.[126] Auch der bereits erwähnte Kontakt zu transnationalen Interessengruppen kann dazu genutzt werden, mit deren Hilfe die öffentliche Meinung zu beeinflussen und dadurch nationale Regierungen unter Druck zu setzen.

Der Europäische Rat, bestehend aus den Staats- und Regierungschefs, gibt der EU die für ihre weitere Entwicklung erforderlichen Impulse und legt die allgemeinen Zielvorstellungen fest (vgl. Art. 4 EUV). In den einzelnen Politikbereichen kommt dem Europäischen Rat allerdings lediglich bei der Gemeinsamen Außen- und Sicherheitspolitik und bei der polizeilichen und justiziellen Zusammenarbeit eine entscheidende Bedeutung zu, die hier jedoch nicht näher betrachtet werden sollen. Der Europäische Rat kann als konstitutioneller Architekt der EU angesehen werden, was sich etwa in der Einberufung der Regierungskonferenzen zur Einheitlichen Europäischen Akte, zur Wirtschafts- und Währungsunion und zur Politischen Union und den damit einhergehenden Verabschiedungen der Verträge von Maastricht, Amsterdam und Nizza niederschlägt.[127]

Der Rat der EU, bestehend aus je einem Vertreter der Mitgliedstaaten auf Ministerebene (Art. 203 EGV), repräsentiert die Vertretung der Mitgliedstaaten

[125] vgl. BARR/PASSARELLI (2003), S. 17
[126] vgl. GEORGE/BACHE (2000), S. 263
[127] vgl. WEIDENFELD/WESSELS (2002), S. 185

im politischen System der EU und stellt somit eine direkte Verbindung von EU-Ebene und mitgliedstaatlicher Interessenvermittlung her.[128] Je nach Fragestellung setzt er sich aus nationalen Ministern eines bestimmten Ressorts zusammen. Der Rat der EU kann als das Legislativorgan der Gemeinschaft angesehen werden. Bezüglich des Rates der EU ist im Hinblick auf die zu erörternde Fragestellung zu klären, in welchem Maße die Ratsbeschlüsse von einzelstaatlichen Interessen bestimmt werden und in welchem Maße einzelstaatliche Interessen vom Motiv supranationaler Problemlösungen überlagert werden. Sollten die Ratsmitglieder auf nationalen Interessen beharren, wäre dies im Rat mit harten Verhandlungen verbunden und würde die These vom intergouvernementalen Charakter der EU bestätigen. Der supranationale Charakter der EU würde dagegen gestärkt, wenn die Ratsmitglieder in den Verhandlungen mit ihren ausländischen Kollegen zumindest teilweise durch soziale Einflüsse gelenkt und gemeinsame, konsensuale Lösungen an Bedeutung gewinnen würden.[129] Prinzipiell könnte davon ausgegangen werden, dass der intergouvernementale Charakter beziehungsweise die Dominanz nationaler Interessen in den Verhandlungen umso geringer wird, je häufiger die Minister zusammentreffen, weil dann die Kollegialität vermutlich zunähme.[130]

In diesem Zusammenhang muss allerdings angemerkt werden, dass schätzungsweise 85 Prozent aller Ratsentscheidungen bereits vor dem Zusammentreffen der Minister effektiv feststehen, da dieser Anteil der Entscheidungen bereits vom sogenannten Ausschuss der ständigen Vertreter vorgenommen wird.[131] Diese besitzen gegenüber den Ratsmitgliedern einen Informationsvorsprung und werden aufgrund ihres Expertenwissens die anstehenden politischen Entscheidungen sachlicher angehen als Minister, die eher äußeren Einflüssen ausgesetzt sind. Die Tatsache, dass auch zwischen den Ausschussmitgliedern aufgrund häufiger Zusammenkunft kollegiale Beziehungen bestehen, würde wiederum den Einfluss nationaler Interessen in den

---

[128] vgl. WEIDENFELD/WESSELS (2002), S. 315
[129] vgl. LEWIS (1998), S. 480f.
[130] vgl. GEORGE/BACHE (2000), S. 251
[131] vgl. HAYES-RENSCHAW/WALLACE (1997), S. 78

Hintergrund rücken. Darüber hinaus ist es umso weniger rational, auf nationalstaatlichen Interessen zu beharren, je häufiger gemeinsame Entscheidungen getroffen werden müssen. Im Hinblick auf zukünftige Verhandlungen wäre es irrational, die Verhandlungspartner durch starre Positionen zu verärgern. Aufgrund von Beobachtungen in der Vergangenheit bleibt aber dennoch unbestritten, dass auch die Mitglieder des Ausschusses der ständigen Vertreter das Ziel verfolgen, die Präferenzen ihrer Regierungen in den Ratsbeschlüssen zu verankern.[132]

Der Einfluss des Europäischen Parlaments wurde bereits durch die Modifikation der EU-Verträge in der jüngeren Vergangenheit ausgeweitet und soll gemäß dem Europäischen Verfassungsentwurf noch weiter ausgeweitet werden. Auch in bezug auf das Parlament muss nochmals der Frage nachgegangen werden, ob die EU-Parlamentarier eher nationalen, europäischen oder auch parteipolitischen Einflüssen unterliegen. Vieles spricht dafür, dass die Mitglieder des Europäischen Parlaments im Sinne ihrer nationalen Parteien agieren und somit nicht unabhängig von nationalen Interessen sind. So sind etwa Karrieren auf EU-Ebene, etwa als Mitglied der EU-Kommission, nur mit Unterstützung nationaler Parteifunktionäre möglich. Ein Großteil der EU-Kommissare entstammt zwar dem EU-Parlament, vorgeschlagen werden die Kommissare jedoch von den nationalen Parteispitzen. Darüber hinaus werden die Europawahlen unter nationaler Regie durchgeführt.[133] Die Europaabgeordneten werden von ihren nationalen Parteiorganisationen auf die Wahllisten gesetzt, was einen erheblichen Einfluss nationaler Parteien auf ihre Europaabgeordneten impliziert.

Obwohl die Abgeordneten des Europäischen Parlaments in Fraktionen organisiert sind, bestehen innerhalb der einzelnen Fraktionen erhebliche Divergenzen. Es gab in der Vergangenheit zahlreiche Fälle, bei denen die verschiedenen Fraktionen nicht geschlossen abgestimmt haben, sondern einzelne Teile der verschiedenen Fraktionen gemäß den Präferenzen ihrer nationalen

---

[132] vgl. HAYES-RENSCHAW et al. (1989), S. 136
[133] vgl. HIX/LORD (1997), S. 211

Parteiführung.[134] Dies wird auch durch die Tatsache untermauert, dass gemäß einer Erklärung des Vertrags von Maastricht eine Intensivierung der Kontakte, ein Informationsaustausch sowie die Abhaltung regelmäßiger Zusammenkünfte zwischen Europäischem Parlament und den nationalen Parlamenten angestrebt wird.[135] Relativ große Bedeutung kommt auch den Ausschüssen des europäischen Parlaments zu. Diese legen dem Parlament Berichte über die Gesetzesinitiativen der Kommission vor und arbeiten Entwürfe zu Entschließungen aus. Die insgesamt 20 parlamentarischen Ausschüsse decken sämtliche Tätigkeitsbereiche der EU ab und setzen sich aus Vertretern aller Mitgliedstaaten zusammen, so dass sich dadurch auch in den Ausschüssen der Einfluss der Mitgliedstaaten manifestiert. Dieser wird nochmals dadurch verstärkt, dass eine Konzertierung zwischen den Ausschüssen des EU-Parlaments und den entsprechenden Ausschüssen der Mitgliedstaaten stattfindet.[136]

Zusammenfassend lässt sich festhalten, dass bezüglich des Gesetzgebungsprozesses weder der Rat der EU noch das Parlament das Initiativrecht besitzen. Dieses ist, zumindest bei den Rechtssetzungsverfahren der Europäischen Gemeinschaften, die die Zusammenarbeit auf wirtschaftlichem Terrain verkörpern, allein der Kommission vorbehalten. Darüber hinaus ist diese ermächtigt, laufende Rechtssetzungsverfahren zu stoppen. Da aber die Verabschiedung von Gesetzesinitiativen dem Rat der EU und dem Parlament obliegt, muss die Kommission bei der Ausgestaltung ihrer Vorschläge von vornherein deren Interessen berücksichtigen, so dass ihr dadurch die Hände gebunden sind und die Einbringung von Gesetzesinitiativen, die außerhalb des Interessenspektrums der Mitgliedstaaten liegen, wenig Aussicht auf Erfolg hätten. Aus diesem Grund ist der Spielraum der Kommission bei der Gesetzgebung relativ begrenzt.[137] Ausnahmen bilden hierbei lediglich die Durch-

---

[134] vgl. GEORGE/BACHE (2000), S. 266f.

[135] vgl. Vertrag von Maastricht, Erklärungen 13 und 14

[136] vgl. KOHLER-KOCH/WOYKE (1996), S. 109

[137] vgl. PUNTSCHER-RIEKMANN (2000), S. 14; beispielhaft deutlich wurde dies etwa im Konflikt zwischen der Kommission und dem Rat der EU bezüglich der Auslegung des Stabilitäts- und Wachstumspaktes, der zwar einst von den Mitgliedstaaten beschlossen wurde,

führungsbeschlüsse für Rechtsakte des Rats oder des Rats und des Europäischen Parlaments, welche die Kommission in Begleitung von Ausschüssen fasst, sowie einige Entscheidungen, die die Kommission in eigener Verantwortung trifft. Dies wären wettbewerbspolitische Entscheidungen (Wettbewerbsverstöße, staatliche Beihilfenkontrolle, Anti-Dumping-Verfahren) und Entscheidungen zu Anträgen bei Regional-, Forschungs- und Entwicklungshilfeprojekten.[138]

Unter Berücksichtigung obiger Überlegungen soll daher im folgenden der Einfachheit halber davon ausgegangen werden, dass die nationalen Interessen ausschlaggebend für die Entscheidungen über die Maßnahmen im Rahmen der EU-Politiken sind und somit der Rat das entscheidende gesetzgebende Organ der EU ist und bleibt.[139] Auch die Vorschläge des Europäischen Konvents deuten darauf hin, dass auch auf längere Sicht der sogenannte intergouvernementale Ansatz, bei dem weiterhin die Koordinierung der Politiken der Mitgliedstaaten das Kernelement der EU-Politiken bildet und damit der Rat weiterhin die entscheidende Instanz im europäischen Entscheidungsprozess bleibt, dem gemeinschaftlichen Ansatz, bei dem eine fortschreitende Zentralisierung angestrebt wird und die Kommission zusätzliche Befugnisse erhalten würde, vorgezogen wird.[140] Dies wird bereits untermauert durch die immer häufiger eingesetzte ‚Methode der offenen Koordinierung' (open method of coordination), die beispielsweise in der Europäischen Umweltpolitik und der Europäischen Sozialpolitik vermehrt zum Einsatz kommt. Bei dieser Methodik sollen die Mitgliedstaaten von der EU vorgegebene Ziele mit eigenen politischen Mitteln erreichen.[141] Dies kann als Bestreben angesehen werden, die intergouvernementale Zusammenarbeit im Rat zu Lasten der Rolle der EU-

---

mittlerweile aber von diesen aufgrund veränderter Prioritäten relativ wenig Beachtung findet. Eingeleitete Defizitverfahren gegen Deutschland und Frankreich wurden durch Beschluss des Rates der EU ausgesetzt, woraufhin die Kommission Klage beim EuGH eingereicht hat. Doch selbst wenn ein Urteil zu Gunsten der Kommission gefällt werden sollte, müsste diese die Defizitverfahren neu einleiten und wieder dem Rat der EU vorlegen. Ein Vollzug der Strafverfahren in unveränderter Form haben folglich kaum Aussicht auf Erfolg.

[138] vgl. WEIDENFELD/WESSELS (2002), S. 115f.

[139] vgl. z.B. TSEBELIS/YATAGANAS (2002), S. 284ff.

[140] vgl. TABELLINI (2002), S. 20ff.

[141] vgl. MANDL (2003), S. 17

Kommission und gemeinschaftlicher Politik zu stärken. Im Vertrag von Nizza wurde dem Rat der EU zudem dadurch zusätzliches Gewicht bei der Gesetzgebung eingeräumt, dass neben der bei qualifizierten Mehrheitsbeschlüssen erforderlichen 73,91% der Stimmen zusätzlich 62% der EU-Bevölkerung durch die zustimmenden Staaten vertreten werden müssen und dass qualifizierte Mehrheitsbeschlüsse nur von der Mehrheit der Mitgliedstaaten verabschiedet werden können. Nach dem Inkrafttreten des Vertrages von Nizza werden Schätzungen zufolge faktisch über 80% der Beschlüsse des Rates mit qualifizierter Mehrheit erfolgen.[142]

Bei der Betrachtung des Rates kann dessen genaue personelle Zusammensetzung, die sich nach jeder nationalen Wahl ändern kann, hier nicht berücksichtigt werden. Wie jedoch bereits im Rahmen der mesoökonomischen Wirtschaftspolitik herausgestellt wurde, soll im folgenden davon ausgegangen werden, dass die Wahrnehmung der nationalen Interessen langfristig von den strukturellen nationalen Gegebenheiten abhängig ist und weniger von parteipolitischen Einflüssen der jeweiligen nationalen Regierungen.[143] Ansonsten könnten Aussagen über zukünftige Entscheidungen im Rahmen der EU-Politiken nur unter dem Vorbehalt bestimmter nationaler Wahlergebnisse getroffen werden, was bei 27 Mitgliedstaaten unüberwindbare Hürden aufwerfen würde. Die Abstraktion vom Einfluss parteipolitischer Ideologien auf die politischen Entscheidungen mindert nochmals den Einfluss des Europäischen Parlaments, welcher im folgenden als konstant und unabhängig von seiner Zusammensetzung betrachtet werden soll. Als wesentliche gesetzgebende Organe der EU sollen somit der Europäische Rat bzw. der Rat der EU angesehen werden. Von einer genauen Unterscheidung zwischen dem Europäischen Rat, der die politischen Leitlinien der Union vorgibt und politische Grundsatzentscheidungen trifft, und dem Rat der EU, der gemäß dieser Leitlinien und in Zusammenarbeit mit dem Parlament die allgemein verbindlichen Normen in den verschiedenen Politikbereichen erlässt, soll abgesehen werden. Der Unterschied zwischen Europäischem Rat und Rat der EU besteht im wesentlichen darin, dass

[142] vgl. MOBERG (2002), S. 277f.

[143] vgl. auch MOBERG (2002), S. 261

die Entscheidungen des Europäischen Rates mit wenigen Ausnahmen im Konsens getroffen werden. Obwohl die Umsetzung der politischen Entscheidungen des Europäischen Rates in geltendes Recht dem Rat der EU überlassen bleiben, sind sie dennoch faktisch bindend.[144] Die darüber hinaus gehenden Spielräume, die sich bei der Implementierung und der effektiven Durchführung der EU-Politiken für die nationalen Parlamente und Bürokratien sowie für die Kommission und den Europäischen Gerichtshof ergeben, sollen hier nicht näher berücksichtigt werden.

Tabelle 1 zeigt die Anteile der kombinierten Beschlussfassungsmodi zwischen Rat der EU und Parlament an den insgesamt 256 EG- und EU-Vertragsregeln bezüglich der Entscheidungsverfahren. Hierbei wird deutlich, dass die aktiven Mitgestaltungsmöglichkeiten des Parlaments nach wie vor relativ begrenzt sind.[145] Allerdings muss berücksichtigt werden, dass zur Beantwortung dieser Frage nicht die in den Verträgen vorgesehenen Beschlussfassungsmodi für spezielle Politikfelder entscheidend sind, sondern die Häufigkeit ihrer Anwendung.

---

[144] vgl. KOHLER-KOCH/WOYKE (1996), S. 104ff.

[145] vgl. MAURER (2001), S. 8

Tabelle 1

Legislativkompetenzen von Rat der EU und Parlament nach dem Vertrag von Nizza

(Anteile der Artikel, die die jeweilige Verfahrenskombination vorsehen (in Prozent))

Legislativkompetenz des Parlaments	**Entscheidungsregel des Rates**				
	Einstimmigkeit	*qualifizierte Mehrheit*	*einfache Mehrheit*	*sonstige*	Summe
Zustimmung	*2,7*	*1,6*	*0,0*	*1,9*	6,2
Mitentscheidung	*1,6*	*16,0*	*0,0*	*0,0*	17,6
Zusammenarbeit	*0,0*	*1,6*	*0,0*	*0,0*	1,6
Konsultation	*16,4*	*11,7*	*1,2*	*1,2*	30,5
Information	*0,0*	*3,5*	*0,0*	*1,6*	5,1
keine Beteiligung	*11,3*	*19,1*	*3,5*	*5,1*	39,0
Summe	32,0	53,5	4,7	9,8	100,0 (256)

Quelle: Maurer (2001): Der Vertrag von Nizza – Kurzanalyse im Lichte der Vertragsfortbildungen seit 1952

3.2 Die ökonomische Theorie der Verfassung

Einen Teilbereich der ökonomischen Theorie der Demokratie bildet die ökonomische Theorie der Verfassung, in deren Mittelpunkt die Abstimmungsregeln individueller Entscheidungen über Verfassungsfragen stehen. Die Verfassung wird dabei als Formulierung grundlegender Regeln für soziale Austauschbeziehungen angesehen. Derartige Regeln sind zur Sicherung von Eigentumsrechten erforderlich, die die Voraussetzung bilden für die Entstehung effizienter Gütermärkte. Im Falle privater Güter und individueller Entscheidungen ist die Sicherung der Eigentumsansprüche Aufgabe des protektiven Staates. Existieren jedoch öffentliche Güter, die auf kollektiven Entscheidungen der Gesellschaftsmitglieder beruhen, ist die Bereitstellung dieser öffentlichen Güter Aufgabe des produktiven Staates.

Die Entscheidungsfindung in bezug auf das Handeln der öffentlichen Hand, bei der in Demokratien i. d. Regel die Parlamentarier, in der EU die Abgeordneten des EU-Parlaments oder die Vertreter der Mitgliedstaaten im Rat der EU oder im Europäischen Rat, einen entscheidenden Einfluss haben, kann entweder nach der Einstimmigkeits- oder nach der Mehrheitsregel erfolgen. Die politischen Ergebnisse des Entscheidungsprozesses sind abhängig von der Wahl der Entscheidungsregel, da in einstimmigen Entscheidungen stets die Interessen aller Stimmberechtigten einfließen, bei Mehrheitsentscheidungen aber Minderheiten überstimmt werden können.[146] Es stellt sich nun einerseits die Frage nach den Kriterien für die optimale Entscheidungsregel und andererseits die Frage nach den Konsequenzen alternativer Entscheidungsregeln für den Prozess der Europäischen Integration. Die Optimalität der Entscheidungsregel wird determiniert durch die Höhe der Kosten, die mit kollektiven Entscheidungen verbunden sind.

In kollektiven Entscheidungsprozessen fallen Interdependenzkosten an, die sich aus externen Kosten und Entscheidungsfindungskosten zusammensetzen. Externe Kosten sind diejenigen Kosten, die sich für den Einzelnen ergeben, wenn eine im Kollektiv getroffene Entscheidung seinen individuellen Interessen

[146] vgl. BUCHANAN (1984), S. 80ff.

widerspricht. Entscheidungsfindungskosten entstehen in Form aufgewendeter Zeit für Informationsbeschaffung, Verhandlungen und Abstimmungen bei kollektiven Entscheidungen. Die Höhe dieser Kostenarten ist abhängig von der angewendeten Entscheidungsregel. Bei Anwendung der Einstimmigkeitsregel würden die Entscheidungsfindungskosten maximal, da die Präferenzen sämtlicher Stimmberechtigten berücksichtigt werden müssten. Die Stimmberechtigten würden für diese hohen Entscheidungsfindungskosten jedoch durch minimale externe Kosten entschädigt, da bei einstimmigen Entscheidungen durch die Veto-Möglichkeit ein maximaler individueller Schutz gegenüber widrigen Entscheidungen gewährleistet ist. Je weiter die Abstimmungsregel von der Einstimmigkeit entfernt liegt, umso geringer werden die Entscheidungsfindungskosten und umso höher werden die externen Kosten für das einzelne Individuum.[147] Allerdings werden die externen Kosten häufig geringer bewertet als die bei der Einstimmigkeitsregel maximalen Entscheidungsfindungskosten. Dies liegt darin begründet, dass bei Anwendung der Mehrheits- oder der qualifizierten Mehrheitsregel Koalitionen gebildet werden können mit dem Ziel, die Entscheidungen zugunsten der Mitglieder der Koalition zu beeinflussen und dadurch die externen Kosten zu senken, während im Falle der Einstimmigkeitsregel die Entscheidungsfindungskosten exogen vorgegeben sind.

Aus der Sicht des einzelnen Stimmberechtigten ist somit bei Mehrheits- oder qualifizierten Mehrheitsentscheidungen die Möglichkeit der Nutzenmaximierung größer, weil sich hier die Mehrheit auf Kosten einer Minderheit besser stellen kann. Somit ist davon auszugehen, dass Mehrheitsentscheidungen nicht nur einfacher zu erzielen sind und der Entscheidungsprozess damit effizienter ist, sondern dass auch Distributionsziele bei Mehrheitsentscheidungen stärker ins Gewicht fallen als bei einstimmigen Entscheidungen, da bei letzteren jeder Stimmberechtigte durch sein Vetorecht eine Ausbeutung durch andere verhindern kann.[148] Aus der Sicht der Mitglieder der Mehrheit, die ihre Interessen mittels Mehrheitsentscheidungen gegenüber der Minderheit durchsetzen können, sind die externen Kosten der Entscheidung ebenso wie die Entscheidungs-

[147] vgl. BUCHANAN/TULLOCK (1962), S. 45f.
[148] vgl. BUCHANAN (1984), S. 220

findungskosten relativ gering, da die getroffene Entscheidung den Präferenzen der Mehrheit relativ nahe kommen wird und die Entscheidungsfindung nur von einem Teil der stimmberechtigten Mitglieder der Grundgesamtheit getroffen wird.

Bezüglich einer Staatengemeinschaft wie der EU wären in diesem Zusammenhang folgende Aspekte relevant: Erstens müsste geklärt werden, welche Güter überhaupt von der öffentlichen Hand bereitgestellt werden sollten. Diese Frage soll hier jedoch außen vor bleiben. Zweitens wäre zu klären, wann die von der öffentlichen Hand bereitgestellten Güter eher auf nationaler und wann eher auf supranationaler Ebene produziert werden sollten. In Verbindung damit stellt sich dann an dritter Stelle die Frage nach der optimalen Entscheidungsregel.

Was die zweite Frage anbelangt, wäre in bezug auf die EU die ‚Vergemeinschaftung' einer Politik sinnvoll, solange die Interdependenzkosten niedriger sind als die im Falle der unterlassenen Integration entstehenden Kosten beziehungsweise Nutzeneinbußen.[149] Was die optimale Entscheidungsregel betrifft, ist festzuhalten, dass sowohl die Entscheidungsfindungskosten als auch die externen Kosten für alle Mitglieder eines Kollektivs umso niedriger sein werden, je homogener die Präferenzen der Mitglieder untereinander sind. Die Tatsache, dass die Erweiterung der EU die Heterogenität erhöhen wird, hat zur Konsequenz, dass die Erweiterung eine zunehmende Vertiefung erschwert, da die Bereitstellung politischer Güter auf nationaler Ebene mit geringeren Kosten verbunden wäre.[150]

3.3 Die Spieltheorie als Instrument zur Analyse politischer Entscheidungen

In den bisherigen Überlegungen wurden die Motive politischer Entscheidungsträger sowie der institutionelle Rahmen politischer Entscheidungsprozesse in der

[149] vgl. BUCHANAN/TULLOCK (1962), S. 113
[150] vgl. STREIT/VOIGT (1996), S. 387f.

Europäischen Union genauer erörtert. Als wesentliches Resultat dieser Überlegungen kann festgehalten werden, dass der Europäische Rat beziehungsweise der Rat der EU als das entscheidende gesetzgebende Organ der Union angesehen werden kann und dass dort in erster Linie nationale Interessen vertreten werden. Zur konkreten Analyse der auf dieser Basis stattfindenden Entscheidungsprozesse bietet sich die Spieltheorie als Hilfsinstrument an.

In der EU liegt die Schwierigkeit der Analyse des Entscheidungsprozesses zum einen im Zusammenspiel von nationaler und supranationaler Ebene und zum anderen in der Beteiligung mehrerer Organe auf der supranationalen Ebene. Sofern der Europäische Rat beziehungsweise der Rat der EU die entscheidenden Organe im europäischen Entscheidungsprozess sind, bliebe jetzt noch zu klären, wie die konkrete Beschlussfassung in beiden Organen zustande kommt. Die zur Analyse dieser Beschlussfassung geeignete Spieltheorie ist ein aus der Politikwissenschaft entnommener Erklärungsansatz. Die Analyse soll jedoch zunächst eindimensional erfolgen, die in der EU vorliegende Problematik der Zweistufigkeit soll dann in einem gesonderten Kapitel behandelt werden. Auch im folgenden soll der politische Handlungs- und Entscheidungsprozess vor einem ökonomischen Hintergrund erfolgen. Die zahlreichen politikwissenschaftlichen Theorierichtungen, etwa zur politischen Soziologie, zum Regierungsprozess oder zur Politikanalyse, und die Berücksichtigung psychologischer, ideologischer oder taktischer Verhaltensmotive politischer Entscheidungsträger bleiben außen vor, zumal diese ohnehin äußerst schwer prognostizierbar sind und den Rahmen sprengen würden.

Das Umfeld politischer Entscheidungsprozesse bilden politische Systeme. Nach politikwissenschaftlichem Verständnis dienen politische Systeme der Herstellung allgemeinverbindlicher Entscheidungen in einer Gesellschaft zur Lösung öffentlicher Problemstellungen, um die Überlebensfähigkeit des gesamtgesellschaftlichen Systems zu sichern.[151] Die Gesellschaft kann dabei als ein Interaktionssystem angesehen werden. In diesem System bestehen Zusammenhänge zwischen den einzelnen Individuen, die dadurch zustande kommen, dass deren Handlungen nach bestimmten Verhaltensmustern in

---

151 vgl. ZIPPELIUS (1999), S. 25

Wechselbeziehungen stehen und somit ein vielfältig verflochtenes Verhaltensgefüge bilden.[152] Innerhalb dieses gesellschaftlichen Systems existieren verschiedene partikuläre Interessen, die in den Verbänden artikuliert, von diesen in das Forum der politischen Parteien getragen und von diesen wiederum mit unterschiedlicher Gewichtung in den politischen Verhandlungsprozess eingebracht werden.[153] Die Aufgabe der Politik besteht darin, Regelungen zu schaffen, die ein enges Zusammenspiel der partikulären Kräfte ermöglichen, somit Konflikte regeln und den Fortbestand des Systems sichern. Dabei ist stets abzuwägen zwischen der Konfliktvermeidung durch allgemeinverbindliche Regelungen auf der einen und der damit verbundenen Einschränkung individueller Freiheiten auf der anderen Seite.[154] Politische Systeme können somit als Handlungssysteme verstanden werden, die in eine Umwelt eingebettet sind, deren Einflüssen sie ausgesetzt sind und auf die sie reagieren. Das eigennützige Ziel politischer Systeme und ihrer Akteure ist es, sich in dieser Umwelt, die sowohl durch Stabilität als auch durch Wandel gekennzeichnet ist, zu behaupten.[155] Dieses Ziel wird erreicht über eine autoritative und gesamtgesellschaftlich verbindliche Allokation von Gütern und Werten sowie durch die Mobilisierung von Ressourcen durch die politischen Entscheidungsträger.[156]

Die Voraussetzung für erfolgreiches politisches Handeln ist jedoch zunächst der Machtgewinn bzw. –erhalt. Die politischen Entscheidungen über die zu schaffenden politischen Güter und Werte basieren, aufgrund des Selbsterhaltungsmotivs politischer Akteure, auf den Wert- und Moralvorstellungen der Gesellschaft.[157] Die Strategien zur Erlangung politischer Macht und Autorität und die Motive zur politischen Umsetzung bestimmter gesellschaftlicher Vorstellungen wurden in den vorangegangenen Kapiteln in bezug auf die ökonomischen und verteilungspolitischen Zielsetzungen der Gesellschaft bereits

---

[152] vgl. ZIPPELIUS (1999), S. 17
[153] vgl. ZIPPELIUS (1999), S. 21
[154] vgl. ZIPPELIUS (1999), S. 18
[155] vgl. EASTON (1967), S. 17
[156] vgl. EASTON (1967), S. 354ff.
[157] vgl. EASTON (1953), S. 90ff.

analysiert. Die Operationalisierung obiger politikwissenschaftlicher Aspekte ist damit bereits erfolgt. So wurden die Motive politischen Handelns und die Lösung öffentlicher Problemstellungen in der ökonomischen Theorie der Demokratie abgehandelt, wobei dort unter öffentlichen Problemstellungen die Problemstellungen bestimmter gesellschaftlicher Gruppen verstanden wurden. Unter den Umwelteinflüssen, denen die Akteure politischer Systeme ausgesetzt sind, lassen sich etwa Interessengruppen, Verbände oder die Wählerschaft subsumieren. Das politische System selbst ist im Prinzip durch das Verhalten und die Interaktionen einzelner politischer Akteure (einzelner Entscheidungsträger, Parteien, Bürokraten) gekennzeichnet. Diese wurden ebenfalls in den ökonomischen Theorien der Demokratie, der Interessengruppen und der Bürokratie abgehandelt. Die Art und Weise, wie in der Praxis eine allgemein verbindliche und vor allem aus der Sicht der politischen Entscheidungsträger optimale Allokation von politischen Gütern und Werten zustande kommt, wurde in der ökonomischen Theorie der politischen Organisation nur ansatzweise betrachtet und muss daher im folgenden noch genauer analysiert werden.

Autoritative Entscheidungen über die Allokation von politischen Gütern (und Werten) können nun einerseits von Individuen getroffen werden, wie es in Diktaturen der Fall ist. In demokratischen Staatsformen werden derartige Entscheidungen dagegen von Personengruppen getroffen, wie es auch bei der Bereitstellung der politischen Güter im Rahmen der Gemeinschaftspolitiken der EU der Fall ist. Sofern die politischen Entscheidungen Gruppenentscheidungen in bewussten politischen, von Marktmechanismen unbeeinflussten Prozessen sind, handelt es sich letztlich um einen Prozess der Koalitionenbildung. Als ‚Koalition' würde eine aus der Gesamtheit der politischen Entscheidungsträger herausgelöste Untergruppe gelten, die die erforderliche Stimmenmehrheit besitzt, um politische Entscheidungen zu treffen, die für die Gesamtheit bindend sind. Somit besteht der wesentliche Teil der Analyse der autoritativen Allokation von Gütern und Werten in der Analyse von Koalitionen. Für diese Analyse bieten sich spieltheoretische Modelle an.[158]

[158] vgl. RIKER (1972), S. 11f.

Zur genaueren Analyse des politischen Entscheidungsprozesses wird daher die durch *von Neumann* und *Morgenstern* entwickelte Spieltheorie verwendet. Diese ist zwar keine Theorie, die ausschließlich zur Analyse der Bildung von Koalitionen bei autoritativen Entscheidungen entworfen wurde, sie bildet jedoch zweifelsohne einen auf politisches Verhalten anwendbaren Modellrahmen. Gegenstand der Spieltheorie ist die Analyse von strategischen Entscheidungen einzelner Akteure, deren Ergebnis nicht unabhängig von den Entscheidungen anderer Entscheidungsträger ist, so dass der einzelne Entscheidungsträger (‚Spieler'), sofern er sich der Interdependenz zwischen den Entscheidungsträgern bewusst ist, das Verhalten der übrigen Entscheidungsträger berücksichtigen muss.[159]

Bevor die politischen Entscheidungen im Rahmen der EU-Politiken betrachtet werden, muss eine für sie sinnvolle Auswahl aus den möglichen Konzepten der Spieltheorie getroffen werden. Es sollen aber an dieser Stelle nur die für diese Fragestellung wichtigsten Grundkonzepte und Bedingungen betrachtet werden. Eine detaillierte analytische Betrachtung der Spieltheorie würde einerseits zu weit führen und ist andererseits aufgrund ihrer quantitativen, mathematischen Ausrichtung auf konkrete politische Fragestellungen nur schwer anzuwenden. Dazu müssten nicht nur die Präferenzen der einzelnen Spieler, sondern auch ihre Strategien, Payoffs und die Informationen, über die sie verfügen, vorab genau bekannt sein.[160]

3.3.1 Grundkonzepte der Spieltheorie

Im Rahmen der Spieltheorie werden Lösungsmuster für alternativ ausgestaltete Charakteristiken und Abläufe von Spielen aufgezeigt. Unabhängig von diesen Abläufen sind aber sämtlichen Spielern gewisse Grundannahmen gemeinsam.

[159] vgl. ABRAMS (1980), S. 189
[160] vgl. MUNCK (2001), S. 191f.

Diese bestehen aus den Strategien, dem strategisch rationalen Verhalten, den Präferenzen und den Payoffs der einzelnen Spieler.[161]

3.3.1.1 Spielerische Strategien

Unter einer spielerischen Strategie kann ein Aktionsplan für alternative Umweltzustände verstanden werden, wobei in diesen Umweltzuständen sowohl zufällige exogene Einflüsse als auch die alternativen Verhaltensweisen der übrigen Spieler enthalten sind, von denen das individuelle Verhalten abhängig ist. An dieser Stelle sollen unter Strategien die von Spielern vertretenen, allgemeinen politischen Zielrichtungen verstanden werden, da die alternativen Umweltzustände, die die Wahl der konkreten Einzelfall-Strategien beeinflussen, bei einer Detailbetrachtung eine Vielzahl von Ausprägungen annehmen könnten und somit eine Vielzahl von zu analysierenden Strategien bedeuten würden.[162] Bei der späteren Analyse einzelner Politikbereiche soll das strategische Verhalten der einzelnen Spieler, also der Mitgliedstaaten, daher aufgrund der hohen Komplexität nicht bezüglich fallspezifischer politischer Inhalte, sondern bezüglich grundlegender politischer Interessen und bezüglich des zukünftigen Integrationsprozesses untersucht werden.

3.3.1.2 Die Rationalitätsbedingung als Grundlage strategischer Entscheidungen

Über die Hypothese eines rationalen, den individuellen Nutzen maximierenden Verhaltens der einzelnen Spieler, in diesem Zusammenhang der stimmberechtigten Politiker, herrscht weitgehend Einigkeit. Als Spieler müssen im folgenden der Einfachheit halber einzelne Individuen unterstellt werden. Sofern ein Spieler aus einem Team besteht (z.B. einer Fraktion, einer Regierung) oder

[161] vgl. SNIDAL (1985), S. 36f.
[162] vgl. SNIDAL (1985), S. 37

als Agent im Auftrag anderer handelt (z.B. als Vertreter der Wählerschaft), was für politische Entscheidungsprozesse häufig zutrifft, wird von Entscheidungsprozessen innerhalb der Gruppe abstrahiert bzw. unterstellt, dass sich die Gruppe wie ein Individuum verhält.

Vor dem Hintergrund des Wiederwahlziels und der vorangegangenen Überlegungen zur politischen Ökonomie wäre für Politiker in europäischen Abstimmungs- und Entscheidungsprozessen die Wahl derjenigen Politikalternative rational, die den Nutzen ihrer Klientel maximiert. Es ist jedoch fraglich, ob in politischen Verhandlungen nicht auch langfristige Überlegungen oder soziale Faktoren eine Rolle spielen, die das eigennützige Verhalten einzelner Entscheidungsträger zugunsten einer konsensualen Lösung mindern können.[163] Es soll im folgenden jedoch davon ausgegangen werden, dass die Interessen der nationalen Bevölkerung entscheidenden Einfluss auf das Stimmverhalten der Politiker haben. Doch auch der Nutzen der Wählerschaft (z.B. bestimmter Berufsgruppen, Branchen, Verbraucher) muss dabei nicht nur von monetär messbaren Größen abhängig sein, sondern kann ebenfalls durch nicht-monetäre Faktoren, wie zum Beispiel durch die Aufrechterhaltung langfristiger Bindungen und Partnerschaften, durch die Minimierung von Risiken etc., die unter Umständen den monetären Payoff mindern, positiv beeinflusst werden.

Die Beziehung zwischen Wählern und Politikern kann als eine Prinzipal-Agenten-Beziehung angesehen werden[164], in der rein theoretisch die Gefahr des eigennützigen Verhaltens der Agenten zu Lasten der Prinzipale besteht. Wie in den vorangegangenen Kapiteln deutlich wurde, kann den Politikern, die als Agenten der Wähler fungieren, eigennütziges Verhalten unterstellt werden. Zwischen Politikern beziehungsweise Abgeordneten und Wählern besteht eine vertragliche Beziehung dergestalt, dass letztere die Repräsentanten beauftragen, politische Entscheidungen gemäß den Präferenzen der Wähler herbeizuführen. Das Prinzipal-Agenten-Problem kann sich dabei entweder aus dem opportunistischen Verhalten oder aus dem Informationsvorsprung der Politiker

---

[163] vgl. MUNCK (2001), S. 181

[164] vgl. ROSS (1973), S. 134

bzw. der Abgeordneten ergeben. Dies könnte zu einer Interessendivergenz zwischen Wählern und Politikern beziehungsweise Abgeordneten zu Lasten der Wählerinteressen führen.[165] Obgleich diese Problematik nicht geleugnet werden kann, scheint sie dennoch, insbesondere in entwickelten Ländern, vergleichsweise unbedeutend zu sein. Zum einen sind in diesen Ländern die materiellen Anreize zu einem derartigen Verhalten minimal, zum anderen existieren, neben der Möglichkeit der Abwahl, Kontrollinstanzen wie Parteiapparate, bürokratische Apparate und die Rechtsprechung, die derartiges Verhalten erschweren.[166] Die Anwendbarkeit des Prinzipal-Agenten-Ansatzes auf das Verhältnis zwischen Wählern und Politikern bzw. Abgeordneten wird ohnehin durch die Tatsache in Frage gestellt, dass zumindest keine formelle vertragliche Beziehung zwischen beiden besteht und dass damit die Interessen der Prinzipale, also der Wähler oder bestimmter Wählergruppen, gar nicht eindeutig festgelegt und abgegrenzt sind. Das Prinzipal-Agenten-Problem tritt im politischen Prozess vermutlich weniger bei der Willensbildung und Entscheidung, sondern vielmehr bei der Umsetzung der politischen Beschlüsse auf. Dabei agieren nämlich Politiker, allen voran Regierungen, als Prinzipale, während als Agenten die Akteure im bürokratischen Apparat angesehen werden können.[167]

Selbst wenn im folgenden von der Prinzipal-Agenten-Problematik abgesehen werden soll, ist noch die Frage zu klären, welches Verhalten bei internationalen politischen Verhandlungen als rational angesehen werden kann.

3.3.1.3 Determinanten des Payoffs

Als rational kann dasjenige Verhalten eines Spielers angesehen werden, welches seinen individuellen Payoff, also seinen Nutzen, maximiert. Bei politischen Verhandlungen kann, wie im Rahmen der Rationalitätsbedingung bereits geschildert, davon ausgegangen werden, dass einzelne Staaten nationale Inte-

---

[165] vgl. ARROW (1969), S. 61

[166] vgl. RIKER (1972), S. 16ff.

[167] vgl. LANE (2003), S. 12

ressen verfolgen. Die These, dass soziale, psychologische oder organisations- und bürokratietheoretische Faktoren einen stärkeren Einfluss auf das Verhalten der Verhandlungsführer haben als die nationalen politischen Interessen, kann an Beispielen aus der Vergangenheit leicht widerlegt werden.[168] Natürlich werden politische Akteure nicht immer rational im Sinne der Ökonomischen Theorie der Politik handeln, sondern von Fall zu Fall auch spontan, unüberlegt und widersprüchlich.[169] Da hier jedoch der Fokus nicht auf Einzelentscheidungen gerichtet sein soll, sondern eher auf grundsätzliche, langfristige politische Marschrichtungen, können derartige Faktoren vernachlässigt werden.

Entscheidend für die Ermittlung der Payoffs, die sich bei der Wahl alternativer Strategien ergeben, ist die Spezifikation nationaler Präferenzen auf theoretischer Basis. Dabei müssen zum einen die Kosten und Nutzen, die sich aus der Europäisierung verschiedener Politikbereiche für die einzelnen Mitgliedstaaten ergeben können, aus theoretischer Sicht ebenso betrachtet werden wie die äußeren Einflüsse, denen die politischen Entscheidungsträger ausgesetzt sind und die ihren individuellen Payoff beeinflussen. Diese äußeren Einflüsse umfassen die Interessenvertretung sowie organisatorische und institutionelle Gegebenheiten. Es ist durchaus denkbar, dass die politischen Entscheidungsträger aufgrund dieser äußeren Einflüsse, die ihren individuellen Payoff tangieren, Entscheidungen treffen, die nicht nur aus wohlfahrtstheoretischer Sicht für ihr Land insgesamt, sondern auch aus der Sicht partikulärer nationaler Interessen suboptimal sind. Das tatsächliche Abstimmungsverhalten der Entscheidungsträger kann folglich von Fall zu Fall durchaus auch von psychologischen oder sozialen Faktoren bestimmt sein und von den Präferenzen ihrer Stammwählerschaft abweichen. Würde man zur Prognose des zukünftigen Verhaltens einzelner Spieler deren Verhalten in der Vergangenheit heranziehen, wie dies im sogenannten ‚revealed-preference-Ansatz' praktiziert wird, würde das Bild durch diese sozialen, psychologischen oder organisations- und bürokratietheoretischen Faktoren, die aufgrund ihrer Spontaneität nur äußerst schwer in der Prognose zukünftiger Entscheidungen

[168] vgl. SNIDAL (1985), S. 38
[169] vgl. ELSTER (1987), S. 48

Berücksichtigung finden können, verzerrt. Darüber hinaus können mittels einer theoretischen Fundierung, im Gegensatz zu einer ‚revealed-preference-Analyse', Veränderungen der Präferenzen oder institutionelle Veränderungen im Zeitablauf berücksichtigt werden.[170]

3.3.2 Strategische vs. extensive Spiele

Auf der Basis der vorab beschriebenen, allgemeingültigen Grundlagen der Spieltheorie ist nun eine genauere Präzisierung politischer Entscheidungsprozesse im spieltheoretischen Kontext möglich.

Spiele lassen sich in strategische und extensive Spiele unterteilen. Bei strategischen Spielen wird unterstellt, dass die Spieler ihre Aktionen einmalig und gleichzeitig wählen, während bei extensiven Spielen die Reihenfolge der Wahl und die Möglichkeit, nach jedem Spielzug neu zu entscheiden, in das Modell mit einbezogen werden.[171] Sofern die politischen Präferenzen der Spieler durch die in den vorangegangenen Kapiteln erläuterten, polit-ökonomischen Faktoren determiniert würden, könnte davon ausgegangen werden, dass diese auf mittlere Sicht relativ stabil sind. Folglich müssten auch die individuell rationalen Strategien der einzelnen Spieler relativ unabhängig von der Anzahl der Spielzüge und der Wahl der übrigen Spieler sein. Auch die Tatsache, dass in politischen Verhandlungen Entscheidungen über einzelne Sachfragen gemeinsam und gleichzeitig getroffen werden, würde darauf hindeuten, dass in diesem Zusammenhang strategische Spiele vorliegen.[172] Sofern ein Spiel also lediglich die Abstimmung über eine bestimmte Gesetzesvorlage beinhalten und aus nur einer Spielrunde bestehen würde, könnte es als strategisches Spiel angesehen werden.

In strategischen Spielen wird unter ‚Strategie' also nicht die geregelte Abfolge von Spielzügen in extensiven Spielen verstanden, sondern die Wahl

[170] vgl. SNIDAL (1985), S. 41ff.
[171] vgl. RIECK (1993), S. 91
[172] vgl. KEOHANE (1989), S. 104

einer einmaligen, optimalen Spielaktion. Ein strategisches Spiel besteht somit aus einer endlichen Zahl von Spielern, wobei jedem dieser Spieler eine bestimmte Menge möglicher Spielaktionen, oben bezeichnet als Strategien, zur Verfügung steht. Entsprechend den individuell zu erwartenden Nutzenniveaus oder Payoffs der verschiedenen Strategien ergibt sich für jeden Spieler eine Rangordnung.[173] Unter diesen Annahmen müsste in strategischen Spielen prinzipiell jeder Spieler bei rationalem Verhalten ohne Rücksicht auf andere handeln, um seinen Nutzen zu maximieren. Sofern jedoch den Abstimmungen politische Verhandlungen vorausgehen, um die zur Abstimmung stehenden Gesetzesentwürfe mehrheitsfähig zu machen, würde dies dem Spiel einen extensiven Charakter verleihen. Extensive Spiele bestehen aus mehreren Spielrunden beziehungsweise sind durch eine Unterteilung des Spiels in mehrere Teilspiele gekennzeichnet. Dies ermöglicht den einzelnen Spielern, in jeder Spielrunde Informationen über das Verhalten der übrigen Spieler zu sammeln und ihre eigene Strategie gegebenenfalls daran anzupassen.[174]

Für die vorliegende Untersuchung ist eine genaue Abgrenzung des politischen Entscheidungsprozesses als strategisches oder extensives Spiel problematisch. Die bloße Abstimmung der Vertreter der Mitgliedstaaten über einen Gesetzes- oder Politikentwurf hat eher strategischen Charakter. Es kann davon ausgegangen werden, dass die einzelnen Spieler dem Gesetzes- oder Politikentwurf ihre individuellen Präferenzen gegenüber stellen und einmalig und unabhängig vom Verhalten der übrigen Spieler über ihre Zustimmung entscheiden. Die Verhandlungsprozesse, die den Abstimmungen im Regelfall vorausgehen und in denen versucht wird, Kompromisse zu erzielen, verleihen dem politischen Entscheidungsfindungsprozess dagegen eher einen extensiven Charakter.

In diesem Zusammenhang ist darüber hinaus zu beachten, dass, obwohl in jedem einzelnen Politikbereich völlig unterschiedliche Fragestellungen mit völlig unterschiedlichen individuellen Auszahlungsmatrizen und folglich unterschiedlichen Präferenzen und Strategien der einzelnen Spieler zur Debatte stehen, eigennütziges Verhalten einzelner Spieler das Verhalten anderer Spieler

---

[173] vgl. VON NEUMANN/MORGENSTERN (1947), S. 17f.
[174] vgl. HOLLER/ILLING (1996), S. 107

in zukünftigen Verhandlungen in anderen Politikbereichen in unerwünschter Weise beeinflussen kann, so dass rationales Verhalten der Entscheidungsträger nicht ein Beharren auf nationalen Interessen bedeuten kann.[175] Inwieweit dies der Fall ist, wird im nächsten Abschnitt geklärt.

3.3.3 Kooperative vs. nicht-kooperative Spiele

Die soeben dargestellten Spielformen gelten allerdings nur für einen bestimmten Teilbereich der Spieltheorie, die sogenannte nicht-kooperative Spieltheorie. Diese ist dadurch charakterisiert, dass die beteiligten Spieler nicht miteinander kommunizieren und ihre strategischen Entscheidungen unabhängig voneinander wählen. Somit haben die Spieler auch keinen Einblick in die Sphäre und in die Psychologie der Gegenspieler. Sie wissen lediglich, wie die einzelnen Gegenspieler die potenziellen Spielausgänge bewerten.[176] In den im vorhergehenden Kapitel geschilderten Spielen in extensiver Form, in Spielen also, die sich über einen längeren Zeitraum erstrecken und bei denen die Spielzüge der einzelnen Spieler unabhängig voneinander durchgeführt werden, würden diese für die Mitspieler ersichtlichen Spielzüge im Falle nicht-kooperativer Spiele eine Art stilisierte Kommunikation darstellen.[177] Nicht-kooperative Spiele sind darüber hinaus dadurch gekennzeichnet, dass keine bindenden Verträge oder Vereinbarungen zwischen den Spielern getroffen werden können.[178]

Im Hinblick auf die vorliegende Fragestellung kann in bezug auf politische Entscheidungsprozesse angemerkt werden, dass das Rationalverhalten bei individuellen Entscheidungsprozessen von rationalem Verhalten bei Gruppenentscheidungen abweichen kann. Dies liegt darin begründet, dass bei Gruppenentscheidungen die Entscheidungen anderer Mitglieder Einfluss auf das Verhandlungsergebnis haben und deshalb bei der individuellen Entscheidungsfindung berücksichtigt werden müssen. Diese Situation bildet das Gefangenen-

[175] vgl. SNIDAL (1985), S. 49
[176] vgl. RIECK (1993), S. 27f.
[177] vgl. MORROW (1994), S. 121

dilemma ab.[179] Sie ergibt sich immer dann, wenn es für jeden Spieler eine dominante Strategie gibt, die ihm aus individueller Sicht, unabhängig von der Alternativenwahl der übrigen Mitspieler, stets einen höheren Nutzen stiftet als sämtliche alternativen Strategien. Wenn jedoch ein derartiges, den individuellen Nutzen maximierendes und somit individuell rationales Verhalten der einzelnen Spieler zu suboptimalen Ergebnissen führt und den gemeinschaftlichen Nutzen mindert, würde individuell rationales Verhalten sämtlicher Spieler keine pareto-optimale Lösung liefern.[180] Ein Abweichen von der dominanten Strategie eines einzelnen Spielers würde dessen Nutzenniveau schmälern und gleichzeitig andere Spieler besser stellen, sofern diese ihre Strategie beibehalten. Zur Erzielung einer pareto-optimalen Lösung wäre also einerseits eine Kommunikation zwischen den Spielern erforderlich. Dies allein reicht aber nicht aus, Spieler von einer dominanten Strategie und Täuschungsversuchen abzubringen. Es müsste darüber hinaus eine Kooperation durch bindende, vor Gericht einklagbare Abmachungen und Vereinbarungen erfolgen, um ein Festhalten oder einen Wechsel zur aus individueller Sicht dominanten Strategie zu verhindern. Dies wäre jedoch nur in kooperativen Spielen der Fall, bei denen eine Kommunikation zwischen den Spielern stattfindet und bindende Verträge oder Vereinbarungen getroffen werden können, was den einzelnen Spielern mit hoher Wahrscheinlichkeit einen höheren Payoff gewährleistet als in nicht-kooperativen Spielen.[181]

Die Unterteilung von Spielen in kooperativ und nicht-kooperativ kann nicht ganz unabhängig von der Frage betrachtet werden, ob Spiele einen Nullsummen-Charakter haben oder nicht. Nullsummenspiele sind dadurch gekennzeichnet, dass sich die Payoffs aller beteiligten Spieler zu null addieren.[182] Demgegenüber kommt es bei Nicht-Nullsummenspielen nicht nur zu einer Umverteilung des Nutzens zwischen den beteiligten Spielern, sondern insgesamt zu einer Nutzensteigerung (was jedoch nicht ausschließt, dass auch

---

[178] vgl. RIECK (1993), S. 28
[179] vgl. AXELROD (1984), S. 52
[180] vgl. LUCE/RAIFFA (1957), S. 95
[181] vgl. ORDESHOOK (1986), S. 303
[182] vgl. FRIEDMAN (1989), S. 26

bei Nicht-Nullsummenspielen einzelne Spieler Nutzeneinbußen erfahren können). Strittig ist, inwieweit politische Prozesse eher den Charakter von Nullsummen oder eher den Charakter von Nicht-Nullsummenspielen haben. Wenngleich einige politische Prozesse den Charakter von Nullsummenspielen haben, gleicht die Bereitstellung politischer Güter auf supranationaler Ebene beziehungsweise die kollektive Allokation von Ressourcen, wie es im Rahmen der EU-Politiken der Fall ist, eher Nicht-Nullsummenspielen, da diese häufig mit positiven externen Effekten, Größenvorteilen, Netzwerkeffekten o. Ä. verbunden sind.[183] Während aus rein finanzieller Sicht die EU-Politiken durchaus Nullsummenspielen ähneln, werden sie unter Berücksichtigung nichtfinanzieller Faktoren zu Nicht-Nullsummenspielen.

Sofern es sich bei der Mehrzahl der politischen Prozesse um Nicht-Nullsummenspiele und darüber hinaus um nicht-kooperative Spiele handelt, ist die Problematik des Gefangenendilemmas relevant. In diesem Zusammenhang ist dabei nicht in erster Linie die Tatsache von Interesse, dass im Falle des Gefangenendilemmas kein pareto-effizientes Ergebnis erzielt wird, sondern vielmehr die Frage, wovon das Beharren der Spieler auf der dominanten Strategie, welches die Ursache für die Pareto-Ineffizienz ist, abhängt. Die Bereitschaft der Spieler, über eine kooperative Lösung ein pareto-effizientes Ergebnis zu erzielen, wird mit zunehmender Spielerzahl abnehmen, da mit der Spielerzahl auch die Transaktionskosten zur Erzielung kooperativer Verhandlungslösungen steigen. Dies würde bedeuten, dass in politischen Prozessen mit zunehmender Zahl der Verhandlungspartner die Wahrscheinlichkeit nicht-kooperativen Verhaltens steigt und dominante Strategien bevorzugt werden.[184] Dagegen spricht jedoch die Tatsache, dass die dabei zugrundeliegende Annahme nicht-kooperativen Verhaltens in bezug auf die EU-Politiken deshalb irrelevant sein kann, weil politische Prozesse, im Gegensatz zum Fall des Gefangenendilemmas, aus mehreren Spielrunden bestehen. Somit kann sich zum einen eigennütziges Verhalten langfristig als unvorteilhaft erweisen, zum anderen werden die politischen Maßnahmen im Rahmen der EU-

[183] vgl. ORDESHOOK (1986), S. 203
[184] vgl. ORDESHOOK (1986), S. 208

Politiken in regelmäßigen Abständen modifiziert, was die Spieler, in diesem Fall also die Mitgliedstaaten, im Falle suboptimaler Ergebnisse langfristig zu einer Offenbarung ihrer Präferenzen veranlassen sollte. Darüber hinaus ist der Netto-Nutzen, den die einzelnen Mitgliedstaaten aus den Gemeinschaftspolitiken ziehen, unterschiedlich, was die Wahrscheinlichkeit des Trittbrettfahrerverhaltens nochmals einschränkt. Mit zunehmender Spreizung der Netto-Nutzen steigt die Wahrscheinlichkeit, dass diejenigen Mitgliedstaaten, die ein großes Interesse an der Bereitstellung des Kollektivgutes und einen bedeutenden Anteil am Gesamtnutzen, den das Gut stiftet, haben, bereit sind, allein für die Bereitstellung des Gutes aufzukommen.[185]

Es ist aber dennoch fraglich, ob politische Verhandlungsprozesse am konkreten Beispiel der EU eher kooperativen oder eher nicht-kooperativen Charakter haben. Bei kooperativen Spielen, bei denen also eine Kommunikation zwischen den Spielern stattfindet und bei denen gleichzeitig bindende Verträge oder Vereinbarungen getroffen werden, handelt es sich, sofern mehr als zwei Spieler beteiligt sind, um Koalitionsspiele. Zwischen den an einer Koalition beteiligten Spielern hat das Spiel eindeutig kooperativen Charakter, während für den Fall, dass sich in einem Spiel verschiedene Koalitionen, die auf unterschiedlichen Standpunkten beharren, gegenüberstehen, die Abläufe zwischen diesen Gruppierungen einen eher nicht-kooperativen Charakter haben. Nicht-kooperative Spiele zeichnen sich letztlich dadurch aus, dass einzelne Spieler oder auch einzelne Gruppierungen von Spielern bestrebt sind, ihre individuellen Ziele zu erreichen und dabei Verschlechterungen der übrigen Spieler in Kauf nehmen[186], während bei kooperativen Spielen eine Verhandlungslösung gesucht wird, die den Payoff der Koalition insgesamt maximiert.[187] Während also kooperative Spiele der Beantwortung der Frage nach der Aufteilung des Nutzens zwischen den Koalitionsmitgliedern dienen,

[185] vgl. HOLLER/ILLING (1996), S. 5ff.
[186] vgl. FRIEDMAN (1989), S. 22
[187] vgl. BRAMS (1975), S. 201

liegt das Hauptaugenmerk nicht-kooperativer Spiele auf der Bildung und auf der Stabilität von Koalitionen.[188]

Obwohl die politischen Entscheidungen in der EU sowohl kooperative als auch nicht-kooperative Züge enthalten können, sollen an dieser Stelle nicht die sehr abstrakten Lösungsmöglichkeiten dieser beiden Spielarten dargelegt werden, da dies für die EU-Politiken ohnehin nicht operationalisierbar ist. Es sollen lediglich die wichtigsten Charakteristiken und die prozessualen Abläufe beider Spielformen kurz dargestellt werden.

3.3.3.1 Nicht-kooperative Spiele

Nach obiger Aussage sollen Spiele im folgenden als nicht-kooperativ angesehen werden, wenn die Entscheidungen der beteiligten Spieler ohne die Möglichkeit einer vorhergehenden Koordinierung getroffen werden und keine bindenden Vereinbarungen möglich sind.

Für den politischen Entscheidungsprozess in der EU soll davon ausgegangen werden, dass es für jeden Spieler eine dominante Strategie gibt, die seinen Payoff, unabhängig vom Verhalten der übrigen Spieler, maximiert. Darüber hinaus soll die für nicht-kooperative Spiele geltende Annahme unterstellt werden, dass jeder Spieler das für die anderen Spieler rationale Verhalten antizipiert.[189] Würde nun jeder Spieler seine optimale Strategie spielen, gegeben die optimalen Strategien der anderen Spieler, würde sich ein Nash-Gleichgewicht einstellen, bei dem kein Spieler durch einen Strategiewechsel seinen Nutzen steigern könnte. Ein Nash-Gleichgewicht würde sich also immer dann einstellen, wenn alle Spieler das Verhalten der übrigen Spieler korrekt antizipieren würden oder wenn es für jeden Spieler eine dominante Strategie gibt, die ihm, unabhängig von der Strategiewahl der Mitspieler, immer den maximalen Payoff liefert.[190] Für politische Verhandlungs- und Entscheidungs-

---

[188] vgl. THOYER (2001), S. 130

[189] vgl. ORDESHOOK (1986), S. 117

[190] vgl. HOLLER/ILLING (1996), S. 57

prozesse scheinen aber beide Annahmen unrealistisch zu sein. Eine korrekte Antizipierung des Verhaltens der Mitspieler wird angesichts der Spezifität der zur Debatte stehenden Gesetzesentwürfe und politischen Programme ebenso unwahrscheinlich sein wie die Existenz einer dominanten Strategie. In bezug auf letzteren Aspekt würde das Beharren der einzelnen Spieler auf demjenigen politischen Standpunkt, der dem von ihnen vertretenen Land in politischen Beschlüssen den höchsten Payoff liefern würde, unter Umständen dazu führen, dass überhaupt kein Beschluss zustande kommt. Es kann deshalb sinnvoll sein, vom eigenen Standpunkt in gewissem Maße abzuweichen und Abstriche in Kauf zu nehmen, um überhaupt einen politischen Beschluss zu ermöglichen, als durch stures Beharren auf einer bestimmten Position Beschlüsse zu gefährden. Es ist in politischen Verhandlungs- und Entscheidungsprozessen durchaus denkbar, dass die Bereitschaft zu Zugeständnissen eines Landes umso größer ist, je größer die Bereitschaft zu Zugeständnissen der übrigen Länder ist. Dies würde bedeuten, dass die Strategie der einzelnen Ländervertreter in gewissem Maße durchaus von der Strategienwahl der Verhandlungspartner bestimmt wird und somit vorab keine dominanten Strategien bestehen.

Es soll daher im folgenden davon ausgegangen werden, dass politische Verhandlungs- und Entscheidungsprozesse, bei denen die einzelnen Akteure durch polit-ökonomische Motive geleitet werden, ebenso wie nahezu alle ökonomischen Fragestellungen eine dynamische Struktur haben. Bei mehrperiodigen Spielen kann davon ausgegangen werden, dass Kooperationsmöglichkeiten bestehen, auch wenn, gemäß den Charakteristiken nicht-kooperativer Spiele, keine bindenden Vereinbarungen getroffen werden. In politischen Verhandlungs- und Entscheidungsprozessen ist es durchaus plausibel, dass in der Gegenwart getroffene Entscheidungen über den Einfluss auf die künftigen Handlungen der Verhandlungspartner die Payoffs der zukünftigen Perioden beeinflussen, was kooperatives Verhalten nahe legt.[191]

Aus den vorangegangenen Überlegungen kann festgehalten werden, dass bei multilateralen Verhandlungs- und Entscheidungsprozessen aufgrund des extensiven Charakters der politischen Prozesse Kooperationsmöglichkeiten

[191] vgl. HOLLER/ILLING (1996), S. 131f.

vorhanden sind. Multinationale Verhandlungen entsprechen am ehesten nicht-kooperativen Spielen, bei denen jedes Land seine Präferenzen bezüglich zu beschließender politischer Maßnahmen offenbart und daraufhin Verhandlungen aufnimmt, wobei die Bereitschaft, in einzelnen Detailfragen Kompromisse einzugehen, abhängig ist von Zugeständnissen, die dem Land in anderen Detailfragen gewährt werden. Diese Verhandlungen können dann den Zusammenschluss einzelner Länder zu Koalitionen hervorrufen, die, insbesondere bei zunehmender Mitgliederzahl multinationaler Organisationen, Entscheidungsfindungen erleichtern können.[192] Speziell in bezug auf den politischen Entscheidungsprozess in der EU ist dessen eindeutige Kennzeichnung als kooperativ oder nicht-kooperativ problematisch. Die Tatsache, dass im politischen Verhandlungsprozess eine Kommunikation zwischen den Spielern stattfindet, würde auf einen kooperativen Charakter des Spiels hindeuten. Die fehlende Möglichkeit vertraglicher Vereinbarungen bezüglich der spielerischen Strategien deutet dagegen eher auf einen nicht-kooperativen Charakter hin. Darüber hinaus kann davon ausgegangen werden, dass jeder Spieler, also jeder Vertreter eines Mitgliedstaates, unabhängig von den übrigen Spielern entscheidet, ob er einem Gesetzes- oder Politikentwurf zustimmt oder nicht. Es spricht folglich einiges dafür, dass es sich zumindest bei den Abstimmungen über Gesetzes- und Politikentwürfe eher um nicht-kooperative Spiele handelt.

Neben diesen Verhandlungen zwischen einzelnen Ländern bzw. Ländergruppen müssen auch die Verhandlungen innerhalb von Koalitionen betrachtet werden, was Gegenstand der kooperativen Spieltheorie ist.

[192] vgl. THOYER (2001), S. 130

3.3.3.2 Individualistisch-kooperative Spiele vs. Koalitionsspiele

3.3.3.2.1 Individualistisch-kooperative Spiele und Verhandlungsspiele

In der Spieltheorie wird im Rahmen der kooperativen Spiele eine weitere Unterteilung vorgenommen in individualistisch-kooperative Spiele auf der einen und Koalitionsspiele auf der anderen Seite. In den individualistisch-kooperativen Spielen werden die einzelnen Spieler stets als individuelle Entscheidungseinheiten angesehen. Gegenstand der individualistisch-kooperativen Spiele ist im engeren Sinne der Verhandlungsprozess beziehungsweise das Verhalten der einzelnen Verhandlungsteilnehmer. Charakteristisch für individualistisch-kooperative Spiele und Verhandlungsspiele ist die Tatsache, dass entweder eine Einigung zwischen allen beteiligten Spielern erzielt wird oder dass, im Falle der Nicht-Einigung, jeder Spieler isoliert für sich allein handelt. Es wird jedoch ausgeschlossen, dass Teilmengen der Spieler Koalitionen bilden.[193] Damit sind individualistisch-kooperative Spiele relevant für politische Verhandlungen über Sachfragen, die einstimmig ratifiziert werden müssen und für Verhandlungsprozesse zwischen Koalitionären, die sich entweder auf eine gemeinsame Position einigen oder, im Falle der Nicht-Einigung und des Auseinanderbrechens der Koalition, getrennte Wege gehen.

Verhandlungsspiele sind dadurch gekennzeichnet, dass durch gemeinsame Vereinbarungen eine Güterallokation erreicht werden kann, die sämtlichen Spielern ein höheres Nutzenniveau beschert als dies in der Ausgangssituation der Fall war. Andernfalls käme es bei einstimmigen Entscheidungen bzw. innerhalb von Koalitionen zu keiner Einigung, da es aus individueller Sicht nur dann sinnvoll ist, in Verhandlungen zu treten, wenn die Verhandlungslösung einen höheren Payoff ermöglicht als die sogenannte Konfliktlösung, die ein isoliertes Handeln oder das Festhalten an den bestehenden Kontrakten bedeutet. Eine langfristig stabile Verhandlungslösung müsste einem Nash-Gleichgewicht entsprechen, in dem kein Spieler mehr einen Anreiz hat, bei gegebenen

[193] vgl. HOLLER/ILLING (1996), S. 174

Strategien beziehungsweise bei gegebener Alternativenwahl der übrigen Spieler von seiner Strategie abzuweichen.[194]

Zwar findet die Nash-Lösung Anwendung bei nicht-kooperativen Spielen, bei denen jeder Spieler so lange auf die Spielzüge der anderen Spieler reagiert, bis letztlich für keinen mehr ein Anreiz besteht, seine Strategie zu ändern. Doch auch die als kooperativ eingestuften Verhandlungsspiele können vom Grundsatz her nicht-kooperativ sein, sofern Rahmenbedingungen, hauptsächlich Institutionen, existieren, die garantieren, dass ein kooperatives Spielergebnis resultiert, beispielsweise in Form eines Kontrakts.[195] Allerdings müssen die erzielten Nash-Gleichgewichte keinesfalls pareto-effizient sein. Inwieweit dies der Fall sein wird, hängt vom Verhandlungsprozess ab. Denn auch das im nicht-kooperativen Spiel des Gefangenendilemmas erzielte Ergebnis ist ein Nash-Gleichgewicht, allerdings kein pareto-effizientes. Die effizienten Verteilungen lägen auf der Kontraktkurve der Edgeworth-Box, die all diejenigen Verteilungen der Güter auf die beteiligten Individuen enthält, bei denen sich ein Individuum nur auf Kosten eines anderen Individuums verbessern könnte.[196] Die Pareto-Effizienz soll hier jedoch nicht näher betrachtet werden, da eine pareto-effiziente Allokation politischer Güter ohnehin nicht ermittelbar ist.

Bezogen auf die politischen Entscheidungen in der EU wären die betrachteten Güter gleichbedeutend mit zur Auswahl stehenden Politikalternativen. Den Ausgangspunkt würden bei der Betrachtung der EU-Politiken die bestehenden Regelwerke darstellen, so dass sich also nicht die Frage stellt, ob die einzelnen Mitgliedstaaten durch die derzeitigen gemeinsamen Politiken ein höheres Nutzenniveau erzielen als sie es bei individuellen Politiken erzielen könnten, sondern welche Verhandlungslösung sich bei einer Modifikation der bestehenden Regelwerke ergeben würde. Es sollen also die aus einzelstaatlicher Sicht rational erscheinenden Politikalternativen und daraus resultierende, wahrscheinliche Verhandlungsergebnisse ermittelt werden. Die Annahme, dass die Konfliktlösung für sämtliche Länder immer einen geringeren Nutzen liefert

[194] vgl. LUCE/RAIFFA (1957), S. 65
[195] vgl. HOLLER/ILLING (1996), S. 175f.
[196] vgl. HOLLER/ILLING (1996), S. 176ff.

als die Verhandlungslösung ist jedoch in diesem Zusammenhang unrealistisch, da bei einer Vielzahl der EU-Politiken die Mitgliedstaaten in Nettoempfänger und Nutznießer auf der einen Seite und Nettozahler auf der anderen Seite unterteilt werden können. Unterstellt man den politischen Akteuren eigennütziges Verhalten, wäre demnach eine einstimmige Verabschiedung derartiger Politikentwürfe und eine Verhandlungslösung unrealistisch.[197] Diese Problematik verliert jedoch an Bedeutung, wenn Nutzentransfers zwischen den beteiligten Akteuren möglich sind, um die Zustimmung einzelner Stimmberechtigter zu ‚erkaufen'. Fraglich ist jedoch, wie dieser Nutzentransfer in politischen Verhandlungsprozessen erfolgen kann. Nutzentransfer kann nur mit Hilfe eines perfekt teilbaren, transferierbaren Gutes erfolgen, dessen Nutzenstiftung nicht von den übrigen Elementen und Teilaspekten des Verhandlungsprozesses beeinflusst wird. Das einzige Gut, welches diese Voraussetzungen erfüllt, sind finanzielle Transfers, die das Zustandekommen von Verhandlungslösungen ermöglichen können.[198] Eine Alternative könnte in politischen Zugeständnissen liegen. Deshalb können hierbei die einzelnen Politikbereiche nicht völlig isoliert voneinander betrachtet werden, da einzelstaatliche (Netto-)Nutzeneinbußen in einem Politikbereich durch Zugeständnisse in anderen Politikbereichen kompensiert werden müssten. Sowohl politische Zugeständnisse wie auch finanzielle Transfers kamen bei politischen Beschlüssen in der EU in der Vergangenheit bereits häufig zum Einsatz. Auf diese Problematik wird im folgenden Abschnitt genauer eingegangen. Zentrale Bedeutung kommt somit dem der Verabschiedung von Politikentwürfen vorhergehenden Verhandlungsprozess zu.

Ob eine Verhandlungslösung zustande kommt, ist darüber hinaus in starkem Maße abhängig von den Drohstrategien der einzelnen Spieler. Falls es zu keiner Einigung käme, würde dies bedeuten, dass die Spieler auf Strategien beharren, die keine Verhandlungslösung ermöglichen, sondern zu einer Konfliktlösung führen. Diese Verhandlungsposition ist für einen Spieler jedoch nur rational, wenn er über ein gewisses Drohpotenzial verfügt. Dieses ergibt sich aus der

[197] vgl. FRIEDMAN (1989), S. 221
[198] vgl. ORDESHOOK (1986), S. 320

Sicht eines einzelnen Spielers wiederum aus der Differenz zwischen seinem Payoff und den Payoffs aller übrigen Spieler im Falle der Nicht-Einigung und lässt sich auf diese Weise für jedes Feld der Auszahlungsmatrix ermitteln. Je größer diese Differenz ist, umso besser wäre der betrachtete Spieler in Relation zu den übrigen Spielern im Falle einer Nicht-Einigung gestellt. Das Drohpotenzial eines jeden Spielers ist somit abhängig von der Frage, inwieweit er sich auf Kosten anderer bei der Wahl einer optimalen Drohstrategie besser stellen kann. Es bietet sich jedem Spieler, neben der kooperativen Verhandlungslösung, die Ausweichmöglichkeit auf ein nicht-kooperatives Drohspiel.[199]

Aus den vorangegangenen Überlegungen lassen sich für den europäischen Entscheidungsprozess folgende Schlüsse ziehen: Eine Verhandlungslösung (Nash-Gleichgewicht) wird umso eher erreicht, je eher die zur Wahl stehenden politischen Beschlüsse allen Beteiligten Nutzenzuwächse ermöglichen. Einigungen auf politische Koordinationen oder auf Homogenisierungen von Regeln und Normen werden umso mehr Mitgliedstaaten Nutzenzuwächse bescheren, je homogener die Charakteristiken der Mitgliedstaaten in bezug auf die zu harmonisierenden Politikbereiche sind, weil dann einheitliche politische Maßnahmen den Bedürfnissen und Vorstellungen aller beteiligten Mitgliedstaaten umso eher gerecht werden. Die kooperative Verhandlungslösung wird demnach relativ nah an den mehrheitlichen Präferenzen der stimmberechtigten Spieler liegen. Je homogener die Mitgliedstaaten sind, umso ähnlicher werden auch die einzelstaatlichen Payoffs aus alternativen politischen Konzepten sein. Dies liegt darin begründet, dass aufgrund hoher Homogenität und resultierend ähnlichen Präferenzen der Länder eine gemeinsame Politik beschlossen werden kann, die allen einzelstaatlichen Bedürfnissen relativ nahe kommt und Sonderwünsche nicht zu berücksichtigen sind. Aus dem selben Grund werden die Payoffs und die Nutzenverteilung auf die einzelnen Länder auch ähnlicher sein, wenn alle Länder aufgrund ähnlicher Präferenzen in gleicher Weise von der gemeinsamen Politik profitieren. Die ähnliche Verteilung des Payoffs hat

[199] vgl. HOLLER/ILLING (1996), S. 225ff.

wiederum Konsequenzen für das Drohpotenzial einzelner Länder, das dann entsprechend gering ausfällt.

Nach dieser Argumentation wäre eine zwischenstaatliche Harmonisierung oder Koordination der Politiken allerdings nur bei vollständiger Homogenität der Länder und vollständig identischen Interessenlagen, positiven externen Effekten politischer Maßnahmen, Allokationsgewinnen oder sonstigen Nutzenzuwächsen sinnvoll, andernfalls wären Alleingänge vorzuziehen. Sollten diese Voraussetzungen nicht vorliegen, müssen also andere Gründe vorhanden sein, weshalb auch Länder, die von den zur Verhandlung stehenden politischen Beschlüssen nicht profitieren, bis zu einem gewissen Ausmaß der Interessendivergenz Verhandlungslösungen den nicht-kooperativen Konfliktlösungen vorziehen. Wie bereits erwähnt, können die Nutzeneinbußen, die sich für ein Land aus der Vergemeinschaftung eines bestimmten Politikbereichs ergeben, durch Nutzenzuwächse, die aus der Vergemeinschaftung eines anderen Politikbereichs entstehen, kompensiert werden. Allein die Kompensation der Verluste in einem Politikbereich durch Gewinne in einem anderen wäre jedoch noch kein Motiv, der EU beizutreten. Es müssen also, trotz vorhandener Interessendivergenzen, Integrationsgewinne vorliegen, die selbst für Netto-Zahlerländer die EU-Mitgliedschaft attraktiv machen. Um welche Nutzenzuwächse es sich dabei handelt, ist noch genauer zu hinterfragen.

3.3.3.2.2 Koalitionsspiele

Sofern die im vorangegangenen Kapitel getroffene Annahme, dass Teilmengen der Spieler miteinander keine Koalitionen bilden, Gültigkeit besitzt, können die dort in erster Linie für 2-Personen-Spiele abgeleiteten Ergebnisse auf n-Personen-Spiele verallgemeinert werden. Bei einer Vielzahl politischer Entscheidungen besteht jedoch die Möglichkeit, dass eine Teilmenge von Spielern, also eine Koalition, Abmachungen über die von ihr zu wählende

Strategie treffen kann mit dem Ziel, das Ergebnis des Spiels zu beeinflussen, unabhängig von den Handlungen der übrigen Spieler.[200]

Eines der wesentlichen Ziele der Bildung politischer Koalitionen besteht, wie schon erwähnt, in der Erlangung parlamentarischer Mehrheiten zur Durchsetzung bestimmter politischer Beschlüsse (sogenannte *minimum-winning-coalitions*). Es soll an dieser Stelle zunächst nochmals die Frage geklärt werden, inwieweit die Bildung von Koalitionen in diesem Zusammenhang überhaupt relevant ist, wenn unter einer Koalition nach klassischer Definition verbindliche Abmachungen zwischen einer Teilmenge der Grundgesamtheit mit dem Ziel des Machterhalts oder der Sicherung der erforderlichen Stimmenmehrheit zum Beschluss politischer Maßnahmen verstanden wird. Ein Zusammenschluss zu Koalitionen wäre rational, wenn *Superadditivität* vorliegt, wenn sich also durch den Zusammenschluss von Akteuren ein höheres Nutzenniveau im Vergleich zu individuellem Handeln sowohl für die kooperierenden Länder insgesamt als auch für die einzelnen Mitglieder erzielen lässt.[201] Ein höheres Nutzenniveau für die gesamte Gruppe ergibt sich hauptsächlich durch den Zugewinn an politischem Einfluss und durch die Möglichkeit, gemeinsame Interessen durchzusetzen. Die Nutzengewinne für die einzelnen Mitglieder sind dann allerdings abhängig davon, wie sich der Nutzengewinn der gesamten Koalition auf die einzelnen Mitglieder verteilt.[202]

Für die weiteren Betrachtungen hinsichtlich der EU wäre die formale Bildung von Koalitionen entweder relevant im Falle der sogenannten ‚verstärkten Zusammenarbeit', bei der sich mindestens die Mehrheit der Mitgliedstaaten unter Einhaltung bestimmter Bedingungen auf gemeinsame politische Maßnahmen einigen, die über die in den EU-Verträgen vorgesehene Integrationstiefe hinausgehen.[203] Andererseits wäre eine informelle Bildung von Koalitionen möglich im Rahmen einer sogenannten ‚abgestuften Integration', bei der die Mitgliedstaaten den Integrationsprozess gemäß ihrer individuellen

---

[200] vgl. ABRAMS (1980), S. 231
[201] vgl. ABRAMS (1980), S. 213ff.
[202] vgl. RIKER (1972), S. 22ff.
[203] vgl. EU-Vertrag, Art. 43

Möglichkeiten mit unterschiedlichen Geschwindigkeiten vollziehen.[204] Zusätzlich besteht Gelegenheit zur Bildung von Koalitionen bei den Beratungen zur Ausgestaltung oder Abänderung von Gesetzesentwürfen in den Ausschüssen oder im Rat beziehungsweise bei der Festlegung eines gemeinsamen Standpunktes des Rates in bezug auf eine von der Kommission vorgelegte Gesetzesinitiative. Die Koalitionenbildung würde bei der Abänderung von Gesetzesentwürfen der Kommission oder bei der Festlegung gemeinsamer Standpunkte in bezug auf Gesetzesentwürfe nicht formal in den Institutionen der EU erfolgen. Dort finden lediglich die Abstimmungen statt, zu denen die Ländervertreter zusammenkommen. Zur Koalitionenbildung kommt es in den Verhandlungen, in denen die von der Kommission eingebrachten Gesetzesinitiativen so umgestaltet werden müssen, dass sie in den Beschlussfassungsorganen mehrheitsfähig sind. Auch bei der Festlegung der politischen Leitlinien der Union im Europäischen Rat wären informelle Koalitionen der Ländervertreter vorhanden.[205]

Die Bildung einer Koalition ist für die Verhandlungspartner nur dann rational, wenn das Nutzenniveau, das sich für die gesamte Koalition aufgrund des Zusammenschlusses ergibt, mindestens so hoch ist wie die Summe der Nutzen der einzelnen Koalitionsmitglieder bei individuellem Handeln. Zum anderen muss auch für jedes einzelne Koalitionsmitglied der Nutzen, der aus der Mitgliedschaft in der Koalition resultiert, mindestens so hoch sein wie bei individuellem Handeln oder bei kollektivem Handeln der Grundgesamtheit (*Grand coalition*).[206] Inwieweit letzterer Punkt erfüllt ist, hängt von der Aufteilung des Payoffs auf die einzelnen Koalitionsmitglieder und der Möglichkeit von Nutzentransfers, etwa durch Ausgleichszahlungen, ab. In diesem Fall könnte selbst dann, wenn die Mitglieder einer Koalition von der Mitgliedschaft in sehr unterschiedlicher Weise profitieren, die Stabilität der Koalition durch eine Umverteilung des Payoffs zugunsten benachteiligter Mitglieder sicher gestellt werden. Dies wird wiederum umso eher möglich sein, je

---

[204] vgl. WEIDENFELD/WESSELS (2002), S. 384

[205] vgl. MOBERG (2002), S. 277

[206] vgl. ABRAMS (1980), S. 213f.

höher der Payoff für die Koalition insgesamt sein wird.[207] Genau wie für einstimmige Verhandlungslösungen gilt auch für politische Koalitionen, dass der Nutzen, den eine Koalition ihren Mitgliedern stiftet, umso höher ist, je homogener die politischen Interessen der Mitglieder sind, weil dann die gemeinsam beschlossenen politischen Maßnahmen den Präferenzen jedes einzelnen Mitglieds entsprechend nahe kommen. Es werden sich aus der Vielzahl der theoretisch möglichen, mehrheitsfähigen Koalitionen also mit großer Wahrscheinlichkeit diejenigen mit der geringsten Interessenvarianz zwischen den Koalitionären herausbilden.[208] In Anlehnung an die ökonomische Theorie der Interessengruppen kann für die Vertretung und Durchsetzung von Länderinteressen in internationalen Organisationen gefolgert werden, dass Ländergruppen umso geschlossener und vehementer für ihre Ziele eintreten werden, je homogener sie bezüglich ihrer politischen Zielsetzungen sind.[209]

Sowohl bei der Verabschiedung von Gesetzesinitiativen der Kommission in verschiedenen Politikbereichen durch den Rat der EU und bei der Festlegung der politischen Leitlinien durch den Europäischen Rat als auch bei der verstärkten Zusammenarbeit ist unbestritten, dass sich Koalitionen zwischen Ländern mit ähnlichen politischen Interessen bilden werden. Dennoch müssen aber kurz die dabei auftretenden Probleme und Restriktionen abgehandelt werden. Denn in beiden genannten Fällen ist zur Durchsetzung der politischen Ziele stets eine gewisse Mitgliederzahl erforderlich. Optimal wäre aus der Sicht der Koalitionsmitglieder die Bildung einer sogenannten *minimum-winning-coalition*, einer Koalition also, die gerade die erforderliche Stimmenmehrheit sicherstellt und aufgrund der geringen Mitgliederzahl die maximal mögliche Homogenität zwischen den Koalitionsmitgliedern und den aus der Sicht des einzelnen Mitglieds maximal möglichen Payoff liefert.[210] Im Fall der verstärkten Zusammenarbeit würden die einzelnen Akteure nach den oben geschilderten Rationalitätsbedingungen einen Vergleich ziehen zwischen dem Payoff, den sie bei individuellem Handeln erzielen würden und demjenigen Payoff, den sie im

[207] vgl. VON NEUMANN/MORGENSTERN (1947), S. 36ff.
[208] vgl. BRAMS (1975), S. 80
[209] vgl. THOYER (2001), S. 130

Falle der Aufnahme der verstärkten Zusammenarbeit erzielen könnten, und würden sich für diejenige Alternative entscheiden, die den höheren Payoff liefert. Im Falle der allgemein verbindlichen EU-Politiken würden die einzelnen Akteure dagegen einen Vergleich ziehen zwischen demjenigen Payoff, den sie bei kollektivem Handeln aller EU-Mitglieder erzielen und demjenigen Payoff, den sie bei Gründung einer Koalition mit dem Ziel der Machtausweitung in den EU-Institutionen und der Modifikation der Politik zu ihren Gunsten erzielen könnten.[211]

Die Bildung einer sogenannten *minimum-winning-coalition,* einer möglichst kleinen, homogenen Koalition, reicht jedoch nur dann zur Realisierung politischer Ziele aus, wenn vollständige Informationssicherheit über das Stimmverhalten ihrer Mitglieder existiert. Sollten jedoch Unsicherheiten bezüglich des Stimmverhaltens einzelner Mitglieder bestehen, kann die Bildung größerer Koalitionen von Vorteil sein, auch wenn der Payoff für die Koalitionsmitglieder dann unter demjenigen Payoff der *minimum-winning-coalition* liegt. Allerdings können insbesondere in kleineren Gruppen im Hinblick auf zukünftige Verhandlungen oder Kooperationen in anderen Politikbereichen auch nichtökonomische Motive bei der Bildung von Koalitionen eine Rolle spielen, wie etwa Loyalität, Freundschaft o.ä., mit dem Ziel, zukünftige Konflikte zu vermeiden.[212]

Je eher eine Gemeinschaftspolitik den Charakter eines Nullsummenspiels hat, bei der sich die Koalitionsmitglieder in einem Verteilungskampf nur auf Kosten der Nicht-Mitglieder besser stellen können, umso wahrscheinlicher ist die Bildung von *minimum-winning-coalitions* mit dem Ziel, den Payoff der Gemeinschaftspolitik ausschließlich den Koalitionsmitgliedern zukommen zu lassen. Dies ist bei einem Großteil kollektiver Entscheidungssituationen der Fall.[213] Dennoch ist insbesondere bei der verstärkten Zusammenarbeit, bei der die Politikkoordination auf freiwilliger Basis erfolgt, wie auch bei der ganzheitlichen Betrachtung der Europäischen Integration denkbar, dass die Inte-

---

[210] vgl. BRAMS (1975), S. 217f.
[211] vgl. ABRAMS (1980), S. 222f.
[212] vgl. RIKER (1972), S. 88
[213] vgl. RIKER (1972), S. 46

gration, Harmonisierung, Koordinierung und die Verlagerung von Politiken auf supranationale Ebene mit Allokationsgewinnen und positiven externen Effekten verbunden ist.[214] Bezogen auf die EU ist fraglich, inwieweit es sich bei der Koordination von Politiken um Nullsummenspiele handelt. Bei einer Vielzahl von Politikbereichen ist der Payoff aus einer Vergemeinschaftung der Politik kaum quantifizierbar. Selbst wenn etwa die EU-Fonds der Regional- oder der Agrarpolitik aus rein finanzieller Sicht diesen Politiken den Charakter von Nullsummenspielen verleihen, können darüber hinaus, etwa durch die Harmonisierung von Standards oder durch Infrastrukturprojekte, nicht-monetäre, positive Effekte entstehen. Diese würden den Nullsummencharakter aufweichen und größere Koalitionen auch dann als plausibel erscheinen lassen, wenn sie zur Beschlussfassung nicht zwingend notwendig sind.

Die Durchsetzung politischer Entscheidungen über Zusammenschlüsse zu Koalitionen wird durch die Möglichkeit von Zugeständnissen nicht nur erleichtert, sondern macht diese unter Umständen sogar erforderlich. Aus der Sicht der bestehenden Mitglieder einer Koalition wäre es so lange rational, Unentschlossene durch Zugeständnisse zum Beitritt zur Koalition zu bewegen, so lange für sie die Gründung der Koalition, abzüglich der Kosten der Zugeständnisse an die Mehrheitsbeschaffer, mit einem höheren Nutzenniveau verbunden ist als die Unterordnung unter die politischen Beschlüsse anderer Koalitionen.[215] Zugeständnisse können entweder in finanzieller oder in politischer Form erfolgen. Es ist also abzuwägen, ob aus der Sicht bestehender Koalitionäre die Strategie des Stimmenkaufs über finanzielle Zugeständnisse der Gewährung politischer Zugeständnisse vorzuziehen ist.[216]

Die Strategie des Stimmenkaufs hat den Vorteil, dass sich die bestehenden Mitglieder einer Koalition nicht auf Neuverhandlungen einlassen müssen und die von ihnen präferierte Politik dennoch verabschieden können. Zu welchem Preis außenstehende Länder zur Zustimmung bereit sein werden, ist wiederum

---

[214] vgl. ABRAMS (1980), S. 237ff.

[215] vgl. RIKER (1972), S. 121

[216] vgl. RIKER (1972), S. 108ff.

abhängig von der Lage und Stärke ihrer Präferenzen.[217] Werden außenstehende Länder nicht an den politischen Verhandlungen beteiligt, werden die von ihnen verlangten finanziellen Zugeständnisse vermutlich höher ausfallen als wenn ihnen ein Einfluss auf das Verhandlungsergebnis, also eine Aufnahme in die Koalition, eingeräumt würde. Sollte eine Ländergruppe, selbst wenn sie eine Minderheit darstellt, stark ausgeprägte Präferenzen besitzen und einer relativ unentschlossenen Mehrheit mit zwar gegenteiligen, aber nur schwach ausgeprägten Präferenzen gegenüberstehen, ist es durchaus denkbar, dass Teile der Mehrheit bereit sind, schon bei relativ geringfügigen Zugeständnissen der Minderheit ihre Stimmen zu leihen. In diesem Fall ist ein Stimmentausch wahrscheinlich, bei dem immer diejenigen Stimmberechtigten, die bei einer zur Abstimmung stehenden Frage nur gering ausgeprägte Präferenzen haben und demnach durch einen politischen Beschluss keine massiven Nutzeneinbußen erleiden, ihre Stimme der in diesem Punkt intensiver empfindenden Minderheit leihen. Diejenigen Länder, die ihre Stimme verliehen haben, können dann darauf setzen, bei einer zukünftigen, für sie wichtigeren und mit relativ großen Nutzengewinnen verbundenen, für andere Stimmberechtigte aber weniger bedeutenden Abstimmung die Stimme wieder zurück zu bekommen. Der Anreiz, derartige Absprachen über den Stimmentausch zu brechen, wird relativ gering sein, wenn die Stimmberechtigten häufig zu Abstimmungen aufeinandertreffen.[218]

Die Bereitschaft zu Zugeständnissen der Koalitionsmitglieder wird, egal ob bei Stimmentausch oder der Aufnahme in eine Koalition, umso größer sein, je wichtiger der Umworbene für das Zustandekommen der Koalition ist und je höher der Nutzen ist, der den einzelnen Koalitionsmitgliedern beim Zustandekommen der Koalition zugute kommt.[219] Dieser wird umso höher sein, je homogener die Interessen der Mitglieder der Koalition untereinander und je heterogener die Interessen zwischen verschiedenen Lagern sind.[220] Prinzipiell bestehen für einzelne Spieler, in diesem Fall Ländervertreter, Anreize, ihre

[217] vgl. SNIDAL (1985), S. 47
[218] vgl. BERNHOLZ/BREYER (1994), S. 72ff.
[219] vgl. BRAMS (1975), S. 201

wahren Präferenzen zu verschleiern, um dadurch einer Koalition, die auf der Suche nach Mehrheitsbeschaffern ist, hohe Zugeständnisse abzuverlangen.[221] Diese Strategie ist relativ wahrscheinlich, da sich Länder, die als Mehrheitsbeschaffer in Frage kämen, in einer äußerst starken Verhandlungsposition befinden. Die umworbenen Unentschlossenen müssen allerdings abwägen zwischen der Maximierung der Zugeständnisse, die ihnen angeboten werden, auf der einen und der Mitgliedschaft in einer *winning-coalition* auf der anderen Seite.

Bei der Forderung zu hoher Zugeständnisse läuft ein unentschlossener Spieler Gefahr, nicht in die Koalition aufgenommen beziehungsweise aus einer bestehenden Koalition ausgeschlossen zu werden. Somit wäre es für einen Akteur, der sich als unentschlossen präsentiert, der aber im Prinzip Nutzen aus dem Beitritt zu einer Koalition ziehen würde, irrational, zu hohe Zugeständnisse einzufordern und dadurch seine Aufnahme in die Koalition zu gefährden. Dennoch sind demzufolge Ländervertreter, die zwischen zwei Blöcken stehen und deren Stimme für das Zustandekommen einer Mehrheit entscheidend ist, in einer besonders mächtigen Verhandlungsposition. In diesem Fall werden die bestehenden Mitglieder beider Lager bereit sein, den Unentschlossenen großzügige Angebote zu unterbreiten und sich gegenseitig zu überbieten. Daneben können die Zugeständnisse in diesem Fall speziell auf die Bedürfnisse des einzelnen Unentschlossenen ausgerichtet werden. Aus der Sicht der bestehenden Mitglieder der Koalitionen ist die starke Verhandlungsposition eines Einzelnen relativ unvorteilhaft.[222]

Für den Fall, dass mehrere Unentschlossene vorhanden sind, wäre es aus der Sicht bestehender Koalitionäre nicht unbedingt ratsam, durch speziell auf einen Einzelnen zugeschnittene Zugeständnisse diesen zu einem bestimmten Abstimmungsverhalten zu bewegen und sich dadurch ausschließlich in dessen Abhängigkeit zu begeben. Stattdessen kann es langfristig günstiger sein, zunächst allen Unentschlossenen durch Zugeständnisse Vorteile zu verschaffen.

---

[220] vgl. THOYER (2001), S. 130
[221] vgl. MORROW (1994), S. 237
[222] vgl. BRAMS (1975), S. 170

Dadurch könnte man sich zwar der Zustimmung der Unentschlossenen nicht sicher sein, aber im Hinblick auf zukünftige Abstimmungen käme es nicht zur Bildung mehrerer Lager.[223]

Während in der Spieltheorie unter Zugeständnissen monetäre Zuwendungen verstanden werden, werden diese in der EU wohl eher politischer Natur sein, wenngleich auch politische Zugeständnisse häufig mit zusätzlichen monetären Transfers verbunden sind. Politische Zugeständnisse können entweder Versprechungen über zur Debatte stehende politische Fragestellungen sein (z.B. Abänderung von Gesetzen, Neuverhandlung von Politiken), einzelstaatliche Sonderregelungen, Versprechungen über zukünftige politische Entscheidungen oder Zugeständnisse in anderen Politikfeldern.[224] Im Extremfall können die Zugeständnisse aber auch in negativer Art erfolgen, etwa durch die Androhung politischer Nachteile. Ebenso wie monetäre sind auch politische Zugeständnisse für die Adressaten umso wertvoller, je kontroverser die politischen Ansichten zwischen ihnen und den nach einer Mehrheit strebenden Koalitionen sind. Der Wert einer Politik oder einer politischen Entscheidung wird also determiniert durch die Unterschiedlichkeit der Politikalternativen und, im Falle von Nullsummenspielen, durch die Knappheit der Nutznießer.[225]

Die Größe von Koalitionen und die Gewährung von Zugeständnissen ist jedoch nicht nur aus der Sicht der Mitglieder bestehender Koalitionen relevant, sondern auch aus der Sicht von Nicht-Mitgliedern, die ebenfalls einen wesentlichen Einfluss auf die Stabilität von Koalitionen haben. Bisher wurde davon ausgegangen, dass die Koalitionenbildung auf rent-seeking-Bestrebungen zurückzuführen ist. Dies geschieht dadurch, dass politische Entscheidungen zu Gunsten der Koalitionsmitglieder und zu Lasten der Nicht-Mitglieder getroffen werden. Die Nicht-Mitglieder stünden damit vor der Wahl, sich entweder den politischen Beschlüssen der bestehenden Mehrheit zu unterwerfen oder bestehende Koalitionen aufzubrechen und Gegenkoalitionen zu bilden. Geht man davon aus, dass Länderkoalitionen in den EU-Institutionen tatsächlich

[223] vgl. RIKER (1972), S. 77ff.
[224] vgl. BÖRZEL (2002), S. 205
[225] vgl. RIKER (1972), S. 106

diejenigen Länder, die in der Koalition vertreten sind, begünstigen, könnten Nicht-Mitglieder diese Koalitionen nur aufbrechen oder die Koalitionäre zur Aufnahme in die Koalition bewegen, wenn sie diesen etwaige Verluste, die sich aus der Erweiterung oder aus der veränderten Zusammensetzung der Koalition ergeben, ersetzen. Die Nicht-Mitglieder müssten also durch die Aufnahme in die Koalition die Politik dergestalt beeinflussen können, dass sie ihrerseits einen höheren Payoff erzielen, von dem sie einen Teil den bestehenden Mitgliedern der Koalition, der sie beitreten, als Entschädigung für deren Nutzeneinbußen zukommen lassen müssten, weil auch für diese eine veränderte Zusammensetzung der Koalition nur sinnvoll ist, wenn damit eine Erhöhung ihres Payoffs einhergeht. Die Möglichkeit, bestehende Koalitionen aufzubrechen besteht demnach vor allem für finanzkräftige, große Länder.[226]

3.4 Anwendung der spieltheoretischen Überlegungen auf das Mehrebenensystem in der EU

3.4.1 Der europäische Entscheidungsprozess als zweistufiges Spiel

In bezug auf die Europäische Union sind die vorangegangenen theoretischen Überlegungen, wie weiter oben bereits erwähnt, nun auf ein zweistufiges Spiel anzuwenden. Es ist zweifellos unstrittig, dass nationale politische Präferenzen, die sich in den nationalen Politiken niederschlagen, auch die internationalen Beziehungen prägen. Ebenso unstrittig ist, dass auch umgekehrt die internationalen Beziehungen Auswirkungen auf nationale politische Beschlüsse haben. Die Frage ist vielmehr, wann und in welchem Ausmaß dies geschieht und welche Wechselwirkungen zwischen nationalen und internationalen politischen Entscheidungen bestehen.[227] Die politischen Vertreter der Mitgliedstaaten, die als die entscheidenden Akteure im europäischen Gesetzgebungsprozess angesehen werden, sehen sich einerseits auf EU-Ebene ihren ausländischen Mit-

---

[226] vgl. BUTTERWORTH (1971), S. 742f.
[227] vgl. PUTNAM (1988), S. 427

beziehungsweise Gegenspielern gegenüber, andererseits aber auf nationaler Ebene den dortigen Interessenverbänden, Parteien und Parlamenten. Die Komplexität dieses zweistufigen Spiels liegt nun darin, dass Spielzüge, die auf der einen Ebene rational erscheinen, auf der anderen Ebene irrational sein können.[228]

Zur Analyse der EU-Politiken mittels eines zweistufigen Spiels ist folgendes Szenario denkbar: Die Verhandlungsführer, in diesem Fall die Regierungschefs oder Kabinettsmitglieder, treten im Verhandlungsprozess als Mitglieder jeweils zweier verschiedener Organisationen auf mit dem Ziel, eine Einigung zu erzielen. Dabei liegt der Verhandlungsprozess der Restriktion zugrunde, dass beide Organisationen, die supranationale (die EU) wie die nationale (der jeweilige Mitgliedstaat), das Ergebnis ratifizieren müssen. Der Prozess kann damit in zwei Schritte unterteilt werden: Zum einen in die Verhandlungen auf supranationaler Ebene zwischen den Verhandlungsführern, zum anderen in die unabhängig voneinander auf nationaler Ebene stattfindenden Verhandlungen über beziehungsweise die Reaktionen der verschiedenen Gruppierungen auf das supranationale Verhandlungsergebnis. Entscheidend ist hierbei, dass auf der zweiten, der nationalen Ebene, die Beschlüsse der ersten Ebene nicht weiter modifiziert werden können, sondern entweder mehrheitlich akzeptiert werden oder nicht. Nationale Politiker, die diesen Grundsatz dauerhaft missachten, riskieren ihre Wiederwahl. Bei den Vertragsbeschlüssen ist ohnehin die formale Zustimmung der nationalen Parlamente oder gar der Mehrheit der Bevölkerungen erforderlich. Hier wird nochmals der bereits in den vorangegangenen Kapiteln unterstellte Einfluss nationaler Interessen bestätigt.

Die Wahrscheinlichkeit, dass auf der supranationalen Ebene ein Verhandlungsergebnis erzielt wird, ist umso größer, je größer die mögliche Menge derjenigen supranationalen Verhandlungsergebnisse ist, die bei den nationalen Wählerschaften Zustimmung finden. Diese Menge wird wiederum umso größer sein, je größer die Schnittmenge der national präferierten Verhandlungslösungen ist, je ähnlicher diese also sind, je häufiger supranationale Verhandlungen stattfinden, weil dann im Hinblick auf zukünftige Verhandlungen ein Anreiz zur

[228] vgl. WALTON/McKERSIE (1965), S. 38ff.

Einigung besteht, und je höher die internationalen Interdependenzen und spillover-Effekte sind. Kleine, offene und außenwirtschaftlich abhängige Staaten werden eher bestrebt sein, internationale Absprachen zu treffen und Einigungen zu erzielen als autarke Staaten, für deren Bürger die Kosten einer Nicht-Einigung geringer ausfallen. Es ist durchaus denkbar, dass internationale Entwicklungen nationale Politiken beeinflussen. Gerade aus der Sicht kleiner, offener Volkswirtschaften mit einem hohen Maß an außenwirtschaftlicher und außenpolitischer Interdependenz kann es rational sein, sich auf das Ausland zu zubewegen, weil die Provokation von Konflikten ein Land langfristig teurer zu stehen kommen kann als die Aufgabe politischer Präferenzen.[229]

In Anlehnung an die Interessengruppentheorie ist der Einfluss der Präferenzen verschiedener nationaler Interessengruppen auf das Verhalten der nationalen Vertreter in supranationalen Verhandlungs- und Abstimmungsprozessen abhängig von der Heterogenität der Interessen innerhalb des jeweiligen Landes. Je homogener die Interessen der Bevölkerung eines Landes sind, umso vehementer wird sich ein nationaler Vertreter auf internationaler Ebene dafür einsetzen. Bei heterogenen nationalen Interessen läuft er jedoch immer Gefahr, eine nationale Interessengruppe zu Gunsten einer anderen zu benachteiligen und Stimmen zu verlieren. Der Anreiz zur Politikkoordination oder zur Erzielung internationaler Einigungen ist also umso größer, je eher sowohl auf nationaler als auch auf multinationaler Ebene Einigungen nicht zu Lasten bestimmter Gruppierungen gehen. Beispiele hierfür wären etwa die Außenpolitik, Zusammenarbeit in der Forschung und Entwicklung oder die internationale Verbrechensbekämpfung. Unabhängig vom Ausmaß der Heterogenität nationaler Interessen soll in den späteren Analysen, ebenso wie in diesem theoretischen Ansatz zweistufiger Spiele, der Einfachheit halber davon ausgegangen werden, dass die nationalen Interessenlagen eine Konstante bilden und nicht variabel sind.[230]

Was die Zugeständnisse an einzelne Mitgliedstaaten in politischen Verhandlungen betrifft, lässt sich hier nochmals festhalten, dass deren Höhe

---

[229] vgl. PUTNAM (1988), S. 435ff.

[230] vgl. PUTNAM (1988), S. 442ff.

abhängig ist von der Zustimmung, auf die ein sich auf supranationaler Ebene abzeichnendes Verhandlungsergebnis auf nationaler Ebene stößt. Ein Verhandlungsführer steht vor dem Zwiespalt, dass es vor dem Hintergrund seiner individuellen Verhaltensmotive rational ist, Beschlüssen auf supranationaler Ebene, die die nationalen Interessen befriedigen, zuzustimmen. Sofern jedoch relativ homogene Präferenzen zwischen in- und ausländischer Bevölkerung vorliegen und die ausländischen Verhandlungspartner sich dessen bewusst sind, sind Zugeständnisse finanzieller Art nicht erforderlich und wären auch nicht durchsetzbar. Sind dagegen die Interessen zwischen in- und ausländischer Bevölkerung sehr heterogen, besteht für den nationalen Vertreter im Hinblick auf sein Wiederwahlziel ein Anreiz, sich auf Verhandlungen um Zugeständnisse einzulassen, was jedoch wiederum kostspielig sein kann. Es ist also stets abzuwägen zwischen dem Nutzen einer supranationalen Verhandlungslösung, wenn diese den nationalen Interessen relativ nahe kommt, und den Kosten für dieses Verhandlungsergebnis in Form von Zugeständnissen, entweder finanzieller Art oder in anderen Politikbereichen.[231]

3.4.2 Der europäische Integrationsprozess aus der Sicht der Adaptionstheorie

In ähnlicher Weise wie im Modell des zweistufigen Spiels wird auch im Rahmen der Adaptionstheorie der Prozess der internationalen Integration analysiert. Den Hauptgegenstand dieses theoretischen Ansatzes bildet die Frage, wodurch das Verhalten einzelner Staaten im Prozess der internationalen Integration oder bei internationalen Verhandlungen bestimmt wird. Auch hier wird die Bedeutung der Nationalstaaten im Integrationsprozess hervorgehoben, was jedoch nicht heißen soll, dass supranationale Elemente bedeutungslos wären. Die Theorie basiert auf der Annahme, dass die internationale Integration aus nationalstaatlicher Sicht sowohl mit Vor- als auch mit Nachteilen verbunden sein kann, wobei diese in unterschiedlicher Weise auf die einzelnen

---

[231] vgl. PUTNAM (1988), S. 450ff.

Nationalstaaten verteilt sind.[232] Unabhängig von spezifischen Politikbereichen können als allgemeine Vorteile der Integration beispielhaft die Wohlfahrtseffekte des Freihandels im Falle der Marktintegration sowie die Schaffung einheitlicher ökonomischer und rechtlicher Rahmenbedingungen innerhalb des Integrationsraumes, die Erhöhung des politischen Einflusses und des Status der Staatengemeinschaft gegenüber Drittländern und positive externe Effekte bei der Produktion politischer Güter im Falle der institutionellen Integration genannt werden. Die Nachteile der institutionellen Integration, also der Abgabe von Kompetenzen an eine supranationale Organisation oder die Harmonisierung politischer Maßnahmen, ergeben sich aus nationalstaatlicher Sicht durch den Verlust an Souveränität und Unabhängigkeit. Die internationale Kooperation geht zu Lasten nationalstaatlicher Regulierungskompetenzen und beschränkt die Berücksichtigung nationaler Präferenzen in den gemeinsamen politischen Maßnahmen. Nationale Entscheidungsträger werden also bei der Wahl ihrer Strategien abwägen müssen zwischen den Vor- und Nachteilen der Integration.[233]

Die Vertreter der Nationalstaaten haben dabei zum einen die nationalen Präferenzen und zum anderen das internationale Umfeld, in das der Nationalstaat eingebettet ist und in dem er agieren muss, zu berücksichtigen. Es muss also ein Ausgleich gefunden werden zwischen nationalen, internen Kräften auf der einen und externen Kräften, die auf einen Nationalstaat einwirken, auf der anderen Seite. Die Strategien, die einzelne Nationalstaaten bei Verhandlungen auf supranationalem Terrain wählen, sind dabei von zweierlei Faktoren abhängig: Erstens von der Fähigkeit eines Staates, das externe Umfeld zu beeinflussen und zweitens von der Abhängigkeit eines Staates von diesem externen Umfeld.[234] Es ergeben sich nun vier alternative Kombinationsmöglichkeiten dieser beiden Faktoren und daraus auch vier rationale, grundlegende Strategien nationaler Entscheidungsträger im Integrationsprozess, die der in Schaubild 1 dargestellten Matrix zu entnehmen sind.

---

[232] vgl. PETERSEN (1998), S. 34
[233] vgl. PETERSEN (1998), S. 36f.
[234] vgl. HANSEN (1974), S. 161

Schaubild 1

Strategien der Mitgliedstaaten im europäischen Verhandlungs- und Entscheidungsprozess

Abhängigkeit vom externen Umfeld \ **Einfluss auf externes Umfeld**	**gering**	**hoch**
hoch	Strategie der Unterordnung *Partizipation: mittel*	ausgeglichene Strategie *Partizipation: hoch*
gering	passive Strategie *Partizipation: gering*	dominante Strategie *Partizipation: mittel*

Quelle: HANSEN (1974), S. 154, eigene Darstellung

Für die spätere Analyse einzelner EU-Politiken muss nun ermittelt werden, wovon Einfluss auf und Abhängigkeit vom internationalen Umfeld abhängig sind. Was den einzelstaatlichen Einfluss auf das internationale Umfeld, im Falle der EU also auf die übrigen Mitgliedstaaten, anbelangt, kann davon ausgegangen werden, dass dieser umso größer ist, je größer der ökonomische und politische Einfluss eines Landes ist. Der ökonomische Einfluss wird wiederum umso größer sein, je reicher beziehungsweise je entwickelter ein Land ist und je größer seine außenwirtschaftliche Verflechtung ist. Geeignete Größen für die Messung des ökonomischen Einflusses eines Mitgliedstaates wären demnach Sozialprodukt, pro Kopf-Einkommen und die Intra-EU-Ex- und Importquote. Dem kann jedoch entgegengehalten werden, dass aufgrund der Ausgestaltung der Entscheidungsverfahren auch kleine Mitgliedstaaten über erheblichen Einfluss verfügen, wobei dieser jedoch eher politischer Natur ist. Dieser reicht bis hin zum Vetorecht bei einstimmigen Entscheidungen. Diese Möglichkeit steht jedoch sämtlichen Mitgliedern gleichermaßen zu, so dass diesbezüglich keine zwischenstaatlichen Unterschiede bestehen. Die ökonomischen Einflussfaktoren sind dagegen ungleich auf die Mitgliedstaaten verteilt. Insbesondere bei den allokativen, distributiven und regulatorischen politischen Maßnahmen fällt der ökonomische Einfluss stärker ins Gewicht als etwa bei der Gemeinsamen Außen- und Sicherheitspolitik oder bei Entscheidungen über die institutionelle und verfassungsmäßige Ausgestaltung der Union.[235] Dennoch ist aber bei Entscheidungen, die mit qualifizierter Mehrheit getroffen werden, der politische Einfluss der einzelnen Mitgliedstaaten unterschiedlich. Als Indikator für die Machtposition der Mitgliedstaaten bei Mehrheitsentscheidungen soll der Shapley-Shubik-Index verwendet werden, der die Wahrscheinlichkeit angibt, mit der jeder einzelne Mitgliedstaat bei qualifizierten Mehrheitsentscheidungen in die Lage gerät, sämtlichen möglichen Koalitionen anderer Mitgliedstaaten die erforderliche Stimmenmehrheit zu verschaffen.[236] Inwieweit ein Mitgliedstaat tatsächlich als potenzieller Mehrheitsbeschaffer für eine bestehende Länderkoalition in Frage kommt, hängt allerdings von dessen Präferenzen wie auch von den Präferenzen der eine Mehrheit suchenden Koalition ab. Dieses Problem wird an dieser Stelle im Shapley-Shubik-Index nicht berücksichtigt, in der späteren Analyse einzelner Politikbereiche wird jedoch gesondert darauf eingegangen. Somit dient der Shapley-Shubik-Index in seiner ursprünglichen Form lediglich als genereller Machtindikator.

Was die Abhängigkeit einzelner Staaten vom internationalen Umfeld anbelangt, ist diese wiederum abhängig von der außenwirtschaftlichen Verflechtung, zusätzlich aber auch wieder vom Entwicklungsstand. So werden einerseits außenwirtschaftlich stark verflochtene Länder und Länder mit geringem pro Kopf-Einkommen, die in finanzieller Hinsicht Nettoempfänger bei den gemeinsamen Politiken sind, eine starke Abhängigkeit vom internationalen

[235] vgl. PETERSEN (1998), S. 39

[236] vgl. SHAPLEY/SHUBIK (1954), S. 790

Umfeld aufweisen.[237] Die vier zur Verfügung stehenden Strategien sollen kurz erläutert werden.

Bei der dominanten Strategie würde für ein Land die Wahrung seiner nationalen Interessen oberste Priorität haben. Diese Strategie käme für ökonomisch und politisch einflussreiche Staaten, die außenwirtschaftlich und finanziell von den übrigen EU-Mitgliedstaaten relativ unabhängig sind, in Frage. Die Partizipation am Integrationsprozess wird bei diesen Ländern eher mittelmäßig ausgeprägt sein. Als Beispiele könnten hierfür Großbritannien und Frankreich genannt werden.[238]

Die Strategie der Unterordnung wäre vermutlich vor allem für kleine, außenwirtschaftlich abhängige Länder mit geringem politischen Einfluss von Bedeutung. Sofern ein Mitgliedstaat eine Strategie der Unterordnung unter externe Vorgaben verfolgen würde, wäre dies mit einer mittelmäßigen Partizipation am Integrationsprozess verbunden.[239]

Eine passive Strategie wäre für diejenigen Länder plausibel, die weder über ökonomischen und politischen Einfluss verfügen, noch in starkem Maße vom Integrationsraum abhängig sind. Entsprechend gering wäre die Partizipation am Integrationsprozess. Da aber im Falle der Europäischen Union eine geringe Abhängigkeit vom Integrationsraum und seinen Politiken relativ unwahrscheinlich ist, dürfte eine absolut passive Strategie ebenso unwahrscheinlich sein.[240]

Letztlich bliebe noch die ausgeglichene Strategie, bei der die am Integrationsprozess beteiligten Staaten bestrebt sind, nationale Interessen durchzusetzen, dies aber stets unter Berücksichtigung der hohen internationalen Interdependenzen, denen sie ausgesetzt sind. Die Partizipation am Integrationsprozess wäre bei dieser Strategie hoch.[241]

Die in diesem Abschnitt gewonnenen Erkenntnisse sollen zu späterem Zeitpunkt in die empirischen Analysen einfließen.

---

[237] vgl. HANSEN (1974), S. 165
[238] vgl. PETERSEN (1998), S. 43
[239] vgl. MOURITZEN (1993), S. 384
[240] vgl. PETERSEN (1998), S. 44
[241] vgl. PETERSEN (1998), S. 45

3.4.3 Politische Strategien der Mitgliedstaaten im europäischen Mehrebenensystem

Während im vorhergehenden Ansatz Ausmaß und Einflussfaktoren der Partizipation einzelner Mitglieder im Prozess der Europäischen Integration im Mittelpunkt standen, wurde der Integrationsprozess als exogen gegeben angesehen und das Verhalten der einzelnen Akteure als eine Art Anpassungsreaktion an eine voranschreitende Integration betrachtet. In diesem Kapitel soll nun den Motiven, die aus einzelstaatlicher Sicht für oder gegen eine voranschreitende Integration sprechen könnten, nachgegangen werden. Daraus kann dann abgeleitet werden, inwieweit einzelne Mitgliedstaaten einer voranschreitenden Integration eher positiv oder eher negativ gegenüber stehen müssten.

Ein Element des in der mesoökonomischen Wirtschaftspolitik analysierten Marktes für Strukturhilfen sind finanzielle Ressourcen, um die die Mitgliedstaaten der Europäischen Union im Rahmen ihrer rent-seeking-Aktivitäten zur Befriedigung der nationalen Interessenverbände gleichermaßen konkurrieren. Die übrigen Elemente des Marktes für Strukturhilfen bilden Regulierungen, mit deren Hilfe Entwicklungen in bestimmten Politikbereichen verhindert, verzögert oder beschleunigt werden sollen. Wie bereits erwähnt, bietet es sich vor dem Hintergrund des Wiederwahlziels und der Sicherung von Reputation für die politischen Entscheidungsträger an, nationale Politiken auf die EU-Ebene zu transferieren, um die mit der Implementierung der auf der EU-Ebene verabschiedeten Maßnahmen auf nationaler Ebene resultierenden Anpassungslasten sowohl für die nationalen Akteure als auch für die staatliche Bürokratie so gering wie möglich zu halten.[242] Die unterschiedlichen sozialen, politischen und ökonomischen Rahmenbedingungen in den einzelnen Mitgliedstaaten verursachen deshalb einen Wettbewerb um EU-Politiken, die den unterschiedlichen einzelstaatlichen Bedürfnissen gerecht werden. Es lassen sich verschiedene Strategien ableiten, die die Länder im Zuge der fortschreitenden Integration, also der Vertiefung der Gemeinschaft, verfolgen können.

---

[242] vgl. PUTNAM (1988), S. 433f.

Die einzelstaatlichen Positionen im Integrationsprozess werden von den Kosten und Nutzen beeinflusst, mit denen eine voranschreitende Integration aus einzelstaatlicher Sicht verbunden ist. Sofern auch hier wieder von der Annahme machtstrebender politischer Akteure ausgegangen wird, würde sich aus der Sicht der politischen Entscheidungsträger eine zunehmende internationale politische Kooperation lohnen, wenn der Machterhalt dadurch gesichert würde. Im Rahmen der polit-ökonomischen Überlegungen wurde bereits deutlich, dass die Wiederwahlchancen von Regierungen positiv korreliert sind mit der Wirtschaftslage ihres Landes.[243] Die Wirtschaftslage wird jedoch von zweierlei Faktoren beeinflusst: Zum einen von den Maßnahmen der nationalen Regierungen, zum anderen jedoch von den Marktprozessen, sowohl von den in- als auch von den ausländischen. Um ihr Wiederwahlziel zu erreichen, werden Regierungen folglich bestrebt sein, sämtliche Märkte, die die nationale Wirtschaftslage beeinflussen, zu kontrollieren.[244]

Zur Beeinflussung nationaler Märkte stehen Regierungen eine Vielzahl wirtschaftspolitischer Instrumente, wie Steuern, Staatsausgaben, Transfers, Regulierungen oder strukturpolitische Maßnahmen zur Verfügung. Den privaten Akteuren, vor allem den Kapitaleignern, steht in offenen Volkswirtschaften die Abwanderungs-Option zur Verfügung, von der sie im Falle vorteilhafterer politischer und ökonomischer Rahmenbedingungen im Ausland Gebrauch machen können. Die ausländischen Märkte sind für inländische Regierungen allenfalls durch Kooperation oder Absprachen mit den ausländischen Regierungen oder durch die Harmonisierung oder einen Tausch politischer Maßnahmen beeinflussbar. Ein sehr geeignetes Tauschmittel scheinen dabei Regulierungen zu sein, weil deren Wirkungen bei den Privaten relativ wenig bekannt sind und weil die regulierenden Maßnahmen international eine höhere Variation aufweisen als andere wirtschaftspolitische Instrumente.[245]

Die Nachfrage von Regierungen nach internationaler Kooperation oder politischer Integration sollte von verschiedenen Faktoren abhängig sein. Als

---

[243] vgl. MUELLER (1990), S. 294f.
[244] vgl. GYGI (1991), S. 20f.
[245] vgl. GYGI (1991), S. 22f.

wesentlicher Einflussfaktor kann die internationale Interdependenz angesehen werden. Regierungen werden von ausländischen Akteuren (privaten und staatlichen) über Märkte oder politische Kanäle (grenzüberschreitende externe Effekte politischer Maßnahmen) beeinflusst und wissen, dass auch sie das Ausland beeinflussen können. Diese grenzüberschreitenden Interdependenzen werden umso größer sein, je stärker die Güter- und Finanzmärkte integriert sind. Die Marktintegration bringt jedoch innerhalb der interdependenten Länder zumeist Gewinner und Verlierer hervor. Sofern mit zunehmender Interdependenz der Märkte jedoch zugleich die Wirksamkeit nationaler wirtschaftspolitischer Maßnahmen vermindert wird, stellt eine zunehmende Marktintegration ein Motiv zu zunehmender politischer Kooperation dar, um die Verlierer der Marktintegration wirksam zu schützen. Folglich kann davon ausgegangen werden, dass die Nachfrage von Regierungen nach internationaler politischer Kooperation, Koordination oder Harmonisierung umso größer ist, je größer die Interdependenz der Märkte und je unterschiedlicher die wirtschaftlichen Strukturen der interdependenten Länder sind. Insbesondere für Länder mit hoher Regulierungsdichte scheinen Harmonisierungen oder eine institutionelle Integration sinnvoll zu sein.[246]

In der EU kann als weiterer Faktor, der das Streben von Regierungen nach zunehmender politischer Kooperation und Integration bestimmt, der politische Einfluss der Mitgliedstaaten angesehen werden. Es lassen sich nun im Rahmen dreier wesentlicher Strategien drei unterschiedliche Rollen ableiten, die die Mitgliedstaaten im Integrationsprozess einnehmen können:[247]

a) Schrittmacher (pace-setter):

Eine aktive Strategie wäre die des *Schrittmachers* (*pace-setters*), bei der ein Mitgliedstaat bestrebt wäre, seine nationale Politik so weit wie möglich auf die EU-Ebene zu exportieren und sie dadurch anderen Mitgliedstaaten aufzuzwingen. Würde dies in vollem Umfang gelingen, käme die Implementierung

[246] vgl. GYGI (1991), S. 31f.

[247] vgl. BÖRZEL (2002), S. 194

der beschlossenen EU-Politik auf nationaler Ebene einem Re-Import nationaler Politik gleich und wäre mit keinerlei Anpassungslasten auf nationaler Ebene verbunden. Diese Strategie ist umso optimaler, je höher die außenwirtschaftlichen Dependenzen und das relative Ausmaß nationalstaatlicher Interventionen eines Landes sind. Da die Nachfrage nach Regulierungen (z.B. Umwelt-, Gesundheits-, Sozialstandards, protektionistischen Maßnahmen) gewöhnlich positiv korreliert ist mit dem Entwicklungsstand eines Landes, wird diese Strategie, vor dem Hintergrund der Befriedigung nationaler Interessen, vermutlich hauptsächlich von den Vertretern hochentwickelter Länder verfolgt.[248] Gerade in Ländern mit dichten, historisch gewachsenen interventionistischen Strukturen sind Veränderungen schwer durchsetzbar. Eine Harmonisierung würde außerdem die Wettbewerbsposition dieser Länder gegenüber Ländern mit geringerer Regulierungsdichte verbessern und Kosteneinsparungen für multinational agierende Unternehmen durch international einheitliche Standards ermöglichen. Dieses Argument fällt umso mehr ins Gewicht, je stärker ein Land dem internationalen Wettbewerb ausgesetzt ist. Darüber hinaus könnten hochentwickelte Länder durch eine Anpassung der Standards im Ausland an die inländischen im Inland bereits vorhandenes Know-how, Erfahrungen oder bereits etablierte Verfahren, Produkte oder Technologien ins Ausland exportieren.[249]

Allerdings sind vermutlich aus der Sicht stimmenmaximierender politischer Entscheidungsträger nicht alle interventionistischen Maßnahmen gleichermaßen zum Export beziehungsweise zum Tausch geeignet. Betrachtet man ein Land mit relativ umfangreichen staatlichen Regelungskompetenzen und Eingriffen, wäre dies bei zunehmender Marktintegration vermutlich für eine Abgabe derjenigen politischen Kompetenzen auf supranationale Ebene beziehungsweise für eine Harmonisierung derjenigen politischen Maßnahmen, die dem Land bei Beibehaltung des status quo Wettbewerbsnachteile verschaffen. Demgegenüber würde sich ein Land vermutlich eher gegen die Verlagerung derjenigen Regelungskompetenzen aussprechen, die dem Land protektionistische Möglich-

---

[248] vgl. BÖRZEL (2002), S. 208

[249] vgl. HERITIER et al. (1996), S. 10ff.

keiten eröffnen beziehungsweise bestimmten inländischen Interessengruppen Renten sichern (etwa Preisregulierungen oder Transfers).[250] Die Rolle des *Schrittmachers* im europäischen Integrationsprozess käme also denjenigen Ländern zu, die in einzelnen Bereichen ausgeprägte Präferenzen für oder gegen eine voranschreitende institutionelle Integration haben, je nachdem, ob sie sich davon Vorteile durch eine Verbesserung ihrer Position im internationalen Standortwettbewerb erhoffen, oder Nachteile durch die Abgabe nationaler Regelungskompetenzen, die den Handlungsspielraum der nationalen Regierung einschränkt.

Die Voraussetzung dafür, nationale Politiken in den Verhandlungen auf europäischer Ebene oft gegen den Willen anderer Mitgliedstaaten durchzusetzen, erfordert entsprechende Einflussmöglichkeiten. Das wichtigste Instrument zur Durchsetzung politischer Vorstellungen ist die Fähigkeit, in der EU Mehrheiten zu organisieren oder, je nach erforderlicher Mehrheit, einen Interessenausgleich herbeizuführen.[251] Außerdem ist zu berücksichtigen, dass die Kommission bei der Ausarbeitung von Gesetzesinitiativen einerseits auf Expertenkommissionen aus der europäischen Administration zurückgreift, sich aber andererseits darüber hinaus häufig noch Expertenmeinungen aus denjenigen Mitgliedstaaten einholt, die in dem zur Debatte stehenden Politikbereich über entsprechende Ressourcen verfügen. Diese Punkte lassen die Schrittmacherrolle eher für große Mitgliedstaaten plausibel erscheinen, die über ein relativ großes Gewicht in den Institutionen und über eine gute finanzielle und personelle Ressourcenausstattung in den nationalen und europäischen Institutionen verfügen.[252]

---

[250] vgl. GYGI (1991), S. 46f.

[251] vgl. ANDERSEN/LIFFERINK (1997), S. 27f.

[252] vgl. BÖRZEL (2002), S. 196ff.

b) Verhinderer (foot-dragger):

Die gegenteilige Rolle des *Schrittmachers* ist die des *Verhinderers.*[253] Sie zielt darauf ab, die Bestrebungen anderer Mitgliedstaaten, ihre nationalen Politiken auf die EU-Ebene zu transferieren, zu unterbinden oder zu beschränken und dadurch eine voranschreitende Integration zu verhindern. Sofern dies nicht durch eine Blockade von Beschlüssen möglich ist, liegt die Alternative darin, Entschädigungen in Form von Zugeständnissen für die nationalen Anpassungslasten auszuhandeln. Diese Strategie müsste für Länder vorteilhaft sein, die entweder nicht über die Möglichkeiten verfügen, eigene nationale Politikkonzepte auf der EU-Ebene durchzusetzen oder für die eine Europäisierung nationaler Politiken mit Nachteilen verbunden wäre. Dies betrifft hauptsächlich Länder, die aufgrund geringerer Regulierungsdichte oder aufgrund günstigerer Kostenstrukturen komparative Vorteile besitzen, so dass zusätzliche Regulierungen Anpassungskosten verursachen und den Aufholprozess dämpfen würden.[254] Die Rolle der *Verhinderer* wäre vor allem für diejenigen Länder reizvoll, die bei Beibehaltung des status quo Wettbewerbsvorteile haben oder denen es an ausreichendem Personal, finanziellen Ressourcen und Know-how zur Beeinflussung der EU-Politiken mangelt.[255]

Hier stellt sich jedoch die Frage, wie sich aus der Sicht dieser Länder die Bereitschaft zur Kooperation mit anderen Ländern und zur Politikkoordination überhaupt begründen ließe. Einerseits werden in der EU die politischen Nachteile, die ein Land durch die Aufgabe politischer Autonomie erleidet, hauptsächlich durch finanzielle Zuwendungen, aber auch durch ökonomische Vorteile ausgeglichen. Selbst wenn diese Länder ihre nationalen Regulierungen und Standards an die der EU anpassen müssen, stehen diesen immer noch die liberalisierenden Maßnahmen, etwa im Zuge der Vollendung des Binnenmarktes oder im Zuge bestimmter EU-Politiken, zur Verfügung, von denen sie als Nicht-EU-Mitglied ausgeschlossen wären. Überdies ist eine Teilnahme an den

[253] vgl. BÖRZEL (2002), S. 203
[254] vgl. YEARLEY et al. (1994), S. 3
[255] vgl. FONT/MORATA (1998), S. 218

Verhandlungen und Beschlüssen in den EU-Organen und eine Beeinflussung der EU-Politiken letztlich immer noch mit einem besseren Ergebnis verbunden als die einfache Hinnahme von Beschlüssen, die nach den Vorstellungen anderer zustande kommen.[256] Die Einnahme einer sturen Blockadehaltung wäre für *Verhinderer* kurzfristig zwar die rationalste Variante, wäre aber langfristig bei zukünftigen Entscheidungsprozessen vermutlich mit negativen Rückwirkungen verbunden. Aus diesem Grund wäre es für derartige Länder, sofern sie nicht über ausreichend Einfluss auf die Ausgestaltung der Politiken verfügen, eher sinnvoll, Kompensationsleistungen auszuhandeln als Politiken stur zu blockieren.[257]

c) Unentschlossene (fence-sitter):

Zwischen den *Schrittmachern* und den *Verhinderern* finden sich die *Unentschlossenen,* die entweder politisch indifferent sind und eine neutrale Haltung bezüglich einer voranschreitenden Integration einnehmen oder, je nach Fragestellung, relativ schwach ausgeprägte Präferenzen haben und bereit sind, entweder mit den *Schrittmachern* oder mit den *Verhinderern* in Einzelfällen Koalitionen einzugehen und diesen Mehrheiten zu verschaffen. Aufgrund ihrer neutralen Haltung müssten sie dazu schon bei Gewährung relativ geringfügiger Zugeständnisse bereit sein.[258] Diese Strategie wäre für Länder vorteilhaft, deren Sektoren weder Wettbewerbsvor- noch –nachteile durch europaweit harmonisierte Politiken erfahren würden. Infolgedessen wären die politischen Akteure dieser Länder keinem allzu starken Druck inländischer Interessenverbände ausgesetzt und die Anpassungskosten an europaweit gültige Standards hielten sich in Grenzen oder würden aufgrund der indifferenten Haltung unterschätzt.[259] Diese Strategie ermöglicht es auch, unpopuläre, aber notwendige politische Maßnahmen zu beschließen und dabei die politische Verantwortung nach Brüssel abzugeben und die Verantwortlichkeit für die Beschlussfassung

[256] vgl. PUTNAM (1988), S. 436
[257] vgl. FONT/MORATA (1998), S. 222
[258] vgl. BÖRZEL (2002), S. 206

auf andere Mitgliedstaaten abzuwälzen.[260] Aufgrund ihrer relativ indifferenten Haltung ist für ‚unentschlossene' Länder die Implementierung europäischer Beschlüsse auf nationaler Ebene nicht nur mit keinen allzu gravierenden Nachteilen verbunden. Es besteht zudem bei dieser Implementierung auf nationaler Ebene durch die nationalen Parlamente stets ein gewisser Spielraum bei der genauen inhaltlichen Ausgestaltung der Normen, der gewisse Möglichkeiten bietet, die nationalen Anpassungslasten an EU-Beschlüsse weiter zu verringern. Für politisch indifferente Länder ist deshalb vermutlich diese Möglichkeit der Verringerung der Anpassungskosten an EU-Politiken oft schon ausreichend, EU-Beschlüsse widerstandslos zu akzeptieren. Eine ineffektive Implementierung der EU-Politiken kann dann weniger kostspielig sein als die Blockade politischer Initiativen der *Schrittmacher*, da letzteres schwelende Konflikte hervorrufen kann.[261]

Die Differenzierung wichtiger möglicher Strategien der Mitgliedstaaten im europäischen Entscheidungsprozess und die Zuordnung dieser Strategien zu einzelnen Ländern, wie etwa das Streben bestimmter Länder nach europaweiten Regulierungen, sagt jedoch noch nichts aus über mögliche Bündnisse. Selbst wenn bestimmte EU-Länder als gemeinsames Ziel einen Regulierungsexport anstreben, kann aufgrund unterschiedlicher nationaler politischer Strukturen und Prinzipien die angestrebte Ausgestaltung der EU-Politiken durchaus unterschiedlich sein.[262]

Abschließend kann festgehalten werden, dass das Ausmaß der nationalen Regulierungen sowie das Ausmaß der internationalen Marktintegration zusätzlich zu den zwischenstaatlichen Varianzen der wirtschaftlichen Strukturen einen entscheidenden Einfluss auf die Haltung eines Mitgliedstaates gegenüber einer voranschreitenden Integration haben werden. Politikbereichsübergreifend würde dies bedeuten, dass der Wille zur Kooperation und zur voranschreitenden Integration zwischen Staaten mit divergierenden ökonomischen Strukturen und gleichzeitig hoher außenwirtschaftlicher Verflechtung maximal sein müsste.

---

[259] vgl. HERITIER et al. (1996), S. 203ff.
[260] vgl. LEWANSKI (1998), S. 140
[261] vgl. BEYERS et al. (2001), S. 67

Folglich müssen die außenwirtschaftlichen Verflechtungen und die strukturellen Unterschiede der Mitgliedstaaten der erweiterten EU noch genauer betrachtet werden. Allerdings lassen sich daraus keine Aussagen über spezielle oder politikbereichsspezifische Präferenzen bezüglich der genauen inhaltlichen Ausgestaltung der Integration ableiten, sondern lediglich politikbereich-übergreifende Präferenzen für oder gegen die multinationale Kooperation.

3.5 Zusammenfassung der zentralen Ergebnisse

Das vorangegangene Kapitel lieferte einen Überblick über den theoretischen Hintergrund und den institutionellen Rahmen des Entscheidungsfindungsprozesses in der Europäischen Union sowie einige Erklärungsansätze über das strategische Verhalten der Mitgliedstaaten im Integrationsprozess.

Bezüglich des institutionellen Rahmens kann abschließend festgehalten werden, dass der Europäische Rat beziehungsweise der Rat der EU trotz des Initiativmonopols der Europäischen Kommission und trotz der ausgeweiteten Befugnisse des Europäischen Parlaments auch weiterhin als die beiden entscheidenden gesetzgebenden Institutionen der EU angesehen werden können. Ferner spricht vieles dafür, dass die Europäische Union ein intergouvernementales Gebilde ist, in dem im politischen Willensbildungs- und Entscheidungsfindungsprozess die Interessen der Mitgliedstaaten dominieren. Selbst die Entscheidungen des Parlaments scheinen häufig in erster Linie durch Länderinteressen geprägt zu sein.

Aus spieltheoretischer Sicht stellt der europäische Entscheidungsprozess ein zweistufiges Spiel dar, bei dem die nationalen Politiker bemüht sein werden, die für ihren Mitgliedstaat anfallenden Kosten des Integrationsprozesses zu minimieren beziehungsweise den Netto-Nutzen zu maximieren. Für die nationalen politischen Akteure besteht ein Anreiz, die nationale Politik in den Beschlüssen auf EU-Ebene zu verankern, um dadurch beim obligatorischen Re-Import der auf EU-Ebene beschlossenen politischen Maßnahmen die nationalen

---

[262] vgl. BÖRZEL (2002), S. 206ff.

Anpassungslasten zu minimieren. Aus den spieltheoretischen Überlegungen konnte für den europäischen Entscheidungsprozess gefolgert werden, dass, trotz des eigennützigen Verhaltens der Vertreter der Mitgliedstaaten im Europäischen Rat beziehungsweise im Rat der EU, aufgrund des sequentiellen Charakters der politischen Verhandlungsprozesse in der EU eine Bereitschaft zu kooperativem Verhalten vorhanden sein müsste und Einigungen durch gegenseitige Zugeständnisse im Interesse aller Mitgliedstaaten sein müssten. Aufgrund der zunehmenden Größe und Heterogenität der EU wird jedoch der Bildung von Koalitionen zwischen Ländern mit ähnlichen Interessen zunehmende Bedeutung zukommen.

Bezüglich des Verhaltens einzelner Mitgliedstaaten im Integrationsprozess kann festgehalten werden, dass diese ihre Interessen vermutlich mit unterschiedlicher Vehemenz verfolgen und dem Integrationsprozess in unterschiedlicher Weise gegenüberstehen werden. Zu den wichtigen Faktoren, die dieses Verhalten beeinflussen, können etwa die ökonomische und politische Abhängigkeit eines Mitgliedstaates von der EU, der ökonomische und politische Einfluss eines Mitgliedstaates auf die übrige EU sowie die realwirtschaftlichen Divergenzen zwischen den Mitgliedstaaten gezählt werden, wobei die Ausprägung dieser Faktoren im folgenden Kapitel noch genauer untersucht werden soll.

4. Ökonomische Aspekte der Osterweiterung

In den vorhergehenden Kapiteln wurde, ebenso wie auch in zahlreichen empirischen Studien, deutlich, dass die Interessenwahrnehmung der einzelnen Mitgliedstaaten auf europäischer Ebene in starkem Maße determiniert wird durch die Interessenorganisation und die rent-seeking-Prozesse auf nationaler Ebene.[263] Ein entscheidender Bestimmungsfaktor der Interessenwahrnehmung durch die politischen Vertreter eines Landes sind also die nationalen strukturellen Charakteristiken. Ebenso bedeutend sind bei Fragen der Integration und der Politikkoordination die internationalen Interdependenzen der beteiligten Länder, von denen die nationalen Wirkungen einer Politikkoordination abhängen und die nicht zuletzt einen Einfluss auf die strukturellen Entwicklungen der Länder haben. Neben diesen ökonomischen Faktoren spielen aber in internationalen Verhandlungsprozessen auch politische und soziale Faktoren eine nicht unwesentliche Rolle. Hierzu zählen etwa etablierte nachbarschaftliche oder partnerschaftliche Beziehungen oder kulturelle Verbundenheit.[264] Zur Analyse des politischen Entscheidungsprozesses in einer erweiterten EU müssen diese Faktoren berücksichtigt werden. Da in dieser Arbeit aber hauptsächlich diejenigen Politikbereiche analysiert werden sollen, bei denen wirtschaftspolitische Überlegungen dominieren, soll das Hauptaugenmerk zunächst auf die ökonomischen Veränderungen, die die Osterweiterung vor allem aus einzelstaatlicher Sicht hervorrufen wird, gelenkt werden.

Die ökonomischen Veränderungen, die durch die Osterweiterung der EU zu erwarten sind, sind in erheblichem Maße mit der Ausweitung des Binnenmarktes auf die mittel- und osteuropäischen Länder und der damit verbundenen Einführung der Grundfreiheiten des Binnenmarktes verknüpft. Allerdings werden im Vergleich zu den vorhergehenden Erweiterungsrunden diese Veränderungen in weitaus stärkerem Maße spürbar werden als dies bisher der Fall

---

[263] vgl. z.B. SNYDER/DIESING (1977), S. 510ff.; KATZENSTEIN (1978), S. 333ff.; HAAS (1958), S. 332ff.

[264] vgl. PUTNAM (1988), S. 431ff.

Tabelle 2

Varianzen der pro Kopf-Einkommen zwischen EG-/EU-Mitgliedstaaten

a) Streuung der pro Kopf-Einkommen im Zeitablauf zwischen den jeweiligen EG-/EU-Mitgliedstaaten (Varianzen der logarithmierten pro Kopf-Einkommen in US$)

	1980	1985	1990	1995	2001
EG-9[265]	0,093	0,092	0,083	0,085	0,082
EG-12[266]		0,196	0,179	0,189	0,183
EU-15[267]				0,165	0,152
EU-27[268]					1,156

b) Streuung der pro Kopf-Einkommen innerhalb der EG/EU auf regionaler Ebene zu unterschiedlichen Zeitpunkten (Varianzen der logarithmierten pro Kopf-Einkommen in US$)

	1985	1990	1995	2001
Nordeuropa[269]			0,026	1,768
Mitteleuropa[270]	0,008	0,019	0,037	1,004
Südeuropa[271]	0,095	0,073	0,072	1,155

265 Irland, Großbritannien, Dänemark, Niederlande, Belgien, Luxemburg, Frankreich, Deutschland, Italien

266 EG-9 zuzüglich Portugal, Spanien, Griechenland

267 EG-12 zuzüglich Schweden, Finnland, Österreich

268 EU-15 zuzüglich aller Beitrittsländer (außer der Türkei)

269 1995: Dänemark, Schweden, Finnland, 2001: zuzüglich Estland, Lettland, Litauen

270 1985/90: Niederlande, Belgien, Luxemburg, Frankreich, Deutschland, ab 1995 zuzüglich Österreich, 2001: zuzüglich Tschechische Republik, Slowakei, Polen, Ungarn, Slowenien

271 1985/90/95: Portugal, Spanien, Italien, Griechenland 2001: zuzüglich Bulgarien, Rumänien, Zypern, Malta

Tabelle 2 (Fortsetzung)

c) Gruppierung der Mitgliedstaaten der erweiterten EU bei Minimierung der Streuung der pro Kopf-Einkommen innerhalb einzelner Ländergruppen (Varianzen der logarithmierten pro Kopf-Einkommen in US$)

	1985	1990	1995	2001
Gruppe 1[272]				0,274
Gruppe 2[273]				0,059
Gruppe 3[274]				0,204
EU-15				0,152
Beitrittsstaaten[275]				0,563

Quelle: World Bank (2003a): World Development Indicators 2002; eigene Berechnungen

war. Wie Tabelle 2 verdeutlicht, waren die bisherigen Erweiterungen mit verhältnismäßig geringfügigen Veränderungen der Differenzen der pro Kopf-Einkommen verbunden, die Erweiterung 1995 von der EG-12 zur EU-15 hat sogar zu einer Erhöhung der Konvergenz beigetragen. Dies lässt sich in der Tabelle daran erkennen, dass im Jahre 1995 die Einkommensdivergenzen zwischen den ehemals 12 Mitgliedstaaten (EG-12) höher waren als in der um Finnland, Schweden und Österreich erweiterten EU-15.

Doch auch die Süderweiterung in den 80er Jahren hatte bei weitem nicht den Effekt auf die Streuung der pro Kopf-Einkommen, den die Osterweiterung mit sich gebracht hat (beziehungsweise unter Einbeziehung Bulgariens und Rumäniens mit sich bringen wird), auch wenn die hier verwendeten Zahlen aus dem Jahre 2001 stammen und die Divergenz bis zum Beitritt der ersten Länder vermutlich noch etwas abgenommen hat (vgl. Tab. 2a)). So lag die Divergenz der pro Kopf-Einkommen im Jahre 1985, also kurz vor der Aufnahme Spaniens und Portugals, in der damals aus 10 Mitgliedstaaten bestehenden EG

---

[272] Portugal, Spanien, Griechenland, Tschechische Republik, Ungarn, Slowenien, Estland, Zypern, Malta

[273] Irland, Großbritannien, Frankreich, Italien, Deutschland, Belgien, Luxemburg, Niederlande, Österreich, Skandinavien

[274] Lettland, Litauen, Polen, Slowakei, Bulgarien, Rumänien

[275] zu den ‚Beitrittsstaaten' werden im folgenden sämtliche im Jahre 2004 als Beitrittsländer geltende Staaten außer der Türkei gezählt (also auch Bulgarien und Rumänien)

einschließlich der Erweiterungsländer Spanien und Portugal bei 0,196, während die Streuung der pro Kopf-Einkommen zwischen den Mitgliedstaaten der EU-25 zuzüglich Bulgariens und Rumäniens im Jahre 2001 einen Wert von 1,156 annahm. Würde man die auf 27 Mitgliedstaaten erweiterte EU regional untergliedern, wären die Unterschiede im Entwicklungsstand am gravierendsten zwischen den ‚neuen' Nordländern, doch auch zwischen den ‚neuen' Südländern wäre, im Vergleich zur heutigen Südgruppe, eine erhebliches Auseinanderklaffen der pro Kopf-Einkommen vorhanden. Anders ist dagegen die Situation in Mitteleuropa, wo zwischen den westlichen mitteleuropäischen EU-Ländern und den relativ fortschrittlichen östlichen Ländern Tschechien, Ungarn, Polen und Slowenien die Unterschiede noch relativ gering sind im Vergleich zu den Unterschieden innerhalb der Nord- und innerhalb der Südgruppe (vgl. Tab. 2b)). Im Vergleich zur Süderweiterung in den 80er Jahren sind jedoch auch hier erhebliche Differenzen festzustellen. Ob und wie schnell diese Differenzen abgebaut werden können, hängt wesentlich von den resultierenden Wachstumseffekten und den regionalen Unterschieden in den Wirkungen der Marktintegration ab.

In Tabelle 2c) wurde versucht, die erweiterte EU in drei Ländergruppen zu unterteilen mit dem Ziel der Minimierung der Streuung der pro Kopf-Einkommen. Eine Dreiteilung, die diese Vorgabe erfüllt umfasst eine Ländergruppe bestehend aus den Mitgliedern der alten EU-15 mit der Ausnahme Portugals, Spaniens und Griechenlands. Eine zweite Gruppe umfasst die alten südeuropäischen Länder Portugal, Spanien und Griechenland sowie die vom pro Kopf-Einkommen her ähnlichen Beitrittsländer Malta, Zypern, Tschechien, Ungarn, Slowenien und Estland. Die verbleibenden Beitrittsstaaten (Lettland, Litauen, Polen, Slowakei, Bulgarien und Rumänien) bilden eine dritte Gruppe mit deutlich niedrigeren pro Kopf-Einkommen als die Länder der zuvor genannten Gruppe. Tabelle 2 c) zeigt weiterhin, dass die Varianz der pro Kopf-Einkommen innerhalb der Gruppe der Beitrittsstaaten deutlich höher ist als innerhalb der alten EU-15.

4.1 Auswirkungen der Marktintegration im Rahmen eines Gravitationsmodells

Im folgenden sollen die ökonomischen Effekte der Gütermarktintegration sowie die realwirtschaftlichen Unterschiede zwischen den Ländern der erweiterten EU erörtert werden. Zum einen kommt den ökonomischen Wirkungen, die sich aus der Handelsliberalisierung ergeben, sicherlich eine herausragende Bedeutung nicht nur bezüglich der Veränderungen der Faktorpreise, Faktorbewegungen oder strukturellen Veränderungen zu. Wie bereits im vorigen Kapitel dargestellt, kann die außenwirtschaftliche Interdependenz der einzelnen Mitgliedstaaten einen Einfluss auf deren Verhalten im Integrationsprozess haben. Zum anderen soll bei der späteren Untersuchung einzelner EU-Politiken überprüft werden, inwieweit sich die vorhandenen realwirtschaftlichen und strukturellen Unterschiede zwischen den Mitgliedstaaten auch tatsächlich in politischen Interessendivergenzen manifestieren.

Durch die Aufnahme aller zehn mittel- und osteuropäischen Länder sowie Maltas und Zyperns wird sich die Bevölkerung der dann aus 27 Staaten bestehenden Europäischen Union auf nahezu 500 Millionen Einwohner erhöht haben, was einer Steigerung im Vergleich zur EU-15 von zirka 28% entspricht. Obwohl das Bruttoinlandsprodukt der Beitrittsstaaten zum gegenwärtigen Zeitpunkt nur ungefähr 5% des Bruttoinlandsprodukts der Altmitglieder ausmacht, ist auch aus Sicht der alten EU-15-Staaten im Zeitablauf eine nicht zu vernachlässigende Steigerung des Handelsvolumens zu erwarten. Seit der Öffnung der Grenzen der mittel- und osteuropäischen Länder und insbesondere seit dem Inkrafttreten der ersten Assoziierungsabkommen im Jahre 1992 ist bereits eine erhebliche Intensivierung des Handels zu verzeichnen. Die Ausgestaltung der Assoziierungsabkommen erfolgte aber im Bereich der Handelsliberalisierung nur schrittweise. Darüber hinaus wurden im Zuge der Rezession Anfang der

90er Jahre und mit Rücksicht auf die besonderen strukturellen Gegebenheiten vor allem in den Beitrittsstaaten in vielen Bereichen sowohl im Interesse der damaligen EU-15-Staaten als auch der Beitrittsstaaten Sonderregelungen und Ausnahmen getroffen.[276] So kann davon ausgegangen werden, dass bei weiterer Handelsliberalisierung und Integration der Beitrittsstaaten in den EU-Binnenmarkt, insbesondere auch durch den Wegfall nicht-tarifärer Handelshemmnisse, zusätzliches Handelspotenzial entsteht.

Traditionell wird bei der Analyse der Wohlfahrtswirkungen einer Integration einzelner Länder in eine Zollunion zwischen statischen und dynamischen Effekten unterschieden.[277] Erfahrungsgemäß sind jedoch die statischen Wohlfahrtseffekte des Freihandels, im Gegensatz zu den dynamischen Effekten, zumindest was deren Ausmaß anbelangt, relativ gering.[278] Während es sich bei diesen Effekten um die kurzfristige Reallokation von Ressourcen innerhalb der handeltreibenden Volkswirtschaften handelt, sind mittel- bis langfristig weitere Effizienzgewinne durch positive Lernkurven-, Skalen-, Wettbewerbseffekte und internationalen Technologietransfer zu erwarten.[279] Da diese Effekte sektoral, aber auch regional unterschiedliche Wirkungen haben können, scheint es hier im Hinblick auf die spätere politische Betrachtung sinnvoll zu sein, die Wohlfahrtseffekte des Freihandels länder-, regionen- und sektorspezifisch zu betrachten. Während sich die statischen Wohlfahrtseffekte mit Hilfe vorliegender statistischer Daten näherungsweise bestimmen lassen, sind Aussagen bezüglich der für die Zukunft zu erwartenden dynamischen Wohlfahrtseffekte und der

---

[276] Dies betrifft vor allem den Textilsektor, den Agrarsektor und Kohle- und Stahlindustrien, vgl. HAUSER/KAMM (1998), S. 73

[277] vgl. z.B. VINER (1950); BALDWIN (1993)

[278] vgl. TICHY (1992), S. 108

[279] vgl. GRUBER/OHR (2001), S. 13f.

langfristigen Wachstumseffekte, denen eine weitaus größere Wirkung zugesprochen wird als den statischen Effekten, schwieriger vorzunehmen.[280]

4.1.1 Warenhandelseffekte in den alten Mitgliedstaaten

Obwohl die statischen Effekte des Freihandels, wie bereits erwähnt, im Vergleich zu den dynamischen Effekten des Freihandels vom Umfang her weniger ins Gewicht fallen, sollen sie dennoch der Vollständigkeit halber kurz erwähnt werden.[281]

Zu den kurzfristigen Allokationseffekten auf Länderebene zählen einerseits wohlfahrtssteigernde, handelsschaffende Effekte, die sich aus der Tatsache ergeben, dass ein Teilnehmerland infolge der Abschaffung des Importzolls und anderer Handelshemmnisse nun diejenigen Güter importiert, die in anderen Teilnehmerländern effizienter produziert werden können als im Inland, die aber vorher aufgrund der durch die Handelsbeschränkungen künstlich verzerrten Weltmarktpreise im Inland gefertigt wurden. Diese Verringerung der Verbraucherpreise bedeutet einen Zuwachs an Konsumentenrente. Dem stehen allerdings auf der anderen Seite Verluste an Produzentenrente, resultierend aus dem Wegfall des Zollschutzes, und an Zolleinnahmen gegenüber. Trotz dieser Verluste ergibt sich infolge der verbesserten Ressourcenallokation insgesamt dennoch ein positiver Wohlfahrtseffekt.

Neben diesen handelsschaffenden Effekten können im Falle der Gründung einer Zollunion jedoch zusätzlich wohlfahrtsmindernde handelsumlenkende Effekte auftreten.[282] Diese ergeben sich dadurch, dass nun durch die veränderte, präferentielle Zollstruktur trotz unveränderter Angebotspreise auf dem Weltmarkt Importe aus den an der Zollunion partizipierenden Ländern gegenüber Importen aus Drittstaaten günstiger werden. Selbst wenn die Zollunionsländer ein bestimmtes Gut zu höheren Grenzkosten produzieren als der Weltmarkt,

---

[280] vgl. WORLD BANK (2000), S. 52
[281] vgl. GRUBER/OHR (2001), S. 13
[282] vgl. VINER (1950), S. 44

haben sie aus der Sicht der inländischen Konsumenten einen Preisvorteil, solange der Zollunionspreis niedriger ist als der Weltmarktpreis zuzüglich Importzoll. Die Konsequenz einer Nachfrageumlenkung läge dann in einer nicht optimalen Ressourcenallokation. In einem solchen Fall kann durch die erneute künstliche Verzerrung relativer Preise der Fall eintreten, dass durch die im Vergleich zu den Weltmarktpreisen relativ hohen unionsinternen Preise die Verluste aus sinkenden Zolleinnahmen und sinkender Produzentenrente nicht durch einen Zuwachs an Konsumentenrente kompensiert werden können.[283]

Im Falle der Schaffung eines Binnenmarktes muss jedoch zusätzlich berücksichtigt werden, dass neben den tarifären auch nicht-tarifäre Handelshemmnisse zwischen den Mitgliedsländern beseitigt werden. Der dadurch ausgelöste Verzicht auf die Kontrolle spezifischer Produktstandards, Qualitätsnachweise etc. beim Handel zwischen den Mitgliedstaaten ist mit Kosteneinsparungen verbunden, so dass im Falle der Schaffung eines Binnenmarktes die negativen Effekte der Handelsumlenkung durch derartige positive Wirkungen relativiert werden können.[284]

Neben den Importmärkten müssen nach demselben Schema zusätzlich die Veränderungen auf den Exportmärkten berücksichtigt werden. Die obige Betrachtung bezog sich auf den Importmarkt aus der Sicht einzelner Teilnehmerländer, welche durch den Abbau von Handelshemmnissen und durch die Zunahme der Importe von Wohlfahrtseffekten betroffen waren. Da aber die integrationsbedingten Importe des einen Teilnehmerlandes die Exporte eines anderen Mitgliedslandes sind, lassen sich daraus für dieses Land analog Wohlfahrtseffekte durch sich verändernde Exporte ableiten. Aus der Sicht der Exportindustrie eines Landes sind zusätzliche Exportmöglichkeiten positiv zu bewerten, wenn dadurch die Ressourcenauslastung verbessert werden kann. Im Falle voll ausgelasteter Kapazitäten wäre eine Steigerung der Exporte in neue Mitgliedstaaten mit Opportunitätskosten für das Exportland, resultierend aus der Umschichtung der Produktion in andere Sektoren, verbunden. Positive Wohlfahrtseffekte wären dann nur zu erwarten, wenn die erzielten Exporterlöse

[283] in Anlehnung an EL-AGRAA/JONES (1981), S. 20ff.

[284] vgl. BALDWIN/FRANCOIS/PORTES (1997), S. 134

derartige Opportunitätskosten übersteigen. Dies könnte dann nicht der Fall sein, wenn die in die neuen Mitgliedstaaten umgelenkten Exporte aus subventionierter Produktion stammen.[285]

Aus den oben genannten statischen Effekten ließen sich bei Kenntnis der Angebots- und Nachfragebedingungen auf einzelnen Märkten über die zu erwartenden Preis- und Mengenveränderungen die einzelnen Flächenmaße der sich verändernden Konsumenten- und Produzentenrente sowie der veränderten Zolleinnahmen und damit die Netto-Wohlfahrtswirkungen für einzelne Länder ermitteln. In Studien für verschiedene EU-Staaten wurden derartige Flächenmaße für die Märkte von mehr als 5000 verschiedenen Gütern in den 15 EU-Staaten ermittelt und aggregiert. Für alle EU-15-Staaten nehmen diese Flächenmaße in der Summe positive Werte an. Vom Volumen her machten sie jedoch, je nach Land, lediglich einen verschwindend geringen, aber durchweg positiven Anteil von minimal 0,0134% (Portugal) bis maximal 0,2772% (Österreich) des Bruttoinlandsproduktes aus.[286]

Die obigen Ergebnisse beschreiben die rein statischen Wirkungen der Beseitigung der Handelsbarrieren zwischen den Beitrittsländern und den alten EU-Mitgliedern, die in vielen Bereichen bereits vor Jahren vollzogen wurde. Von weitaus größerer Bedeutung dürfte jedoch die weitere Entwicklung infolge der Handelsliberalisierung sein, so auch die Frage, welches Handelspotenzial sich zusätzlich bei mehr oder weniger stark voranschreitender Konvergenz zwischen den alten EU-15 Staaten und den Beitrittsstaaten im weiteren Verlauf ergibt. Aufgrund der geographischen Nähe und aufgrund der Tatsache, dass bis zur gewaltsamen Teilung Europas intensive Handelsbeziehungen insbesondere zwischen den mitteleuropäischen und skandinavischen Ländern und Osteuropa bestanden, scheinen die Beitrittsstaaten natürliche Handelspartner vieler Mitgliedstaaten der alten EU-15 zu sein. Dies kommt bereits heute durch die hohen Handelsverflechtungen zwischen den unmittelbar aneinandergrenzenden alten EU- und Beitrittsändern zum Ausdruck. Diese werden insgesamt gesehen in besonderem Maße von einer positiven wirtschaftlichen Entwicklung und einer

[285] vgl. KOHLER (1999), S. 11
[286] vgl. KOHLER (1999), S. 25

Integration der Beitrittsstaaten profitieren. Doch auch entferntere Länder wie etwa Irland oder Spanien konnten bereits von der Liberalisierung des Handels durch überdurchschnittliche Exportsteigerungen in die Beitrittstaaten profitieren (vgl. Tab. 3).

Tabelle 3

Prognosen zur Entwicklung der Handelsverflechtung der EU-15-Staaten mit den Beitrittsstaaten

	Warenexportquoten (Anteil am BIP) in die Beitrittsstaaten				
Land	**1993**	**1998**	**2002**	**2020/S1**	**2020/S4**
A	2,3	4,6	4,9	16,6	32,0
B/LUX	0,8	1,7	1,9	2,7	6,9
D	1,4	2,2	2,5	3,2	8,0
DK	0,9	1,2	1,3	4,9	12,9
E	0,1	0,4	0,6	1,1	2,9
F	0,3	0,6	0,8	1,8	4,6
GB	0,3	0,4	0,5	1,6	4,3
GR	0,8	1,3	1,4	2,6	7,6
I	0,5	1,3	1,5	2,7	6,4
IRL	0,3	0,8	1,0	1,8	5,0
NL	1,0	1,4	1,7	2,8	7,3
P	0,1	0,2	0,4	1,1	2,9
S	0,9	1,5	1,6	4,0	11,0
SF	2,2	2,7	2,7	4,1	11,0

Quellen: IMF (2003b): Direction of Trade Statistics Yearbook 2002; Statistisches Bundesamt (2002): Statistisches Jahrbuch für das Ausland 2002; eigene Berechnungen

Die Werte der Jahre 1993, 1998 und 2002 in Tabelle 3 geben die Warenexportquoten (als Anteil am Bruttoinlandsprodukt) der Länder für die genannten Jahre wieder. Die Werte in den übrigen zwei Spalten sind Prognosewerte, deren Berechnung sich aus den im folgenden dargestellten Gravitationsmodell ergibt.

Ebenso wie die Exporte haben auch die Importe der 15 Mitgliedstaaten der alten EU aus den Beitrittsländern in den letzten Jahren deutlich zugenommen, wie Tabelle 4 verdeutlicht. Verglichen mit den Exporten in die Beitrittsstaaten haben die Importe aus denselben allerdings weniger stark zugenommen.

Sämtliche Mitgliedstaaten der alten EU-15 mit der Ausnahme Portugals hatten im Jahre 2002 einen Handelsbilanzüberschuss mit den Beitrittsstaaten.

Das Ziel der folgenden Überlegungen liegt nun darin, die weitere Entwicklung der Binnenmarktintegration einzelner Länder nach der Erweiterung, die sich abzeichnenden bilateralen Verflechtungen und die dadurch zu erwartenden regionalen und strukturellen Entwicklungen mit Blick auf die Interessenlage einzelner Länder abzuleiten.

Tabelle 4

Prognosen zur Entwicklung der Handelsverflechtung der EU-15-Staaten mit den Beitrittsstaaten

	Warenimportquoten (Anteil am BIP) aus den Beitrittsstaaten				
Land	**1993**	**1998**	**2002**	**2020/S1**	**2020/S4**
A	3,0	3,3	4,8	12,4	29,2
B/LUX	1,0	1,1	1,8	2,0	6,3
D	1,3	1,8	2,4	2,5	7,6
DK	0,9	0,7	1,2	3,4	11,1
E	0,1	0,3	0,4	0,9	2,9
F	0,4	0,4	0,6	1,4	4,3
GB	0,3	0,3	0,5	1,3	4,2
GR	0,8	1,0	1,1	2,2	7,8
I	0,7	0,9	1,0	2,3	6,6
IRL	0,4	0,4	0,7	1,3	4,0
NL	1,1	1,0	1,2	2,1	6,5
P	0,2	0,3	0,6	1,0	3,1
S	0,8	1,0	1,4	2,9	9,8
SF	2,5	1,0	1,6	3,0	9,3

Quellen: IMF (2003b): Direction of Trade Statistics Yearbook 2002; Statistisches Bundesamt (2002): Statistisches Jahrbuch für das Ausland 2002; eigene Berechnungen

Neben dem Einfluss der grenzüberschreitenden Handelstransaktionen auf die strukturelle Entwicklung ist die bilaterale Handelsverflechtung auch deshalb von Bedeutung, weil sie auch als ein Indikator angesehen werden kann für die zu erwartende Verflechtung der Kapitalmärkte. Grenzüberschreitende Faktorbewegungen können als Alternative zum grenzüberschreitenden Handel angesehen werden.[287] Bei der Gewährung von Mobilität der Produktionsfaktoren kann davon ausgegangen werden, dass Direktinvestitionen, die einen mindestens ebenso großen, langfristig vermutlich sogar einen größeren Einfluss auf die strukturelle Entwicklung eines Landes ausüben als die Handelstransaktionen, in erster Linie aus entwickelteren (kapitalreicheren) Ländern in weniger entwickelte (kapitalärmere) Länder fließen.[288] Hohe Entwicklungsunterschiede und eine gleichzeitig hohe bilaterale Verflechtung können insbesondere für diejenigen Produktionsfaktoren, die vom strukturellen Wandel in ihrem Heimatland negativ betroffen sind, ein Anreiz sein, sich für protektionistische Maßnahmen einzusetzen. Sofern jedoch, wie in der EU, Protektionismus zwischen den Mitgliedstaaten nicht möglich ist, wäre eine Politikkoordination, welche den Produktionsfaktoren in den benachteiligten Sektoren Schutz gewährt, eine Alternative (vgl. Kapitel 3.4.3). Obwohl dies im Umkehrschluss bedeutet, dass dasjenige Land, welches in einem bestimmten Sektor komparative Kostenvorteile besitzt, durch die Koordination eines bestimmten Politikbereichs und eine Ausschaltung des Systemwettbewerbs diese Vorteile aufgeben würde, kann auch für dieses Land die Einigung auf eine gemeinsame Politik sinnvoll sein, weil sich seine Wettbewerbsposition gegenüber dem Ausland in einem anderen Politikbereich wieder genau umgekehrt darstellen kann.[289]

Der Integrationsgrad eines Landes in den Binnenmarkt kann auch als Indikator angesehen werden für die Verpflichtung des Landes gegenüber dem Binnenmarkt und seinen Politiken. Der Binnenmarkt kann nur dann seine volle Wirkung entfalten, wenn die grenzüberschreitenden Transaktionen der Wirtschaftssubjekte nicht durch Unterschiede in den nationalstaatlichen institutionellen Systemen behindert werden. In marktwirtschaftlichen Systemen wirtschaften die Akteure dezentral, indem sie eigenverantwortlich selbstgesetzte Ziele verfolgen. Die Eigenschaften marktwirtschaftlicher Systeme können im Binnenmarkt umso vorteilhafter genutzt werden, je weniger die eigenverantwortlich handelnden Akteure durch nationalstaatliche Grenzen behindert

---

[287] vgl. SAMUELSON (1948), S. 169f.

[288] vgl. AGARWAL et al. (1975), S. 190

[289] vgl. BERNHOLZ/BREYER (1994), S. 72ff.

werden.[290] Einheitliche Rahmenbedingungen, wie z.B. Steuern, Wettbewerbsregeln, Marketingvorschriften o.ä., müssten somit insbesondere Ländern mit hoher bilateraler Verflechtung ökonomische Vorteile verschaffen, so dass diese einer weiteren Integration generell offener gegenüber stehen müssten als Länder mit geringeren außenwirtschaftlichen Interdependenzen.[291]

Die außenwirtschaftliche Verflechtung kann zudem als ein Indikator für die Abhängigkeit zwischen Ländern angesehen werden. Dass die Integration in den Binnenmarkt mit Vorteilen verbunden sein muss, zeigt die Tatsache, dass die EU-Mitgliedstaaten bereit waren, mehr und mehr ehemals nationale politische Kompetenzen abzugeben. Aus der Sicht eines einzelnen Landes mit individuellen und von denen des Auslands abweichenden nationalen Interessen kann es nur dann sinnvoll sein, auf politische Autonomie zu verzichten, wenn es dafür durch anderweitige Nutzenzuwächse entschädigt wird. Wenngleich für einige Länder, so auch jetzt für die osteuropäischen Länder, finanzielle Anreize eine Rolle gespielt haben können, stellt doch die europäische Integration insgesamt aus rein finanzieller Sicht ein Nullsummenspiel dar. Die Tatsache, dass aber gerade kleine, offene und entwickelte Länder, wie etwa die Beneluxstaaten oder die skandinavischen Länder, eine Vorreiterrolle bei der Vollendung des Binnenmarktes einnahmen und immer noch einnehmen[292] spricht dafür, dass sich diese Nutzenzuwächse aus den ökonomischen Vorteilen der Integration ergeben.

Zusammenfassend soll die außenwirtschaftliche Verflechtung einzelner Mitgliedstaaten damit als Indikator angesehen werden für ihre Abhängigkeit vom externen Umfeld. Die Konsequenzen dieser Abhängigkeit können einerseits positiver Art sein, etwa in Form der allgemeinen Wohlfahrtswirkungen, die der Binnenmarkt entfalten kann, andererseits aber auch negativer Art, etwa in Form strukturellen Anpassungsdrucks.

---

[290] vgl. MUSSLER/STREIT (1996), S. 268f.

[291] vgl. ZILTENER (2001), S. 26ff.

[292] vgl. hierzu diverse Binnenmarktanzeiger der Europäischen Kommission

Zur weiteren Prognose des bilateralen Güterhandels eignet sich das Gravitationsmodell.[293] Dieses geht davon aus, dass die Gravitationskraft, in diesem Fall die potenziellen Exportvolumina, zwischen zwei Körpern (in diesem Fall zwischen zwei Ländern) durch deren Massen und durch den Abstand zwischen den Körpern bestimmt ist. Die das Handelsvolumen bestimmenden Massen entsprechen dem Nachfragepotenzial im Importland und dem Angebotspotenzial im Exportland abzüglich handelshemmender Faktoren, wie z.B. Importrestriktionen. Es wird unterstellt, dass der Logarithmus des Exportvolumens eines Landes linear korreliert ist mit den Logarithmen der erklärenden Variablen.[294] Die Ermittlung des Exportpotenzials eines Mitgliedstaates der EU in die übrigen Mitgliedstaaten soll im folgenden mittels einer Regressionsanalyse erfolgen, in die die genannten Einflussfaktoren als erklärende Variablen einbezogen werden. Bei Kenntnis dieser Bestimmungsfaktoren lassen sich dann für beliebige Werte der erklärenden Variablen die zu erwartenden Exportvolumina berechnen.

Für die Prognose der zukünftigen bilateralen Warenhandelspotenziale zwischen den EU-15-Staaten und den Beitrittsstaaten stellt sich die Frage, welche Länderkombinationen in die Regressionsanalyse einbezogen werden sollen. Die Beschränkung auf die bilateralen Handelsströme jedes einzelnen EU-15-Staates mit den zehn Beitrittsländern ist aufgrund noch nicht abgeschlossener wirtschaftlicher, politischer und rechtlicher Veränderungen, die der Transformationsprozess mit sich gebracht hat, für die Prognose zukünftiger bilateraler Verflechtungen vermutlich ungeeignet. Insbesondere die Erfassung und Messung politischer und rechtlicher Veränderungen, wie etwa der Abbau nicht-tarifärer Handelshemmnisse oder die Deregulierung, bereitet Probleme. Natürlich wurde mit dem Beitritt der ersten zehn Länder zur EU der Acquis Communautaire übernommen. Die Wirkungen dieser Übernahme sind jedoch in den zum jetzigen Zeitpunkt vorliegenden Daten noch nicht enthalten. Aufgrund der nun erfolgten Übernahme des EU-Regelwerks und der vollständigen Integration der Beitrittsstaaten in den Binnenmarkt ist davon auszugehen, dass

[293] vgl. LINNEMANN (1966), S. 8
[294] vgl. NAGY (1997), S. 2f.

sich die Außenhandelsintensität der Beitrittsstaaten mittelfristig ähnlich entwickeln wird wie diejenige der alten 15 EU-Mitgliedstaaten. Deshalb sollen auch die Handelsströme zwischen den Letztgenannten als Grundlage für die Regressionsanalyse verwendet werden. Damit stehen insgesamt 26 Länder zur Verfügung (12 Beitrittsländer, 14 Altmitglieder, Luxemburg zählt zu Belgien). Aus dem Intra-EU-15-Handel ergeben sich 182 bilaterale Exportströme, aus dem Handel der EU-15 mit den Beitrittsländern ergeben sich nochmals 168 Exportströme von West nach Ost sowie weitere 168 Exportströme von Ost nach West, so dass insgesamt 518 Beobachtungen zur Verfügung stehen. Im Gegensatz zu der bereits in den zurückliegenden Jahren erfolgten umfangreichen Liberalisierung des Handels zwischen den einzelnen Beitrittsstaaten und den EU-15-Staaten war der bilaterale Handel zwischen den Beitrittsstaaten zum Zeitpunkt der Datenerfassung noch relativ stark reglementiert, so dass davon ausgegangen werden kann, dass die Exportvolumina der Beitrittsstaaten in die EU-15-Staaten bereits verhältnismäßig hoch, die Exporte in die ehemaligen Bruderstaaten jedoch noch vergleichsweise unterentwickelt sind (Hub-and-Spoke-Problematik).[295] Aus diesem Grund werden die Warenströme zwischen den Beitrittsländern nicht in die Regression einbezogen.

Als Indikatoren für das Nachfragepotential des Importlandes und das Angebotspotential des Exportlandes werden Sozialprodukte und Bevölkerungszahlen verwendet. Da die Sozialprodukte das Angebots- und Nachfragepotential in Export- und Importland positiv beeinflussen, ist auch ihre Wirkung auf das Exportvolumen positiv. Weniger eindeutig ist der Einfluss der Bevölkerungszahlen der handeltreibenden Länder auf die Handelsströme. Während im Importland einerseits neben dem Volkseinkommen auch die Bevölkerungszahl als Indikator für das Marktvolumen angesehen werden kann und damit das Importnachfragepotential positiv beeinflusst, kann sie andererseits als Indikator für den Offenheitsgrad einer Volkswirtschaft angesehen werden. Mit steigender Bevölkerungszahl im Importland steigt gewöhnlich auch dessen geographische Ausdehnung. Dies impliziert eine bessere Ausstattung mit natürlichen Ressourcen, was einen Anstieg des Selbstversorgungsgrades bewirken kann. In

[295] vgl. INOTAI (1994), S. 17

ähnlicher Weise wird bezüglich des Offenheitsgrades eines Exportlandes argumentiert. Unternehmen, die ihren Stammsitz in bevölkerungsreicheren Ländern haben, sind, insbesondere bei der Fertigung von Industriegütern, zur Realisierung der für die preisliche Wettbewerbsfähigkeit bedeutenden Größenvorteile weniger auf die Bedienung von Auslandsmärkten angewiesen als Unternehmen aus bevölkerungsärmeren Ländern beziehungsweise Ländern mit geringerer Binnennachfrage.[296]

Verfolgt man diesen Gedanken jedoch weiter, kommt man zu dem Schluss, dass gerade aufgrund dieser Größenvorteile bei der Liberalisierung des Handels Anbieter aus Ländern mit relativ großen Inlandsmärkten auf Auslandsmärkten gegenüber den dortigen heimischen Anbietern Wettbewerbsvorteile haben könnten, so dass in einem solchen Fall die Exporttätigkeit mit der inländischen Bevölkerungszahl durchaus positiv, mit der ausländischen dagegen negativ korreliert sein kann. Die Voraussetzung dafür wäre, dass die Handelsstruktur zwischen den handeltreibenden Ländern intra-industrieller Natur ist, weil dies ein Indikator für identische Präferenzen der Konsumenten in den Ländern ist und damit die Grundvoraussetzung für die Verdrängung heimischer durch ausländische Anbieter vom Markt.[297] Über den Einfluss der Bevölkerungszahlen auf die bilateralen Handelsverflechtungen lassen sich daher vorab keine eindeutigen Aussagen ableiten.

Der Einfluss der Transaktionskosten auf den Güteraustausch zwischen zwei Ländern ist dagegen eindeutig als negativ einzuschätzen. Operationalisiert werden die Transaktionskosten durch die geographische Nähe zweier Länder (D_{ij}). Diese Größe kann auch herangezogen werden als Indikator für kulturelle Verbundenheit.[298]

Zur Erfassung des Einflusses präferentieller Handelsabkommen werden Dummy-Variablen verwendet. Im Falle des Vorliegens präferentieller Handelsabkommen nehmen diese den Wert zwei an, andernfalls den Wert eins. Für die Handelsströme zwischen den alten EU-Staaten als langjährige Mitglieder des

---

[296] vgl. WANG (1992), S. 3

[297] vgl. ROSE/SAUERNHEIMER (1999), S. 394f.

[298] vgl. HAMILTON/WINTERS (1992), S. 82

Binnenmarktes nimmt die Variable DUEU15 den Wert 2, für Handelsströme zwischen alten und neuen EU-Mitgliedern dagegen den Wert eins an. Da Länder mit einer gemeinsamen Landesgrenze traditionell verstärkt Handel treiben, wird zur Unterstützung der Hypothese der natürlichen Handelspartner die Dummy-Variable DULB eingeführt, die bei Vorliegen einer gemeinsamen Landesgrenze den Wert zwei annimmt, andernfalls den Wert eins. Unter Verwendung der angegebenen Variablen erhält man folgende allgemeine Regressionsgleichung:

$$\ln X_{ij} = \Theta_0 + \Theta_1 \ln BIP_i + \Theta_2 \ln POP_i + \Theta_3 \ln BIP_j + \Theta_4 \ln POP_j + \Theta_5 \ln D_{ij} + \Theta_6 \ln DULB_{ij} + \Theta_7 \ln DUEU15_{ij} + e_{ij}$$

wobei Θ_0: Konstante

Θ_k: Regressionskoeffizienten der erklärenden Variablen mit $k = 1, 2, \ldots\ldots, 7$

X_{ij}: Warenexportvolumen von Land i nach Land j in Mio US$

BIP_i: Bruttoinlandsprodukt in Exportland i (in Mio US-$)

POP_i: Bevölkerungszahl in Exportland i (in Tsd.)

BIP_j: Bruttoinlandsprodukt in Importland j (in Mio US-$)

POP_j: Bevölkerungszahl in Importland j (in Tsd.)

D_{ij}: Entfernung zwischen Land i und Land j (in Kilometern)[299]

$DULB_{ij}$: Dummy-Variable ‚Natürliche Handelspartner':
- bei gemeinsamer Landesgrenze zwischen Exportland i und Importland j: $DULB_{ij} = 2$;
- sonst: $DULB_{ij} = 1$

$DUEU15_{ij}$: Dummy-Variable ‚EU-Binnenmarkt':
- bei Mitgliedschaft sowohl des Exportlandes i als auch des Importlandes j zum Zeitpunkt der Datenerfassung (2002) in der EU: $DUEU15_{ij} = 2$
- bei Nicht-Mitgliedschaft mindestens eines Handelspartners zum Zeitpunkt der Datenerfassung (2002) in der EU: $DUEU15_{ij} = 1$

e_{ij}: Residuen

[299] als Wert für die Entfernung wird jeweils der Land- bzw. Seeweg zwischen den Hauptstädten der Länder verwendet. Aufgrund der relativ dezentralen Struktur wird für Deutschland Frankfurt/Main verwendet, für Italien Mailand als wirtschaftliches Zentrum des Landes, für die Niederlande Amsterdam, für Belgien und Luxemburg Brüssel.

Führt man mit Hilfe der Methode der kleinsten Quadrate unter Verwendung von Daten aus dem Jahre 2002 eine Regressionsanalyse durch, erhält man die folgenden Regressionskoeffizienten Θ_k sowie die dazugehörigen p-Werte:

Regressionsanalyse für den Warenhandel zwischen der EU-15 und den Beitrittsländern

2002	**Const. (Θ_0)**	**BIP_i**	**POP_i**	**BIP_j**	**POP_j**	**D_{ij}**	**DU-$EU15_{ij}$**	**$DULB_{ij}$**
Θ_k	-7,429	1,127	-0,271	0,9017	-0,0317	-1,034	0,021	0,3026
p-Werte	0,00	0,00	0,00	0,00	0,69	0,00	0,76	0,11

Datenquellen: siehe Anhang ‚Datendokumentation'

Mit einem Bestimmtheitsmaß (Adj. R^2) von 89,00% bietet die Regression eine solide Basis für die Prognose zukünftiger Handelsströme.

Aus den Ergebnissen lassen sich folgende Zusammenhänge ableiten: Die Sozialprodukte des Export- und des Importlandes, die das Angebots- und Nachfragevolumen repräsentieren, haben erwartungsgemäß einen signifikant positiven Einfluss auf das Exportvolumen des Exportlandes. Ebenfalls erwartungsgemäß ist der Einfluss der Entfernung zwischen Export- und Importland auf das Exportvolumen signifikant negativ. Die inländische Bevölkerungszahl wirkt sich signifikant negativ aus auf die Exporttätigkeit und dient somit als Indikator für den Offenheitsgrad eines Landes in Abhängigkeit von der Landesgröße. Der Einfluss der ausländischen Bevölkerungszahl auf die Exporte eines Landes ist ebenso negativ, so dass die Bevölkerungszahl auch hier als ein Indikator für die Größe und den Selbstversorgungsgrad des Importlandes angesehen werden kann. Allerdings hat den Ergebnissen der Regressionsanalyse zufolge die ausländische Bevölkerungszahl keinen signifikanten Einfluss auf die inländischen Exporte.[300] Da sämtliche Beobachtungswerte logarithmiert wurden, können die Regressionskoeffizienten mit Elastizitäten verglichen werden. Vor diesem Hintergrund würde beispielsweise eine Erhöhung des Sozialprodukts des Exportlandes i eine überproportionale Steigerung der Exporte bewirken, während ein Anstieg des Sozialprodukts im Importland j nur mit einer

[300] vgl. z.B. auch WANG (1992), S. 14; NAGY (1997), S. 21

unterproportionalen Erhöhung der inländischen Exporte verbunden wäre. Wie den Regressionskoeffizienten entnommen werden kann, wäre jedoch für den Fall, dass in- und ausländisches Sozialprodukt mit der gleichen Rate wachsen, insgesamt dennoch mit einem überproportionalen Anstieg der Exporte zu rechnen.

Die Tatsache, dass die Dummy-Variable für den Binnenmarkt ein sehr niedriges Signifikanzniveau und damit einen verschwindend kleinen Erklärungsgehalt aufweist, bestätigt, dass nach der bereits weit vorangeschrittenen Handelsliberalisierung zwischen der EU und den mittel- und osteuropäischen Ländern während der vergangenen Jahre allein durch deren Beitritt zum Binnenmarkt keine wesentliche Ausweitung des Handelsvolumens mehr zu erwarten ist. Es ist anzumerken, dass die angewendete Betrachtung auf Länderebene mit nur einem geografischen Bezugspunkt in jedem Land insbesondere für große Länder problematisch ist, weil dort die Handelsschaffung in grenznahen Regionen weitaus stärker ausfallen kann als in grenzferneren Regionen.[301]

Für die Prognose zukünftiger Handelsströme ist es nun erforderlich, Annahmen über die zukünftige Entwicklung der Beitrittsländer und der alten EU-Mitgliedsländer zu treffen. Dabei tritt das Problem auf, dass vorab und über einen relativ langen Zeitraum Annahmen über die Entwicklung der Sozialprodukte der einzelnen Länder getroffen werden müssen. Die Prognose landesspezifischer Wachstumsraten für einen Zeitraum von 15 und mehr Jahren ist jedoch mit erheblichen Unsicherheiten verbunden. Es scheint deshalb sinnvoller zu sein, sich der Problematik auf andere Weise zu nähern. In erster Linie kommt es darauf an, die relativen bilateralen Veränderungen, einerseits zwischen den Beitrittsländern und den einzelnen EU-15-Staaten, andererseits zwischen der Gruppe der EU-15 und der Gruppe der Beitrittsstaaten, zu erfassen. In alternativen Szenarien soll daher von unterschiedlich stark ausgeprägter Konvergenz ausgegangen werden. Als Indikator dient dabei das jährliche pro Kopf-Einkommen (BIP/Kopf). Dafür müssen im Prinzip nur zwei Größen vorgegeben werden. Zum einen das zu erwartende durchschnittliche

[301] vgl. WEISE/BRÜCKER et al. (1997), S. 75ff.

Wachstum des pro Kopf-Einkommens in den alten EU-15-Staaten, zum anderen das zu erwartende Bevölkerungswachstum in den einzelnen EU-15 und Beitrittsländern. Im folgenden werden für die EU-15-Staaten für die Veränderung der pro Kopf-Einkommen der einzelnen Länder zwei alternative Szenarien unterstellt. Im ersten Szenario werden die Wachstumsraten der pro Kopf-Einkommen der letzten sechs Jahre fortgeschrieben. Damit wird, mit wenigen Ausnahmen, ein weiteres Voranschreiten des Konvergenzprozesses der letzten Jahre zwischen den EU-15-Staaten unterstellt. Im zweiten Szenario wird unterstellt, dass das pro Kopf-Einkommen in allen EU-15-Staaten mit der durchschnittlichen Wachstumsrate der letzten sechs Jahre wächst, d.h. es würde zu keiner weiteren Konvergenz kommen. Dieses durchschnittliche Wachstum lag von 1996 bis 2002 ungefähr bei 1 % p.a.. Die auf diesem Wege ermittelten pro Kopf-Einkommen der alten EU-15-Staaten dienen dann als Maßstab für die Entwicklung der pro Kopf-Einkommen der Beitrittsländer.

Betrachtet man nun die derzeitigen pro Kopf-Einkommen der Beitrittsländer (in laufenden Preisen) kommt man zu dem Ergebnis, dass die zwölf Länder diesbezüglich in drei Gruppen unterteilt werden können: Eine Gruppe, bestehend aus Zypern, Slowenien und Malta, deren pro Kopf-Einkommen fast so hoch sind wie das pro Kopf-Einkommen des rückständigsten EU-15-Mitglieds (Portugal). Daneben existiert eine zweite Gruppe von Ländern, bestehend aus Estland, Polen, Tschechien, der Slowakei und Ungarn, deren pro Kopf-Einkommen (in laufenden Preisen) durchschnittlich ungefähr halb so hoch sind wie die pro Kopf-Einkommen der Länder der erstgenannten Gruppe. Eine dritte Gruppe mit umfasst die Länder Lettland, Litauen, Bulgarien und Rumänien, deren pro Kopf-Einkommen nochmals deutlich unter denjenigen der Mitglieder der zuletzt genannten Gruppe liegen. Unter Berücksichtigung dieser Umstände wurden für die Beitrittsstaaten die folgenden beiden alternativen Szenarien unterstellt:

1. Das Beitrittsland mit dem höchsten pro Kopf-Einkommen (Zypern) erreicht bis 2020 ein BIP/Kopf, das dem zu diesem Zeitpunkt vorliegenden durchschnittlichen BIP/Kopf der alten EU-15-Mitglieder

entspricht (welches mit den beiden zuvor beschriebenen Entwicklungsszenarien für die alten EU-Mitglieder prognostiziert wird). Die übrigen Beitrittsländer folgen im Abstand der heute bestehenden relativen Differenzen; die Beitrittsländer nähern sich also langsam dem Niveau der alten EU-Mitglieder an, zwischen den einzelnen Beitrittsländern findet aber keine Konvergenz statt.

2. Die fortschrittlichen Beitrittsländer (Zypern, Slowenien, Malta) erreichen alle das pro Kopf-Einkommen des für das Jahr 2020 prognostizierten EU-15-Durchschnitts. Die rückständigen Beitrittsländer (Lettland, Litauen, Bulgarien und Rumänien) erreichen alle das im Jahr 2020 vorliegende BIP/Kopf des rückständigsten EU-15-Landes (Portugal). Die übrigen Beitrittsländer (Estland, Polen, Tschechien, die Slowakei und Ungarn) erreichen alle ein pro Kopf-Einkommen, das genau zwischen demjenigen der beiden erstgenannten Gruppen liegt. In diesem Szenario käme es also innerhalb der drei erwähnten Ländergruppen zu einer vollständigen Konvergenz. Zudem würde auch die Divergenz der pro Kopf-Einkommen zwischen sämtlichen Beitrittsländern geringer als im ersten Szenario, weil die Differenz zwischen dem portugiesischen pro Kopf-Einkommen und dem EU-15-Durchschnitt geringer ist als die Differenz der pro Kopf-Einkommen zwischen Zypern und dem rückständigsten Beitrittsland Rumänien.

Es muss an dieser Stelle nochmals darauf hingewiesen werden, dass zunächst nicht Niveauveränderungen von Bedeutung sind, sondern die Änderung der Relationen zwischen den Ländern. Dies ist abhängig vom Ausmaß der Konvergenz sowohl innerhalb der Gruppe der EU-15 als auch innerhalb der Gruppe der Beitrittsländer. Es ist also im Prinzip weniger die Frage entscheidend, ob beispielsweise Slowenien in fünfzehn oder zwanzig Jahren beim pro Kopf-Einkommen den EU-15-Durchschnitt oder gar ein überdurchschnittliches Niveau erreicht hat, als vielmehr die Frage, ob die übrigen Länder Mittel- und Osteuropas aufschließen können und wenn ja, in welchem

Umfang. Da andererseits, unabhängig vom Ausmaß der Konvergenz innerhalb der beiden Gruppen, die pro Kopf-Einkommen der EU-15-Staaten als Maßstab herangezogen werden, an den sich die pro Kopf-Einkommen der Beitrittsländer mehr oder weniger annähern, ist das Niveau, auf dem das Wachstum stattfindet, relativ unerheblich. Aus den ermittelten pro Kopf-Einkommen und mit Hilfe von Bevölkerungsprognosen[302] für die einzelnen Länder für das Jahr 2020 lässt sich das daraus resultierende Bruttoinlandsprodukt für jedes einzelne Land ermitteln.

Zur Ermittlung des Handelspotenzials zwischen den alten EU-15-Mitgliedern und den Beitrittsländern bieten sich nun mehrere Szenarien. Sowohl für die EU-15-Staaten als auch für die Gruppe der Beitrittsländer existieren nun jeweils zwei Szenarien mit unterschiedlichem Ausmaß an Konvergenz sowohl innerhalb beider Ländergruppen als auch zwischen beiden Gruppen. Insgesamt ergeben sich die vier folgenden Kombinationen für die Prognose des zukünftigen Handelspotenzials. Als Zeithorizont wurde das Jahr 2020 gewählt, die Wahl einer größeren Zeitspanne würde lediglich die Niveaus der Größen verändern, nicht aber deren Struktur untereinander. Da hier nicht Absolutwerte, sondern Ex- und Importquoten verwendet werden sollen, sind die Absolutgrößen und der Zeithorizont relativ unerheblich.[303] Unter Verwendung der Regressionsgleichung lassen sich nun Prognosewerte für die bilateralen Handelsströme zwischen den Mitgliedstaaten der auf 27 Mitglieder erweiterten EU ermitteln.

---

[302] vgl. STATISTISCHES BUNDESAMT (2002), S. 209

[303] natürlich muss darauf verwiesen werden, dass während der letzten Jahrzehnte weltweit das Wachstum des Außenhandels immer über dem Wachstum der Wertschöpfung lag, so dass mit steigenden Bruttoinlandsprodukten auch ein Anstieg der Ex- und Importquoten zu erwarten ist. Die vorgenommene Regressionsanalyse liefert auch genau dieses Ergebnis. Somit kommt faktisch den Absolutwerten der Bruttoinlandsprodukte beziehungsweise der pro Kopf-Einkommen durchaus ein Einfluss zu. Da es hier jedoch in erster Linie um die Relationen zwischen den EU-Mitgliedstaaten bezüglich ihrer Integration in den Binnenmarkt und die relativen einzelstaatlichen Handelsverflechtungen geht, ist dieser Effekt unerheblich.

		Entwicklung der pro Kopf-Einkommen der Beitrittsländer	
		Zypern erreicht bis 2020 das BIP/Kopf des EU-15-Durchschnitts, übrige Beitrittsländer folgen mit den relativen Differenzen des Jahres 2020	CY, MAL, SLO erreichen BIP/Kopf des EU-15-Durchschnitts des Jahres 2020; BG, RO, LET, LIT erreichen BIP/Kopf Portugals im Jahre 2020; BIP/Kopf von EST, PL, CZ, SK, HU liegt genau zwischen denjenigen der beiden erstgenannten Gruppen
Entwicklung der pro Kopf-Einkommen in den EU-15-Staaten	BIP/Kopf jedes EU-15-Landes wächst bis 2020 mit der durchschnittlichen Wachstumsrate der EU-15 von 1996-2002	**Szenario 1 (S1)**	**Szenario 2 (S2)**
	BIP/Kopf jedes EU-15-Landes wächst bis 2020 jährlich mit der durchschnittlichen nationalen Wachstumsrate der Jahre 1996-2002	**Szenario 3 (S3)**	**Szenario 4 (S4)**

Als Ergebnis all dieser Alternativen zeigt sich erwartungsgemäß, dass die Ausweitung der Exporte der EU-15-Staaten in die Länder Mittel- und Osteuropas mit zunehmender Konvergenz zwischen den EU-15-Staaten und den Ländern Mittel- und Osteuropas zunimmt. Betrachtet man die Exportquoten der einzelnen Länder in die Beitrittsstaaten, so ist Szenario 4 (S4), bei dem sowohl zwischen den EU-15-Staaten als auch zwischen den Beitrittsländern eine voranschreitende Konvergenz unterstellt wurde, dasjenige Szenario, welches allen EU-15-Staaten die höchste Warenexportquote liefert (vgl. Tab. 3 auf Seite 144). Bei voranschreitender Konvergenz der Beitrittsstaaten könnten sämtliche alten EU-Mitgliedstaaten ihre Exporte in die Neumitglieder der EU erheblich ausweiten. Dieses Szenario muss jedoch als extrem angesehen werden und kann allenfalls auf sehr lange Sicht als realistisch eingeschätzt werden. Neben dem Szenario 4 soll lediglich noch Szenario 1 betrachtet werden. Während Szenario 4, wie bereits erwähnt, einerseits dasjenige Szenario mit der größten absoluten Handelsschaffung und andererseits auch dasjenige Szenario mit den größten Warenexportquoten in allen EU-15-Staaten ist, fallen in Szenario 1 diese Warenexportquoten am niedrigsten aus. Dieses Szenario zeichnet sich durch die geringst mögliche Konvergenz sowohl innerhalb der beiden Ländergruppen als auch zwischen den beiden Ländergruppen (EU-15-Staaten und Beitrittsländer) aus.

Wie den Ergebnissen zu entnehmen ist, werden die Beitrittsländer vor allem für die süd- und westeuropäischen Länder im Außenhandel erwartungsgemäß eine geringere Bedeutung haben als für die mitteleuropäischen und skandinavischen Länder. Dennoch ergeben sich auch innerhalb verschiedener regionaler Ländergruppen unterschiedliche Zukunftsaussichten. So ergeben sich etwa für die Exporte Österreichs, Schwedens und für die der entlegenen Länder Portugal, Spanien und Irlands weitaus größere Wachstumspotenziale als etwa für die Exporte Deutschlands, Finnlands oder Griechenlands (vgl. Tab. 3).[304] Es werden laut Prognose die unmittelbar an die Beitrittsstaaten angrenzenden Länder Deutschland, Österreich, Italien, Finnland und Griechenland zusammen fast 70% der EU-Gesamtexporte in die MOEL abwickeln.[305] Wie bereits den Regressionskoeffizienten entnommen werden konnte, zeigen auch die berechneten Ergebnisse nochmals, dass die außenwirtschaftliche Verflechtung der alten EU-Mitglieder mit den Beitrittsländern neben der Landesgröße wesentlich von der geographischen Nähe abhängig ist.

Während steigende Exportpotenziale zumeist als Chance angesehen werden, wird zunehmende Importkonkurrenz dagegen von manchen Gruppierungen in einzelnen Ländern häufig als Bedrohung empfunden. Für das Importpotenzial der EU-15-Staaten aus den Beitrittsländern, gleichzusetzen mit dem Exportpotenzial der Beitrittsstaaten in die EU-15-Staaten, ergibt sich eine

---

[304] vgl. Ergebnisse in WEISE/BRÜCKER et al (1997), S. 77

[305] vgl. auch BRÜCKER (2001), S. 82

ähnliche Struktur wie für die gegenläufigen Handelsströme. Während seit dem Jahre 1993, als die ersten Europaabkommen in Kraft getreten sind, die westeuropäischen Länder vor allem ihre Exporte nach Osteuropa erheblich ausweiten konnten, wird obiger Prognose zufolge die noch im Jahre 2002 vorhandene Diskrepanz zwischen Export- und Importquote gegenüber den Beitrittsstaaten in Zukunft abnehmen, wenngleich beide Größen weiter wachsen werden (vgl. Tab. 3 und 4 auf Seite 144 und 145). Da in die Regressionskoeffizienten, die für obige Prognosen verwendet wurden, neben den Handelsströmen zwischen den west- und den osteuropäischen Ländern auch sämtliche bilateralen Handelsbeziehungen der 15 alten Mitgliedstaaten eingeflossen sind, wurde damit unterstellt, dass sich die in Westeuropa geltenden Bedingungen mittelfristig auf Osteuropa übertragen lassen. Die prognostizierten Export- und Importquoten stellen die unter dieser Annahme mögliche außenwirtschaftliche Verflechtung dar. Unter diesen Umständen würden die Handelsbilanzüberschüsse der EU-15-Staaten gegenüber den Beitrittsländern mit zunehmender Konvergenz zwischen West- und Osteuropa langfristig abgebaut. Dies ist darauf zurückzuführen, dass die Bruttoinlandsprodukte der Beitrittsländer nicht nur einen Nachfrageeffekt haben, von dem die EU-15-Staaten profitieren, sondern gleichzeitig das Exportpotenzial dieser Länder positiv beeinflussen. Kurzfristig kann dagegen im Aufholprozess der Beitrittsländer durchaus der umgekehrte Fall einer Verschlechterung ihrer Handelsbilanzsalden eintreten. Aufgrund des signifikanten Einflusses der Entfernungsvariablen werden die Handelsintensitäten auf regionaler Ebene besonders ausgeprägt sein, so etwa zwischen Schweden und Finnland und den Ostseeanrainerstaaten, zwischen Österreich und der Tschechischen Republik, der Slowakei, Ungarn und Slowenien und zwischen Deutschland und Polen und der Tschechischen Republik.

4.1.2 Warenhandelseffekte in den Beitrittsländern

4.1.2.1 Handel der Beitrittsländer mit den alten EU-Mitgliedern

Für die Länder Mittel- und Osteuropas hatte die Vorbereitung auf den Beitritt zur Europäischen Union bereits mit der Verabschiedung der Europaabkommen begonnen. Die mittel- und osteuropäischen Länder haben durch die Öffnung und die damit verbundene Reorientierung der Handelsströme hin zu den großen westeuropäischen Ländern in stärkerem Maße von handelsschaffenden Effekten profitiert als die EU-15-Staaten, obwohl die für die Beitrittsländer wichtigen Agrar-, Textil-, und Eisen- und Stahlmärkte noch Sonderregelungen unterlagen.[306]

Unter Verwendung der ermittelten Regressionsgleichung lässt sich festhalten, dass die Exportquoten der Beitrittsländer in und die Importquoten aus den alten EU-Mitgliedstaaten durch einen EU-Beitritt ein weitaus geringeres Steigerungspotenzial aufweisen, als dies für die EU-15-Staaten in umgekehrter Richtung der Fall ist (vgl. Tab. 5). Damit hätten zahlreiche Beitrittsstaaten ihr Handelspotenzial mit den EU-15-Staaten bereits weitgehend ausgeschöpft.[307] Dennoch werden die Beitrittsstaaten auch in Zukunft eine weitaus höhere relative Handelsverflechtung mit den westeuropäischen Ländern haben als die westeuropäischen Länder mit den Beitrittsländern. Laut Prognose haben neben der Slowakei vor allem die baltischen Staaten und Slowenien, also diejenigen Länder, die mit der Umsetzung der Europaabkommen erst relativ spät begonnen haben, ein relativ hohes Exportsteigerungspotential zu erwarten.[308]

Aufgrund der unterstellten geringen Unterschiede in der Entwicklung der EU-15-Länder sind die Exportquoten für die Beitrittsstaaten weitgehend szenariounabhängig. Wenngleich die Handelsverflechtung der Beitrittsländer mit den alten EU-Mitgliedern, ausgehend vom heutigen Niveau, nicht mehr in dem

[306] vgl. HARE (2001), S. 488
[307] vgl. z.B. BRÜCKER (2001), S. 79
[308] vgl. z.B. WEISE et al. (1997), S. 149

Tabelle 5

Prognosen zur Entwicklung der Handelsverflechtung der Beitrittsstaaten mit den Staaten der EU-15

	Warenexportquoten (Anteil am BIP) in die EU-15-Staaten				
Land	**1993**	**1998**	**2002**	**2020/S1**	**2020/S4**
BG	10,1	17,4	17,1	20,5	26,0
CY	4,7	4,6	4,1	12,2	18,5
CZ	18,2	30,1	36,5	45,2	49,8
EST	23,7	34,4	39,8	49,7	56,4
HU	12,8	35,7	35,6	36,4	40,4
LET	6,3	16,1	16,8	27,9	34,0
LIT	12,7	13,1	18,2	23,8	29,1
MAL	27,2	21,7	26,9	28,2	31,4
PL	10,7	12,2	15,3	23,6	27,8
RO	7,7	13,8	16,2	18,4	21,8
SK	13,5	29,3	35,8	58,9	64,2
SLO	30,4	30,3	30,6	58,8	60,4

	Warenimportquoten (Anteil am BIP) aus den EU-15-Staaten				
Land	**1993**	**1998**	**2002**	**2020/S1**	**2020/S4**
BG	17,6	19,0	24,3	32,4	28,2
CY	21,4	22,3	22,5	17,4	18,4
CZ	18,3	32,6	37,4	55,6	51,7
EST	33,2	55,3	48,6	62,2	61,5
HU	17,4	35,1	35,2	45,4	42,6
LET	4,9	25,0	23,9	39,8	38,0
LIT	11,4	25,5	22,4	35,6	32,4
MAL	52,2	51,4	47,1	33,1	32,4
PL	13,3	19,6	18,8	32,8	29,9
RO	10,2	16,1	19,2	24,5	20,9
SK	14,8	29,3	36,7	77,9	65,3
SLO	33,7	35,8	35,3	59,5	58,1

Quellen: IMF (2003b): Direction of Trade Statistics Yearbook 2002; Statistisches Bundesamt (2002): Statistisches Jahrbuch für das Ausland 2002; eigene Berechnungen

Maße gesteigert werden kann wie dies umgekehrt der Fall ist, würden laut Prognose die Handelsbilanzdefizite der MOEL mit zunehmender Konvergenz, ähnlich wie im Falle derjenigen früheren Beitrittsländer, die sich positiv entwickelt haben (Irland und Spanien), abgebaut werden können.[309] Für Ungarn ist dies bereits jetzt der Fall.

Die Ergebnisse zeigen, dass, obwohl sich für die alten EU-Mitglieder durch den zu erwartenden Wachstumsprozess in Osteuropa weitaus größere Steigerungspotenziale für den Handel mit den Beitrittsstaaten ergeben als für letztere mit den westeuropäischen Ländern, die EU-15-Staaten für die Beitrittsstaaten in ökonomischer Hinsicht eine weitaus größere Bedeutung haben werden als dies umgekehrt der Fall ist. Dies verdeutlicht nochmals, dass die hier bis zum Jahre 2020 prognostizierte Zunahme der außenwirtschaftlichen Verflechtung der Mitgliedstaaten der erweiterten EU nahezu ausschließlich auf Wachstumsprozesse zurückzuführen ist, nicht aber auf den Beitritt der Neumitglieder zum Binnenmarkt. Um das langfristige Ausmaß der ökonomischen Integration einzelner Mitgliedstaaten in den erweiterten Binnenmarkt zu ermitteln, muss abschleißend noch kurz der Handel zwischen den Beitrittsstaaten betrachtet werden.

4.1.2.2 Handel der Beitrittsländer untereinander

Für die Analyse und Prognose der Handelströme zwischen den einzelnen Ländern Mittel- und Osteuropas ist das obige Gravitationsmodell nicht ohne weiteres übertragbar. Das Hauptproblem besteht in der momentan noch bestehenden Hub-and-Spoke-Problematik, die die Prognose zukünftiger Handelsströme nach einem Abbau aller Handelshemmnisse erschwert. Deshalb wurden auch hier neben den bilateralen Exportströmen der mittel- und osteuropäischen Länder sämtliche bilateralen Exportströme der alten EU-Mitgliedstaaten sowie die Exportströme von West- nach Osteuropa als auch diejenigen von Ost- nach Westeuropa einbezogen. Damit wird im Prinzip unterstellt, dass sich nach dem EU-Beitritt der mittel- und osteuropäischen Länder die Handelsströme zwischen den Beitrittsländern mit der selben Intensität entwickeln wie diejenigen zwischen den alten Mitgliedstaaten. Im

[309] vgl. z.B. PIAZOLO (1997), S. 265

Vergleich zum obigen Modell werden neben den existierenden noch weitere Dummy-Variablen benötigt, so dass sich folgendes Modell ergibt:

$$\ln X_{ij} = \Theta_0 + \Theta_1 \ln BIP_i + \Theta_2 \ln POP_i + \Theta_3 \ln BIP_j + \Theta_4 \ln POP_j + \Theta_5 \ln D_{ij} + \Theta_6 \ln DUBALTIC_{ij} + \Theta_7 \ln DUCEFTA_{ij} + \Theta_8 \ln DUCSSR_{ij} + \Theta_9 \ln DUEU15_{ij} + \Theta_{10} \ln DULB_{ij} + e_{ij}$$

wobei Θ_0: Konstante

Θ_k: Regressionskoeffizienten der erklärenden Variablen mit $k = 1, 2, \ldots, 10$

X_{ij}: Warenexportvolumen von Land i nach Land j in Mio US$

BIP_i: Bruttoinlandsprodukt in Exportland i (in Mio US-$)

POP_i: Bevölkerungszahl in Exportland i (in Tsd.)

BIP_j: Bruttoinlandsprodukt in Importland j (in Mio US-$)

POP_j: Bevölkerungszahl in Importland j (in Tsd.)

D_{ij}: Entfernung zwischen Land i und Land j (in Kilometern)[310]

$DUBALTIC_{ij}$: Dummy-Variable für die baltischen Staaten (s.u.)

$DUCEFTA_{ij}$: Dummy-Variable für die CEFTA-Mitgliedstaaten: DUCEFTA=2, wenn beide Handelspartner i und j CEFTA-Mitglieder, sonst: DUCEFTA=1

$DUCSSR_{ij}$: Dummy-Variable für die ehemalige Tschechoslowakei (s.u.)

$DULB_{ij}$: Dummy-Variable ‚Natürliche Handelspartner':
- bei gemeinsamer Landesgrenze zwischen Exportland i und Importland j: $DULB_{ij} = 2$;
- sonst: $DULB_{ij} = 1$

$DUEU15_{ij}$: Dummy-Variable ‚EU-Binnenmarkt':
- bei Mitgliedschaft sowohl des Exportlandes i als auch des Importlandes j zum Zeitpunkt des Datenerfassung (2002) in der EU: $DUEU15_{ij} = 2$
- bei Nicht-Mitgliedschaft mindestens eines Handelspartners zum Zeitpunkt der Datenerfassung in der EU: $DUEU15_{ij} = 1$

e_{ij}: Residuen

---

310 als Wert für die Entfernung wird jeweils der Land- bzw. Seeweg zwischen den Hauptstädten der Länder verwendet. Aufgrund der relativ dezentralen Struktur wird für Deutschland Frankfurt/Main verwendet, für Italien Mailand als wirtschaftliches Zentrum des Landes, für die Niederlande Amsterdam.

Die Dummy-Variablen DUBALTIC, DUCEFTA und DUCSSR dienen der Berücksichtigung besonderer Umstände, die die Handelsvolumina zwischen den osteuropäischen Ländern derzeit noch beeinflussen, die aller Voraussicht nach jedoch keinen langfristigen Bestand haben werden.[311] Die Variable DUBALTIC ist eine Disintegrationsvariable für die baltischen Länder und berücksichtigt den Umstand, dass die Länder Estland, Lettland und Litauen aufgrund der Tatsache, dass sie bis zu Beginn der neunziger Jahre zur Sowjetunion und damit zu einem einheitlichen Wirtschafts- und Währungsraum gehörten, immer noch eine überproportional hohe Handelsverflechtung aufweisen. Die Variable DUBALTIC wird für die Prognose zukünftiger Handelsvolumina nicht benötigt. Sie nimmt lediglich die in der Vergangenheit überproportional aufgetretenen Handelsvolumina zwischen den baltischen Ländern auf sich, welches durch die übrigen Variablen nicht erklärt werden kann. Den selben Zweck erfüllt die Variable DUCSSR, die das immer noch bestehende, überproportionale Handelsvolumen zwischen der Tschechischen Republik und der Slowakei erklärt.[312]

Zur Prognose des zukünftigen bilateralen Handels der Beitrittsländer untereinander wird für alle bilateralen Handelsströme zwischen den Beitrittsländern der Variable DUEU15 der Wert 2 zugewiesen. Bei der Prognose derjenigen bilateralen Handelsströme, an denen ausschließlich CEFTA-Mitglieder beteiligt sind, nimmt die Variable DUCEFTA den Wert eins an. Bei der Prognose all derjenigen bilateralen Handelsströme, an denen mindestens ein Land beteiligt ist, das nicht Mitglied der CEFTA ist, nimmt die Variable dagegen den Wert zwei an, weil hier aufgrund der Tatsache, dass durch die Nicht-Mitgliedschaft mindestens eines Handelspartners der Handel noch relativ stark reglementiert ist, zusätzliches Handelspotenzial besteht. Ebenso wird der Variable DUEU15 zur Prognose bilateraler Handelsströme zwischen den MOEL nach einem EU-Beitritt der Wert 2 zugewiesen, um das zusätzliche

---

[311] vgl. z.B. HAMILTON/WINTERS (1992), S. 26

[312] es kann allerdings davon ausgegangen werden, dass das überproportional hohe Handelsvolumen zwischen der Tschechischen Republik und der Slowakei sowie zwischen den baltischen Staaten noch längere Zeit bestehen bleibt. Da es ungewiss ist, bis wann sich diese starken bilateralen Verflechtungen zurückbilden, sind die Prognosewerte für das Jahr 2020 u.U. nicht ganz korrekt.

Handelspotenzial, welches der Beitritt zum Binnenmarkt möglicherweise mit sich bringt, mit einzubeziehen.[313]

Die Variable DUEA, die die handelsschaffenden Effekte zwischen den Beitrittsländern und den EU-15-Staaten durch den Abschluss der Europaabkommen beschreibt, ist für die Prognose des Handels zwischen den Beitrittsländern irrelevant und nimmt bei der Prognose des Handels immer den Wert eins an.

Die folgende Übersicht enthält die aus der Regressionsanalyse resultierenden Regressionskoeffizienten und p-Werte:

Regressionsanalyse für den Warenhandel zwischen den Beitrittsländern

2002	Const $.\Theta_k$	BIP_i	POP_i	BIP_j	POP_j	D_{ij}	$DU\text{-}BALTIC_{ij}$	$DU\text{-}CEFTA_{ij}$	$DU\text{-}CSSR_{ij}$	$DU\text{-}EU15_{ij}$	$DU\text{-}LB_{ij}$
Θ_k	-7,46	1,148	-0,27	0,921	-0,08	-1,02	4,144	1,020	3,022	0,024	0,432
p-Werte	0,00	0,00	0,00	0,00	0,18	0,00	0,00	0,00	0,00	0,72	0,01

Datenquellen: siehe Anhang ‚Datendokumentation'

Betrachtet man das Ergebnis der Regressionsanalyse fällt sofort ins Auge, dass die Koeffizienten derjenigen Faktoren, die bereits in der Regressionsanalyse zum Handel zwischen EU-15 und Beitrittsstaaten enthalten waren, auch nach einer Integration des Handels zwischen den mittel- und osteuropäischen Ländern in die Analyse sehr ähnliche Werte annehmen. Auch diese Regressionsanalyse bildet mit einem Bestimmtheitsmaß von 89,66% eine gute Basis für Prognosen. Die hohe Signifikanz der Disintegrationsvariablen DUBALTIC und DUCSSR deutet darauf hin, dass die Handelsströme zwischen den baltischen Staaten sowie zwischen der Tschechischen Republik und der Slowakei deutlich

[313] Für Malta und Zypern, die aufgrund ihrer exponierten Lage nicht in dem Maße von der Hub-and-Spoke-Problematik betroffen sind, wurde zur Prognose des Handels mit den mittel- und osteuropäischen Ländern einfach die selbe Regressionsgleichung verwendet wie für die alten EU-15-Staaten

über dem mit Hilfe der verwendeten Variablen erklärbaren Niveau liegen.[314] An dieser Stelle soll, wie in vorangegangener Regressionsanalyse bereits geschehen, nochmals darauf hingewiesen werden, dass, laut Regressionsanalyse, der Beitritt zum EU-Binnenmarkt allein keine signifikante Ausweitung des Handelspotenzials mehr mit sich bringt, wie die Betrachtung der Variable DUEU15 zeigt. Die Liberalisierung des Handels im Rahmen der CEFTA hat nach der Regression weit stärkere handelsschaffende Effekte zwischen den Beitrittsländern mit sich gebracht als dies infolge des Beitritts zum EU-Binnenmarkt der Fall sein wird.

Das Ergebnis der Prognose des zukünftigen Handelspotenzials zwischen den einzelnen Beitrittsländern veranschaulicht Tabelle 6. Ähnlich wie der Handel der Beitrittsstaaten mit den alten EU-Mitgliedstaaten, wird nach dieser Prognose auch die Handelsverflechtung der Beitrittsstaaten untereinander weiter zunehmen. Obwohl für Estland, die Tschechische Republik und die Slowakei im Szenario mit geringer Konvergenz zwischen Alt- und Neumitgliedern ein Rückgang der Warenexportquoten in die mittel- und osteuropäischen Länder prognostiziert wird, werden langfristig dennoch insbesondere die kleineren Länder Mittel- und Osteuropas eine relativ hohe Handelsverflechtung mit den übrigen Beitrittsländern aufweisen. Gleichwohl zeigt sich jedoch, dass nach dem EU-Beitritt mittelfristig auch für die entlegensten Länder Mittel- und Osteuropas selbst in demjenigen Szenario, welches ein hohes Maß an Konvergenz zwischen der EU-15 und den Beitrittsländern, aber auch zwischen den einzelnen Beitrittsländern unterstellt, den alten EU-15-Mitgliedern insgesamt im Außenhandel größere Bedeutung zukommt als den ehemaligen sozialistischen Bruderstaaten. Lediglich für Lettland und Litauen könnten die mittel- und osteuropäischen Länder, zumindest im Szenario mit fortschreitender Konvergenz, der Prognose zufolge eines Tages eine ähnlich hohe Bedeutung im Außenhandel haben wie die alten EU-Mitgliedstaaten.

---

[314] vgl. auch NAGY (1997), S. 26

Tabelle 6

Prognosen zur Entwicklung der Handelsverflechtung der Beitrittsstaaten untereinander

	Warenexportquoten (Anteil am BIP) in die übrigen Beitrittsstaaten				
Land	**1993**	**1998**	**2002**	**2020/S1**	**2020/S4**
BG	0,8	1,4	2,4	3,8	15,1
CY	1,3	0,9	0,4	1,1	5,9
CZ	6,4	10,3	10,2	5,5	16,6
EST	3,5	11,5	10,2	7,5	22,9
HU	1,8	3,3	5,8	6,7	20,8
LET	2,2	4,6	2,4	9,1	27,9
LIT	3,2	8,0	9,3	11,6	37,5
MAL	0,3	0,4	0,5	0,9	3,7
PL	0,6	1,8	2,6	3,2	9,9
RO	0,6	1,5	2,3	2,9	10,0
SK	18,0	17,0	18,3	10,2	22,3
SLO	1,8	2,6	4,0	6,3	17,3

	Warenimportquoten (Anteil am BIP) aus den übrigen Beitrittsstaaten				
Land	**1993**	**1998**	**2002**	**2020/S1**	**2020/S4**
BG	1,8	1,8	4,3	4,6	15,8
CY	0,6	0,6	0,8	1,0	6,0
CZ	8,0	6,5	7,0	5,1	16,5
EST	3,9	5,8	9,2	7,7	25,1
HU	2,2	3,5	5,6	6,3	20,7
LET	2,8	8,8	9,6	10,5	34,1
LIT	2,6	6,8	5,9	13,9	41,9
MAL	0,8	0,7	0,6	1,0	3,9
PL	0,8	2,0	2,5	3,1	9,0
RO	1,2	0,9	3,5	3,5	10,4
SK	21,1	14,1	14,1	10,7	23,1
SLO	2,7	3,5	4,9	5,3	17,5

Quellen: IMF (2003b): Direction of Trade Statistics Yearbook 2002; Statistisches Bundesamt (2002): Statistisches Jahrbuch für das Ausland 2002; eigene Berechnungen

Es muss an dieser Stelle nochmals darauf verwiesen werden, dass die in den letzten Spalten der Tabellen enthaltenen Werte (S4) allenfalls auf sehr lange Sicht eintreten können, während für die nähere Zukunft wohl eher eine Entwicklung gemäß der Prognosewerte des ersten Szenarios (S1) zu erwarten ist. Die gemäß des realistischeren Szenarios 1 mittelfristig zu erwartenden Ausmaße der Gütermarktintegration jedes einzelnen Mitgliedsstaates der erweiterten EU sind in Tabelle 7 nochmals zusammengefasst.

Tabelle 7

Prognostizierte Intra-EU-Warenexportquoten (Warenexporte in % des BIP) für die Mitglieder der erweiterten EU im Jahre 2020[315]

Land	Exportquote in die alten Mitgliedstaaten	Exportquote in die neuen Mitgliedstaaten	Summe
A	48,4	16,6	65,0
B/LX	79,6	4,6	84,2
D	39,4	3,2	42,6
DK	49,0	4,9	53,9
E	21,4	1,1	22,5
F	49,3	1,8	51,1
GB	47,3	1,6	48,9
GR	18,0	2,6	20,6
I	36,6	2,7	39,3
IRL	45,8	1,8	47,6
NL	76,4	2,8	79,2
P	23,2	1,1	24,3
S	30,0	4,0	34,0
SF	28,1	4,1	32,2
BG	20,5	3,8	24,3
CY	12,2	1,1	13,3
CZ	45,2	5,5	50,7
EST	49,7	7,5	57,2
HU	36,4	6,7	43,1
LET	27,9	9,1	37,0
LIT	23,8	11,6	35,4
MAL	28,2	0,9	29,1
PL	23,6	3,2	26,8
RO	18,4	2,9	21,3
SK	58,9	10,2	69,1
SLO	58,8	6,3	65,1

Quellen: IMF (2003b): Direction of Trade Statistics Yearbook 2002; Statistisches Bundesamt (2002): Statistisches Jahrbuch für das Ausland 2002; eigene Berechnungen

[315] auf der Grundlage des Szenarios 1

Tabelle 7 zeigt, dass sich durch die Osterweiterung das Ausmaß der Binnenmarktintegration nicht nur der Beitrittsländer, sondern auch einiger alter Mitgliedstaaten deutlich verändern kann. Die in der letzten Spalte von Tabelle 7 enthaltenen Intra-EU-Exportquoten nehmen, im Vergleich zu den heutigen Niveaus, teilweise recht hohe Werte an. Dies wird durch den bereits erwähnten Effekt verursacht, dass mit der unterstellten Zunahme der pro Kopf-Einkommen und damit auch der Bruttoinlandsprodukte ein überproportionaler Anstieg des Außenhandels zu verzeichnen ist. Dieser während der letzten Jahrzehnte empirisch zu beobachtende Effekt wird hier in die Zukunft fortgeschrieben.

Die höchste Marktintegration werden demzufolge erwartungsgemäß die relativ zentral gelegenen und gleichzeitig relativ kleinen Länder erzielen. Mit zunehmender Landesgröße (gemessen an den Einwohnern) und zunehmender Entfernung vom geografischen Zentrum der EU wird das Ausmaß der Marktintegration dagegen abnehmen. Generell kann festgehalten werden, dass insbesondere die außenwirtschaftliche Verflechtung der kleineren Länder stärker regional begrenzt ist als bei den großen Ländern. Wie den Ergebnissen zu entnehmen ist, sind die prognostizierten Differenzen in der Binnenmarktintegration zwischen den kleinen, zentral gelegenen Mitgliedstaaten auf der einen und den an den Außengrenzen der EU gelegenen Mitgliedstaaten auf der anderen Seite erheblich. Dieses Ergebnis kann gemäß den theoretischen Ausführungen unterschiedliches einzelstaatliches Verhalten im Integrationsprozess bewirken. Zur Beantwortung dieser Frage sollen die gewonnenen empirischen Ergebnisse an späterer Stelle verwendet werden. Zudem ist das Ausmaß der außenwirtschaftlichen Verflechtung eines Landes zusammen mit der Struktur der grenzüberschreitenden Handelsströme und der internationalen Arbeitsteilung von Bedeutung für die Frage, ob und wie schnell die sektoralen beziehungsweise die realwirtschaftlichen Strukturen handeltreibender Länder konvergieren.

4.1.3 Perspektiven des Dienstleistungshandels und des Kapitalverkehrs

Die Erfassung der Auswirkungen, die die Liberalisierung des Dienstleistungshandels mit sich bringen wird, gestaltet sich etwas schwieriger. So bereitet schon die genaue Trennung von Güter- und Dienstleistungshandel Probleme, da sowohl der Export als auch die Produktion von Gütern bereits mit Dienstleistungen, wie etwa Versicherungs-, Finanz- oder Kundendienstleistungen, verbunden sind.[316] An dieser Stelle sind unter Dienstleistungsexporten diejenigen Leistungen erfasst, die durch Niederlassungen inländischer Unternehmen im Ausland erbracht werden (sog. nachfrageorientierte Leistungen), durch ausländische Nachfrager im Inland in Anspruch genommen werden (sog. angebotsorientierte Leistungen) oder die speicherbar sind und dadurch über größere Distanzen übertragbar sind, ohne dass Anbieter und Nachfrager in direkten Kontakt treten (ungebundene Leistungen, z.B. manche Informations-, Kommunikations- und Finanzdienstleistungen).[317]

Im Zuge der Osterweiterung werden vor allem im Bereich der nachfrageorientierten Leistungen erhebliche Veränderungen zu erwarten sein, da diese bis zum Beitritt der mittel- und osteuropäischen Länder noch starken Regulierungen unterlagen. Dazu zählen neben Leistungen von Auslandsfilialen inländischer Unternehmen auch die Bauleistungen. Eine geringere Regulierungsdichte weisen naturgemäß die angebotsorientierten Dienst-leistungen, z.B. Fremdenverkehrsleistungen, Transportleistungen und der Einzelhandel, wie auch die ungebundenen Leistungen auf.[318]

Die Erfassung angebotsorientierter Leistungen ist, sofern diese mit sofortigem Konsum der Leistung vor Ort verbunden sind, nur über monetäre Transaktionen möglich, die sich in der Zahlungsbilanz niederschlagen. Doch auch bei Dienstleistungen, mit deren Erbringung ein Grenzübertritt der Leistung selbst (ungebundene Leistungen) oder ihrer Produktionsfaktoren verbunden ist (nachfrageorientierte Leistungen), bereitet Probleme. Eine Quantifizierung der

---

[316] vgl. KEPPLER/MUND/DEITERS (1987), S. 1

[317] vgl. IMF (2000), S. 61ff.

[318] vgl. MAYERHOFER/PALME (2001), S. 7

international gehandelten Leistungen ist auch hier nur über die mit ihnen verbundenen, monetären Transaktionen oder durch die Verwendung unternehmensinterner Daten möglich.[319] Einheitliche, bilaterale Daten für den Handel mit Dienstleistungen stehen nicht zur Verfügung, lediglich die Zentralbanken weniger großer westeuropäischer Länder bieten derartige Veröffentlichungen an. Aus diesem Grund ist der Einsatz von Gravitationsmodellen zur Prognose des Handels mit Dienstleistungen weniger geeignet.[320]

Allerdings kann davon ausgegangen werden, dass derjenige Dienstleistungshandel, der mit einer grenzüberschreitenden Kontaktaufnahme von Anbieter und Nachfrager verbunden ist, ähnlichen Regeln unterliegt wie der internationale Güterhandel. Insbesondere die industrienahen Dienstleistungen oder auch die Geschäftsreisetätigkeit stehen ohnehin direkt mit den Warenhandelsströmen in Verbindung. Auch für den Tourismussektor gelten ähnliche Bestimmungsfaktoren wie für den Güterhandel.[321]

Schaubild 2 zeigt Volumen und Zusammensetzung der exportierten Dienstleistungen für die Mitgliedstaaten der erweiterten EU. In den ‚gehandelten Dienstleistungen' sind alle erfassten Transportleistungen, damit verbundene Leasing- und Abfertigungsleistungen, Dienstleistungen, die mit geschäftlichen und privaten Auslandsreisen einher gehen, Informations- und Telekommunikationsdienstleistungen, Leistungen im Baugewerbe, Versicherungsleistungen und Finanzdienstleistungen enthalten. Unter dem in sämtlichen Ländern recht umfangreichen Posten ‚industrienahe Leistungen' finden sich neben Leasingleistungen Dienste im Bereich Handelsvermittlung, Betrieb von Vertriebsstätten, Marktforschung oder Öffentlichkeitsarbeit, vor allem auch technische Leistungen, so z.B. Entwicklung, Instandhaltung und Betrieb von Anlagen und Forschungs- und Entwicklungstätigkeiten.[322]

---

[319] vgl. KEPPLER/MUND/DEITERS (1987), S. 2
[320] vgl. LANGHAMMER (1991), S. 9f.
[321] vgl. LANGHAMMER (1991), S. 25f.
[322] vgl. IMF (1997), S. 61ff.

Schaubild 2

Anteile einzelner Dienstleistungen am Gesamtexport von Waren und Dienstleistungen im Jahre 2002

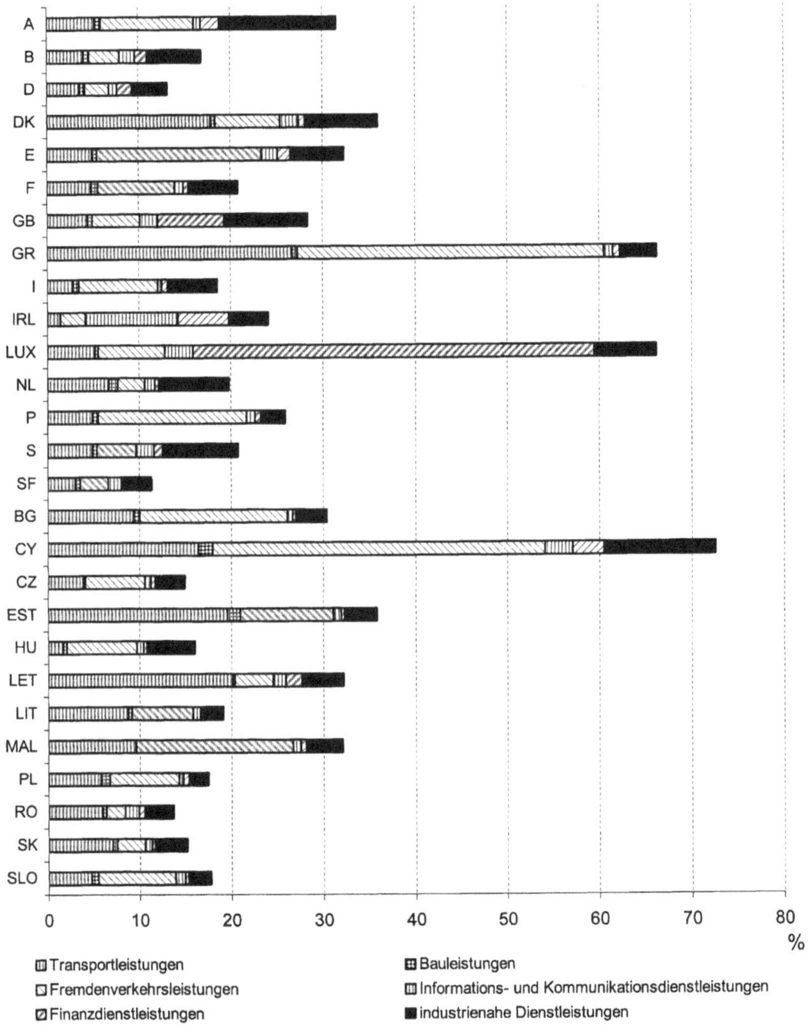

Quelle: IMF (2003a): Balance of Payments Statistics Yearbook 2002; eigene Berechnungen

Sowohl der Anteil der gehandelten Dienstleistungen am gesamten Außenhandelsvolumen als auch die Exportstruktur haben sich bei den meisten Ländern über die letzten Jahre relativ stabil gehalten.[323] Es wird jedoch deutlich, dass der Handel mit Dienstleistungen für die verschiedenen Länder von sehr unterschiedlicher Bedeutung zu sein scheint. Insbesondere bei den touristisch attraktiven Ländern sowie bei den baltischen Staaten machen Dienstleistungen einen hohen Anteil am Außenhandel aus. Würde man unterstellen, dass der Handel mit Dienstleistungen ähnlichen Bestimmungsfaktoren unterliegt wie der Warenhandel, müssten die dort ermittelten Exportquoten für die einzelnen Mitgliedstaaten in unterschiedlichem Ausmaß nach oben angepasst werden.

Neben dem Austausch von Waren- und Dienstleistungen sind die ausländischen Direktinvestitionen ein wesentliches Element im Zuge der Marktintegration. Insbesondere im Hinblick auf die Realisierung realwirtschaftlicher Konvergenz kommt dem Zufluss ausländischen Sachkapitals eine wesentliche Bedeutung zu. Es ist empirisch erwiesen, dass auch das Ausmaß bilateraler Direktinvestitionen relativ eng mit dem Ausmaß der bilateralen Handelsströme korreliert ist. Auch ein hoher Bestand ausländischer Direktinvestitionen im Inland würde ebenso wie ein hoher Bestand inländischer Direktinvestitionen im Ausland die ökonomischen Abhängigkeiten der betrachteten Länder manifestieren.

Insbesondere die mittel- und osteuropäischen Länder verfügen aufgrund ihrer, im Vergleich zu Entwicklungs- oder Schwellenländern, verhältnismäßig reichlichen Ausstattung mit relativ qualifizierten Arbeitskräften und nach wie vor niedrigen Lohnstückkosten über wichtige Voraussetzungen, um ausländische Direktinvestitionen anzuziehen. Der Zufluss ausländischer Direktinvestitionen begründet in den Beitrittsländern ein hohes Entwicklungspotenzial, da das derzeitige Anlagevermögen der Beitrittsstaaten im Durchschnitt nur 10% des Niveaus in der EU-15 entspricht.[324] Durch ausländische Direktinvestitionen könnten somit ohne private oder öffentliche Verschuldung über den Import neuester Technologien einerseits bestehende Qualitätsdefizite beseitigt werden,

---

[323] vgl. IMF (2003a), S. 46ff.

[324] vgl. HARE (2001), S. 502ff.

andererseits könnte aber die Qualifikation der Arbeitskräfte in den Zielländern weiter forciert und der Wettbewerbsdruck auf die heimischen Anbieter erhöht werden. Zudem könnte der Zugang zu Auslandsmärkten durch eine Verbesserung der internationalen Wettbewerbsfähigkeit bestimmter Sektoren ermöglicht werden.[325]

Welche Konsequenzen sich insgesamt aus den Direktinvestitionen für Ursprungs- und Empfängerländer ergeben, hängt von deren Motiven und Struktur ab. So werden ausländische Direktinvestitionen einerseits durch marktorientierte Motive, die in der Sicherung beziehungsweise Erhöhung des Absatzpotenzials begründet sind, andererseits durch kosten- und beschaffungsorientierte Motive determiniert, die aus dem Zugang zu spezifischen oder kostengünstigen Ressourcen im Ausland resultieren.[326] Marktorientierte Direktinvestitionen, die infolge von Handelshemmnissen, hohen Transaktionskosten und aus marktstrategischen Überlegungen auftreten und vom bestehenden und zukünftigen Absatzpotential im Gastland determiniert werden, sind in der Regel mit der Verlagerung von Endverarbeitungsstufen oder des gesamten Produktionsprozesses ins Ausland verbunden.[327] Diese Form von Direktinvestitionen kann als Substitut für die Bedienung der Auslandsmärkte durch Exporte angesehen werden. Dagegen sind kostenorientierte Direktinvestitionen zumeist durch die Verlagerung von Teilprozessen gekennzeichnet. Ihre Ursachen liegen im günstigen Zugang zu physischen und menschlichen Ressourcen im Gastland und in der Nutzung komparativer Kostenunterschiede.[328]

Durch den Wegfall von Handelshemmnissen im Falle der Marktintegration müssten marktorientierte (horizontale) im Vergleich zu kostenorientierten (eher vertikalen) Direktinvestitionen an Bedeutung verlieren. Bei kostenorientierten Direktinvestitionen müssen der Kostenersparnis jedoch andere mit der Produktionsverlagerung verbundene Aufwendungen gegenüber gestellt werden, wie zum Beispiel Infrastrukturmängel, Investitions-, Transaktions- und

---

[325] vgl. UNITED NATIONS (1999), S. 316ff.

[326] vgl. PLUM (1994), S. 15ff.

[327] vgl. SCHUMANN (1999), S. 23

Transportkosten. Marktorientierte Direktinvestitionen lohnen sich dagegen nur, solange die damit verbundenen zusätzlichen Kosten den Vorteil der Nähe zum Absatzmarkt nicht aufzehren. Eine eindeutige Kennzeichnung von Direktinvestitionen als marktorientiert ist im Prinzip nur dann möglich, wenn der Zugang zu ausländischen Absatzmärkten nur über Auslandsfilialen möglich ist. Sobald aber keinerlei Handelshemmnisse mehr bestehen, müssten Kostenmotive an Einfluss gewinnen. Eine genaue Unterteilung in rein markt- und rein kostenorientierte Direktinvestitionen ist dann kaum noch möglich.[329] Vieles spricht dafür, dass sowohl marktorientierte als auch kostenorientierte Direktinvestitionen zu einem Großteil durch ähnliche Faktoren bestimmt werden wie die Außenhandelsströme. Marktorientierte Direktinvestitionen können als Substitute des Außenhandels angesehen werden, doch auch kostenorientierte Direktinvestitionen stehen im Zusammenhang mit Handelstransaktionen, wie etwa im Falle der Auslagerung von Teilprozessen, die Handelstransaktionen erzeugen.[330]

Schaubild 3 ist der kumulierte Bestand zu- und abgeflossener Direktinvestitionen in die Mitgliedstaaten der erweiterten EU zu entnehmen. Insbesondere bei den zugeflossenen Direktinvestitionen sind gewisse Parallelen zur Handelsintensität der Länder zu erkennen (vgl. Tab. 7 auf Seite 168).[331]

Zu den Motiven der Direktinvestitionen kann festgehalten werden, dass die in westeuropäische Länder fließenden Direktinvestitionen in erster Linie marktorientierter Natur sind.[332] In der alten EU haben die Direktinvestitionen, sowohl bezüglich ihres Umfangs als auch ihrer Struktur, bisher einen Beitrag zur voranschreitenden Konvergenz geleistet, obwohl in jüngerer Zeit die südeuropäischen Länder eine Stagnation beim Zufluss ausländischen Sachkapitals zu verzeichnen hatten.[333] Direktinvestitionen, die in die Beitritts-

---

[328] vgl. DUNNING (1994), S. 56ff.

[329] vgl. VAN HASTENBERG (1999), S. 32

[330] vgl. EGGER (2001), S. 32f.

[331] vgl. EBRD (2000), S. 83ff.

[332] vgl. UNITED NATIONS (2003), S. 153ff.

[333] vgl. SZANYI (1997), S. 13

Schaubild 3

Kumulierter Bestand zu- und abgeflossener Direktinvestitionen in Prozent des Bruttoinlandsprodukts (2002)

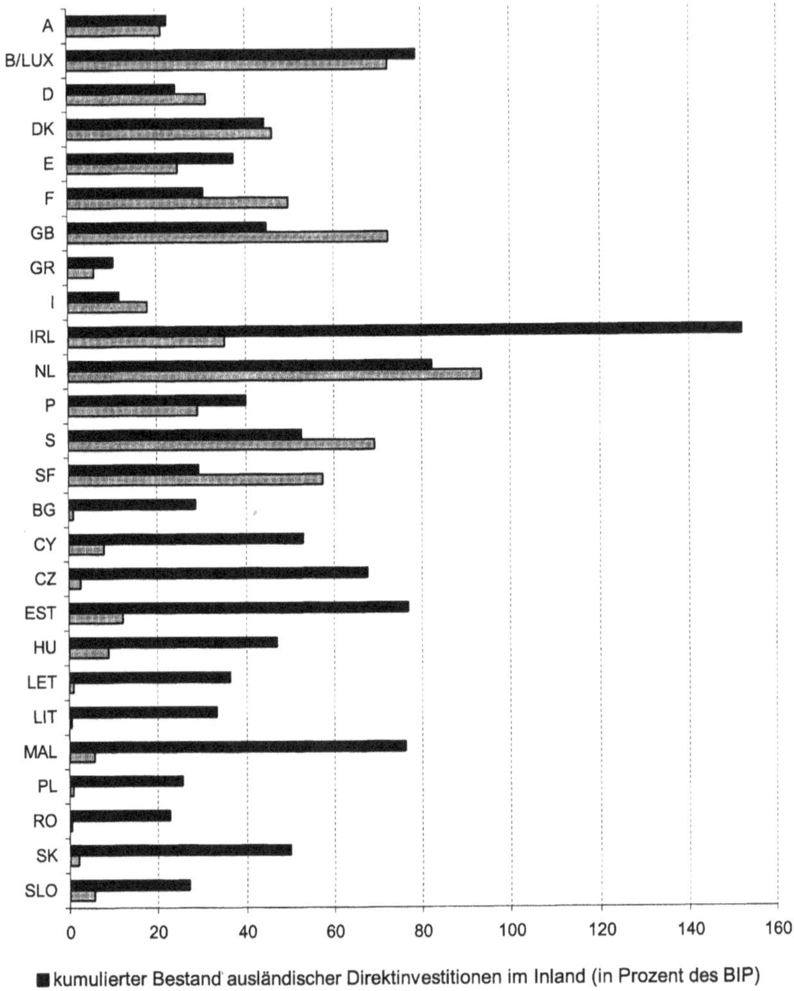

Quellen: United Nations (2003): World Investment Report 2003; World Bank (2003a): World Development Indicators 2002; eigene Berechnungen

staaten fließen, sind Erhebungen zufolge größtenteils ebenfalls marktorientiert. Kostenorientierte Motive schlagen sich bei aus EU-15-Ländern abfließenden Direktinvestitionen hauptsächlich bei Auslagerungen von Produktionsprozessen aus Deutschland, Österreich, den Niederlanden, Frankreich und Italien nieder, während in Mitteleuropa Polen, Ungarn die Tschechische Republik und die Slowakei am stärksten davon profitieren und ihre Exporte von Halbfertigwaren und Vorprodukten für technische Geräte erheblich ausweiten konnten.[334] Trotzdem dominieren bisher noch eindeutig marktorientierte Motive, da gut die Hälfte der aus westeuropäischen Ländern in die Beitrittsstaaten abfließenden Direktinvestitionen auf Sektoren gerichtet sind, die nicht-handelbare Güter produzieren (z.B. öffentliche Infrastruktur, bestimmte Dienstleistungen) und nur ein Fünftel der Direktinvestitionen in Industrien, in denen die Lohnkosten eine wichtige Rolle spielen, fließen.[335] In den Beitrittsstaaten sind es vor allem diejenigen Länder mit bereits relativ hohen pro Kopf-Einkommen, die Direktinvestitionen anziehen konnten. Da die geografische Aufteilung der Direktinvestitionen durch ähnliche Faktoren beeinflusst wird wie die Handelsverflechtungen und negativ mit der Entfernung korreliert ist, sind es vor allem die südosteuropäischen Länder, die einen relativ hohen Bestand von Direktinvestitionen aus Nicht-EU-Ländern aufweisen.[336]

Die prognostizierten Ausmaße der außenwirtschaftlichen Verflechtungen der einzelnen Mitgliedstaaten stellen ein benötigtes Teilelement dar zur Beantwortung der Frage nach den generellen Interessen einzelner Mitgliedstaaten an einer voranschreitenden institutionellen Integration. Wie noch näher zu erläutern sein wird besteht Grund zur Annahme, dass mit zunehmender außenwirtschaftlicher Verflechtung bei gleichzeitig hoher realwirtschaftlicher Divergenz zwischen Ländern deren Bedarf an einer voranschreitenden institutionellen Integration zunimmt. Diesem Zusammenhang soll im folgenden Kapitel nachgegangen werden.

---

[334] vgl. BALDONE et al (2001), S. 86

[335] vgl. BRÜCKER (2001), S. 83

[336] vgl. UNITED NATIONS (2003), S. 273

4.2 Realwirtschaftliche Charakteristiken der Mitgliedstaaten der erweiterten EU

Die realwirtschaftlichen Unterschiede der Mitgliedstaaten der Europäischen Union sind bereits nach der am 1. Mai 2004 erfolgten Erweiterung auf ein zuvor nie erreichtes Ausmaß angestiegen und werden nach der Aufnahme Bulgariens und Rumäniens nach bisherigem Kenntnisstand noch weiter zunehmen. Die realwirtschaftlichen Unterschiede sind im Hinblick auf das Untersuchungsziel aus zweierlei Gründen von Bedeutung: Zum einen soll der Frage nachgegangen werden, inwieweit sich die weitgehend bekannten realwirtschaftlichen Divergenzen auch in divergierenden politischen Präferenzen wiederfinden. Zum anderen werden, wie bereits im Unterkapitel 3.4.3 angeklungen, Unterschiede in den Wettbewerbspositionen und den Regulierungsniveaus und –strukturen der Mitgliedstaaten deren Präferenzen für oder gegen eine institutionelle Integration beeinflussen. Insbesondere das letztgenannte Argument soll noch etwas vertieft werden.

Ein wichtiges Ergebnis des Kapitels 3.4.3 war, dass der einzelstaatliche Nutzen aus einer politischen Kooperation mit dem Ausland umso größer sein wird, je unterschiedlicher die wirtschaftlichen Strukturen zwischen In- und Ausland sind und je größer die außenwirtschaftliche Verflechtung beider Länder ist.[337] Dieser Hypothese liegt die Annahme zugrunde, dass die Marktintegration in den an der Integration beteiligten Ländern stets sowohl Gewinner als auch Verlierer hervorbringt. So könnten etwa die inländischen Produzenten importkonkurrierender Produkte Verlierer der Marktintegration sein, sofern ausländische Produzenten zu günstigeren Konditionen produzieren und dadurch Preisvorteile erzielen können. Diese günstigen Konditionen können sowohl durch komparative Kostenunterschiede als auch durch international divergierende politische Rahmenbedingungen verursacht sein. In dem geschilderten Fall würden dagegen die inländischen Konsumenten aufgrund einer steigenden Konsumentenrente von der Marktintegration profitieren.[338]

---

[337] vgl. GYGI (1991), S. 32

[338] vgl. GYGI (1991), S. 30

Innerhalb einzelner Länder werden wiederum bestimmte Gruppen umso eher von einer voranschreitenden Marktintegration profitieren und andere Gruppen umso eher negativ betroffen sein, je größer die realwirtschaftlichen Divergenzen zwischen den Ländern sind. Fraglich ist, weshalb der Nutzen oder die Nutzeneinbußen, die bestimmte Gruppen innerhalb einzelner Länder infolge einer voranschreitenden Marktintegration erfahren, von den realwirtschaftlichen Unterschieden oder den Unterschieden in den politischen Rahmenbedingungen (etwa in Form staatlicher Regulierungen) abhängig sind. Sofern realwirtschaftliche Unterschiede zwischen Ländern bei gleichzeitig hoher außenwirtschaftlicher Verflechtung vorliegen, ließe sich ein generelles Interesse an politischer Koordination oder voranschreitender institutioneller Integration der Länder aus strukturellen Anpassungszwängen ableiten. Sofern die sektoralen Strukturen handeltreibender Länder divergieren, hätte dies eine inter-industrielle Arbeitsteilung zur Folge, von der in jedem der betrachteten Länder bestimmte Sektoren negativ betroffen wären.[339]

Vor dem Hintergrund der im folgenden analysierten Politikbereiche ist jedoch ein weiterer Aspekt von Bedeutung. Innerhalb der an einer voranschreitenden Marktintegration beteiligten Länder werden verschiedene Gruppen umso eher positiv oder negativ betroffen sein, je unterschiedlicher die Rahmenbedingungen, unter denen sie in ihren jeweiligen Heimatländern agieren müssen, sind. Diese werden durch die nationalen politischen Maßnahmen und staatlichen Interventionen bestimmt. In offenen Volkswirtschaften können international divergierende politische Maßnahmen oder Regulierungen mit Wettbewerbsverzerrungen verbunden sein. Dies kann für einzelne ein Interesse an internationaler politischer Koordination oder an einer voranschreitenden institutionellen Integration begründen. Es besteht Grund zur Annahme, dass zwischen Umfang und Struktur politischer Maßnahmen und den realwirtschaftlichen Gegebenheiten Zusammenhänge bestehen, so dass mit einer Zunahme der realwirtschaftlichen Divergenzen zwischen Ländern auch die

[339] vgl. GABRISCH (2000), S. 213

Unterschied im Umfang und in der Struktur staatlicher Regulierungen zunehmen.[340]

Bezogen auf die EU hätten die vorangegangenen Überlegungen zur Konsequenz, dass mit Zunahme der bilateralen realwirtschaftlichen Divergenzen und der bilateralen Verflechtung die Nachfrage nach einer voranschreitenden institutionellen Integration oder einer Koordinierung politischer Maßnahmen, steigen müsste. Dies betrifft jedoch lediglich die Haltung einzelner Länder oder Ländergruppen hinsichtlich einer voranschreitenden Integration. Bei der konkreten Ausgestaltung der zu beschließenden politischen Maßnahmen im Zuge der Integration kann davon ausgegangen werden, dass gemäß der spieltheoretischen Überlegungen diejenigen Länder gemeinsam auftreten, die ähnliche politische Präferenzen verfolgen. Im Rahmen der späteren empirischen Analysen sollen die realwirtschaftlichen Charakteristiken der Mitgliedstaaten der auf 27 Länder erweiterten EU detailliert ermittelt werden, um daraus die einzelstaatlichen Präferenzen für eine voranschreitende institutionelle Integration abzuleiten. Im Anschluss daran sollen zur Klärung der Frage, wie die einzelstaatlichen Interessen im Integrationsprozess inhaltlich ausgestaltet sind, die Mitgliedstaaten gemäß ihrer politischen Charakteristiken klassifiziert werden. Dennoch soll bereits an dieser Stelle eine Betrachtung der Mitgliedstaaten der erweiterten EU hinsichtlich grundlegender struktureller Charakteristiken und hinsichtlich ihres Entwicklungsstandes erfolgen.

Der Europäische Rat hat bereits im Jahre 2000 bei einem Sondertreffen in Lissabon eine Strategie beschlossen, die zum Ziel hat, die EU „zum wettbewerbsfähigsten und dynamischsten wissensbasierten Wirtschaftsraum der Welt zu machen – einem Wirtschaftsraum, der fähig ist, ein dauerhaftes Wirtschaftswachstum mit mehr und besseren Arbeitsplätzen und einem größeren sozialen Zusammenhalt zu erzielen“.[341] Bei der Zusammenkunft des Europäischen Rates in Stockholm im Jahre 2001 wurde die sogenannte Lissabon-Strategie um die Umweltdimension erweitert. Zur Messung der Zielerreichung wurden seitens der EU folgende Strukturindikatoren entwickelt,

---

[340] vgl. GYGI (1991), S. 68

[341] vgl. TAUSCH (2004), S. 6

von denen die kursiv gedruckten im folgenden zur Ermittlung der realwirtschaftlichen Unterschiede verwendet wurden:[342]

Übersicht 1a)

Indikatoren zur Ermittlung der realwirtschaftlichen Divergenzen zwischen den Mitgliedstaaten der erweiterten EU

- *Bruttoinlandsprodukt pro Kopf in Kaufkraftstandards*
- *Beschäftigungsquote* (*insgesamt*, männlich, weiblich)
- Dispersion der regionalen Beschäftigungsquoten (insgesamt, männlich, weiblich)
- *Langzeitarbeitslosenquote* (*insgesamt*, männlich, weiblich)
- *Arbeitsproduktivität pro Beschäftigten*
- vergleichende Preisniveaus
- *Bildungsstand der Jugendlichen* (*insgesamt*, männlich, weiblich)
- Armutsgefährdungsquote (insgesamt, männlich, weiblich)
- *Bruttoanlageinvestitionen in Prozent des Bruttoinlandsprodukts*
- *Forschungs- und Entwicklungsausgaben in Prozent des Bruttoinlandsprodukts*
- Güterhandelsvolumen in Prozent des Bruttoinlandsprodukts
- *Emission von Treibhausgasen in CO_2-Äquivalenten pro Kopf*
- *Energieverbrauch in Prozent des Bruttoinlandsprodukts*

Da in diesem Zusammenhang das Untersuchungsziel darin bestehen soll, Unterschiede in den sektoralen Strukturen und Entwicklungsniveaus abzubilden, wurden die folgenden weiteren Indikatoren hinzugefügt:

---

[342] vgl. EUROPÄISCHE KOMMISSION (2004), S. 34ff.

Übersicht 1b)

- *durchschnittliche Wachstumsrate des Bruttoinlandsprodukts von 2000 bis 2002*
- *Zahl der Computer pro tausend Einwohner*
- *GINI-Koeffizient*
- *Exportstruktur (unterteilt in Agrarprodukte, Rohstoffe und Industriegüter)*
- *Beschäftigtenanteile nach Sektoren (primärer, sekundärer und tertiärer Sektor einschl. Staat)*
- *Anteile einzelner Sektoren am Bruttoinlandsprodukt (primärer, sekundärer und tertiärer Sektor einschließlich Staat)*
- *Produktivität pro Beschäftigten nach Sektoren:*

$$\frac{\left(\frac{\text{Bruttowertschöpfung in Sektor } i \text{ in €}}{\text{Beschäftigte in Sektor } i}\right)}{1000}$$

- *Staatsausgaben in Prozent des Bruttoinlandsprodukts*

Datenquellen: siehe Anhang ‚Datendokumentation'

Mit Hilfe dieser Indikatoren lassen sich die realwirtschaftlichen Unterschiede zwischen den Mitgliedstaaten sowie deren Positionierung im Hinblick auf die Ziele der Lissabon-Strategie ableiten. An dieser Stelle sollen die Mitgliedstaaten der erweiterten EU, wie soeben schon erwähnt, aus Gründen der Übersichtlichkeit nur hinsichtlich ihres derzeitigen Entwicklungsstandes und ihrer sektoralen Struktur klassifiziert werden. Dies soll vor dem Hintergrund der Frage geschehen, wie groß die Unterschiede im Entwicklungsstand und in den sektoralen Strukturen zwischen den Ländern derzeit sind und welche Perspektiven hinsichtlich des Abbaus dieser Unterschiede bestehen. Dafür geeignete Indikatoren sind das pro Kopf-Einkommen, die Anteile einzelner Sektoren am Bruttoinlandsprodukt, die Zusammensetzung der Exporte, Produktivitäten und die Wachstumsraten der Bruttoinlandsprodukte. Ein genauer Vergleich der realwirtschaftlichen Unterschiede zwischen den Mitgliedern der auf 27 Staaten erweiterten EU unter Verwendung aller kursiv hervorgehobenen Indikatoren aus obiger Liste erfolgt im fünften Kapitel.

Schaubild 4 gibt die gesamtwirtschaftliche Bedeutung des primären, des sekundären und des tertiären Sektors in den einzelnen Mitgliedstaaten wieder. Diese wurde einerseits durch den Anteil der drei verschiedenen Sektoren am Bruttoinlandsprodukt, andererseits durch den Beschäftigtenanteil der Sektoren gemessen. Zusätzlich wurde ein Produktivitätskoeffizient für die Arbeitsproduktivität hinzugefügt, der sich nach der in der obigen Liste enthaltenen Formel berechnet. Die Rangfolge der Länder entspricht jeweils aufsteigend der gesamtwirtschaftlichen Bedeutung des jeweiligen Sektors gemessen am Beschäftigtenanteil. In Anlehnung an die polit-ökonomischen Überlegungen kann davon ausgegangen werden, dass dies für politische Entscheidungsträger die wichtigste der drei Kenngrößen ist.

Wie Schaubild 4 zu entnehmen ist, bestehen insbesondere bezüglich der Bedeutung des primären Sektors erhebliche zwischenstaatliche Unterschiede. Insbesondere in den nord- und mitteleuropäischen Ländern (und Malta) kommt diesem Sektor die vergleichsweise geringste Bedeutung zu, sowohl was den Anteil dieses Sektors am Bruttoinlandsprodukt als auch den Beschäftigtenanteil im primären Sektor angeht. Gleichwohl können die genannten Länder im primären Sektor relativ hohe Produktivitätskoeffizienten erzielen. Dagegen scheinen die osteuropäischen Länder, in denen dem primären Sektor eine relativ hohe Bedeutung zukommt, in diesem vergleichsweise unproduktiv zu sein. Allerdings bestehen zwischen den einzelnen osteuropäischen Ländern erhebliche Unterschiede. Während Slowenien, Estland, Ungarn und Tschechien in der Produktivität mit den südeuropäischen Ländern konkurrieren können, sind die übrigen osteuropäischen Länder weit abgeschlagen.

Die Unterschiede der gesamtwirtschaftlichen Bedeutung des sekundären Sektors scheinen relativ unerheblich zu sein. Es fällt zudem schwer, die Länder bezüglich der Beschäftigtenanteile in diesem Sektor oder bezüglich des Anteils des Sektors an den Bruttoinlandsprodukten zu gruppieren. Auch für diesen Sektor kann jedoch festgehalten werden, dass die produktivsten Länder die

Schaubild 4

Sektorale Strukturen der Mitgliedstaaten der erweiterten EU im Jahre 2002

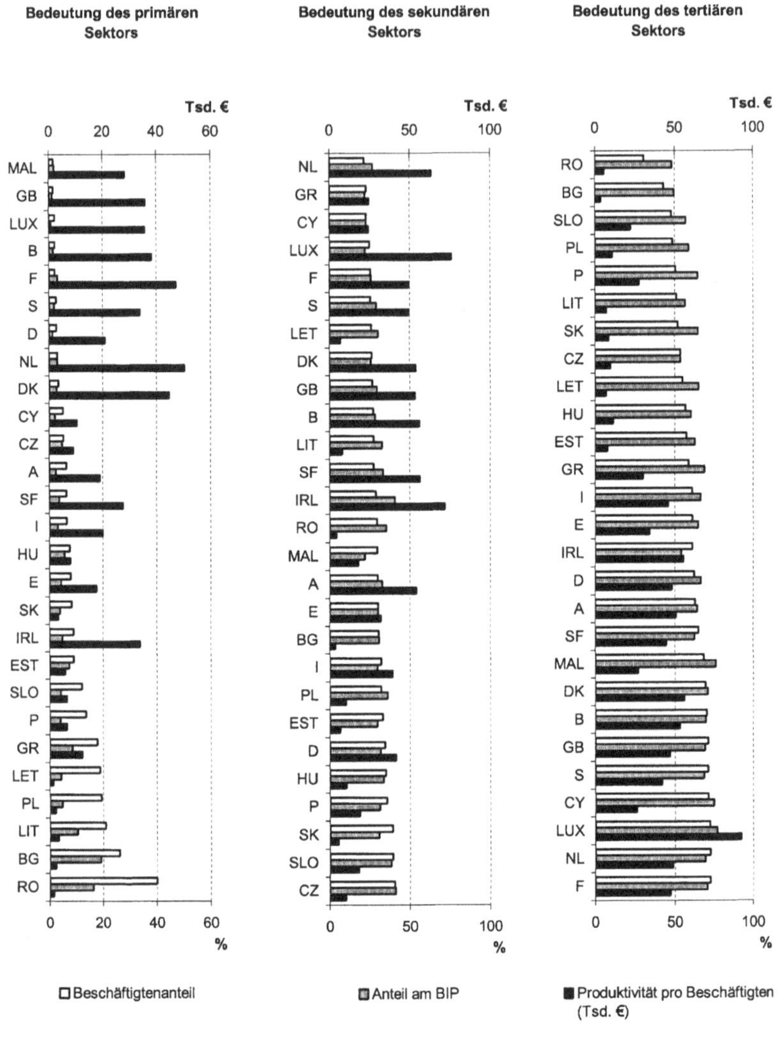

Quellen: World Bank (2003a): World Development Indicators 2002; ILO (2003): Yearbook of Labour Statistics 2002; eigene Berechnungen

nord- und mitteleuropäischen Länder sind, gefolgt von den südeuropäischen Ländern. Auch hier liegen die osteuropäischen Länder bezüglich der Produktivität deutlich hinter den nord- und mitteleuropäischen, aber auch deutlich hinter den südeuropäischen Ländern. Dennoch scheinen die Produktivitätsunterschiede zwischen osteuropäischen und nord- und mitteleuropäischen Ländern im sekundären Sektor insgesamt nicht so groß zu sein wie im primären Sektor.

Im tertiären Sektor entspricht die Abfolge der Länder in Schaubild 4 wieder eher den Erwartungen. Relativ gering ausgeprägt ist der tertiäre Sektor in den osteuropäischen Ländern, die größte Bedeutung hat der Dienstleistungssektor in den nord- und mitteleuropäischen Ländern. Die südeuropäischen Länder liegen, obwohl sehr touristisch geprägt, im Mittelfeld. Ausnahmen bei dieser eindeutigen Klassifizierung bilden lediglich Portugal, Malta und Zypern. Auch im tertiären Sektor sind erhebliche Produktivitätsunterschiede zwischen den alten EU-Mitgliedstaaten und den neuen Mitgliedern erkennbar, obgleich diese Differenzen in diesem Sektor nochmals geringer ausfallen als im sekundären Sektor. Die erkennbaren realwirtschaftlichen Unterschiede zwischen den Mitgliedstaaten der erweiterten EU werden durch weitere Kennzahlen manifestiert, die Schaubild 5 zu entnehmen sind.

Aus Schaubild 5 geht hervor, dass sich die ermittelten Divergenzen der Arbeitsproduktivitäten zwischen den Mitgliedstaaten der erweiterten EU auch in den pro Kopf-Einkommen niederschlagen. Betrachtet man jedoch das durchschnittliche jährliche Wachstum der Bruttoinlandsprodukte der Jahre 2000 bis 2002, deutet dessen Entwicklung auf einen Abbau der bestehenden Divergenzen hin. Bezüglich der pro Kopf-Einkommen muss darauf verwiesen werden, dass bei der hier erfolgten Angabe in Kaufkraftstandards die Diskrepanzen zwischen den Ländern deutlich geringer ausfallen als bei Vernachlässigung internationaler Preisniveaudifferenzen. Dennoch haben sich die Bruttoinlandsprodukte vor allem innerhalb der Gruppe der Beitrittsländer im Beobachtungszeitraum durchaus unterschiedlich entwickelt. Während die als rückständig einzustufenden Länder Lettland, Litauen und Bulgarien hohe Wachstumsraten erzielen konnten, fielen diese bei Polen, Malta und der

Schaubild 5

Realwirtschaftliche Kennzahlen der Mitgliedstaaten der erweiterten EU

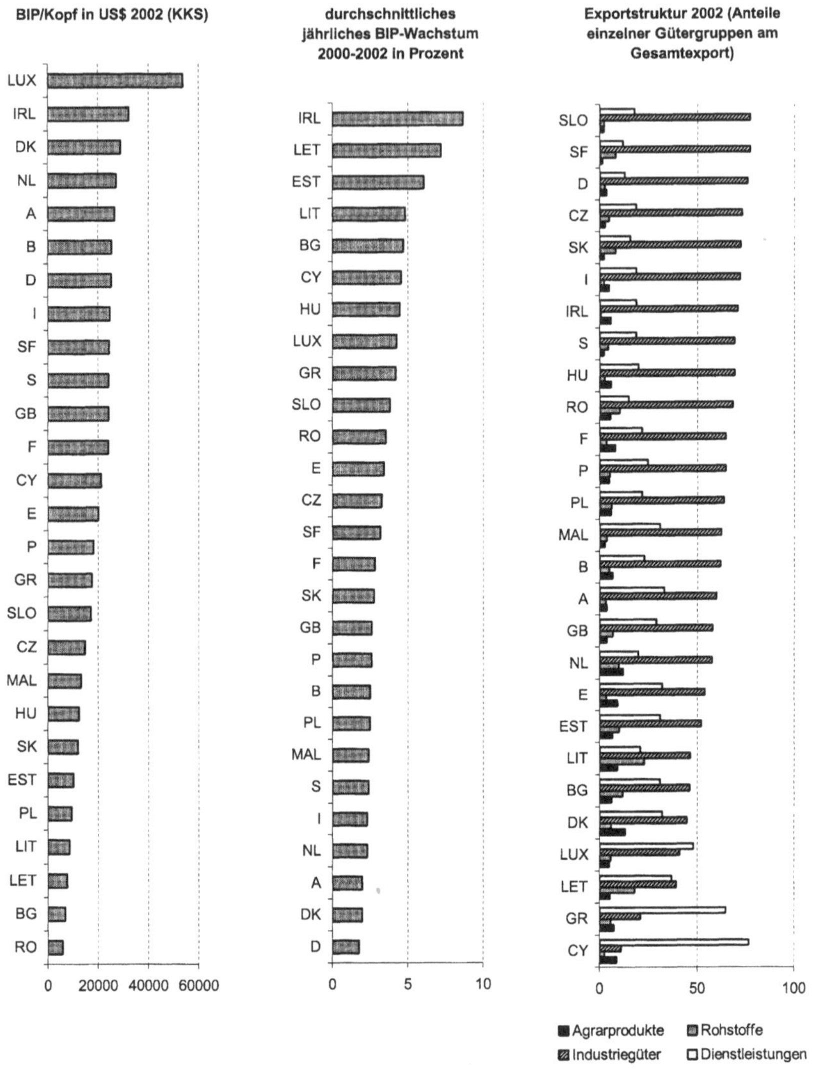

Quellen: World Bank (2003a): World Development Indicators 2002; OECD (2003): International Trade by Commodity Statistics 2002; eigene Berechnungen

Slowakei vergleichsweise gering aus. Würde man die drei Länder mit den höchsten Wachstumsraten (Irland, Lettland und Estland) außen vor lassen, läge der Wachstumsvorsprung des nächsten Landes (Litauen) jedoch nur 2,5 Prozentpunkte über demjenigen des Schlusslichts Deutschland. Aus diesem Grund kann davon ausgegangen werden, dass, selbst wenn sich die sich abzeichnende Konvergenz der pro Kopf-Einkommen fortsetzt, noch über lange Zeit erhebliche Divergenzen in den Entwicklungsniveaus der Mitgliedstaaten bestehen bleiben werden. Dies wird auch deutlich an der Situation zwischen den südeuropäischen Ländern und den nord- und mitteleuropäischen Ländern der alten EU-15. Obwohl der Beitritt der südeuropäischen Länder bereits fast zwanzig Jahre (im Falle Griechenlands fast 25 Jahre) zurückliegt und obwohl diese, mit der Ausnahme Portugals, im Beobachtungszeitraum 2000 bis 2002 höhere Wachstumsraten vorweisen konnten als die meisten nord- und mitteleuropäischen Länder, liegen sie selbst bei den in Kaufkraftstandards erfassten pro Kopf-Einkommen nach wie vor deutlich zurück.

Ein weniger eindeutiges Bild liefern die Exportstrukturen der Mitglieder der erweiterten EU. Wie aufgrund der sektoralen Strukturen der verschiedenen Länder zu erwarten war, haben für eine Vielzahl der Beitrittsländer Agrarprodukte und auch Rohstoffe nicht nur einen relativ hohen Anteil an der Wertschöpfung, sondern auch am Gesamtexport. Hierbei ist zudem zu berücksichtigen, dass die Haupthandelspartner der mittel- und osteuropäischen Länder ihren Agrarmarkt bis vor kurzem abgeschottet hatten, so dass die mittel- und osteuropäischen Länder ihr Exportpotenzial bei diesen Produkten vermutlich noch nicht einmal voll ausschöpfen konnten.[343] Der Anteil der Industriegüter an den Gesamtexporten weist keine Parallelen zu den Unterschieden in den Entwicklungsniveaus der Länder (gemessen am pro Kopf-Einkommen) auf. Ebenso wie beim Anteil des sekundären Sektors an der Wertschöpfung ist auch bezüglich der Exportanteile der Güter dieses Sektors keine eindeutige Klassifizierung der Länder möglich. Gleiches Bild zeichnet sich für die Anteile der Dienstleistungen am Gesamtexport ab. Allerdings sind zwischen den Ländern deutliche Unterschiede bei der Zusammensetzung der

---

[343] vgl. SCHUMACHER/TRÜBSWETTER (2000), S. 12

Dienstleistungen zu verzeichnen. Bei denjenigen mittel- und osteuropäischen sowie auch bei denjenigen südeuropäischen Ländern, bei denen die Dienstleistungen einen hohen Anteil am Gesamtexport ausmachen, kommt dieser hauptsächlich durch Fremdenverkehrs- und Transportleistungen zustande, währen die nord- und mitteleuropäischen Länder eher humankapitalintensivere Leistungen (v.a. industrienahe Leistungen, Informations-, Kommunikations- und Finanzdienstleistungen) exportieren (vgl. auch Schaubild 2 auf Seite 172).[344] Ähnlich verhält es sich beim Export von Gütern, die dem industriellen Sektor zuzurechnen sind. Auch hier exportieren diejenigen mittel- und osteuropäischen Länder, bei denen die Industriegüter einen hohen Anteil am Gesamtexport einnehmen (Slowenien, Tschechien, Slowakei, Ungarn), hauptsächlich Vorprodukte und Halbfertigwaren, währen die nord- und mitteleuropäischen Länder eher humankapitalintensivere Endprodukte exportieren.[345]

Es soll nun abschließend noch der Frage nachgegangen werden, wann und inwieweit die anhand der in diesem Abschnitt verwendeten Indikatoren ohne Zweifel bestehenden realwirtschaftlichen Unterschiede in Zukunft abgebaut werden können. Unter Einbeziehung sämtlicher Indikatoren sollen an späterer Stelle die genauen realwirtschaftlichen Unterschiede empirisch ermittelt und die sich daraus ergebenden einzelstaatlichen Präferenzen für oder gegen bestimmte Formen der Integration ermittelt werden.

4.3 Konvergenz versus Divergenz durch Marktintegration

Zum Abbau der bestehenden Strukturunterschiede und der Unterschiede in den Entwicklungsniveaus zwischen den einzelnen Mitgliedstaaten der erweiterten EU müssten die rückständigeren Länder auf längere Sicht überdurchschnittliche Wachstumsraten der Bruttoinlandsprodukte erzielen. Mit steigendem Entwicklungsstand, gemessen am pro Kopf-Einkommen, würde sich dann nach dem Engelschen Gesetz die Nachfrage- und Produktionsstruktur von Gütern des

[344] vgl. SCHUMANN (1999), S. 71
[345] vgl. BALDONE (2001), S. 86

primären Sektors hin zu Gütern des sekundären und tertiären Sektors verlagern. Ausmaß und Geschwindigkeit einer Konvergenz der realen pro Kopf-Einkommen und der realwirtschaftlichen Strukturen zwischen einzelnen Volkswirtschaften werden aber mit zunehmender außenwirtschaftlicher Verflechtung zweifelsohne durch ihre komparativen Kostenvor- und –nachteile mitbestimmt. Diese sind jedoch nicht als exogen gegeben anzusehen, sondern können sich in mittel- bis langfristiger Perspektive sowohl in qualitativer Hinsicht als auch in ihrer Zusammensetzung ändern. Der Zufluss ausländischer Direktinvestitionen in kapitalarme Länder oder Länder mit obsoletem Kapitalstock würde somit nicht nur die Produktionsstruktur zu Gunsten kapitalintensiver Güter beeinflussen und über eine Erhöhung der Kapitalintensität das Grenzprodukt des Faktors Arbeit und damit die pro Kopf-Einkommen steigern, sondern wäre auch mit einem Import neuer Technologien verbunden. Das darin verkörperte ausländische Know-how hat in vielen Fällen den Charakter eines öffentlichen Gutes, da die Kontrollmöglichkeiten über die ausschließliche Verwendung des Know-hows nur innerhalb einer Organisation begrenzt sind und die Verwendung des Know-hows zur selben Zeit an verschiedenen Orten und zu verschiedenen Zwecken möglich ist, so dass keine Rivalität vorliegt.[346] Ausländische Direktinvestitionen würden dann einhergehen mit einer Verbesserung der Qualifikation des Faktors Arbeit im Zielland, die wiederum Voraussetzung ist für den Zufluss neuerer, höherwertiger Direktinvestitionen.[347]

Die Übertragung von Know-how und die Verbesserung der Qualifikationsstruktur kann jedoch neben Direktinvestitionen auch durch den internationalen Handel erfolgen. Einerseits würde mit zunehmender bilateraler Geschäftstätigkeit der Technologietransfer erleichtert, andererseits würde ein Anpassungsdruck auf inländische Industrien an ausländische Standards, verbunden mit zunehmender Forschungs- und Entwicklungstätigkeit und vermehrtem Bedarf an qualifizierten Arbeitskräften, ausgelöst.[348] Die Voraussetzung dafür wäre jedoch, dass zum einen ein nennenswerter bilateraler

[346] vgl. GROSSMAN/HELPMAN (1991), S. 518
[347] vgl. GROSSMAN/HELPMAN (1994), S. 31
[348] vgl. GROSSMAN/HELPMAN (1991), S. 525

Austausch von Gütern und Dienstleistungen vorliegt und dass zum anderen inländische und ausländische Industrien miteinander konkurrieren, was bei interindustriellem Handel weniger der Fall sein wird.

Nach der klassischen Wachstumstheorie müsste der Zufluss ausländischen Kapitals und somit das Wachstum geringer entwickelter, arbeitsreicher und kapitalarmer Länder umso größer sein, je größer die Unterschiede in den Faktorausstattungen im Vergleich zu den entwickelteren Ländern des Integrationsraumes sind. Tatsache ist aber, dass ein bestimmtes Maß an Humankapital, Infrastruktur, Rechtssicherheit und die Bereitschaft und Fähigkeit zur Anpassung an sich ändernde Rahmenbedingungen eine wesentliche Voraussetzung für die effiziente Nutzung entwickelter Technologien sind.[349] Zusätzlich ist zu berücksichtigen, dass die Ansiedlung der Produktion technologieintensiver Sektoren dort, wo neben den genannten Faktoren bereits eine entsprechende Nachfrage nach hochwertigen Gütern vorhanden und auch der Zugang zu erforderlichen Vorleistungen gewährleistet werden kann, vorteilhaft ist. Somit sind mit zunehmenden regionalen Unterschieden im Entwicklungsstand und in der Produktionsstruktur bei sinkenden Kosten der Raumüberwindung und bei zunehmenden Skaleneffekten Polarisierungstendenzen in wirtschaftliche Zentren und Peripherien zu erwarten.[350] Bei vollständiger Mobilität insbesondere der qualifizierten Arbeitskräfte und des Kapitals kommt somit in erster Linie der Verbesserung der Qualität immobiler Standort- und Produktionsfaktoren, zu denen auch gering qualifizierte Arbeitskräfte gezählt werden können, entscheidende Bedeutung zu, um mobile Produktionsfaktoren anzuziehen.[351]

Es ist empirisch erwiesen, dass eindeutige Zusammenhänge bestehen zwischen der Veränderung der pro Kopf-Einkommen beziehungsweise dem Wachstum des Sozialprodukts und den Ausgangsbedingungen der betrachteten Länder. Letztere werden durch die bisher erfolgte Ressourcenakkumulation und –allokation bestimmt, wobei sich diese Ressourcen wiederum in Kapital und

[349] vgl. ABRAMOWITZ (1986), S. 387ff.
[350] vgl. ROMER (1994), S. 19ff.
[351] vgl. STRAUBHAAR (1998), S. 22ff.

Humankapital unterteilen lassen. Damit lässt sich die aus dem neoklassischen Wachstumsmodell abgeleitete klassische Konvergenzhypothese widerlegen und in eine ‚Konvergenzclub'-Hypothese modifizieren.[352]

Schon zwischen den alten EU-15-Staaten hat sich in den letzten Jahrzehnten ansatzweise eine solche Entwicklung gezeigt. So ist zwar die Varianz der pro Kopf-Einkommen der EG-12-Länder von 1985 bis 1990 gesunken, was dem Aufholprozess der Südländer (v.a. Spaniens) und Irlands zu verdanken war. Im Jahre 1995 war aber die Divergenz in der selben Ländergruppe wieder angestiegen, obwohl die Divergenzen der pro Kopf-Einkommen zwischen den einzelnen mitteleuropäischen Ländern einerseits und zwischen den einzelnen südeuropäischen Ländern andererseits in diesem Zeitraum unverändert geblieben beziehungsweise sogar gesunken sind, so dass eine Spaltung der westeuropäischen Unionsländer erfolgt ist (vgl. Tab. 2a) und b) auf Seite 136). Die Ursachen für diese Entwicklung können vielfältig sein. Über die Frage, wie sich die pro Kopf-Einkommen der südeuropäischen Länder im Vergleich zu den pro Kopf-Einkommen der mitteleuropäischen Länder im Falle eines Nicht-Beitritts der Südländer zur damaligen EG entwickelt hätten, kann nur spekuliert werden. Tatsache ist jedoch, dass die südeuropäischen Länder in den 15 Jahren vor ihrem EU-Beitritt wesentlich höhere Wachstumsraten hatten als nach ihrem Beitritt.[353]

Würde man eine Gruppierung der Länder der erweiterten EU vornehmen mit dem Ziel, die Divergenzen der pro Kopf-Einkommen (zu laufenden Preisen und Wechselkursen) innerhalb der Ländergruppen zu minimieren, würden die fortschrittlichen Beitrittsländer (Ungarn, Tschechische Republik, Slowenien, Polen) mit den südeuropäischen Ländern ein höheres Maß an Konvergenz aufweisen als mit den geringer entwickelten Beitrittsländern (vgl. Tab. 2a) und c)). Aus der Sicht der Südländer wäre die Konvergenz innerhalb dieser Ländergruppe ebenfalls wesentlich höher als die regionale Konvergenz zwischen den Südländern und den südosteuropäischen Beitrittsländern

[352] vgl. DESDOIGTS (1999), S. 310
[353] vgl. UNITED NATIONS (1997), S. 84f.

Bulgarien und Rumänien.[354] Es wird ebenfalls deutlich, dass die Divergenzen zwischen den mitteleuropäischen Ländern und den angrenzenden fortschrittlichen Beitrittsländern noch wesentlich höher sind als zwischen den mitteleuropäischen und den Südländern (vgl. Tab. 2a), b) und c)).

Als signifikante Indikatoren für die Ressourcenakkumulation und –allokation und für die sich daraus ergebenden Wachstumspotenziale haben sich für ausgewählte Länder die Beschulungsraten, der Kapitalstock (in quantitativer und qualitativer Hinsicht), die Investitionen im Transportwesen und im Baugewerbe, die außenwirtschaftliche Verflechtung sowie die ursprünglichen Einkommensdifferenzen zwischen den betrachteten Ländern erwiesen.[355] Von Bedeutung für den Aufholprozess geringer entwickelter Länder ist jedoch eine Konzentration der Ressourcenakkumulation auf Sektoren mit hohem Wachstumspotenzial, denn es ist ebenfalls zu beobachten, dass die qualitative Veränderung des Kapitalstocks einen sehr viel signifikanteren Einfluss auf die Wachstumsraten hat als die rein quantitative Akkumulation. In denjenigen Ländern, auch außerhalb Europas, die in den letzten Jahrzehnten überdurchschnittliche Wachstumsraten aufweisen konnten, waren diese mit einem signifikanten Strukturwandel, bedingt durch eine Reallokation von Ressourcen in aufstrebende Sektoren, verbunden.[356]

Eine Betrachtung der einzelnen Indikatoren für die mittel- und osteuropäischen Länder unterstützt die Hypothese, dass vor allem Bulgarien und Rumänien, aber auch Lettland und Litauen Defizite aufweisen und dass deshalb durchaus mit einem langwierigen Aufholprozess zu rechnen ist.[357] Bereits vor dem Ende der kommunistischen Diktaturen hat die heute zu beobachtende Divergenz der pro Kopf-Einkommen innerhalb des Ostblocks zugenommen, seit dem Beginn der Transformation wurde sie weiter verstärkt. So ist auch für die Beitrittsländer erkennbar, dass es trotz zunehmender Divergenz zwischen den zwölf Beitrittsländern regional konvergierende Untergruppen gibt. Dies wären die mitteleuropäischen Staaten und in zunehmendem Maße auch Estland auf der

---

[354] vgl. auch SCHUMACHER/TRÜBSWETTER (2000), S. 19
[355] vgl. DESDOIGTS (1999), S. 313ff.
[356] vgl. UNITED NATIONS (1997), S. 87

einen und Lettland, Litauen und die südosteuropäischen Staaten auf der anderen Seite. Natürlich muss berücksichtigt werden, dass die von Land zu Land mit unterschiedlichen Geschwindigkeiten durchgeführten Liberalisierungs- und Privatisierungsmaßnahmen die Wachstumsraten der zurückliegenden Jahre beeinflusst haben. Aus diesem Grund ist zu erwarten, dass kurzfristig die südosteuropäischen Länder noch Wachstumspotenziale besitzen, die andere Länder Mittel- und Osteuropas bereits genutzt haben. Obwohl politische Anstrengungen zur Ressourcenakkumulation und –allokation im Hinblick auf strukturelle Veränderungen nicht zu vernachlässigen sind, ist dennoch fraglich, in welchem Maße sie den langfristigen Wachstumspfad beeinflussen können. Wie bereits in den theoretischen Ausführungen zur politischen Ökonomie multinationaler Kooperation angeklungen ist, nimmt der Einfluss nationaler Regierungen auf die nationalen ökonomischen Entwicklungen mit zunehmender außenwirtschaftlicher Verflechtung mehr und mehr ab.[358] Natürlich besteht in offenen Volkswirtschaften die Möglichkeit, durch eine Verbesserung der nationalen ökonomischen Rahmenbedingungen ausländisches Kapital anzuziehen. Jedoch werden dafür notwendige Reformen umso schwerer durchsetzbar sein, je größer die sektoralen Strukturen von denen des Auslands divergieren. Ein signifikanter Einfluss nationaler politischer Maßnahmen auf die langfristigen Wachstumsraten ist zumindest nicht ermittelbar. Somit ist es nicht unrealistisch zu erwarten, dass in der erweiterten EU die regionalen Unterschiede in der Konvergenz noch über Jahrzehnte hinweg wesentlich stärker ausfallen werden als dies bisher der Fall war.[359]

In den vorangegangenen Überlegungen wurden die sich auf längere Sicht abzeichnenden ökonomischen Wirkungen der vollständigen Binnenmarkt-integration für einzelne Länder isoliert betrachtet. Die Ausführungen waren deshalb notwendig, weil vermutlich nicht allein nationale Politiken der Einzelstaaten deren ökonomische Entwicklung beeinflussen werden, sondern weil, wie bereits in den theoretischen Abhandlungen erwähnt, in noch stärkerem

[357] vgl. FISHER et al (1998), S. 7ff.
[358] vgl. GYGI (1991), S. 32
[359] vgl. BRÜCKER (2001), S. 79

Maße die nationalen ökonomischen Gegebenheiten auch umgekehrt wesentlichen Einfluss auf nationale politische Entscheidungen nehmen werden.[360] Deshalb bilden die vorangegangenen Ausführungen eine wichtige Grundlage zur Klärung der Frage, wie sich die Europäische Union in politischer Hinsicht ändern wird. Im folgenden Kapitel soll der Versuch unternommen werden, Aussagen über zukünftige politische Entscheidungsprozesse in einer auf 27 Mitgliedstaaten erweiterten EU in ausgewählten EU-Politikbereichen zu treffen. Es soll dabei u.a. die Frage geklärt werden, ob oder inwieweit sich die soeben ermittelten realwirtschaftlichen und strukturellen Divergenzen auch in unterschiedlichen politischen Präferenzen widerspiegeln. Zudem dienen die im vorliegenden Kapitel gewonnenen Erkenntnisse der Erklärung grundsätzlicher Verhaltensweisen einzelner Mitgliedstaaten im europäischen Entscheidungs- und Integrationsprozess. Folglich soll nun der Versuch unternommen werden, unter Berücksichtigung der bisher erfolgten theoretischen und empirischen Überlegungen, den strukturellen Charakteristiken und Entwicklungsperspektiven und der bi- und multilateralen Abhängigkeiten der Länder deren politische Präferenzen abzuleiten, um dann Prognosen über mögliche Richtungsänderungen bei verschiedenen EU-Politiken abzugeben.

[360] vgl. UNITED NATIONS (2000), S. 182

5. Prognose der zukünftigen Entwicklung ausgewählter EU-Politiken

5.1 Anwendungsmöglichkeiten der Clusteranalyse

Um Aussagen über die zukünftige Entwicklung verschiedener EU-Politiken treffen zu können ist es erforderlich, geeignete Systematiken zu entwickeln, um einerseits die zu erwartenden dominierenden Präferenzen in der gesamten EU und andererseits die jeweilige Stärke der Präferenz für oder gegen eine bestimmte EU-Politik seitens einzelner Mitgliedstaaten prognostizieren zu können. Die Analysen der vorangegangenen Kapitel ließen den Schluss zu, dass die inhaltliche Ausprägung einzelstaatlicher politischer Präferenzen durch die nationalen Interessen bestimmt sein wird. Die Netto-Nutzen, die die einzelnen Länder dann aus einer Koordination oder aus einer Europäisierung der Politik ziehen, werden bestimmt sein durch die damit verbundenen Vorteile, etwa durch finanzielle Zuwendungen, Liberalisierungen und damit einhergehenden Kostensenkungen oder durch positive externe Effekte der Politikkoordination, abzüglich der Nachteile aus Divergenzen zwischen dem nationalen Politikansatz und dem europäischen Politikansatz. Allerdings sind die positiven Effekte, die die Europäisierung einzelner Politikbereiche mit sich bringt, mit der Ausnahme etwaiger finanzieller Zuwendungen, schwer quantifizierbar. Es muss zudem davon ausgegangen werden, dass eine Aufrechnung positiver und negativer Effekte spezifischer politischer Maßnahmen auf EU-Ebene aus einzelstaatlicher Sicht nicht immer möglich ist. Dies kann damit begründet werden, dass die aus einzelstaatlicher Sicht anfallenden Kosten und Nutzen der Integration völlig verschiedenen Bereichen entstammen können. So ist es durchaus denkbar, dass die Mitgliedstaaten zur Abgabe bestimmter politischer Kompetenzen an die EU bereit sind, selbst wenn dies aus einzelstaatlicher Sicht mit Nachteilen verbunden ist, solange sie dafür durch Nutzenzuwächse, etwa in Form von Integrationsgewinnen, entschädigt werden. Unabhängig von etwaigen einzelstaatlichen Nutzenzuwächsen, sei es aus der Europäisierung eines spezifischen Politikbereichs beziehungsweise spezifischer politischer Maßnahmen oder aus allgemeinen Integrationsgewinnen, kann im Rückgriff auf die erfolgten theoretischen Überlegungen festgehalten werden, dass die Nachteile aus der Verlagerung politischer Maßnahmen auf EU-Ebene umso geringer sein werden, je ähnlicher die EU-Politik der ehemals nationalen Politik ist.

Sofern Divergenzen zwischen nationalem und multinationalem oder europäischem Politikansatz existieren, ist eine Koordination oder Europäisierung der Politik aus einzelstaatlicher Sicht zunächst mit Anpassungskosten verbunden. Langfristig können die Mitgliedstaaten der EU aber durchaus in unterschiedlicher Weise von einer Koordination oder Europäisierung bestimmter Politiken betroffen sein, wenn diese beispielsweise die internationale Wettbewerbsposition der einzelnen Mitgliedstaaten in unterschiedlicher Weise beeinflusst. Dadurch werden die Ausprägungen der Präferenzen und damit die optimalen Strategien einzelner Länder im politischen Verhandlungs- und Entscheidungsprozess determiniert.

Zur Prognose der letztendlich erfolgenden Beschlussfassung in den Organen der EU, hier durch den Europäischen Rat oder den Rat der EU, ist bei Mehrheitsentscheidungen eine Gruppierung der Länder in Einheiten mit ähnlichen Charakteristiken erforderlich, um mittels dieser Klassifizierung eine Aussage über die zu erwartende Beschlussfassung in den genannten Organen zu ermöglichen. Diese Gruppierung muss solange fortgesetzt werden, bis eine Gruppe von Ländern entstanden ist, die die erforderlichen Voraussetzungen erfüllt, um einen Gesetzes- oder Politikentwurf nach ihren Vorstellungen auszuhandeln und letztlich dann auch zu verabschieden. Die Aufgabe besteht also darin, die Grundgesamtheit der EU-Staaten nach dem Kriterium der Homogenität politischer Präferenzen zu gruppieren, wobei jeder Staat letztlich nur einer Gruppe zuzuordnen ist.[361]

---

[361] diese Gruppierung ist jedoch nicht nur für qualifizierte Mehrheitsentscheidungen von Interesse. Auch bezüglich der inhaltlichen Ausgestaltung der einstimmig zu verabschiedenden Beschlüsse können mittels einer Unterteilung der Länder in homogene Gruppen Aussagen abgeleitet werden. Da einstimmige Entscheidungen durch einen Interessenausgleich zwischen allen EU-Mitgliedstaaten zu erzielen sind, sind die Verhandlungsergebnisse vom Gewicht einzelner Ländergruppen mit homogenen Interessen abhängig.

Diese Klassifizierung ist Gegenstand der Clusteranalyse, einer deskriptiven statistischen Methode zur Identifizierung ‚natürlicher' Gruppierungen von Merkmalsträgern durch den simultanen Vergleich mehrerer Indikatoren, mit deren Hilfe eine Klassifizierung vorgenommen werden soll.[362] Im Rahmen dieser multivariaten Datenanalyse werden in einem ersten Schritt die Differenzen der Beobachtungswerte, die die Indikatoren bei den einzelnen Merkmalsträgern annehmen, ermittelt, um dann mit Hilfe von Algorithmen Gruppierungen der Merkmalsträger, in diesem Fall der einzelnen Staaten, vornehmen zu können. Bei der vorliegenden Problemstellung muss eine hierarchische Clusterung vorgenommen werden, bei der die einzelnen Merkmalsträger in der Ausgangssituation isoliert betrachtet und dann schrittweise gemäß ihrer Ähnlichkeit gruppiert werden.[363] Dazu werden zunächst Heterogenitätsmaße ermittelt. Die zugrunde liegenden Techniken sollen so kurz wie möglich erläutert werden.

Sofern quantitative (metrisch skalierte) Variablen als Indikatoren verwendet werden, bietet sich der euklidische Abstand zur Messung der Heterogenität der Merkmalsträger an. Dieser ist folgendermaßen definiert:[364]

$$d_{ij}^{e} = \sqrt{\sum_{k=1}^{p}(x_{ik} - x_{jk})^2}$$

wobei d_{ij}^{e} = euklidischer Abstand zwischen Merkmalsträger i und j

x_{ik}, x_{jk} = Wert der Variable k bei Merkmalsträger i und j

Da es sich bei der Clusteranalyse um eine multivariate Datenanalyse handelt und die euklidischen Abstände aller verwendeten Variablen in einem Heterogenitätskoeffizienten (Dissimilaritätskoeffizienten) D_{ij} zusammengefasst werden sollen, müssen die verschiedenen verwendeten Variablen zunächst

[362] vgl. ALDENDERFER/BLASHFIELD (1989), S. 7

[363] vgl. KRAUS (2000), S. 8f.

[364] vgl. EVERITT (1993), S. 17

standardisiert werden. Dies ist erforderlich, weil die euklidischen Abstände der einzelnen, in den Vergleich eingehenden Variablen k vom Niveau derselben abhängig sind und daher bei unterschiedlichen Niveaus der Beobachtungswerte aus einer Addition der euklidischen Abstände sämtlicher Variablen k unterschiedliche Gewichtungen der einzelnen Variablen resultieren würden. Dieses Problem lässt sich durch eine Normierung der euklidischen Abstände für jede einzelne Variable k mittels folgender Formel lösen[365]:

$$x'_{ik} = \frac{x_{ik} - x_{k\min}}{(x_{k\max} - x_{k\min})}$$

mit x_{ik} = Wert der Variable k bei Merkmalsträger i

$x_{k\min}$ = minimaler Beobachtungswert der Variable k

$x_{k\max}$ = maximaler Beobachtungswert der Variable k

Durch Anwendung dieser Formel wird jede Variable k, unabhängig vom Niveau ihrer Beobachtungswerte, bei demjenigen Merkmalsträger mit dem niedrigsten Messwert auf den Wert null, bei demjenigen Merkmalsträger mit dem höchsten Messwert auf den Wert eins transformiert. Daraus ergibt sich dann der modifizierte euklidische Abstand:

$$d_{ij} = \sqrt{\sum_{k=1}^{p} (x'_{ik} - x'_{jk})^2}$$

Der Vorteil des euklidischen Abstands als Similaritätsmaßstab liegt darin, dass auch bei einer aggregierten Betrachtung mehrerer standardisierter Indikatoren die Unterschiede zwischen zwei Merkmalsträgern dennoch sichtbar bleiben. Bei Verwendung mehrerer Indikatoren könnte es bei einfacher Addition der Differenzen der Beobachtungswerte der Indikatoren durchaus passieren, dass sich für zwei Merkmalsträger, in diesem Fall also für zwei Länder, ein sehr hohes Ähnlichkeitsmaß ergibt, obwohl die Werte der im Aggregat enthaltenen

[365] vgl. EVERITT (1993), S. 18

Einzelindikatoren erheblich voneinander abweichen, sich aber positive und negative Abweichungen gegenseitig aufheben. Diese Problematik wird bei Verwendung euklidischer Abstände durch die Quadrierung umgangen.

Bei qualitativen (nominal skalierten) Variablen ergibt sich das Distanzmaß aus folgender Funktion:

$$d_{ij} = 1 - s_{ij}$$

Dabei muss das Gleichheitsmaß s_{ij} zwischen zwei Merkmalsträgern i und j noch genauer spezifiziert werden. Für den Fall, dass es sich bei der betrachteten Variable um eine binäre Variable handelt, die nur zwei Ausprägungen und damit nur zwei Werte annehmen kann, wäre das Similaritätsmaß im Falle identischer Merkmalsausprägung eins, andernfalls null. Daraus ergibt sich für das Heterogenitätsmaß (d_{ij}) zwischen zwei Merkmalsträgern bei Übereinstimmung der binären Variable k ein Wert von null (also keine Heterogenität), andernfalls eins. Gehen mehrere binäre Variablen in die Untersuchung ein, wird das Gleichheitsmaß zwischen zwei Merkmalsträgern aus dem Anteil der identischen Beobachtungen an der Gesamtzahl der Beobachtungen ermittelt. Für den Fall, dass ein nominal skaliertes Merkmal (eine qualitative Variable) mehr als zwei Ausprägungen annehmen kann, die Variable also nicht mehr binär ist, ließe sich das Similaritätsmaß dadurch ermitteln, dass jede Merkmalsausprägung gesondert als binär betrachtet wird und daraus wiederum der Anteil der übereinstimmenden Ausprägungen ermittelt wird. Als Beispiel hierfür könnten etwa unterschiedliche politische Grundsätze genannt werden, die die betrachteten Länder verfolgen.[366]

Im Rahmen der Clusteranalyse existieren nun mehrere Techniken zur Gruppierung von Merkmalsträgern. Für die Länderanalyse bieten sich *hierarchische Cluster-Methoden* an. Bei dieser Methode werden die Daten beziehungsweise die dazugehörigen Merkmalsträger nicht in einem Schritt in eine bestimmte Anzahl von Gruppen unterteilt. Stattdessen wird, im Falle der *divisiven Methodik,* die Gesamtheit der Merkmalsträger schrittweise in

---

[366] vgl. EVERITT (1993), S. 40ff.

Untergruppen klassifiziert und, im Falle der *agglomerativen Methodik,* ausgehend von den einzelnen Merkmalsträgern, deren Zusammenführung zu Gruppen mit Mitgliedern ähnlicher Merkmalsausprägungen vorgenommen (vgl. Übersicht 2).[367]

Übersicht 2
Agglomerative Clusteranalyse

Iteratives Verfahren für agglomerative Clusteranalysen:

1.) Für den Verfahrensschritt $l=0$ sei $P^0 := \{\{M_1\},\{M_2\}, ...,\{M_n\}\}$ die feinste Partition der Menge der Merkmalsträger $M = \{M_1, M_2, ...,$ $M_n\}$.

2.) Man erhält die Partition P^l ($l \geq 1$) aus der Partition P^{l-1}, indem diejenigen beiden Klassen aus P^{l-1} fusioniert werden, für welche das vorgegebene Distanzmaß *minimal* bzw. das vorgegebene Ähnlichkeitsmaß *maximal* ist.

3.) Für den neu entstandenen Cluster ist das Dissimilaritätsmaß D_{ij} auf 0 bzw. das Ähnlichkeitsmaß auf 1 zu setzen.

4.) Für die verbliebenen Merkmalsträger ist das neue Dissimilaritätsmaß zu dem neu entstandenen Cluster nach dem vorgegebenen Verfahren zu berechnen (siehe Übersicht 2).

5.) Man wiederhole die Schritte 2 bis 4 so oft, bis $P^l = \{M\}$ ist.

Zur Ermittlung des Zusammenschlusses von Ländern mit ähnlichen strukturellen und politischen Charakteristiken zu Koalitionen bietet sich letztere

[367] vgl. EVERITT (1993), S.24f.

Methodik an. Das Problem bei dieser Vorgehensweise liegt darin, Kriterien für die optimale Anzahl von Clustern, also von Länderblöcken, zu finden. Die Frage ist also, wann im Falle der später verwendeten *agglomerativen Methodik*, der Prozess der Agglomeration gestoppt werden soll.[368] Diese Frage lässt sich für politische Entscheidungen, die nach der Regel der qualifizierten Mehrheit beschlossen werden, relativ leicht beantworten. In diesem Fall ist die optimale Clusterstruktur in der EU erreicht, sobald die Mitglieder eines Clusters im Rat der EU die erforderliche beschlussfähige Stimmenmehrheit besitzen, der Cluster mindestens die Hälfte der EU-Mitgliedstaaten umfasst und diese wiederum mindestens 62% der EU-Bevölkerung repräsentieren[369]. Im Falle einstimmiger Beschlüsse des Rates wäre eine Clusterung im Prinzip überflüssig, da der beschlussfähige Cluster derjenige ist, welcher sämtliche Merkmalsträger, also sämtliche Länder, umfasst. Auch in diesem Fall kann eine Clusterung jedoch hilfreich sein, weil dadurch rivalisierende Ländergruppen ausgemacht werden können. Daraus lassen sich dann Aussagen über zu erwartende zukünftige Änderungen in der Ausgestaltung der Gemeinschaftspolitiken ableiten. Darüber hinaus liefert die Clusterung Informationen bezüglich derjenigen Ländergruppen, die für eine verstärkte Zusammenarbeit in Frage kämen.

Für das vorliegende Untersuchungsziel bietet sich als *agglomerative Methodik* die Gruppendurchschnittsmethode (das sogenannte *avergae-linkage-Verfahren*) an. Wie bei allen agglomerativen Verfahren bildet auch bei diesem Verfahren die feinste Partition der Menge der *n* Merkmalsträger den Ausgangspunkt, d.h. jeder Merkmalsträger bildet einen Cluster. Im folgenden werden dann schrittweise die Merkmalsträger fusioniert, beginnend mit denjenigen beiden Merkmalsträgern, die den geringsten euklidischen Abstand (den niedrigsten Heterogenitätskoeffizienten) zueinander aufweisen. Bei der fortschreitenden Zusammenführung der *n* Merkmalsträger zu Clustern ist der Abstand zwischen zwei Clustern definiert als der Durchschnitt der paarweisen Abstände zwischen den in den Clustern enthaltenen Merkmalsträgern (vgl.

[368] vgl. EVERITT (1993), S. 55

[369] vgl. Vertrag von Nizza, Protokoll A, Art.3

Übersicht 3).[370] Im Falle des *single-linkage-Verfahrens* würde der Abstand zwischen zwei Clustern definiert durch den Minimalwert aus allen zwischen den Mitgliedern der betrachteten Cluster paarweise gemessenen Abstände, im Gegensatz zum *complete-linkage-Verfahren*, bei dem sich der Abstand zwischen zwei Clustern aus dem Maximalwert aus allen zwischen den Mitgliedern der betrachteten Cluster paarweise gemessenen Abständen errechnet.[371]

Übersicht 3
Vorgegebene Distanzmaße

Average-linkage-Verfahren

Beim *average-linkage-Verfahren* ist die Distanz (Dissimilarität) zwischen zwei Clustern C_n und C_m definiert als der Durchschnitt aller möglichen Paardistanzen (Paar-Dissimilaritäten) der Merkmalsträger in den Clustern C_n und C_m, d.h. es gilt:

$$d(C_n,C_m) : = \frac{1}{n_n n_m} \sum_{i \in C_n} \sum_{i \in C_m} d_{ij}$$

wobei n_n und n_m die Anzahl der Merkmalsträger in den Clustern C_n und C_m sind.

---

370 vgl. ALDENDERFER/BLASHFIELD (1989), S. 40ff.

371 vgl. STIER (1996), S. 334

Single-linkage-Verfahren

Beim *single-linkage-Verfahren* ist die Distanz (Dissimilarität) zwischen zwei Clustern C_n und C_m definiert als die kleinste Distanz (Dissimilarität) zwischen einem bestimmten Merkmalsträger aus Cluster C_n und einem bestimmten Merkmalsträger aus Cluster C_m, d.h. es gilt:

$$d(C_n,C_m) := \min(D_{ij})$$

Fusioniert werden im l-ten Verfahrensschritt diejenigen Cluster C_v und C_w der Partition P^{l-1} für welche diese Distanz (Dissimilarität) *minimal* ist.

Complete-linkage-Verfahren

Beim *complete-linkage-Verfahren* ist die Distanz (Dissimilarität) zwischen zwei Clustern C_n und C_m definiert als die größte Distanz (Dissimilarität) zwischen einem bestimmten Merkmalsträger aus C_n und einem bestimmten Merkmalsträger aus C_m, d.h. es gilt:

$$d(C_n,C_m) := \max(D_{ij})$$

Fusioniert werden im l-ten Verfahrensschritt diejenigen Cluster C_v und C_w der Partition P^{l-1} für welche diese Distanz (Dissimilarität) *minimal* ist:

Für die spätere Zusammenführung von Merkmalsträgern in politischen Entscheidungsprozessen oder zu politischen Koalitionen erscheint die Verwendung der Gruppendurchschnittsmethode am plausibelsten, da ein Land, welches entweder am Beitritt zu einer bestehenden Ländergruppe, etwa im Falle der verstärkten Zusammenarbeit, oder welches im Rahmen von Verhandlungen über Politikentwürfe an einer Blockbildung interessiert ist, stets die Interessenlage sämtlicher Mitglieder des Länderblocks, dem es beitreten will, berücksichtigen wird.

Problematisch bei diesem wie auch bei den übrigen genannten Verfahren kann gegebenenfalls die Tatsache sein, dass die Interessenlage sämtlicher Mitglieder einer Ländergruppe, unabhängig von deren Größe und politischem Einfluss, bei der Entscheidungsfindung gleich gewichtet wird. Dieses Problem ist jedoch bei der hiesigen Fragestellung nur schwer zu lösen, denn aus der Sicht eines einzelnen Landes, welches den Beitritt zu einer Ländergruppe im Rahmen verstärkter Zusammenarbeit oder im Rahmen von Verhandlungen über Politikentwürfe erwägt, wären der Gruppe bereits angehörende große Länder aufgrund ihres hohen Stimmengewichts und ihres politischen Einflusses gegenüber anderen Ländergruppen von Vorteil. Innerhalb der Gruppe würden diese dagegen eine dominierende Stellung einnehmen und dort den Einfluss kleinerer Länder schmälern. Aus diesem Grund soll aus rein politischen Überlegungen heraus die Größe der einzelnen Länder bei der Bildung von Clustern nicht näher berücksichtigt werden. Allerdings sind im Zusammenhang mit Anreizsystemen in Form finanzieller Zugeständnisse die Ländergrößen und die damit verbundene Ausstattung der Länder mit finanziellen Ressourcen nicht zu vernachlässigen. Es soll jedoch in diesem Zusammenhang unterstellt werden, dass hierbei die Größen der gesamten Cluster, denen ein einzelnes Land oder eine kleinere Ländergruppe beitreten kann, ausschlaggebend sind. Die Größenstruktur innerhalb der Cluster und die Lastverteilung auf einzelne Mitglieder tritt damit in den Hintergrund.

Bevor jedoch mit der Clusterung begonnen werden kann, müssen adäquate Variablen gefunden werden, die zur Beurteilung der Präferenzen in dem zu analysierenden Politikbereich relevant sind. Da es für die Wahl der Variablen und deren Gewichtung keine statistischen oder mathematischen Richtlinien gibt, besteht dort ein erheblicher Ermessensspielraum.[372] Aus diesem Grund wäre es im Prinzip erforderlich, die Clusterung mehrmals mit variierender Gewichtung der verwendeten Variablen durchzuführen. Die Darstellung der Ergebnisse der

[372] vgl. EVERITT (1993), S. 37ff.

Clusterung erfolgt in Baumdiagrammen (sogenannten Dendrogrammen), die die Abfolge der Zusammenführungen der einzelnen Merkmalsträger und die zwischen den fusionierten Objekten gemessenen Abstände darstellen.[373]

Vorab muss jedoch noch eine eindeutige Abgrenzung des Untersuchungsziels vorgenommen werden. Im Hinblick auf die Verschiebung der Interessenlagen in verschiedenen Politikbereichen der EU und auf die Bildung von Länderkoalitionen in den Verhandlungs- und Gesetzgebungsprozessen sowie im Rahmen der flexiblen Integration soll die folgende Clusteranalyse lediglich Hinweise darauf liefern, welche Ländergruppen in den zu betrachtenden Politikbereichen ähnliche Charakteristiken aufweisen, demnach ähnliche Interessen verfolgen müssten und am ehesten ähnliche Positionen in den EU-Institutionen vertreten müssten.[374]

Bevor die Clusteranalyse Anwendung finden kann, müssen jedoch noch weitere, für den europäischen Entscheidungsprozess und damit auch für die empirische Analyse relevante Aspekte berücksichtigt werden.

5.2 Institutionelle, politische und ökonomische Einflussfaktoren im europäischen Entscheidungsprozess

5.2.1 Die Rolle der Kommission im europäischen Entscheidungsfindungsprozess

Die mit Hilfe der Clusteranalyse ermittelten Länderkoalitionen würden ausschließlich aufgrund einzelstaatlicher Präferenzen zustande kommen. Daraus lässt sich für einstimmige Entscheidungen ermitteln, welche Länder ähnliche Interessen verfolgen müssten und somit das Verhandlungsergebnis beeinflussen

---

373 vgl. ALDENDERFER/BLASHFIELD (1989), S. 36

374 Da es sich im politischen Entscheidungsprozess der EU, z. B. bei den Verhandlungs- und Beschlussfassungsprozessen bezüglich der EU-Normen, um inhaltlich eng begrenzte, äußerst spezifische Detailfragen handelt, können die Ergebnisse der Clusteranalyse allerdings nicht generell zur Prognose der tatsächlichen Interessenwahrnehmung und des tatsächlichen Stimmverhaltens einzelner Länder bei solchen Einzelfragen dienen.

können. Konkrete inhaltliche Ergebnisse des Verhandlungsprozesses können aufgrund einer Vielzahl von Variablen, die auf den Prozess einwirken und das Verhandlungsergebnis beeinflussen, jedoch nicht abgeleitet werden.

Bei qualifizierten Mehrheitsentscheidungen ließen sich die Ergebnisse politischer Abstimmungen inhaltlich dann relativ gut eingrenzen, wenn die Clusteranalyse eine Ländergruppe hervorbrächte, die über eine qualifizierte Mehrheit verfügt. Stünden sich jedoch zwei oder mehr Ländergruppen mit unterschiedlichen Charakteristiken und demzufolge unterschiedlichen politischen Präferenzen gegenüber, müssten entweder Verhandlungen geführt werden, die eine Kompromisslösung hervorbringen, die allen Ländergruppen gerecht wird und deren Zustimmung sichert, oder es müsste eine Ländergruppe versuchen, durch finanzielle oder politische Zugeständnisse einzelne Mitglieder opponierender Ländergruppen zum Stimmentausch zu bewegen.

Die Europäische Kommission als Initiatorin der Gesetzes- und Politikentwürfe muss sich dieser Umstände bewusst sein und diese bereits bei der Ausarbeitung ihrer Gesetzesvorlagen berücksichtigen. Die Folge daraus ist, dass die Kommission Restriktionen unterworfen ist und ihre Handlungsalternativen begrenzt sind, da sie die Präferenzen der Stimmberechtigten, also der Mitgliedstaaten, zu berücksichtigen hat. Denn ob letztere Gesetzesentwürfen zustimmen oder nicht, ist von der inhaltlichen Übereinstimmung der von der Kommission vorgelegten Entwürfe mit ihren individuellen, also nationalen, Präferenzen abhängig. Inwieweit sich also die mit Hilfe der Clusteranalyse zu ermittelnden Länderkoalitionen in den politischen Abstimmungsprozessen auch tatsächlich bilden, wird folglich durch die inhaltliche Ausgestaltung der Gesetzesentwürfe durch die Kommission auf der einen und durch die Präferenzen der stimmberechtigten Mitgliedstaaten sowie natürlich auch durch deren Stimmengewicht auf der anderen Seite bestimmt.[375]

Eine genauere Betrachtung dieser Sachverhalte ermöglicht nicht nur eine Analyse des politischen Einflusses einzelner Ländergruppen, sondern auch eine Analyse des Einflusses einzelner Länder im europäischen Entscheidungsprozess in Abhängigkeit von der Ausgestaltung der Gesetzes- und Politikentwürfe der

---

[375] vgl. BARR/PASSARELLI (2003), S. 4f.

Kommission. Damit diese Untersuchung später für einzelne Politikbereiche durchgeführt werden kann, soll an dieser Stelle exemplarisch die Vorgehensweise dargestellt werden.[376]

Die Präferenzordnung der 27 Mitgliedstaaten der erweiterten EU in bezug auf einzelne Politikbereiche wird aus der im vorhergehenden Kapitel beschriebenen Clusteranalyse gewonnen. Diese liefert eine Rangordnung sämtlicher Mitgliedstaaten nach dem Kriterium der Ähnlichkeit ihrer Charakteristiken, wobei ähnliche Charakteristiken auch ähnliche politische Präferenzen implizieren.[377] Je nach Politikbereich lassen sich daraus grundlegende politische Positionen jedes einzelnen Mitgliedstaates im Vergleich zu den übrigen Mitgliedstaaten ableiten. Folglich können die Mitgliedstaaten entlang einer Präferenzachse geordnet werden, beginnend mit dem Mitgliedstaat mit den höchsten Präferenzen für eine bestimmte Politikrichtung und endend mit dem Mitgliedstaat mit den niedrigsten Präferenzen für eine bestimmte Politikrichtung (wie z.B. einer Harmonisierung der Verbrauchssteuern). Diese Rang- beziehungsweise Präferenzordnung der Mitgliedstaaten ermöglicht es, für alternative inhaltliche Ausgestaltungen von Gesetzes- und Politikentwürfen der Kommission eine genaue Abfolge der Bereitschaft zur Zustimmung einzelner Mitgliedstaaten anzugeben.[378] Dies lässt sich an einem einfachen Beispiel leicht verdeutlichen.

Bestünde die Europäische Union aus drei Mitgliedstaaten $N = \{a,b,c\}$, von denen Mitgliedstaat a bei qualifizierten Mehrheitsentscheidungen über zwei Stimmen im Rat, die Mitgliedstaaten b und c jeweils über eine Stimme im Rat verfügen würden und eine qualifizierte Mehrheit jeweils drei Stimmen erfordern würde, könnten Beschlüsse von den drei folgenden Länderkoalitionen $T_n \subseteq N$ getroffen werden:

$T_1 = \{a(2), b(1)\}$ $\qquad$ $T_2 = \{a(2), c(1)\}$ $\qquad$ $T_3 = \{a(2), b(1), c(1)\}$

[376] vgl. im folgenden BARR/PASSARELLI (2003), S. 7ff.
[377] vgl. BARR/PASSARELLI (2003), S. 9
[378] vgl. BARR/PASSARELLI (2003), S. 10

Welche dieser drei Koalitionen sich nun bildet, ist allerdings von der Präferenzordnung der drei Länder a, b und c und der inhaltlichen Ausgestaltung des zur Abstimmung stehenden Gesetzes- oder Politikentwurfs seitens der Kommission abhängig. Jedes einzelne Land wird gemäß den polit-ökonomischen und spieltheoretischen Überlegungen einem Gesetzentwurf der Kommission umso eher zustimmen, je näher dieser in seiner inhaltlichen Ausgestaltung den individuellen Länderpräferenzen kommt. Die Unterstützung einer Gesetzesvorlage der Kommission durch einzelne Mitgliedstaaten ist also umso größer, je geringer die Differenz zwischen dem Inhalt der Gesetzesvorlage beziehungsweise des Politikentwurfs und der nationalen Position ist. Die Graphen im folgenden Schaubild geben diese Differenzen δ_{cn} für jeden der drei Mitgliedstaaten a, b und c bei alternativen inhaltlichen Ausgestaltungen eines Gesetzentwurfs der Kommission wieder, wobei die inhaltliche Ausgestaltung von Gesetzes- und Politikentwürfen seitens der Kommission grundsätzlich beliebige Werte entlang der Präferenzskala der Mitgliedstaaten zwischen θ_0 und θ_M annehmen kann:

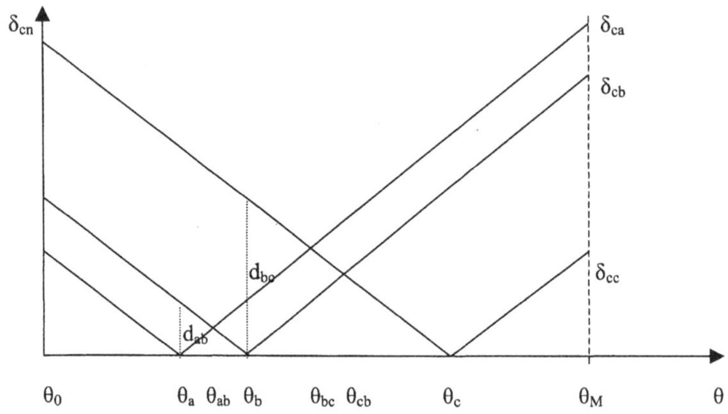

θ_i = Merkmalsausprägung des Gesetzentwurfs i

$\delta_{cn} = \theta_i$ – Präferenz des Landes n

d_{nm} = euklidischer Abstand zwischen Land n und Land m

Es soll nun im folgenden zunächst unterstellt werden, dass die Europäische Kommission ihre Beschlussvorlagen immer an den Präferenzen eines bestimmten Mitgliedstaates ausrichtet. Würde in obigem Beispiel also ein Gesetzentwurf inhaltlich die Ausprägung in Höhe von θ_a annehmen, wäre er deckungsgleich mit den Präferenzen des Landes a. Folglich wäre die inhaltliche Differenz zwischen dem Gesetzesentwurf und den Präferenzen des Landes a bei θ_a gleich null. Land a würde dem Entwurf folglich als erstes zustimmen, gefolgt von Land b und Land c. Die inhaltliche Differenz zwischen den politischen Präferenzen des Landes b und einem Gesetzesentwurf der Kommission mit der Ausprägung θ_a ergibt sich durch den euklidischen Abstand zwischen Land a und Land b (d_{ab}). Analog lässt sich die inhaltliche Differenz zwischen der politischen Position des Landes c und einem Gesetzesentwurf der Kommission mit der Ausprägung θ_a über den euklidischen Abstand d_{ac} ermitteln. Die Länder a und b würden gemeinsam bereits über ausreichend Stimmen zur Verabschiedung des Gesetzentwurfs verfügen (zusammen drei Stimmen) und wären auf die Zustimmung des Landes c nicht mehr angewiesen. Es wäre also am wahrscheinlichsten, dass eine Gesetzesvorlage mit der Ausprägung θ_a am ehesten die Zustimmung der Länder a und b erhalten würde. Solange also Gesetzesentwürfe eine inhaltliche Ausprägung zwischen θ_0 und θ_{bc} annehmen, würden die Länder a und b als erste zustimmen und eine *winning coalition* bilden. Nimmt allerdings ein Gesetzentwurf eine Merkmalsausprägung zwischen θ_{ab} und θ_{bc} an, wäre die Bereitschaft zur Zustimmung bei Land b höher als bei Land a. Nimmt ein Gesetzentwurf jedoch eine inhaltliche Ausprägung oberhalb von θ_{bc} an, würde als erstes Land b, dann aber Land c und dann erst Land a bereit sein, dem Entwurf zuzustimmen. Die Länder b und c verfügen jedoch gemeinsam nicht über die zur Verabschiedung erforderliche Stimmenzahl, so dass Gesetzesentwürfe ab diesem Punkt nur durch die Zustimmung aller drei Länder verabschiedet werden könnten. Es lassen sich nun im vorliegenden Beispiel für sämtliche Merkmalsausprägungen θ_i von Gesetzes- und Politikentwürfen zwischen θ_0 und θ_M die folgenden Länderkoalitionen, jeweils geordnet nach der Zustimmungswilligkeit der Koalitionsmitglieder, ableiten, die über die für eine qualifizierte Mehrheit erforderliche Stimmenzahl verfügen:

$T_1 = \{a(2), b(1)\}$ für $\theta_0 \leq \theta_i < \theta_{ab}$

$T_2 = \{b(1), a(2)\}$ für $\theta_{ab} \leq \theta_i < \theta_{bc}$

$T_3 = \{b(1), c(1), a(2)\}$ für $\theta_{bc} \leq \theta_i < \theta_{cb}$

$T_4 = \{c(1), b(1), a(2)\}$ für $\theta_{cb} \leq \theta_i$

Würde man nun Einzelentscheidungen betrachten, ließen sich mit dieser Methodik, bei genauer Kenntnis der Gesetzesvorlage und der Ländercharakteristiken in dem von der Gesetzesvorlage tangierten Bereich, relativ verlässliche Aussagen nicht nur über Ländergruppen, die einem Gesetzes- oder Politikentwurf je nach dessen Ausprägung eher positiv gegenüber stehen müssten, sondern auch über die zu erwartende Abfolge der Länder hinsichtlich ihrer Zustimmungsbereitschaft treffen. Dies ermöglicht es nicht nur, die einem Gesetzes- oder Politikentwurf, je nach dessen inhaltlicher Ausprägung, am ehesten zustimmenden Ländergruppen zu identifizieren, sondern darüber hinaus auch diejenigen Länder, die für das Zustandekommen von Koalitionen kritisch sind. Es muss jedoch an dieser Stelle betont werden, dass lediglich Aussagen über die Abfolge der Zustimmungsbereitschaft einzelner Länder getroffenen werden können, nicht aber darüber, ob Gesetzesentwürfe mit einer bestimmten Ausprägung θ auch tatsächlich von der identifizierten Ländergruppe verabschiedet werden. Wie in den spieltheoretischen Überlegungen erörtert wurde, ist die Organisation von Mehrheiten mit Verhandlungen verbunden und erfordert zumeist Zugeständnisse an Mehrheitsbeschaffer. Wären diese Zugeständnisse politischer Art, etwa in Form der Modifikation von Gesetzes- und Politikentwürfen, würde sich die Ausprägung θ eines Entwurfs ändern. Dies würde bedeuten, dass dadurch auf der einen Seite zwar Länder zur Zustimmung bewogen werden könnten, dass aber auf der anderen Seite andere Länder unter Umständen nach der Modifikation eines Entwurfs nicht mehr zustimmungswillig sind. Die Berücksichtigung dieser Sachverhalte würde jedoch die Analyse zu sehr verkomplizieren, so dass hier lediglich die Abfolge der Zustimmungsbereitschaft der EU-Mitgliedstaaten zu Gesetzes- und Politikentwürfen bestimmter inhaltlicher Ausprägungen θ ermittelt werden soll. Ob und unter welchen Bedingungen diese dann tatsächlich verabschiedet werden, kann nicht geklärt werden.

Bei der langfristigen Betrachtung gesamter Politikbereiche muss allerdings die Gesamtheit der Gesetzes- und Politikentwürfe beziehungsweise müssen Erwartungswerte in bezug auf deren Ausgestaltung berücksichtigt werden. Denn die Wahrscheinlichkeiten, mit denen sich die in obigem Beispiel genannten drei Koalitionen im Zeitablauf unter Berücksichtigung mehrerer von der Kommission in einem bestimmten Politikbereich unterbreiteten Gesetzes- und Politikentwürfe bilden, hängt nun von der Wahrscheinlichkeitsverteilung der Ausprägung dieser Entwürfe entlang der Abszisse im obigen Schaubild ab. Diese Wahrscheinlichkeit wird im folgenden als $p(\theta_i)$ bezeichnet.

Bezüglich der Ausprägung der Gesetzes- und Politikentwürfe soll von nun an also davon ausgegangen werden, dass die Kommission diese an den Präferenzen der Mitgliedstaaten orientiert und dabei die Präferenzen sämtlicher 27 Mitgliedstaaten der erweiterten EU berücksichtigen kann, so dass die Skala der potenziellen Ausprägung von Gesetzes- und Politikentwürfen der Präferenzskala der Mitgliedstaaten entspricht. Diese Skala bildet eine bestimmte politische Ausprägung ab, wobei die Untergrenze der Skala das eine Extrem einer Politikrichtung verkörpert und die Obergrenze der Skala das andere Extrem. Die Extreme werden wiederum durch die Präferenzausprägung der Mitgliedstaaten festgelegt, wobei der untere Extrempunkt der Politikrichtung identisch wäre mit der Position desjenigen Mitgliedstaates, der das eine Ende der aus der Clusteranalyse gewonnenen Präferenzordnung markiert und der obere Extrempunkt identisch wäre mit der Position desjenigen Mitgliedstaates am anderen Ende der Präferenzordnung. Auf das obige Beispiel bezogen würde dies also für die Gesetzes- und Politikentwürfe der Kommission bedeuten, dass diese nur Werte zwischen θ_a und θ_c annehmen. Werte unterhalb von θ_a und oberhalb von θ_c wären aus Sicht der Kommission deshalb nicht rational, weil sie sich in diesen Bereichen von den Interessen sämtlicher Mitgliedstaaten immer weiter entfernen würde und weil für die Mitgliedstaaten Politikentwürfe mit derartigen Ausprägungen von vornherein nicht pareto-effizient wären.

Bezüglich der Wahrscheinlichkeitsverteilung der Entwürfe der Kommission sollen hier drei plausibel erscheinende Alternativen in Erwägung gezogen werden. Es soll dabei der Einfachheit halber immer unterstellt werden, dass die Kommission jeden einzelnen Entwurf immer genau an den Präferenzen eines bestimmten Mitgliedstaates ausrichtet. Im Zeitablauf könnten dann die von der Kommission eingebrachten Gesetzesvorlagen in ihrer Gesamtheit über das Intervall $[\theta_0; \theta_M]$, welches also die potenziellen Ausprägungen der Gesetzesvorlagen gleichwie die Präferenzskala der Mitgliedstaaten abbildet, gleichförmig verteilt sein (vgl. Schaubild 6 a)). Dies würde bedeuten, dass die Kommission bei der Ausarbeitung ihrer Gesetzes- und Politikentwürfe den Interessen jedes einzelnen der 27 zukünftigen Mitglieder gleiches Gewicht einräumt und somit aus der Sicht jedes Mitgliedstaates jeder siebenundzwanzigste Gesetzentwurf genau den nationalen Interessen entspräche.[379]

Alternativ dazu wäre eine unimodale Wahrscheinlichkeitsverteilung denkbar. In diesem Fall würde die Kommission ihre Gesetzesentwürfe mehrheitlich am Median der Präferenzskala der Mitgliedstaaten ausrichten, also an den Interessen desjenigen Mitgliedstaates, dessen Präferenzen genau zwischen den beiden Extrempunkten liegen (vgl. Schaubild 6 b)). Für diejenigen Mitgliedstaaten, die in ihren Präferenzen teilweise rechts und teilweise links vom Median liegen, würde dies bedeuten, dass sie sich bei einem Großteil der politischen Verhandlungen aufeinander zu bewegen müssten. Als dritte Alternative käme eine zwei- oder mehrgipflige Wahrscheinlichkeitsverteilung der Gesetzes- und Politikentwürfe in Frage (vgl. Schaubild 6 c)). Diese Strategie wäre plausibel, wenn die Mitgliedstaaten in zwei oder mehr politische Lager beziehungsweise Koalitionen mit unterschiedlichen Interessen unterteilt wären. Sofern, etwa im Falle zweier politischer Lager, jeweils eine Ländergruppe rechts und eine links vom Median existiert, könnte die Kommission bei ihren Gesetzes- und Politikentwürfen abwechselnd jeweils einer der beiden Gruppen entgegenkommen. Dabei könnte sie darauf spekulieren, dass einige Länder aus

[379] in Schaubild 6 wäre ein Gesetzentwurf mit der Ausprägung θ_0 identisch mit den Präferenzen desjenigen Landes am unteren Ende der Präferenzskala und ein Entwurf mit der

Schaubild 6

Alternative Wahrscheinlichkeitsverteilungen der inhaltlichen Ausgestaltung von Gesetzesvorlagen der Kommission entlang der Präferenzskala der Mitgliedstaaten

a) Dichtefunktion bei gleichförmiger Wahrscheinlichkeitsverteilung

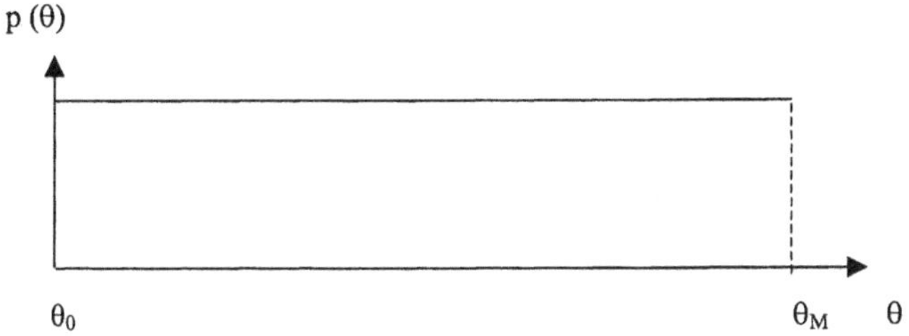

b) Dichtefunktion bei unimodaler Wahrscheinlichkeitsverteilung

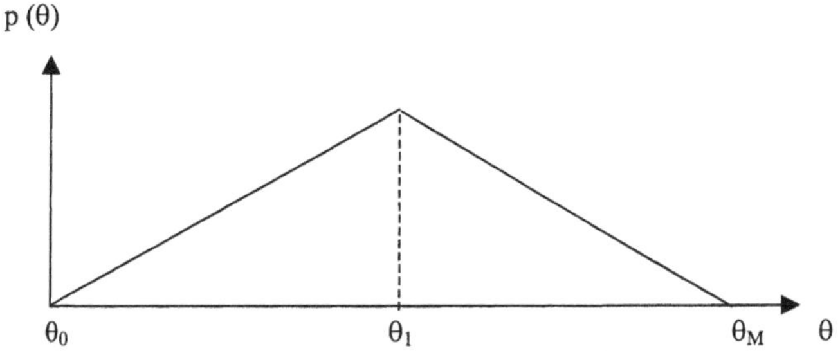

c) Dichtefunktion bei mehrgipfliger Wahrscheinlichkeitsverteilung

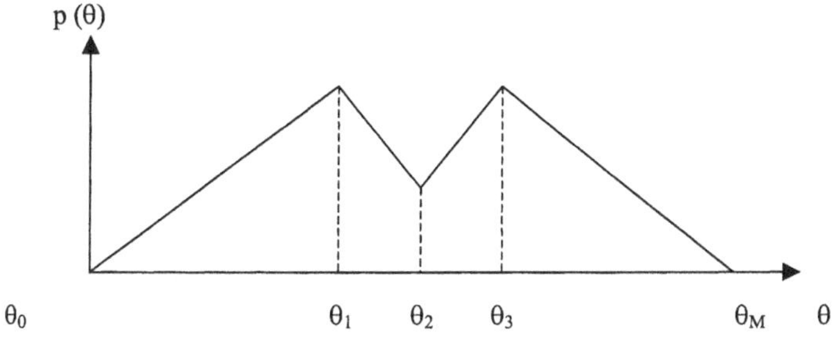

Ausprägung θ_M identisch mit den Präferenzen desjenigen Landes am oberen Ende der Präferenzskala.

der jeweils opponierenden Gruppe in der Gewissheit, dass die Kommission den nächsten Entwurf wieder stärker an ihren Präferenzen ausrichtet, dem aktuellen Entwurf dennoch zustimmen (Stimmentausch), obwohl dieser von ihren Präferenzen relativ weit entfernt ist. Da sich die Wahrscheinlichkeiten, mit denen ein Entwurf bestimmte Ausprägungen annimmt, in der Summe immer zu eins addieren dieser von ihren Präferenzen relativ weit entfernt ist. Da sich die Wahrscheinlichkeiten, mit denen ein Entwurf bestimmte Ausprägungen annimmt, in der Summe immer zu eins addieren müssen, muss der Flächeninhalt der Dichtefunktionen der drei verschiedenen Wahrscheinlichkeitsverteilungen stets eins ergeben, so dass

$$\int_{\theta_1}^{\theta_M} p(\theta_i)\ d\theta = 1$$

gelten muss.

Unter der Maßgabe dieser drei alternativen Wahrscheinlichkeitsverteilungen beziehungsweise Dichtefunktionen ließen sich nun die Wahrscheinlichkeiten ermitteln, mit denen die im obigen Beispiel genannten Länderkoalitionen bei qualifizierten Mehrheitsentscheidungen aufgrund ihrer Präferenzordnungen Gesetzesentwürfe präferieren und ihnen eher als das in zwei Fällen nicht zur jeweiligen Koalition hinzugezählte Land zustimmen müssten. Diese Wahrscheinlichkeiten erhält man durch die Bildung der Integrale der drei alternativen Dichtefunktionen für sämtliche den einzelnen Koalitionen entsprechenden Intervalle auf der Präferenzskala (θ-Achse), so dass

$$p(T_n) = \int_{\theta_i}^{\theta_{i+1}} p(\theta_i)\ d\theta$$

wobei θ_i = Untergrenze des Intervalls, in dem die mehrheitsfähige Koalition T_n Gesetzesentwürfen primär zustimmt

θ_{i+1} = Obergrenze des Intervalls, in dem die mehrheitsfähige Koalition T_n Gesetzesentwürfen primär zustimmt

Mit dieser Methodik lassen sich später für einzelne Politikbereiche der 27 Mitgliedstaaten umfassenden EU die Wahrscheinlichkeiten für die Bildung bestimmter Länderkoalitionen ermitteln.

Es muss allerdings darauf hingewiesen werden, dass bei dieser Methodik die Ergebnisse zwangsläufig in gewissem Maße durch die Wahl der Wahrscheinlichkeitsverteilungen vorweg genommen werden. Die Wahrscheinlichkeiten, mit denen einzelne Ländergruppen geschlossen auftreten, müssten bei dieser Vorgehensweise positiv mit deren Größe korreliert sein. Aufgrund der Tatsache, dass der Kommission annahmegemäß bei der inhaltlichen Ausgestaltung ihrer Entwürfe insgesamt 27 Alternativen zur Verfügung stehen, wobei jede Alternative genau den Präferenzen eines der 27 EU-Mitglieder entspricht, wird mit zunehmender Größe einer Ländergruppe auch die Wahrscheinlichkeit, dass die Kommission ihre Entwürfe an den Präferenzen eines Mitglieds dieser Gruppe ausrichtet, zunehmen. Wie bereits in Kapitel 3.1 erörtert wurde, scheint diese Strategie aus der Sicht der Kommission jedoch rational zu sein.

Dies mag allerdings widersprüchlich erscheinen zu der Aussage, dass kleine, homogene Gruppen stabiler sind als größere, eher heterogene Gruppen. Dem kann jedoch entgegen gehalten werden, dass an dieser Stelle die Ursache dafür, dass sich größere Ländergruppen mit höherer Wahrscheinlichkeit bilden könnten als kleine, nicht in der inneren Struktur der Gruppe zu sehen ist, sondern im Verhalten der Kommission, die größere Gruppen annahmegemäß präferiert. Es muss darüber hinaus bedacht werden, dass lediglich die Wahrscheinlichkeiten der Zustimmungsbereitschaft einzelner Länder und Ländergruppen betrachtet werden. Dies sagt jedoch nicht in erster Linie etwas über die Geschlossenheit der Ländergruppen aus, da diese ja auch geschlossen nicht zustimmen können, was hier jedoch nicht erfasst wird. Überdies wird die Homogenität einzelner Ländergruppen als Einflussfaktor auf deren geschlossenes Auftreten auch hier erfasst, obgleich dieser Faktor vermutlich vom Einfluss der Gruppengröße überlagert wird. Denn die Wahrscheinlichkeit, dass eine Ländergruppe einem auf die Präferenzen eines ihrer Mitglieder zugeschnittenen Gesetzesentwurf geschlossen zustimmt, muss umso größer sein, je homogener die Mitglieder untereinander und je größer die Differenzen, also die euklidischen Abstände, zu benachbarten Gruppen sind. Je heterogener eine Ländergruppe ist und je geringer die politischen Differenzen zu den Mitgliedern benachbarter, opponierender Gruppen sind, umso größer ist die Wahrscheinlichkeit, dass einzelne Mitglieder benachbarter Ländergruppen eher bereit sind, einem Gesetzesentwurf, der aus deren Sicht eigentlich auf die Präferenzen einer opponierenden Ländergruppe zugeschnitten ist, zuzustimmen als sämtliche Mitglieder der eigenen Gruppe.

Zudem ist zu erwarten, dass im Falle mehrerer Ländergruppen mit divergierenden politischen Präferenzen keine der Gruppen über eine erforderliche Stimmenmehrheit im Rat verfügt und Mehrheitsbeschaffer aus opponierenden Gruppen gewinnen muss. In diesem Fall ist zu erwarten, dass, sofern nur eine bestimmte Stimmenzahl zur Erlangung einer Mehrheit gewonnen werden muss, kleine Ländergruppen eher geschlossen als Mehrheitsbeschaffer auftreten als sehr große Gruppen.

Es drängt sich allerdings die Frage auf, welche Erkenntnisse aus einer derartigen Analyse gewonnen werden können. Die auf diesem Wege berechneten Wahrscheinlichkeiten, mit denen sich einzelne Länderkoalitionen bilden, lassen keine eindeutigen Rückschlüsse zu auf den direkten Einfluss einzelner Länder oder Ländergruppen im Gesetzgebungs- und Entscheidungsprozess. Die Wahrscheinlichkeiten, mit denen sich einzelne Länderblöcke bilden, werden, neben den bereits im vorherigen Abschnitt angesprochenen Größen und Homogenitäten der Ländergruppen, determiniert durch ganz bestimmte Wahrscheinlichkeitsverteilungen der inhaltlichen Ausgestaltung der Gesetzes- und Politikentwürfe seitens der Kommission. In erster Linie ist es hier also die inhaltliche Ausgestaltung der Gesetzes- und Politikentwürfe, die die Rangfolge festlegt, in der die Mitgliedstaaten gemäß ihrer Präferenzen den Entwürfen zustimmen müssten. Da die Kommission stets den ersten Schritt macht, sind es nicht die Mitgliedstaaten, die den Inhalt der Gesetzes- und Politikentwürfe festlegen[380]. Dennoch ist es aber von Interesse zu wissen, mit

[380] Die Mitgliedstaaten haben, wie in Kapitel 3.1 dargelegt, lediglich einen indirekten Einfluss auf die von der Kommission vorgelegten Entwürfe, da unterstellt wurde, dass das

welchen Wahrscheinlichkeiten und in welcher Abfolge die Mitgliedstaaten Gesetzesentwürfen in Abhängigkeit von deren inhaltlicher Ausgestaltung erwartungsgemäß zustimmen müssten. Es ist davon auszugehen, dass bei zunehmender Interessendivergenz in der erweiterten EU die Organisation qualifizierter Mehrheiten schwieriger werden wird.

Mittels der hier dargestellten Analyse ist es möglich, die Zustimmungswilligkeit sämtlicher Mitgliedstaaten in Abhängigkeit von der inhaltlichen Ausprägung der Gesetzes- und Politikentwürfe zu ermitteln und dann die Zusammensetzung der zustimmungswilligen Länder zu betrachten. Anhand des Kräfteverhältnisses zwischen einer Länderkoalition und den potenziellen Mehrheitsbeschaffern können dann Rückschlüsse gezogen werden, in welcher Weise und in welchem Ausmaß eine Länderkoalition, die einem Gesetzesentwurf gemäß ihrer Präferenzen eigentlich wohlwollend gegenüberstehen müsste, diesen zur Befriedigung der Mehrheitsbeschaffer vermutlich modifizieren muss. Wie schon erwähnt, sollen die Rückwirkungen dieser Modifikationen allerdings nicht weiter verfolgt werden. Es soll lediglich die Zusammensetzung potenzieller qualifizierter Mehrheiten für Gesetzesentwürfe mit Ausprägungen zwischen θ_0 und θ_M ermittelt werden, um die innerhalb dieser Koalitionen dominierenden Länder zu identifizieren.

5.2.2 Politische und ökonomische Einflussfaktoren auf die Abstimmungsergebnisse des Rates

Bei den bisherigen Überlegungen wurde lediglich auf die Klassifizierung der Mitgliedstaaten der erweiterten EU nach politischen Interessen und auf die zu erwartenden Länderkoalitionen eingegangen. Der politische Verhandlungsprozess, der insbesondere dann eine wesentliche Rolle spielt, wenn die Einstimmigkeitsregel Anwendung findet oder wenn keine Koalition ausgemacht

---

Interessenspektrum der Kommission identisch ist mit dem Interessenspektrum der Mitgliedstaaten. Insbesondere bei der Wahl einer mehrgipfligen Wahrscheinlichkeitswerden kann, die über eine qualifizierte Mehrheit im Rat verfügt, blieb jedoch bisher außen vor und soll deshalb im folgenden etwas genauer betrachtet werden.

Inwieweit einzelne Länder oder Ländergruppen ihre Anliegen im europäischen Entscheidungsprozess tatsächlich artikulieren und durchsetzen werden, wird durch deren Auftreten im Verhandlungsprozess determiniert. Mögliche Bestimmungsfaktoren dieses Verhaltens wurden im Rahmen der theoretischen Überlegungen diskutiert. Bevor für spezifische EU-Politiken die Clusteranalyse Anwendung finden soll, sollen vorab die allgemein zu erwartenden Verhaltensmuster der einzelnen Mitgliedstaaten im Entscheidungs- und Integrationsprozess empirisch ermittelt werden.

5.2.2.1 Rückgriff auf die Erkenntnisse der Adaptionstheorie

Die in Kapitel 3.4.2 beschriebene Adaptionstheorie lässt Rückschlüsse auf das einzelstaatliche Verhalten im Integrationsprozess zu. Im Mittelpunkt der Überlegungen stand dabei die Frage, welche Vor- und Nachteile die einzelnen Mitgliedstaaten aus einer voranschreitenden Integration ziehen und welche Strategie sie demzufolge im Integrationsprozess einnehmen. Die Vorteile der Integration lassen sich in politische Vorteile (z.B. durch einheitliche rechtliche Rahmenbedingungen) und ökonomische Vorteile (z.B. durch Wohlfahrtseffekte des Freihandels) unterteilen, während sich die Nachteile der Integration aus dem Verlust an nationaler Souveränität und Regulierungskompetenzen ergeben. Das Ziel der einzelnen Mitgliedstaaten besteht darin, im Integrationsprozess eine Strategie zu wählen, mit der die Vorteile der Integration maximiert und die Nachteile der Integration minimiert werden können. Die Strategie, die dies ermöglicht, ist abhängig vom nationalen Einfluss auf das externe Umfeld, also auf die übrigen Mitglieder des Integrationsraumes, auf der einen und von der Abhängigkeit vom externen Umfeld auf der anderen Seite. Bei alternativen

---

verteilung der Gesetzes- und Politikentwürfe seitens der Kommission würden sich in deren Handeln die Interessen der EU-Mitglieder in besonderem Maße niederschlagen.

Kombinationen von Einfluss auf und Abhängigkeit vom externen Umfeld bieten sich somit vier alternative Strategien an (vgl. Schaubild 1 auf Seite 121).

Für die erweiterte EU sollen die nach diesen Kriterien für die 27 Mitgliedstaaten plausibel erscheinenden Strategien zunächst in allgemeiner Form, also nicht politikbereichspezifisch, ermittelt werden. Der Einfluss auf das externe Umfeld kann in politischen und ökonomischen Einfluss unterteilt werden. Als Indikator für den politischen Einfluss eines Landes auf das externe Umfeld, also auf die übrigen Mitglieder der Union, wurde der Shapley-Shubik-Index verwendet.[381] Dieser gibt die Wahrscheinlichkeit an, mit der ein stimmberechtigtes Mitglied, im Falle der EU also ein bestimmter Mitgliedstaat beziehungsweise sein Vertreter im Europäischen Rat oder im Rat der EU, bei qualifizierten Mehrheitsentscheidungen sämtlicher theoretisch möglichen Länderkoalitionen zur Stimmenmehrheit verhilft.

Der ökonomische Einfluss eines Landes auf die übrigen Mitgliedstaaten wurde durch das Bruttoinlandsprodukt, den in Kapitel 4 durchschnittlich prognostizierten Anteil des Landes am gesamten Intra-EU-Außenhandel (Durchschnitt aus Ex- und Importen) sowie durch das pro Kopf-Einkommen gemessen. Die Abhängigkeit eines Landes vom externen Umfeld, also von der EU als Ganze, kann ebenfalls in politische und ökonomische Abhängigkeit unterteilt werden. Eine politische Abhängigkeit einzelner Mitgliedstaaten besteht in der EU allerdings allenfalls durch die Abhängigkeit von den EU-Fonds. Dies könnte aber ebenso als ökonomische Abhängigkeit gedeutet werden. Als Indikator wurden die Nettoempfängerpositionen der einzelnen Mitgliedstaaten verwendet. Daneben wurden als weiterer Indikator für jeden einzelnen Mitgliedstaat die in Kapitel 4 im Durchschnitt ermittelten Intra-EU-Ex- und Importquoten herangezogen.

Sämtliche Indikatoren wurden, um eine gleichmäßige Gewichtung zu gewährleisten, auf Werte zwischen 1 und –1 normiert, wobei dasjenige Land, bei dem ein Indikator auf den vergleichsweise höchsten Einfluss auf beziehungsweise die höchste Abhängigkeit von den übrigen Mitgliedstaaten hinweist, den Wert eins, und dasjenige Land, bei dem ein Indikator auf den

---

[381] vgl. SHAPLEY/SHUBIK (1954), S. 788ff.

vergleichsweise geringsten Einfluss auf beziehungsweise die geringste Abhängigkeit von der EU hindeutet, den Wert –1 zugewiesen bekommen hat. Anschließend wurde für jedes einzelne Land der Durchschnittswert über die Indikatoren des politischen und ökonomischen Einflusses auf der einen und über die Indikatoren der Abhängigkeit auf der anderen Seite berechnet. Trägt man die 27 Mitgliedstaaten der erweiterten EU nun gemäß der ermittelten Werte in die in Schaubild 1 dargestellte Matrix ein, erhält man das in Schaubild 7 enthaltene Ergebnis.

Schaubild 7

Strategische Positionierung der Mitgliedstaaten im Integrationsprozess gemäß den Kriterien der Adaptionstheorie

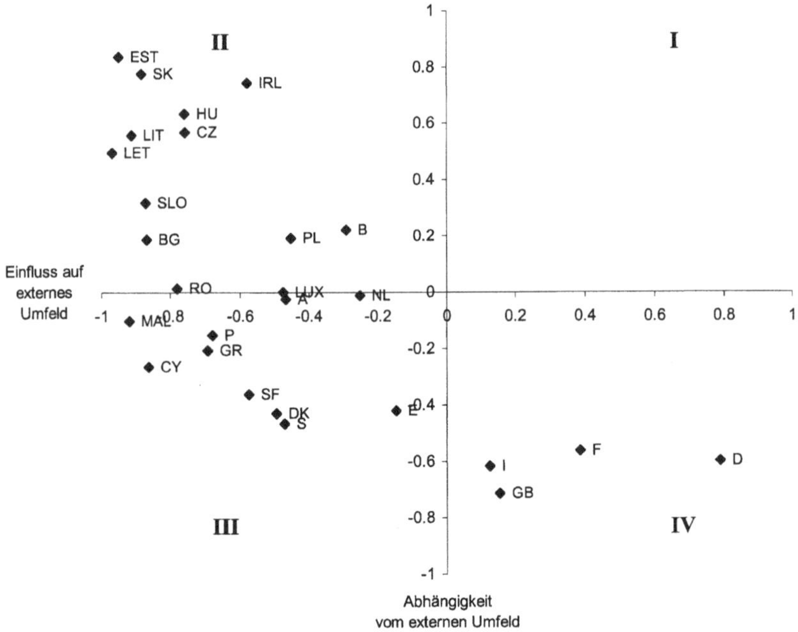

Der erste Quadrant des Schaubildes, in dem ein hoher Einfluss eines Landes auf das externe Umfeld mit einer hohen Abhängigkeit von diesem gepaart wäre, bleibt leer. Länder in diesem Quadranten hätten aufgrund ihrer hohen Abhängigkeit von den übrigen EU-Mitgliedern beziehungsweise der ‚Organisation' EU versucht, ihren ebenfalls hohen Einfluss geltend zu machen, was gleichbedeutend mit einer hohen Partizipation im Integrationsprozess wäre.

Sämtliche mittel- und osteuropäischen Beitrittsländer sind, zusammen mit Irland und Belgien, im zweiten Quadranten angesiedelt, was bedeutet, dass diese Länder aufgrund ihrer relativ hohen Abhängigkeit von den übrigen EU-Mitgliedern bei gleichzeitig geringen Einflussmöglichkeiten zwangsläufig die Strategie der Unterordnung wählen müssten.

Im dritten Quadranten versammeln sich die relativ kleinen Mitgliedstaaten der alten EU der 15 Mitgliedstaaten, wobei die wohlhabenden skandinavischen Länder, neben Spanien, die geringste Abhängigkeit aufweisen, wobei bei letzterem die Ursache dafür in der relativ geringen außenwirtschaftlichen Abhängigkeit aufgrund der Landesgröße liegt. Da bei diesen Ländern neben der Abhängigkeit von der ‚Organisation' EU auch die Einflussmöglichkeiten auf die EU relativ gering sind, ist davon auszugehen, dass sich diese im Integrationsprozess eher passiv verhalten werden.

Im vierten Quadranten sind letztlich die großen Mitgliedstaaten angesiedelt, die sich aufgrund ihrer verhältnismäßig geringen ökonomischen und politischen Abhängigkeit von der EU eine dominante Strategie erlauben können und versuchen werden, ihren Einfluss geltend zu machen.

Mittels dieser Analyse ist bereits eine relativ eindeutige Unterteilung der Mitgliedstaaten der erweiterten EU bezüglich des zu erwartenden Verhaltens im Integrationsprozess möglich. Nach dem Kriterium der Abhängigkeit von der Union erfolgt eine relativ eindeutige Spaltung der erweiterten EU in die 15 alten Mitglieder auf der einen und die Beitrittsstaaten auf der anderen Seite (Ausnahmen sind hier Belgien, Irland, Malta und Zypern). Dagegen ist nach dem Kriterium des ökonomischen und politischen Einflusses eine eindeutige Trennung der großen von den kleinen Mitgliedern möglich. Bezüglich der den einzelnen Ländergruppen zugewiesenen Strategien erscheinen diese in erster Linie aus einzelstaatlicher Sicht plausibel. Jedoch könnte der relativ große Einfluss der großen Länder etwa durch den Zusammenschluss mehrerer kleiner

Länder geschmälert werden. Es muss also bedacht werden, dass durch diese Möglichkeit der Einfluss der Länder im zweiten und dritten Quadranten des Schaubildes 7 nicht unterschätzt werden darf.

5.2.2.2 Empirische Ermittlung der Präferenzen der Mitgliedstaaten für eine voranschreitende institutionelle Integration

Während im vorangegangenen Kapitel der Frage nach dem grundlegenden Verhalten einzelner Mitgliedstaaten in den europäischen Verhandlungs- und Entscheidungsprozessen nachgegangen wurde, ist nun noch zu klären, wie einzelne Mitgliedstaaten einer fortschreitenden institutionellen Integration gegenüberstehen. Wie in Kapitel 3.4.3 erläutert wurde, ist davon auszugehen, dass die Einstellung einzelner Mitgliedstaaten gegenüber einer weiteren Vertiefung der EU in erster Linie abhängig ist von den Kosten und Nutzen, die sie sich von einer voranschreitenden institutionellen Integration versprechen. Die Verlagerung politischer Kompetenzen von der nationalen auf die europäische Ebene beziehungsweise die europaweite Harmonisierung politischer Maßnahmen wird vor allem für diejenigen Staaten von Vorteil sein, die sich dadurch Wettbewerbsvorteile gegenüber anderen Ländern verschaffen können. Auf diesen in Kapitel 3.4.3 gefolgerten Zusammenhang soll hier nochmals so kurz wie möglich eingegangen werden.

Gemäß der ökonomischen Theorie der Politik streben die Regierungen demokratischer Staaten das Wiederwahlziel an. Empirische Untersuchungen aus der Vergangenheit belegen, dass die Chancen der Wiederwahl einer Regierung positiv korreliert sind mit der Wirtschaftslage des betreffenden Landes.[382] Den Regierungen und den bürokratischen Apparaten stehen zur Beeinflussung der Wirtschaftslage bestimmte Politik- und Regulierungsinstrumente zur Verfügung. Beim Einsatz dieser Instrumente sind Regierungen den Einflüssen verschiedener Gruppierungen ausgesetzt, deren Interessen sie mittels politischer Maßnahmen zum Ausgleich bringen müssen. Sofern eine Regierung diese Tatbestände

[382] vgl. z.B. KIRCHGÄSSNER (1986), S. 365ff.

missachtet, steht den Privaten neben der Option des Widerspruchs, also der Abwahl der Regierung, insbesondere in offenen Volkswirtschaften die Option der Abwanderung offen.[383] Folglich haben Regierungen, die nach dem Wiederwahlziel streben, in ihrem politischen Handeln zweierlei Dinge zu berücksichtigen: Zum einen muss die Ausgestaltung der politischen Rahmenbedingungen eine positive gesamtwirtschaftliche Entwicklung und eine positive Wirtschaftslage ermöglichen. Zum anderen sind dabei jedoch die Interessen bestimmter Gruppierungen zu berücksichtigen, die unter Umständen von strukturellen Veränderungen, die häufig die Voraussetzung für eine positive gesamtwirtschaftliche Entwicklung sind, negativ betroffen sein können.

Bei der vorliegenden Fragestellung muss dieses Kalkül vor dem Hintergrund offener Volkswirtschaften betrachtet werden. Im Falle außenwirtschaftlicher Dependenzen wird zum einen die inländische Wirtschaftslage in gewissem Maße durch die Wirtschaftslage des Auslands beeinflusst, zum anderen bietet sich inländischen Produktionsfaktoren im Falle unvorteilhafter Rahmenbedingungen die Möglichkeit der Abwanderung ins Ausland. Darüber hinaus ist zu berücksichtigen, dass bei einer zunehmenden Öffnung und Marktintegration innerhalb der einzelnen Länder des Integrationsraumes, insbesondere im Falle realwirtschaftlicher Divergenzen und divergierender staatlicher Interventionen, Integrationsgewinnern immer auch Verlierer gegenüber stehen können. Eine internationale Politikkoordination oder eine voranschreitende institutionelle Integration würde die Möglichkeit bieten, durch eine Angleichung der politischen Rahmenbedingungen den Regulierungswettbewerb und die Abwanderung bestimmter Produktionsfaktoren einzudämmen ohne den Schutz bestimmter inländischer Gruppen aufgeben zu müssen. Selbst wenn eine Marktintegration allen beteiligten Ländern einen Netto-Nutzen stiftet, in allen beteiligten Ländern jedoch bestimmte gesellschaftliche Gruppierungen Nutzeneinbußen durch die Marktintegration erleiden, müsste aufgrund dessen ein grundsätzliches bilaterales Interesse an politischer Koordination oder voranschreitender institutioneller Integration bestehen. Natürlich wird dieser Koordinationsbedarf bei den beteiligten Ländern in unterschiedlichen

---

[383] vgl. HIRSCHMAN (1974)

Politikbereichen vorhanden sein. Somit dürfte eine politische Koordination oder eine voranschreitende institutionelle Integration aus einzelstaatlicher Sicht jeweils nur in denjenigen Bereichen rational sein, in denen gemeinsame politische Maßnahmen dem betrachteten Staat Nutzen stiften, etwa durch eine Verbesserung seiner Standortbedingungen gegenüber den übrigen Mitgliedern des Integrationsraumes. In Anlehnung an die ökonomische Theorie der Interessengruppen muss in diesem Zusammenhang bemerkt werden, dass auf nationaler Ebene diejenigen Gruppen, die durch eine Marktintegration Nutzeneinbußen erleiden, ihre Interessen in besonderem Maße artikulieren und bei politischen Entscheidungen vermutlich mehr Gehör finden werden als Gruppierungen, denen eine voranschreitende Marktintegration Nutzen stiften würde. Daher besteht Grund zur Annahme, dass einzelne Länder u.U. auch in Politikbereichen zu einer voranschreitenden institutionellen Integration bereit sind, in denen ihnen die bereichsspezifische institutionelle Integration für sich genommen keinen Nutzen stiftet, wenn sie dafür durch eine institutionelle Integration oder Politikkoordination in für sie sensitiveren Bereichen entschädigt werden. Wie bereits in Kapitel 3.4.3 gefolgert wurde, wird der Bedarf an politischer Koordination oder voranschreitender institutioneller Integration umso höher sein, je höher die außenwirtschaftliche Verflechtung zwischen Mitgliedern des Integrationsraumes, je unterschiedlicher die realwirtschaftlichen Strukturen und je unterschiedlicher Umfang und Struktur staatlicher Regulierungen sind.[384]

Diese aus dem Kapitel 3.4.3 übernommenen Überlegungen sollen nun für die Mitglieder der auf 27 Staaten erweiterten EU angewendet werden. Zu diesem Zweck ist es zunächst erforderlich, die realwirtschaftlichen Unterschiede zwischen den dann 27 Mitgliedstaaten zu erfassen. Diese wurden unter Verwendung der in Kapitel 4.2 (Übersicht 1, Seite 181) vorgestellten Indikatoren durch eine Clusteranalyse ermittelt. Diese Untersuchung soll dem Ziel dienen, den generellen Bedarf an politischer Koordination und Kooperation zwischen den einzelnen Ländern zu erfassen. Da jedoch bei 27 Ländern die Betrachtung sämtlicher bilateraler Beziehungen zu umfangreich wäre, sollen die

[384] vgl. GYGI (1991), S. 25

Länder, soweit möglich, zu Gruppen mit ähnlichen realwirtschaftlichen Charakteristiken zusammengefasst werden.

Nach den Resultaten der Clusteranalyse lassen sich die Mitgliedstaaten der erweiterten EU in die folgenden fünf Ländergruppen mit ähnlichen realwirtschaftlichen Charakteristiken unterteilen, wobei zwischen diesen Gruppen relativ hohe Divergenzen bestehen:

- Dänemark, Schweden, Finnland
- Deutschland, Österreich, Frankreich, Belgien, Niederlande, Luxemburg, Großbritannien, Irland
- Estland, Polen, Italien, Spanien, Griechenland, Zypern
- Portugal, Malta, Tschechien, Slowakei, Ungarn, Slowenien
- Lettland, Litauen, Bulgarien, Rumänien

Für jede dieser Gruppen lässt sich nun der politische Koordinationsbedarf mit den jeweils vier übrigen Gruppen ermitteln. Dieser ist, neben den strukturellen Divergenzen, abhängig vom Ausmaß der außenwirtschaftlichen Verflechtung. Sofern zwischen zwei Ländergruppen hohe strukturelle Divergenzen gepaart mit einer hohen außenwirtschaftlichen Verflechtung beider Gruppen auftreten, müsste dies mit einem relativ hohen Interesse an internationaler politischer Koordination einher gehen. Die Ergebnisse dieser Analyse sind Schaubild 8 zu entnehmen.

In den fünf Diagrammen ist jeweils auf der Ordinate die im Rahmen der Gravitationsmodelle prognostizierte außenwirtschaftliche Verflechtung der betrachteten Ländergruppe gegenüber den jeweils vier übrigen Ländergruppen abgetragen. Es wurden dafür die mit Hilfe des Gravitationsmodells für das Jahr 2020 prognostizierten Exportquoten (Szenario 1) verwendet. Auf der Abszisse ist die aus der Clusteranalyse hervorgegangene strukturelle Divergenz der jeweils betrachteten Ländergruppe gegenüber den verbleibenden vier Ländergruppen enthalten. Diese ergibt sich aus den durchschnittlichen (normierten) euklidischen Abständen der Strukturindikatoren zwischen den Ländergruppen, die die Clusteranalyse hervorgebracht hat. Für jede der im

Schaubild 8

Genereller Bedarf zur Politikkoordination zwischen verschiedenen Ländergruppen

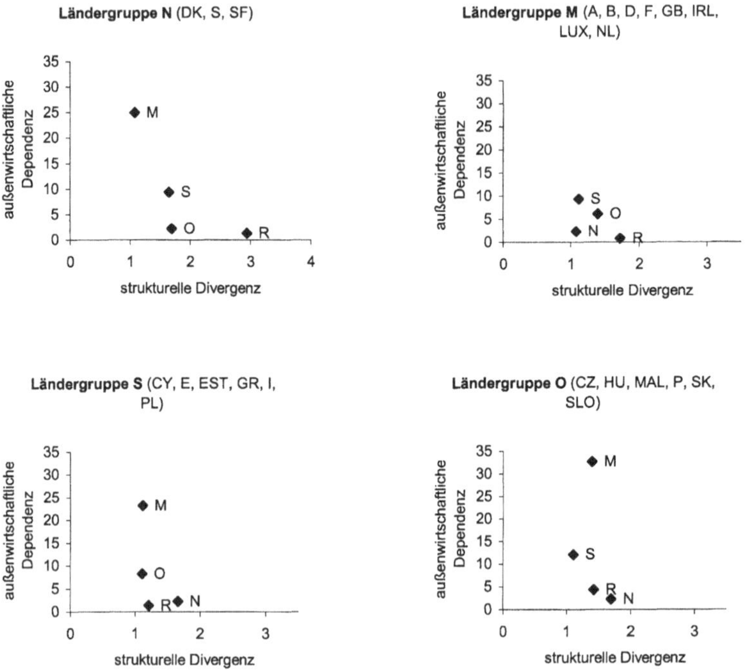

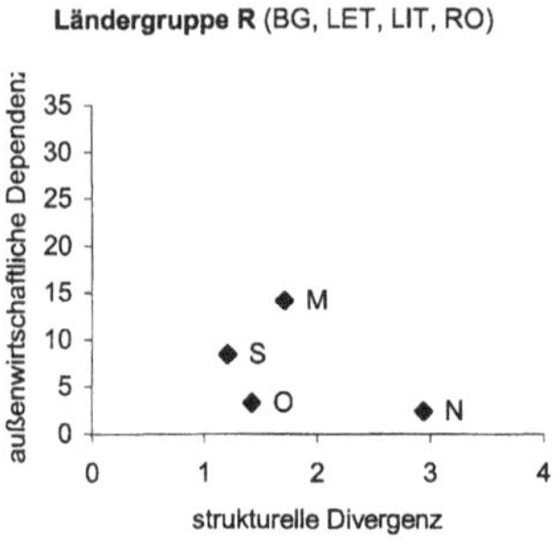

N: nordeuropäische Ländergruppe (DK, S, SF)
M: mitteleuropäische Ländergruppe (A, B, D, F, GB, IRL, LUX, NL)
S: 'südeuropäische' Ländergruppe (CY, E, EST, GR, I, PL)
O: ‚osteuropäische' Ländergruppe (CZ, HU, MAL, P, SK, SLO)
R: Gruppe der rückständigen Länder (BG, LET, LIT, RO)

Quellen: ILO (2003): Yearbook of Labour Statistics 2002; World Bank (2003a): World Development Indicators 2002; OECD (2003): International Trade by Commodity Statistics 2002

Rahmen der Clusteranalyse entstandenen fünf Ländergruppen sind in einem eigenen Diagramm die außenwirtschaftlichen Dependenzen und die strukturellen Divergenzen gegenüber den jeweils vier verbleibenden Ländergruppen abgetragen. Für jede dieser fünf Ländergruppen müsste das Interesse an politischer Zusammenarbeit mit einer der vier übrigen Ländergruppen umso größer sein, je weiter diese im jeweiligen Diagramm auf der Winkelhalbierenden vom Ursprung entfernt liegt.

Für die nordeuropäischen Länder zeigt sich, dass sich diese insbesondere von den rückständigen Beitrittsländern Lettland, Litauen, Bulgarien und Rumänien in struktureller Hinsicht sehr stark unterscheiden. Die strukturelle Divergenz gegenüber den übrigen osteuropäischen Ländern (einschließlich Portugal und Malta) fällt schon etwas geringer aus. Sofern mit zunehmender struktureller Divergenz auch die staatlichen Interventionen, etwa in Form regulativer Maßnahmen, hinsichtlich ihrer Zielsetzung zunehmend divergieren und in den betrachteten Ländern unterschiedliche Branchen, Sektoren oder Produktionsfaktoren von staatlichen Interventionen profitieren, würde dies im Falle einer Marktintegration, die mit strukturelle Anpassungsprozesse auslösen oder forcieren kann, ein Interesse an einer Ausschaltung des Systemwettbewerbs nahelegen. Aufgrund der für die nordeuropäischen Länder geringen prognostizierten außenwirtschaftlichen Verflechtung mit der rückständigen und der ‚osteuropäischen' Ländergruppen dürfte jedoch dieser durch die vorhandenen realwirtschaftlichen Divergenzen und die damit unterstellten divergierenden staatlichen Interventionen möglicherweise verursachte Systemwettbewerb zwischen diesen Ländergruppen eher gering ausfallen, was die Motivation zur Koordinierung politischer Maßnahmen und zu einem Regulierungstausch mindern müsste.[385] Aus diesem Grund müsste ein Kooperationsbedarf der nordeuropäischen Länder eher gegenüber den hier als südeuropäisch bezeichneten Ländern und den mitteleuropäischen Ländern vorhanden sein,

[385] Hierbei wird jedoch vernachlässigt, dass die Produzenten dieser Ländergruppen, auch wenn sich die bilaterale außenwirtschaftliche Verflechtung der Gruppen in Grenzen hält, durchaus einem bilateralen Wettbewerb ausgesetzt sein können, der aber auf Drittmärkten ausgetragen wird. Dieses Faktum ist jedoch schwer zu operationalisieren und muss deshalb außen vor bleiben.

auch wenn die strukturellen Divergenzen gegenüber den ‚süd-` und mitteleuropäischen Ländern geringer sind als gegenüber den ‚osteuropäischen' und den rückständigen Ländern Lettland, Litauen, Bulgarien und Rumänien.

Für die Gruppe der mitteleuropäischen Länder wäre der Analyse zufolge ein Bedarf zu internationaler Politikkoordination vor allem gegenüber der Gruppe der südeuropäischen Länder (einschließlich Estland und Polen) vorhanden. Aufgrund der verhältnismäßig geringen außenwirtschaftlichen Verflechtung der Mitglieder der mitteleuropäischen Ländergruppe mit den Mitgliedern der übrigen Gruppen müssten die Motive zur Kooperation mit diesen Gruppen allerdings verhältnismäßig gering sein. Für die Gruppe der ‚südeuropäischen', der ‚osteuropäischen' und der rückständigen Länder zeigt sich gleichermaßen ein relativ hoher Bedarf an politischer Koordinierung und voranschreitender Integration vor allem gegenüber der Gruppe der mitteleuropäischen Länder. Für die Gruppen der ‚osteuropäischen' und der rückständigen Länder scheint ein solcher Bedarf ebenso gegenüber den ‚südeuropäischen' Ländern zu bestehen. Es fällt auf, dass die nord-, ‚süd-, und ‚osteuropäischen' Länder gleichwie die rückständigeren Beitrittsländer alle gleichermaßen ein Interesse an politischer Koordination und Harmonisierung vor allem mit dem großen mitteleuropäischen Länderblock haben müssten. Demgegenüber ist bei keiner der Gruppen ein Bedarf an politischer Koordination weder gegenüber den nordeuropäischen Ländern noch den rückständigeren Beitrittsländern zu erkennen.

Die vorgenommene Analyse hat den generellen Bedarf an politischer Koordination oder Harmonisierungen zwischen verschiedenen Ländergruppen aufgezeigt. Es wurde dabei unterstellt, dass eine voranschreitende Marktintegration, sofern zwischen den beteiligten Ländern divergierende realwirtschaftliche Strukturen und somit divergierende staatliche Interventionen vorhanden sind, in allen beteiligten Ländern immer Gewinner und Verlierer hervorbringt. Obwohl eine voranschreitende Marktintegration theoretisch für alle beteiligten Länder insgesamt mit Wohlfahrtsgewinnen verbunden ist, stellt sich dennoch die Frage, ob alle Teilnehmer des Integrationsraumes gleichermaßen profitieren. Sollte dies nicht der Fall sein, ergäben sich von Land zu Land auch unterschiedliche Präferenzen für interventionistische Maßnahmen. Und selbst wenn der Netto-Nutzen der Marktintegration auf die Mitglieder des Integrationsraumes gleich verteilt sein sollte, ist fraglich, in welchem Maße die einzelnen Länder den jeweiligen Verlierern der Integration im Inland Hilfe leisten.

Der Umfang der staatlichen Interventionen wird also von Land zu Land unterschiedlich sein. Folglich werden auch die einzelstaatlichen Präferenzen für einen Regulierungstausch, neben den strukturellen Divergenzen und der außenwirtschaftlichen Verflechtung, von der in der Ausgangssituation bestehenden Regulierungsdichte abhängig sein. Um einen Regulierungstausch zu ermöglichen, müssten in den daran beteiligten Ländern in gleichem Maße regulative Maßnahmen und staatliche Interventionen vorhanden sein. Andernfalls würde eine Koordination, Harmonisierung oder eine voranschreitende Integration einen ungleichen Tausch bedeuten. Für Länder mit hoher Regulierungsdichte, die grundsätzlich durch einen Regulierungsexport ihre Wettbewerbsposition zu Lasten von Ländern mit geringen staatlichen Interventionen verbessern könnten, wäre die Strategie eines Regulierungsexports nur sinnvoll, solange die Aussicht besteht, die nationalen interventionistischen Maßnahmen auch tatsächlich unverändert auf die supranationale Ebene verlagern zu können. Dies wird jedoch umso unwahrscheinlicher, je größer die zwischenstaatlichen Divergenzen der Regulierungsdichte sind. Sofern für Mitglieder mit hoher Regulierungsdichte in der auf 27 Staaten erweiterten EU die Aussichten eines Regulierungsexports eher als gering einzuschätzen sind, muss davon ausgegangen werden, dass diese sich unter Umständen gegen die Abgabe ihrer Regulierungskompetenzen an supranationale Institutionen aussprechen werden. Durch einen zwischenstaatlichen Vergleich der staatlichen Interventionen soll im folgenden die Frage geklärt werden, inwieweit es für die einzelnen Mitglieder der erweiterten EU sinnvoll erscheint, den zuvor ermittelten, potenziellen Bedarf an politischer Koordination oder voranschreitender institutioneller Integration auch tatsächlich zu artikulieren.

Als Indikator für die Regulierungsdichte kann der *Index of Economic Freedom* herangezogen werden.[386] Die Koordination politischer Maßnahmen oder eine voranschreitende institutionelle Integration bedeuten eine internationale Angleichung der politischen Rahmenbedingungen und beeinflussen somit die relativen Standortbedingungen und Positionen einzelner Länder im internationalen Standortwettbewerb. Die einzelstaatlichen Auswirkungen einer Koordination politischer Maßnahmen oder einer institutionellen Integration sind folglich wiederum davon abhängig, inwieweit einzelne Staaten diesem internationalen Standortwettbewerb ausgesetzt sind, inwieweit sie also außenwirtschaftlich miteinander verflochten sind. Die außenwirtschaftliche Verflechtung bestimmt folglich die Vehemenz, mit der die einzelnen Staaten für oder gegen eine voranschreitende institutionelle Integration eintreten müssten. Eine Beurteilung der zukünftig 27 EU-Mitglieder nach den beiden genannten Indikatoren liefert das in Schaubild 9 ersichtliche Ergebnis. Für das Ausmaß der Binnenmarktintegration wurden auch hier wiederum die für die einzelnen Mitgliedstaaten im Rahmen des Gravitationsmodells (Szenario 1) prognostizierten Warenexportquoten in den gesamten Binnenmarkt verwendet. Damit wird hier auch das in der vorausgegangenen Analyse enthaltene Problem der Vernachlässigung des zwischenstaatlichen Wettbewerbs auf Drittmärkten beseitigt.

Im vorliegenden Schaubild bildet die Abszisse (Präferenz für institutionelle Integration) die Trennlinie zwischen Ländern, die aufgrund hoher Regulierungsdichte grundsätzlich vergleichsweise hohe Präferenzen für eine weitere Vertiefung haben müssten (Länder, die rechts vom Nullpunkt liegen) und Ländern, die einer voranschreitenden institutionellen Integration eher skeptisch gegenüberstehen müssten (Länder, die links vom Nullpunkt liegen). Die Beobachtungswerte wurden auf das Intervall zwischen –1 und 1 normiert, so

---

[386] vgl. O'DRISCOLL/FEULNER et al (2002), S. 1; dieser misst anhand von 50 Indikatoren für die Bereiche Handelspolitik, Steuerbelastung, staatliche Interventionen im privaten Sektor, Geldpolitik, Kapitalverkehr, Geld- und Kreditwesen, Lohn- und Preisbildung, Verfügungsrechte, staatliche Regulierungen und den Umfang der Schattenwirtschaft das Ausmaß, in dem der private Sektor staatlichen Eingiffen unterworfen ist (je höher der Index of Economic Freedom, umso höher das Ausmaß staatlicher Interventionen)

dass Estland dasjenige Land mit der geringsten Regulierungsdichte ist. Die Ordinate (Ausmaß der Binnenmarktintegration) kann dagegen als Skala angesehen werden, auf der die Vehemenz, mit der sich einzelne Mitgliedstaaten

Schaubild 9

Einzelstaatliche Präferenzen für eine voranschreitende institutionelle Integration

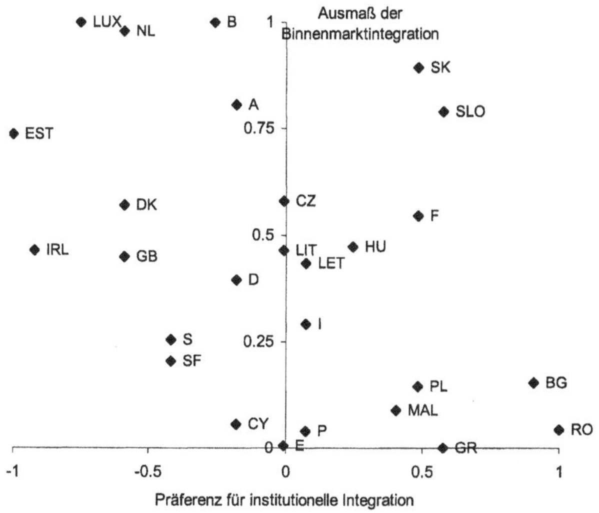

für oder gegen eine weitere Integration einsetzen müssten, abgelesen werden kann. Auch hier wurden die Beobachtungswerte auf das Intervall [0;1] normiert.

Betrachtet man in Schaubild 9 die zuvor in der Clusteranalyse gemäß realwirtschaftlicher Ähnlichkeiten ermittelten Ländergruppen, lassen sich folgende Schlüsse ziehen: Insbesondere die als rückständig bezeichneten Länder und die ‚osteuropäischen' Länder (einschließlich Malta und Portugal) zeichnen sich durch eine relativ hohe Regulierungsdichte aus. In Schaubild 8 ergab sich für beide Gruppen aufgrund relativ ausgeprägter struktureller Divergenzen und außenwirtschaftlicher Verflechtungen ein relativ hoher Bedarf an politischer

Koordination mit den ‚südeuropäischen' und ein noch höherer Bedarf mit den mitteleuropäischen Ländern. Aufgrund eines vergleichsweise hohen Integrationsgrades in den Binnenmarkt müssten vor allem die Mitglieder der ‚osteuropäischen' Ländergruppe vehement für Maßnahmen der politischen Koordination oder für eine weitere Vertiefung der EU eintreten. Insbesondere gegenüber den Mitgliedern der ‚südeuropäischen' Ländergruppe (einschließlich Estland und Polen) scheint dazu auch aufgrund einer ähnlich ausgeprägten Regulierungsdichte ausreichend Potenzial zu bestehen (mit der Ausnahme Estlands). Dagegen weisen sowohl die rückständigen als auch die ‚osteuropäischen' Länder gegenüber den Mitgliedern der mitteleuropäischen Ländergruppe schon größere Unterschiede in der Regulierungsdichte auf, so dass gegenüber diesen weniger Möglichkeiten eines Regulierungstauschs bestehen.

Die Gruppe der ‚südeuropäischen' Länder ist, aufgrund der Abweichung Estlands von den übrigen Mitgliedern dieser Gruppe, relativ schwer zu klassifizieren. In Schaubild 8 ergab sich für diese Gruppe ein relativ hoher Bedarf an politischer Koordination mit den Gruppen der ‚ost-` und der mitteleuropäischen Länder. Sofern man Estland außen vor lässt, scheint insbesondere für Koordinationen mit den ‚osteuropäischen' Ländern aufgrund einer ähnlichen Regulierungsdichte der ‚osteuropäischen' Länder ein relativ hohes Potenzial zu bestehen. Allerdings ist zu erwarten, dass aufgrund einer relativ geringen Integration in den Binnenmarkt der Nutzen, den die Mitglieder der ‚südeuropäischen' Gruppe aus einer politischen Koordination oder einer voranschreitenden institutionellen Integration erwarten können, vergleichsweise gering ausgeprägt ist und sie aus diesem Grund gemeinsamen politischen Maßnahmen eher indifferent gegenüber stehen müssten (auch hier bildet Estland wieder eine Ausnahme).

Für die Mitglieder der mitteleuropäischen Ländergruppe schien eine politische Koordination oder eine voranschreitende institutionelle Integration gemäß Schaubild 8 allenfalls mit den südeuropäischen Ländern rational zu sein. Allerdings sind vor allem Irland und die Beneluxstaaten durch eine im Vergleich zu den Mitgliedern der ‚südeuropäischen' Ländergruppe geringen Regulierungsdichte gekennzeichnet. Zudem ist zu erwarten, dass sich insbesondere die genannten Länder aufgrund einer hohen außenwirtschaftlichen Abhängigkeit nur ungern auf einen Regulierungsimport, der ihre internationale Wettbewerbsfähigkeit negativ beeinflussen kann, einlassen werden. Für die Mitglieder der mitteleuropäischen Ländergruppe dürfte somit das Interesse an einer weitern Vertiefung eher gering ausgeprägt sein.

Für die drei nordeuropäischen Länder bestünde dagegen aufgrund hoher außenwirtschaftlicher Verflechtung ein Anreiz zum Regulierungstausch insbesondere mit den mitteleuropäischen Ländern. Aufgrund des in Schaubild 9 ersichtlichen ähnlichen Ausmaßes staatlicher Interventionen müsste dazu auch ausreichend Potenzial vorhanden sein.

Fraglich ist nun, welche Konsequenzen aus diesen Überlegungen für den Prozess der Europäischen Integration abgeleitet werden können. Eine politische Zusammenarbeit und Koordination zwischen verschiedenen Ländergruppen ist allenfalls im Rahmen einer verstärkten Zusammenarbeit möglich. Sofern diese nicht realisiert wird, müssen gemeinsame politische Maßnahmen jedoch immer für alle EU-Mitglieder gelten und es muss ein Großteil der Mitglieder für deren Verabschiedung gewonnen werden. Dennoch ist die erfolgte Betrachtung des Kooperationsbedarfs und -potenzials zwischen Ländergruppen hilfreich für Aussagen über deren generelle Kooperationswilligkeit und die Möglichkeiten, in den Verhandlungsprozessen Kompromisse zu erzielen. Diese Faktoren werden für die spätere Analyse der Verhandlungsprozesse in einzelnen Politikbereichen benötigt.

In dieser Hinsicht haben die beiden vorausgegangenen Kapitel folgende Resultate geliefert: Grundsätzlich müsste mit zunehmender realwirtschaftlicher Divergenz der Bedarf einzelner Mitgliedstaaten zu einer voranschreitenden institutionellen Integration oder zu einer politischen Koordination zunehmen. Dass ein Koordinationsbedarf besteht heißt jedoch nicht, dass sich die daran interessierten Länder auch bezüglich der zu treffenden politischen Maßnahmen einig sind, im Gegenteil. Demnach soll nicht in Frage gestellt werden, dass mit zunehmenden realwirtschaftlichen Divergenzen politische Einigungen schwieriger werden, das Interesse an Einigungen und Absprachen sollte jedoch gleichwohl vorhanden sein.

Die sich für einzelne, realwirtschaftlich homogene Ländergruppen in der erweiterten EU ergebenden generellen Interessen an einer politischen Koordination sowie die Koordinations- und Kooperationspotenziale mit den verschiedenen anderen Gruppen sind in Tabelle 8 enthalten.

Ein hoher Koordinationsbedarf bei gleichzeitig hohem Koordinationspotenzial, also bei gleichzeitig guten Voraussetzungen, politische Maßnahmen zu tauschen und Einigungen zu erzielen, besteht in logischer Konsequenz hauptsächlich zwischen denjenigen Ländern beziehungsweise Ländergruppen, die sich hinsichtlich ihrer realwirtschaftlichen Charakteristiken und regulativen Maßnahmen unterscheiden, aber hinsichtlich des Umfangs staatlicher Interventionen ähneln und zudem außenwirtschaftlich eng miteinander verflochten sind (vgl. Tabelle 8, Feld IV).

Tabelle 8

Perspektiven einer voranschreitenden institutionellen Integration aus der Sicht einzelner Ländergruppen in der erweiterten EU

		Koordinationspotenzial	
		gering	**hoch**
Koordinationsbedarf	**gering**	**I** N→O N→R M→N M→R S→N O→N R→N	**II** O→R S→R R→O
	hoch	**III** N→S M→O O→M R→M	**IV** N→M M→S S→M O→S S→O R→S

Einen stark ausgeprägten Koordinationsbedarf müssten generell die kleinen Ländergruppen aufgrund ihrer außenwirtschaftlichen Dependenz haben. Diese Dependenz besteht einerseits jeweils gegenüber benachbarten, ebenfalls kleinen und realwirtschaftlich differierenden Ländergruppen, andererseits generell gegenüber den großen, mitteleuropäischen Ländern. Gegenüber diesen Ländergruppen müsste also seitens der Mitglieder der ‚osteuropäischen', der ‚südeuropäischen', der nordeuropäischen sowie der rückständigen Ländergruppe ein hoher Koordinationsbedarf und ein ebenso hoher Einigungswille vorhanden sein. Wie aus Feld IV in Tabelle 8 hervorgeht, besteht seitens vier der fünf Ländergruppen Koordinationsbedarf und –potenzial gegenüber jeweils einer anderen Ländergruppe, nur die ‚südeuropäische' Gruppe müsste ein Interesse an einer Koordination sowohl mit der mittel- als auch mit der ‚osteuropäischen' Ländergruppe haben.

Fraglich ist, wie eine mögliche Koordination, sofern sie tatsächlich realisiert würde, ausgestaltet wäre. Einer Vielzahl der in der mitteleuropäischen Ländergruppe enthaltenen Mitglieder wurde im Rahmen der Adaptionstheorie in den politischen Verhandlungs- und Entscheidungsprozessen dominantes Verhalten unterstellt, während den Mitgliedern der übrigen Gruppen weitgehend passives oder unterordnendes Verhalten unterstellt wurde. Allerdings ist festzuhalten, dass an einer Koordination oder einer voranschreitenden institutionellen Integration sowohl zwischen ‚süd-' und mitteleuropäischen als auch zwischen ‚süd-' und ‚osteuropäischen' Ländern jeweils ein beiderseitiges Interesse bestehen müsste. Darüber hinaus ist laut Analyseergebnis bei drei Ländergruppen ein Koordinationsbedarf gegenüber den ‚südeuropäischen' Ländern vorhanden. Den ‚südeuropäischen' Ländern kommt damit eine wichtige Rolle zu, da sie an einem Tausch politischer Maßnahmen sowohl mit den ‚ost-' als auch mit den mitteleuropäischen Ländern interessiert sein müssten und somit als Bindeglied angesehen werden können.

Feld I der Tabelle 8 enthält diejenigen Ländergruppen, zwischen denen weder ein Koordinationsbedarf noch ein Koordinationspotenzial vorhanden zu sein scheint. Insbesondere zwischen den nordeuropäischen Ländern auf der einen und den ‚osteuropäischen' und den rückständigen Ländern auf der anderen Seite ist der Analyse zufolge kein Interesse an einer Einigung bezüglich des Tauschs politischer Maßnahmen zu erwarten. Obgleich all diesen Ländergruppen im Rahmen der Adaptionstheorie entweder passives oder untergeordnetes Verhalten zugewiesen wurde, ist davon auszugehen, dass diese Ländergruppen in politischen Verhandlungen relativ wenig Rücksicht aufeinander nehmen werden.

Die in Feld III enthaltenen Ländergruppen zeichnen sich zwar durch hohen Koordinationsbedarf aus. Allerdings fehlt es ihnen aufgrund stark divergierender staatlicher Interventionsmuster an ausreichend Koordinationspotenzial. Das Dilemma könnte im Prinzip nur durch die Schaffung neuen Koordinationspotenzials in denjenigen Ländern, die sich durch vergleichsweise geringe staatliche Interventionen auszeichnen, beseitigt werden. Die Folge wäre dort also eine Ausweitung der staatlichen Interventionen. Es kann somit davon ausgegangen werden, dass Verhandlungen zum Integrationsprozess zwischen den in Feld III enthaltenen Ländergruppen relativ schwierig sein werden. Insbesondere die mitteleuropäische Ländergruppe befindet sich in einer relativ starken Position, da vor allem seitens der ‚ost-', ‚südeuropäischen' und der rückständigen Länder ein einseitiger Koordinations- und Integrationsbedarf mit den mitteleuropäischen Ländern vorhanden sein müsste. Die in Feld II enthaltenen Ländergruppen, zwischen denen zwar ein Koordinationspotenzial, jedoch kein Bedarf besteht, sind für die vorliegende Fragestellung unerheblich.

Generell lässt sich zu diesem Kapitel festhalten, dass insbesondere gegenüber den großen, mitteleuropäischen Ländern jeweils ein einseitiger Koordinationsbedarf und Bedarf zu einer voranschreitenden Integration seitens der übrigen kleineren Ländergruppen bestehen müsste (vgl. Tabelle 8). Die Tatsache, dass insbesondere die großen Mitglieder der mitteleuropäischen Ländergruppe eine geringe ökonomische Abhängigkeit von den Mitgliedern der anderen Ländergruppe aufweisen, würde die dominante Position, die diesen Ländern im Rahmen der Adaptionstheorie zugeordnet wurde, untermauern. Allerdings gilt Ähnliches für die ‚südeuropäische' Gruppe (vgl. Tabelle 8), deren Mitgliedern Italien und Spanien aufgrund einer ebenfalls relativ geringen Abhängigkeit vom Integrationsraum EU ein dominantes Verhalten im Integrationsprozess unterstellt wurde (wobei Spanien an der Grenze zwischen dominantem und passivem

Verhalten angesiedelt ist, vgl. Schaubild 4). Die ‚osteuropäischen', vor allem aber die nordeuropäischen und die rückständigen Länder zeichnen sich durch einen Kooperationsbedarf gegenüber anderen Gruppen aus, während ihrer eigenen Gruppe gegenüber seitens anderer Gruppen laut Analyseergebnissen nur geringer oder gar kein Koordinationsbedarf besteht. Gemäß den Ergebnissen der Adaptionstheorie ist seitens dieser Länder jedoch ein passives oder unterordnendes Verhalten im europäischen Verhandlungsprozess zu erwarten, so dass die Chancen, dass diese Länder ihren Koordinationsbedarf befriedigen können, relativ gering zu sein scheint.

Die vorgenommenen Überlegungen dienten dem Ziel, die grundlegende Einstellung einzelner EU-Mitglieder zum Integrationsprozess wiederzugeben. Das Anliegen bestand jedoch lediglich in der Ableitung des grundsätzlichen Integrationsbedarfs und –potenzials zwischen einzelnen Ländergruppen. Daraus konnten Rückschlüsse gezogen werden auf die Schwierigkeit politischer Verhandlungen zwischen Ländergruppen mit divergierenden realwirtschaftlichen Charakteristiken. Es muss jedoch nochmals betont werden, dass es dabei lediglich um das Interesse an einer voranschreitenden institutionellen Integration einzelner Ländergruppen gegenüber anderen Ländergruppen ging. Völlig unabhängig davon ist jedoch die Frage anzusehen, wie die zu beschließenden politischen Maßnahmen im Zuge einer voranschreitenden institutionellen Integration ausgestaltet sein werden. Im Gegensatz zur soeben erfolgten Analyse werden dort vor allem diejenigen Länder kooperieren, die in den von den Entscheidungen tangierten Bereichen ähnliche Charakteristiken aufweisen. Folglich sind für die konkrete Ausgestaltung der EU-Politiken die sich in den Verhandlungsprozessen bildenden Länderkoalitionen von Bedeutung. Dieser Frage soll im folgenden nachgegangen werden. Zur Beantwortung der Frage nach möglichen Einigungen zwischen verschiedenen Koalitionen dienen dann die soeben erfolgten Überlegungen.

5.3 Clusterung der Mitglieder der erweiterten EU in wichtigen Politikbereichen

Im folgenden soll nun der Versuch unternommen werden, auf der Basis der bisher erfolgten theoretischen und empirischen Vorgaben, Aussagen über die Perspektiven wichtiger Gemeinschaftspolitiken zu treffen. Das Hauptaugenmerk soll dabei darauf gerichtet sein, wie sich durch die Erweiterung die politischen Gewichte zwischen verschiedenen Länderblöcken verlagern und welche Richtungsänderungen dadurch in den EU-Politiken zu erwarten sind. Mit Hilfe der Clusteranalyse soll also ein Vergleich gezogen werden zwischen den Mehrheitsverhältnissen in der alten und den Mehrheitsverhältnissen in der erweiterten EU. In die Analyse fließen wichtige Politikbereiche ein, in denen für die Charakterisierung der Länder erforderliche Indikatoren zur Verfügung stehen und die Teilelemente der Wirtschaftspolitik sind.

5.3.1 Europäische Sozialpolitik

Die Europäische Sozialpolitik stellt einen Politikbereich dar, in dem die Kompetenzen der Union, im Vergleich zu anderen Politikbereichen, noch relativ begrenzt sind. Obgleich die EU durch die Urteile des Europäischen Gerichtshofs[387], durch die Mindeststandards im Zuge der Vollendung des Binnenmarktes[388] oder durch die aktive Koordinierung beschäftigungs-, gesundheits- oder allgemeiner sozialpolitischer Maßnahmen[389] an Einfluss auf die nationalen Sozialpolitiken gewonnen hat[390], ist zunächst die Frage zu klären, welche Perspektiven sich der Europäischen Sozialpolitik in Zukunft eröffnen.

[387] etwa zur Gleichbehandlung von Mann und Frau

[388] beispielsweise der in der Sozialcharta fest verankerte Anspruch auf bezahlten Urlaub oder das Recht auf sozialen Mindestschutz

[389] etwa die Gemeinsame Beschäftigungsstrategie, die beschäftigungspolitische Leitlinien, nationale Aktionspläne zu deren Umsetzung sowie eine Überwachung der Zielerreichung vorsieht, oder auch die Sicherung der Sozialleistungsansprüche von Migranten

[390] vgl. MARINO (1999), S. 286f.

Gemäß der normativen Theorie der Politischen Organisation, die von wohlmeinenden Politikern, Bürokraten und Interessenvertretern ausgeht, wäre eine Verlagerung der sozialpolitischen Kompetenzen auf supranationale Ebene nur im Falle positiver Skaleneffekte oder im Falle des Marktversagens gerechtfertigt. Letzteres Problem kann auftreten, wenn positive Externalitäten vorliegen oder wenn politische Maßnahmen meritorischen Charakter haben und ihr Nutzen vom Wähler nicht richtig eingeschätzt wird und deshalb auf nationaler Ebene Probleme bei der Umsetzung der Maßnahmen bestehen. Als Beispiel könnten hier etwa Maßnahmen zur privaten Altersvorsorge genannt werden. Ein genauerer Blick auf einzelne Gemeinschaftspolitiken zeigt jedoch, dass die politischen Akteure in der Regel nicht wohlmeinend handeln, sondern durch partikuläre, nationale Interessen geleitet sind, da beispielsweise die Gemeinsame Agrarpolitik mit negativen Wohlfahrtseffekten sowohl für die EU-Mitgliedstaaten als auch für Drittländer verbunden ist.[391]

Die positive Theorie der Politik liefert verschiedene Argumente für eine weitere Europäisierung der Sozialpolitik. Insbesondere Mitgliedstaaten mit überdurchschnittlich hohen Sozialstandards könnten von einer Koordination der nationalen Sozialpolitiken oder von einer Verlagerung sozialpolitischer Kompetenzen auf EU-Ebene profitieren, weil dies den Systemwettbewerb und Wettbewerbsnachteile heimischer Unternehmen mindern würde.[392] Zudem ist die (teilweise) Übertragung unpopulärer Aufgaben, zu denen die Sozialpolitik in Industrieländern aufgrund der unausweichlichen Reformen derzeit gezählt werden kann, aus polit-ökonomischen Überlegungen für nationale Politiker durchaus reizvoll.[393] Ein weiteres Argument für eine zunehmende Europäisierung der Sozialpolitik entstammt der ökonomischen Theorie der Bürokratie, nach der die EU-Bürokraten bestrebt sind, ihre Budgets und ihren Einflussbereich auszuweiten und versuchen, den Mitgliedstaaten zunehmend Kompetenzen zu entziehen.[394] Mittels der positiven Theorie der Politik lassen sich selbst solche politischen Maßnahmen auf EU-Ebene erklären, die nicht in

[391] vgl. VAUBEL (1985), S. 403ff.
[392] vgl. BELKE/HEBLER (2002), S. 325
[393] vgl. VAUBEL (1985), S. 409

Einklang stehen mit den Interessen bestimmter Mitgliedstaaten, die aber von diesen bei entsprechenden finanziellen oder politischen Zugeständnissen in anderen Politikbereichen dennoch mitgetragen werden.[395]

Selbst wenn eine Koordination oder eine Europäisierung der Sozialpolitik nicht explizit angestrebt wird, ist eine gewisse Konvergenz der einzelstaatlichen Sozialpolitiken dennoch nicht unwahrscheinlich. Solange die einzelstaatlichen Sozialpolitiken nicht harmonisiert sind, ist dies mit zwischenstaatlichen Wettbewerbsverzerrungen verbunden. Bei integrierten Güter- und Faktormärkten kann dies entweder zur Abwanderung mobiler Produktionsfaktoren beziehungsweise zur Verringerung der Nachfrage nach relativ teueren Produkten aus Ländern mit hohen Sozialstandards führen, oder aber zum Widerspruch der Wähler gegen die Politik einer Regierung, wenn aufgrund mangelnder internationaler Wettbewerbsfähigkeit langfristig Wohlfahrtsverluste entstehen.[396] Daraus lässt sich folgern, dass nicht nur mit einem gewissen Maß an Harmonisierung zu rechnen ist, selbst wenn dies nicht vorab angestrebt wird, sondern dass ein gewisses Maß an staatlicher (in diesem Fall europäischer) Intervention wünschenswert sein kann, um einem ‚race-to-the-bottom' entgegen zu wirken.[397] Dem drohenden ‚race-to-the-bottom' wirkt allerdings die Tatsache entgegen, dass aus der Sicht der Wähler nicht nur die internationale Wettbewerbsfähigkeit, sondern auch die soziale Sicherung die individuelle Wohlfahrt positiv beeinflusst, so dass die Wähler sich tendenziell für soziale Sicherung aussprechen. Somit haben Politiker in ihren sozialpolitischen Entscheidungen einerseits den internationalen Standortwettbewerb, andererseits aber auch die Präferenzen der Wählerschaft zu berücksichtigen. Da letztere die Ausgestaltung der nationalen Sozialpolitiken entscheidend geprägt haben, werden stimmenmaximierende politische Vertreter der einzelnen Mitgliedstaaten im Falle einer Koordinierung oder Europäisierung die

---

[394] vgl. VON BORRIES (1996), S. 275

[395] vgl. KLEIN (1997), S. 214

[396] vgl. HIRSCHMAN (1974)

[397] vgl. SINN (2000), S. 23f.

nationalen Anpassungskosten zu mindern versuchen, indem sie ihre nationalen Politikansätze auf europäischer Ebene implementieren (vgl. Kapitel 3).[398]

Um vor dem Hintergrund der vorangegangenen Überlegungen Aussagen über wahrscheinliche zukünftige Charakteristiken der europäischen Sozialpolitik(en) treffen zu können, sollen zunächst alternative Systeme der sozialen Sicherung dargestellt werden.

5.3.1.1 Klassifizierung sozialer Sicherungssysteme

Die Analyse sozialpolitischer Präferenzen der Mitgliedstaaten der erweiterten EU soll durch einen Vergleich ihrer sozialen Sicherungssysteme erfolgen, die, wie bereits erwähnt, auf langfristigen gesellschaftlichen Präferenzen und Traditionen beruhen und demzufolge als unabhängig von kurzfristigen politischen Detailfragen angesehen werden können. In seinem Standardwerk ‚The three Worlds of Welfare Capitalism' identifiziert Esping-Andersen drei verschiedene Typen sozialer Sicherungssysteme:[399] Den liberalen Ansatz, dessen Maxime die freie Entfaltung der Marktkräfte möglichst ohne staatliche Interventionen ist, den konservativen Ansatz, der minimale staatliche Interventionen und eine Beibehaltung der gesellschaftlichen Klassen-unterschiede anstrebt, und den sozialdemokratischen Ansatz, der die Beseitigung gesellschaftlicher Unterschiede durch staatliche Umverteilung vorsieht.[400] Die Unterscheidungsmerkmale dieser drei verschiedenen Ansätze sind Tabelle 9 zu entnehmen.

---

[398] vgl. PUTNAM (1988), S. 438

[399] vgl. ESPING-ANDERSEN (1990)

[400] vgl. ESPING-ANDERSEN (1990), S. 28ff.

Tabelle 9
Klassifizierung sozialer Sicherungssysteme

	sozial-demokratisch (Scandinavian-tradition)	**konservativ (Bismarckian-tradition)**	**liberal (Beveridge-tradition)**
Grundprinzip	Universalismus	Differenzierung der Leistungen gemäß gesellschaftl. Statuten	begrenzter Leistungsumfang
Niveau staatl. Sozialausgaben	hoch	umfangreich	begrenzt
Niveau staatl. Sozialleistungen	hoch	relativ hoch	begrenzt
Finanzierungs-instrument	Steuern	Versicherungs-beiträge	Versicherungs-beiträge und Steuern
Ausmaß und Art der Umverteilung	hohe vertikale Umverteilung	hohe horizontale Umverteilung, Beibehaltung von Klassenunter-schieden	keine Umverteilung, nur Existenzsicherung
Staat vs. Markt	Staat als Einkommensgarant und Arbeitgeber	Staat als Haupt-garant bei Einkommensaus-fällen	Staat als Retter in der Not, Förderung privater Vorsorge

Quelle: Esping-Andersen 1990, S. 74

Obwohl die Klassifizierung einzelner Staaten gemäß ihrer sozialen Sicherungssysteme von Teilelement zu Teilelement durchaus variieren kann, können die sozialen Sicherungssysteme der alten Mitgliedstaaten der EU-15 allgemein wie folgt charakterisiert werden:[401]

a) sozialdemokratisch: Dänemark, Schweden, Finnland

---

[401] vgl. z.B. EBBINGHAUS (1998), S. 10ff.
vgl. auch ESPING-ANDERSEN (1994), S. 20ff.

b) konservativ: Niederlande, Belgien, Luxemburg, Frankreich, Deutschland, Österreich

c) liberal: Irland, Großbritannien

d) Kombination von Teilelementen aus b) und c): Portugal, Spanien, Italien, Griechenland

5.3.1.2 Verwendete Indikatoren

Zur Clusterung der 27 Mitgliedstaaten der erweiterten Europäischen Union hinsichtlich ihrer sozialen Sicherungssysteme und ihrer sozialpolitischen Präferenzen wurden die folgenden 13 Indikatoren gewählt, die in vier Gruppen unterteilt werden können. Damit ist es möglich, die sozialen Sicherungssysteme bezüglich der in Tabelle 9 aufgeführten Kriterien zu beurteilen.

1. Voraussetzungen für die Anspruchsberechtigung:
   a) erforderlicher Beitragszeitraum für Rentenanspruch
   b) erforderlicher Beitragszeitraum für Anspruch auf Arbeitslosenunterstützung
   c) maximale Leistungsdauer des Arbeitslosengeldes
   d) Renteneintrittsalter (Standard und Frühverrentung)

2. Sozialstandards:
   a) Sozialausgabenquote (öffentl. Sozialausgaben in Prozent des BIP)
   b) durchschnittliches Arbeitslosengeld in Prozent des letzten Nettolohnes
   c) Rentenniveau in Prozent des Nettolohnes

3. Finanzierung des Sozialsystems:
   a) Verhältnis der Finanzierung durch Beiträge zur Finanzierung durch Steuern

b) *Verhältnis privater Gesundheitsausgaben zu den gesamten Gesundheitsausgaben (privat und staatlich)*

4. Indikatoren der (Um-)Verteilung:
   a) *Gini-Koeffizient*
   b) *Verhältnis des Spitzensteuersatzes zum Durchschnittssteuersatz (Einkommensteuer)*
   c) *Verhältnis der Sozialversicherungsbeiträge der Arbeitgeber zu den Sozialversicherungsbeiträgen der Arbeitnehmer*

Datenquellen: siehe Anhang ‚Datendokumentation'

Um eine gleichmäßige Gewichtung der Indikatoren zu gewährleisten, wurden diese dergestalt normalisiert, dass die Variable k bei demjenigen Land, dessen soziales Sicherungssystem bei dem betreffenden Indikator die liberalsten Charakteristiken aufweist, den Wert null, und bei demjenigen Land, dessen soziales Sicherungssystem bei dem betreffenden Indikator am stärksten sozialdemokratisch charakterisiert ist, den Wert eins annimmt. Dies führt zu dem Ergebnis, dass das soziale Sicherungssystem eines Landes umso eher sozialdemokratische Züge aufweist, je näher der Durchschnittswert der 13 normalisierten Variablen an eins heranreicht, und dass umgekehrt das soziale Sicherungssystem eines Landes umso liberaler charakterisiert ist, je näher der Durchschnittswert der normalisierten Variablen bei null liegt. Die Durchschnittswerte der 13 normalisierten Variablen für jedes einzelne Land sowie die Standardabweichungen können Tabelle 10 entnommen werden.

Wie Tabelle 10 zu entnehmen ist, liefert die Analyse der sozialen Sicherungssysteme unter Verwendung der gewählten Variablen für die 15 alten EU-Mitgliedstaaten ein relativ gutes Ergebnis. Die Rangfolge entspricht weitgehend der in der einschlägigen Literatur vorzufindenden Klassifikation der sozialen Sicherungssysteme dieser Länder, wie sie bereits geschildert wurde. Die einzige Ausnahme bildet hier Italien mit einem unerwartet niedrigen Wert.

Tabelle 10

Durchschnittswerte und Standardabweichungen der 13 Inputvariablen

Land	**Durchschnittswert der 13 normalisierten Variablen**	**Standardabweichung**
DK	0,72	0,30
S	0,62	0,35
SF	0,61	0,25
SLO	0,60	0,15
F	0,59	0,21
B	0,54	0,23
D	0,53	0,19
LUX	0,53	0,24
A	0,52	0,14
SK	0,50	0,29
HU	0,49	0,18
CZ	0,49	0,23
NL	0,49	0,28
GR	0,46	0,20
E	0,45	0,17
BG	0,42	0,16
P	0,42	0,17
RO	0,42	0,20
LIT	0,41	0,27
MAL	0,38	0,18
GB	0,38	0,26
IRL	0,38	0,27
I	0,37	0,18
EST	0,36	0,19
PL	0,35	0,16
LET	0,34	0,18
CY	0,33	0,25
Durchschnitt	0,47	

Quellen: siehe Anhang ‚Datendokumentation' (Daten aus dem Jahr 2002), eigene Berechnungen

5.3.1.3 Resultate der Clusteranalyse

Führt man nun eine Clusteranalyse durch, sind deren Ergebnisse dem folgenden Dendrogramm (Schaubild 10) zu entnehmen:

Schaubild 10

Dendrogramm zur Clusteranalyse im Bereich Sozialpolitik

average-linkage-method, euklidische Abstände

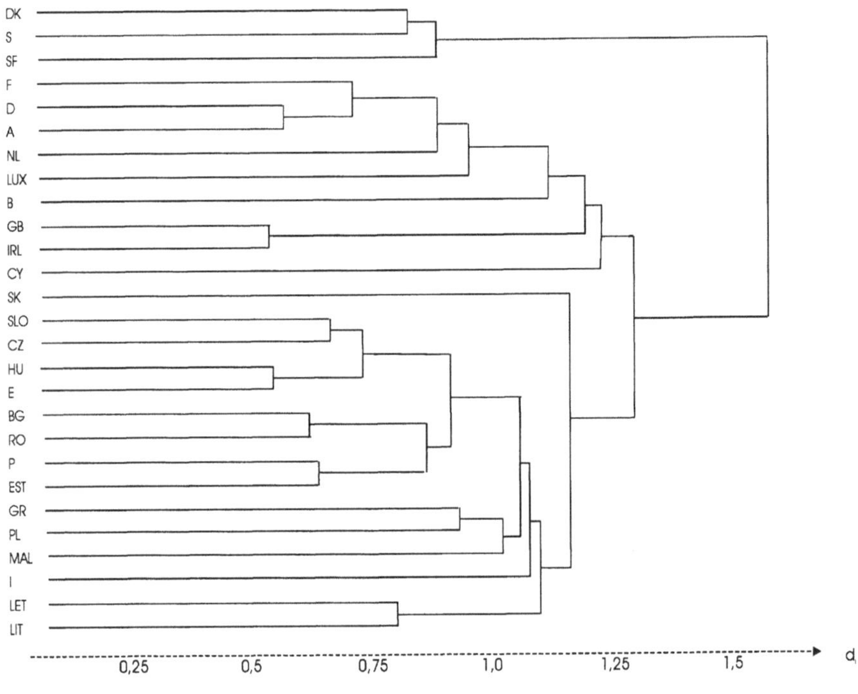

Quellen: siehe Anhang ‚Datendokumentation' (Daten aus dem Jahr 2002), eigene Berechnungen

Das Dendrogramm zeigt die Abfolge der Zusammenschlüsse der Länder beziehungsweise Ländergruppen und die zwischen ihnen bestehenden euklidischen Abstände. Je weiter links die Fusion zweier Länder oder Ländergruppen, dargestellt durch eine senkrechte Linie, die die Zusammenführung der Länder oder Ländergruppen kennzeichnet, im Dendrogramm liegt, umso größer ist deren Ähnlichkeit (bzw. umso geringer der euklidische Abstand d_{ij}, ablesbar auf der Entfernungsachse unterhalb des Dendrogramms). Die Rangfolge der Länder am linken Rand des Dendrogramms entspricht dem Ausmaß ihrer Ähnlichkeit: Je ähnlicher sich zwei Länder sind, umso näher liegen sie beieinander, je weiter zwei Länder voneinander entfernt gelistet sind, umso größer die Unterschiede zwischen den Ländern.[402]

Wie dem Dendrogramm zu entnehmen ist, bestätigen auch die Ergebnisse der Clusteranalyse für die 15 alten EU-Mitgliedstaaten die Erwartungen. Für diese Länder ergibt sich ein skandinavischer Cluster, bestehend aus Ländern mit eher sozialdemokratischen Ansätzen in der Sozialpolitik, ein zweiter Cluster, bestehend aus den als konservativ charakterisierten mitteleuropäischen Ländern, der dann mit den liberalen angelsächsischen Ländern fusioniert, und ein dritter Cluster bestehend aus den südeuropäischen Ländern. Somit können die gewählten Indikatoren als valide angesehen werden.

Was die Beitrittsstaaten anbelangt, haben deren Sozialsysteme relativ hohe Ähnlichkeiten mit den Sozialsystemen der südeuropäischen Länder (Portugal, Spanien, Italien, Griechenland). Die einzige Ausnahme bildet Zypern, dessen Sozialsystem nach britischem Vorbild gestaltet wurde. Erstaunlich ist dabei, dass die Ähnlichkeiten zwischen einzelnen ost- und südeuropäischen Ländern höher zu sein scheinen als zwischen den vier südeuropäischen Ländern auf der einen und zwischen den 10 osteuropäischen Ländern auf der anderen Seite, was etwa durch die frühe Fusion Spaniens mit Ungarn, Portugals mit Estland oder Polens mit Griechenland zum Ausdruck kommt. Die sozialpolitische Zielsetzung der osteuropäischen Beitrittsländer nach dem Zusammenbruch des Sozialismus bestand darin, die universalistischen, egalitären, großzügig ausgelegten sozialen Sicherungssysteme nach sowjetischem Stil durch das beitragsfinanzierte System, wie es von Bismarck erstmals in Deutschland eingeführt wurde, zu ersetzen. Einigen Beitrittsländern diente auch das

[402] vgl. JOHNSON/WICHERN (1998), S. 740ff.

skandinavische Modell als Vorbild. Nach der praktischen Umsetzung enthielten die umgestalteten Sozialsysteme der Beitrittsstaaten dann allerdings eine Vielzahl liberaler Elemente mit verhältnismäßig geringem Schutzniveau[403], was durch die Ergebnisse der Clusteranalyse bestätigt wird.

Für präzise Aussagen über die Ausgestaltung der Europäischen Sozialpolitik liefert die Analyse weder für die alte, noch für die erweiterte Union eine solide Grundlage, da weder bei einer Betrachtung der 15 alten EU-Mitglieder, noch bei der Betrachtung aller 27 in die Analyse einbezogenen Staaten der erweiterten EU ein Cluster eine qualifizierte Mehrheit im Rat erzielen würde. Es steht jedoch eindeutig fest, dass in der erweiterten Union diejenigen Länder, die eher liberale sozialpolitische Ansätze verfolgen, deutlich an Einfluss gewinnen werden (namentlich die südeuropäischen Länder zusammen mit den osteuropäischen Ländern). Bei einstimmigen Entscheidungen des Rates wäre somit eine Richtungsänderung in der Europäischen Sozialpolitik zu erwarten. Dieses Ergebnis ist von entscheidender Bedeutung, da in sozialpolitischen Beschlüssen wichtige Fragen, wie etwa die Abstimmung der sozialen Sicherungssysteme oder Fragen zur Mitbestimmung, dem Grundsatz der Einstimmigkeit unterliegen.[404]

Klärungsbedarf besteht noch im Hinblick auf Beschlüsse, die mit qualifizierter Mehrheit gefasst werden. Um diese Frage beantworten zu können, muss die Stabilität der einzelnen Cluster und die Bereitschaft einzelner Staaten, von einem Cluster in einen anderen zu wechseln, genauer analysiert werden. Die hohen Standardabweichungen der Variablenwerte bei den einzelnen Ländern in Tabelle 10 und ein Vergleich der Länderrankings in Tabelle 10 und im Dendrogramm (Schaubild 10) deuten darauf hin, dass die sozialen Sicherungssysteme der Länder in Einzelpunkten von der generellen Klassifikation abweichen. Obwohl beispielsweise Slowenien insgesamt einen hohen Durchschnittswert über alle Variablen aufweist und demnach zwischen den als sozialdemokratisch charakterisierten Ländern auf der einen und den als konservativ charakterisierten Ländern auf der anderen Seite rangiert, wird das

---

[403] vgl. DE LA PORTE (2001), S. 234
[404] vgl. BERTHOLD (1993), S. 415

Land bei der Clusterung dennoch der als eher liberal eingestuften Ländergruppe zugeordnet. Dies lässt sich nur durch die Tatsache erklären, dass eine Vielzahl der Variablen für Slowenien auf ein liberales soziales Sicherungssystem hindeuten, dass aber einige wenige Indikatoren mit hohen und als sozialdemokratisch einzustufenden Werten dennoch einen hohen Durchschnittswert bewirken. Dies verdeutlich nochmals, dass bei hohen Standardabweichungen der Messwerte das Stimmverhalten einzelner Länder und damit die von Einzelfall zu Einzelfall auftretenden Länderkoalitionen durchaus voneinander abweichen werden. Dennoch sind aber allgemeine politische Tendenzen und zu erwartende Veränderungen im Zuge der Osterweiterung ableitbar. Darüber hinaus kann, wie in der Spieltheorie erörtert, davon ausgegangen werden, dass einzelne Länder beziehungsweise Ländervertreter einzelne Abstimmungen in den EU-Institutionen nicht isoliert betrachten, sondern sich im Hinblick auf zukünftige Entscheidungen strategisch verhalten und bei einer Einzelentscheidung einer Länderkoalition, von der sie sich bei zukünftigen Entscheidungen Gemeinsamkeiten erhoffen, ihre Stimme leihen.

Wie ebenfalls in den spieltheoretischen Überlegungen deutlich wurde, besteht jedoch andererseits die Möglichkeit für Ländergruppen, die Stimmen von Mitgliedern opponierender Ländergruppen bei Einzelentscheidungen zu kaufen. Vor diesem Hintergrund sollen hier die abgeleiteten drei Cluster nochmals genauer betrachtet werden. Tabelle 11 zeigt für jedes einzelne Land den durchschnittlichen Abstand zu den Mitgliedern derjenigen Ländergruppe, der das jeweilige Land im Rahmen der Clusteranalyse zugewiesen wurde, sowie im Vergleich dazu die durchschnittlichen Abstände zu den opponierenden Ländergruppen.

Es zeigt sich, dass insbesondere die einzelnen skandinavischen Länder relativ große Unterschiede zu den Ländern der anderen Gruppen aufweisen. Selbst wenn die skandinavischen Länder mit den mitteleuropäischen Ländern kooperieren würden, kämen beide Gruppen zusammen nicht auf die für qualifizierte Mehrheitsentscheidungen erforderliche Stimmenzahl. Darüber hinaus ist zu beachten, dass die Mehrheit der Mitglieder der mitteleuropäischen Ländergruppe eine größere Nähe zur süd-osteuropäischen Gruppe aufweist als zur skandinavischen Gruppe (vgl. Ergebnisse der Clusteranalyse in Schaubild 10). Die Ausnahme bilden die Beneluxstaaten. Es kann daher festgehalten werden, dass die skandinavische Ländergruppe relativ isoliert zu sein scheint (vgl. Tabelle 11 a) und b)). Für die Mitglieder der skandinavischen Ländergruppe scheint ein Wechsel beziehungsweise ein Stimmentausch mit der nächstgelegenen mitteleuropäischen Ländergruppe relativ irrational zu sein, da dies für die skandinavischen Länder mit hohen Abstrichen verbunden wäre.

Tabelle 11

Entfernungsmaße zur Beurteilung der Stabilität einzelner Ländergruppen im Bereich Sozialpolitik

a) Mitglieder der skandinavischen Ländergruppe:

Land	$\overline{D_{ij}^{N}}$	$\overline{D_{ij}^{M}}$	$\overline{D_{ij}^{O}}$	$\frac{\overline{D_{ij}^{M}}}{\overline{D_{ij}^{N}}}$
DK	0,90	1,70	2,03	1,89
S	0,93	1,33	1,49	1,43
SF	0,98	1,16	1,39	1,18

b) Mitglieder der mitteleuropäischen Ländergruppe:

Land	$\overline{D_{ij}^{M}}$	$\overline{D_{ij}^{N}}$	$\overline{D_{ij}^{O}}$	Minimum aus $\frac{\overline{D_{ij}^{O}}}{\overline{D_{ij}^{M}}}$ und $\frac{\overline{D_{ij}^{N}}}{\overline{D_{ij}^{M}}}$
F	1,06	1,24	1,18	1,11 (O)
D	0,93	1,09	1,07	1,15 (O)
A	0,98	1,23	1,04	1,06 (O)
NL	1,12	1,37	1,42	1,22 (N)
LUX	1,10	1,17	1,29	1,06 (N)
B	1,27	1,40	1,40	1,10 (O)
GB	0,97	1,53	1,19	1,23 (O)
IRL	1,14	1,60	1,25	1,10 (O)
CY	1,49	1,97	1,49	1,00 (O)

Tabelle 11 (Fortsetzung)

c) Mitglieder der süd-osteuropäischen Ländergruppe:

Land	$\overline{D_{ij}^{O}}$	$\overline{D_{ij}^{N}}$	$\overline{D_{ij}^{M}}$	$\frac{\overline{D_{ij}^{M}}}{\overline{D_{ij}^{O}}}$
SK	1,48	2,05	1,74	1,18
SLO	1,06	1,33	1,16	1,09
CZ	1,02	1,48	1,23	1,21
HU	0,93	1,45	1,07	1,15
E	0,88	1,42	1,07	1,22
BG	1,00	1,51	1,07	1,07
RO	0,94	1,54	1,15	1,22
P	1,01	1,53	1,11	1,10
EST	0,95	1,76	1,17	1,23
GR	1,15	1,48	1,15	1,00
PL	1,05	1,75	1,11	1,06
MAL	1,09	1,75	1,31	1,20
I	1,10	1,69	1,33	1,21
LET	1,04	1,98	1,48	1,42
LIT	1,16	1,88	1,53	1,32

Legende: $\overline{D_{ij}^{N}}$: durchschnittlicher euklidischer Abstand zu den Mitgliedern der nordeuropäischen Ländergruppe (DK, S, SF)

$\overline{D_{ij}^{O}}$: durchschnittlicher euklidischer Abstand zu den Mitgliedern der süd-osteuropäischen Ländergruppe (SLO, CZ, HU, E, BG, BG, RO, P, EST, GR, PL, MAL, I, LET, LIT)

$\overline{D_{ij}^{M}}$: durchschnittlicher euklidischer Abstand zu den Mitgliedern der mitteleuropäischen Ländergruppe (F, D, A, NL, LUX, B, GB, IRL, CY)

Bei den Mitgliedern der mitteleuropäischen Ländergruppe sind die Ähnlichkeiten zur Gruppe der süd-osteuropäischen Länder größer als zur skandinavischen Ländergruppe, was mit den Ergebnissen der Clusteranalyse kompatibel ist. Für einen Wechsel in die Gruppe der osteuropäischen Länder beziehungsweise für einen Stimmentausch mit diesem kämen vor allem Zypern, Österreich, Belgien und Irland in Frage. Doch auch mit dieser Hilfe käme die süd-osteuropäische Ländergruppe noch nicht auf die für qualifizierte Mehrheitsentscheidungen erforderliche Stimmenzahl.

Die süd-osteuropäische Ländergruppe scheint, verglichen mit den beiden anderen Gruppen, trotz ihrer Größe in sich homogener zu sein als die mitteleuropäische Ländergruppe. Ein Wechsel in die Gruppe der mitteleuropäischen Länder wäre am ehesten für die Mitglieder Griechenland, Polen, Slowenien oder Portugal in Erwägung zu ziehen. Dies würde jedoch der mitteleuropäischen Gruppe nicht die erforderliche Stimmenzahl für eine qualifizierte Mehrheit verschaffen. Es muss aber nochmals darauf verwiesen werden, dass sich bei konkreten Einzelentscheidungen die Interessenkoalitionen trotzdem völlig anders darstellen können als dies hier in allgemeiner Form der Fall ist. Dennoch lässt sich festhalten, dass bei Mehrheitsentscheidungen in der erweiterten EU mit einer Verlagerung der sozialpolitischen Grundausrichtung zu rechnen ist. Betrachtet man im Dendrogramm (Schaubild 10) ausschließlich die 15 alten Mitgliedstaaten der EU, so hätten dort die südeuropäischen Mitglieder (Portugal, Spanien, Italien und Griechenland) bei qualifizierten Mehrheitsentscheidungen eine Sperrminorität gehabt. Die skandinavischen Länder hätten selbst in der alten EU nicht die dafür erforderliche Stimmenmehrheit erzielt. In der erweiterten EU mit 27 Mitgliedstaaten entfällt diese Mehrheit der als sozialpolitisch konservativ einzustufenden mitteleuropäischen Länder. Diese haben in der erweiterten Union lediglich noch eine Sperrminorität, die allerdings als relativ stabil angesehen werden kann und selbst dann noch bestehen bleibt, wenn die Staaten mit liberalen sozialpolitischen Ansätzen (Großbritannien, Irland und Zypern) aus diesem Cluster abwandern sollten.

5.3.1.4 Erweiterung der Analyse um weitere Einflussfaktoren im Europäischen Entscheidungsprozess

a) Der Einfluss der Kommission auf die Entscheidungsfindung des Rates

Für das Zustandekommen qualifizierter Mehrheiten bei Entscheidungen zur Europäischen Sozialpolitik liefert die Clusteranalyse keine eindeutigen Ergebnisse. Es kann lediglich gefolgert werden, dass in der erweiterten EU vor allem die nord-, aber auch die mitteleuropäischen Länder, die in der alten EU der 15 Mitglieder die dominierende Ländergruppe stellten, ins Hintertreffen geraten und nun einer mengenmäßig dominierenden Ländergruppe, bestehend aus den süd- und osteuropäischen Ländern, gegenüberstehen. Es muss allerdings noch genauer untersucht werden, mit welcher Wahrscheinlichkeit sich die in der Clusteranalyse ermittelten Ländergruppen und Koalitionen auch tatsächlich bilden werden. Wie bereits in Kapitel 5.2 erwähnt, wird dies, neben den politischen Interessen, in gewissem Maße auch durch die inhaltliche Ausgestaltung der Gesetzes- und Politikentwürfe durch die Europäische Kommission bestimmt. Zur Beantwortung dieser Frage soll die in Kapitel 5.2 beschriebene Analyse unter Einbeziehung aller 27 Mitgliedstaaten der erweiterten EU für die Europäische Sozialpolitik durchgeführt werden. Die Präferenzordnung der 27 Mitgliedstaaten bezüglich sozialpolitischer Entscheidungen soll dabei der Abfolge der Länder im Dendrogramm entsprechen, beginnend mit dem stark sozialdemokratisch charakterisierten Dänemark und endend mit dem eher als liberal einzustufenden Litauen.

Das Ziel der Untersuchung besteht in der Identifizierung der zu erwartenden Zusammensetzungen mehrheitsfähiger Koalitionen bei qualifizierten Mehrheitsentscheidungen. Die Bildung dieser mehrheitsfähigen Ländergruppen ist abhängig von der Zustimmungsbereitschaft einzelner Länder zu den Gesetzes- und Politikentwürfen der Kommission. Je nach inhaltlicher Ausgestaltung dieser Entwürfe wird die Abfolge der Zustimmungsbereitschaft der Mitgliedstaaten variieren. Für alternative Ausgestaltungen der Gesetzes- und Politikentwürfe können diejenigen Ländergruppen identifiziert werden, die einem Entwurf aufgrund ihrer Präferenzstruktur am ehesten zustimmen müssten ebenso wie diejenigen Gruppen, die den Entwürfen, je nach Ausgestaltung, eher ablehnend gegenüber stehen müssten. Daraus ergeben sich für alternativ ausgestaltete Gesetzes- und Politikentwürfe einerseits die Zusammensetzung potenzieller mehrheitsfähiger Länderkoalitionen und andererseits Ländergruppen, die bei der Verabschiedung bestimmter Beschlüsse eher außen vor bleiben werden. Die Kenntnis der Zusammensatzung potenzieller mehrheitsfähiger Länderkoalitionen ermöglicht es, Aussagen darüber zu treffen, wie ein auf ein bestimmtes Land beziehungsweise auf eine bestimmte Ländergruppe zugeschnittener Gesetzesentwurf zur Erlangung der erforderlichen Mehrheit modifiziert werden muss.

Die Ergebnisse der Analyse für eine gleichförmige, eine unimodale und eine zweigipflige Wahrscheinlichkeitsverteilung der Ausgestaltung der Gesetzesentwürfe durch die Kommission sind Tabelle 12 im zu entnehmen. Für die Ausprägung der Entwürfe wurden Werte zwischen null und eins unterstellt ($0 \leq \theta \leq 1$). Die 27 zukünftigen Mitgliedstaaten sind in diesem Intervall gemäß der Rangordnung im Dendrogramm in Anständen von 1/26 gereiht, so dass Dänemark auf der Abszisse bei $\theta = 26/26 = 1$ und Litauen bei $\theta = 0$ liegt. Nimmt also ein Gesetzes- oder Politikentwurf die Ausprägung null an, entspräche er den Präferenzen Litauens und wäre sehr liberal geprägt, während er bei einer Ausprägung von eins den dänischen Präferenzen entspräche und sehr sozialdemokratisch charakterisiert wäre.

Für die unimodale Wahrscheinlichkeitsverteilung wurde unterstellt, dass Gesetzentwürfe der Kommission mit 50%iger Wahrscheinlichkeit die Ausprägung 0,5 annehmen ($p(0,5) = 0,5$). Bei einer Ausprägung von $\theta = 0,5$ entspräche die Ausprägung der Gesetzesentwürfe den Präferenzen des Median-Landes, welches gemäß der Clusteranalyse im Falle der Sozialpolitik Slowenien wäre (vgl. Schaubild 10).

Bei der zweigpfligen Wahrscheinlichkeitsverteilung wurde unterstellt, dass die Kommission ihre Entwürfe entweder an den Präferenzen der süd- und osteuropäischen Länder ausrichtet oder an den Präferenzen der mittel- und nordeuropäischen Länder. Die drei nordeuropäischen Länder wurden, trotz ihrer extrem ausgeprägten politischen Präferenzen, aufgrund ihrer geringen gewogenen Stimmenzahl im Rat und ihres geringen Einflusses nicht als gesonderte Gruppe erfasst, sondern zusammen mit den mitteleuropäischen Ländern in eine Gruppe integriert. Es wurde somit unterstellt, dass es aus der Sicht der Kommission nicht rational ist, Politikentwürfe allein an den Präferenzen der relativ isolierten nordeuropäischen Ländergruppe auszurichten.

Für die zweigipflige Wahrscheinlichkeitsverteilung wurde im Einzelnen unterstellt, dass die Kommission mit jeweils 33%iger Wahrscheinlichkeit ihre

Gesetzentwürfe entweder am Median-Land der nord- und mitteleuropäischen Ländergruppe oder am Median-Land der süd-osteuropäischen Ländergruppe ausrichtet. Der Median der ,sozialdemokratisch-konservativen' Ländergruppe (also der nord- und mitteleuropäischen Länder) liegt zwischen Österreich (θ = 21/26 = 42/52) und den Niederlanden (θ = 20/26 = 40/52), so dass die Wahrscheinlichkeit, dass ,sozialdemokratisch-konservative' Politikentwürfe mit einer von Ausprägung $\theta = 41/52$ vorgelegt werden, 33 Prozent beträgt ($p(41/52) = 0{,}33$). Den Median der ,liberalen' Gruppe (also der süd-osteuropäischen Ländergruppe) bildet Portugal, das auf der Präferenzskala bei $\theta = 7/26$ liegt, so dass die Wahrscheinlichkeit, dass ,liberale' Entwürfe mit einer Ausprägung von $\theta = 7/26$ vorgelegt werden, ebenso bei 33 Prozent liegt. Es wurde also unterstellt, dass die Kommission mit jeweils gleich hoher Wahrscheinlichkeit ihre Politikentwürfe an den Median-Ländern beider großer Ländergruppen ausrichtet. Da die Gruppe der süd- und osteuropäischen (,liberalen') Länder mit insgesamt 15 Mitgliedern größer ist als die der nord- und mitteleuropäischen (,sozialdemokratisch-konservativen') Länder (12 Mitglieder), ist die zweigipflige Dichtefunktion allerdings, im Gegensatz zu Schaubild 6 c), asymmetrisch. Der Flächeninhalt der Funktion über der größeren Gruppe der süd- und osteuropäischen Länder ist folglich größer als der Flächeninhalt über der kleineren Gruppe der nord- und mitteleuropäischen Länder. Dies führt zu dem Ergebnis, dass die Kommission ihre Politikentwürfe mit insgesamt 57,7-prozentiger Wahrscheinlichkeit an den Präferenzen eines Mitglieds der süd- und osteuropäischen Ländergruppe und mit insgesamt 42,3-prozentiger Wahrscheinlichkeit an den Präferenzen eines Mitglieds der nord- und mitteleuropäischen Ländergruppe ausrichtet.

In der ersten Spalte der Tabelle 12 sind diejenigen aus der Clusteranalyse gewonnenen Länderblöcke, die in einem bestimmten Intervall $[\theta_i, \theta_{i+1}]$ geschlossen oder nahezu geschlossen auftreten, enthalten. Sofern sich in einem Intervall keine Ländergruppe geschlossen bildet, ist in der ersten Spalte der Tabelle die dominierende Ländergruppe aufgeführt (wobei als Kriterium die Stimmenzahl bei qualifizierten Mehrheitsentscheidungen verwendet wurde). Die zweite Spalte der Tabelle enthält diejenigen Länder, die gemäß der Präferenz-

Tabelle 12

Koalitionenbildung im Bereich Sozialpolitik in Abhängigkeit von der inhaltlichen Ausgestaltung der Gesetzesvorlagen der Europäischen Kommission

geschlossene/r Länderblock bzw. Länderblöcke mit vergleichsweise hoher Zustimmungsbereitschaft	**potenzielle Mehrheitsbeschaffer**	**Stimmenzahlen der Mitglieder aus den verschiedenen Ländergruppen im Rat (qualif. Mehrheitsentscheidungen)**	**Wahrscheinlichkeiten p(Θ)**		
			gleichförmige Dichtefunktion	**unimodale Dichtefunktion**	**zweigipflige Dichtefunktion**
		N/M/SO*			
nordeuropäische Länder (DK, S, SF)	LUX, D, A, B, F, NL, GB, GR, P, I, E, BG, CZ, HU, SLO, RO, PL	24/104/118	5,7%	1,7%	3,0%
nordeuropäische Länder (DK, S, SF), mitteleuropäische Länder außer CY (LUX, D, A, B, F, NL, GB, IRL)	SLO, P, GR, I, BG, E, HU, CZ, RO	24/133/104	13,5%	5,7%	9,8%
S, SF, LUX, D, A, B, F, NL, GB	E, GR, P, BG; CZ, HU, PL, RO, SLO	17/126/123	10,6%	10,4%	18%
mitteleuropäische Länder außer CY (LUX, D, A, B, F, NL, GB, IRL)	S, SF, P, E, GR, CY, BG, CZ, HU, EST, PL, RO, SLO	9/133/118	13,5%	19,7%	19,8%
süd- und osteuropäische Länder außer SK (E, GR, P, I, BG, CZ, EST, HU, LET, LIT, MAL, PL, RO, SLO)	LUX, D, A, B, F, GB, CY, IRL	0/107/173	47%	46,4%	47,3%
süd- und osteuropäische Länder (E, GR, I, P, BG, CZ, EST, HU, LET, LIT, MAL, PL, RO, SK, SLO)	LUX, D, A, F, IRL, CY, GB	0/87/184	9,7%	16,1%	2,1%

Legende zu Tabelle 12

*: **N** = Stimmenzahl der für das Intervall [θ_i; θ_{i+1}] aus dem Länderranking hervorgegangenen Mitglieder der nordeuropäischen Ländergruppe mit vergleichsweise hoher Zustimmungsbereitschaft, deren Zustimmung zur Erlangung einer qualifizierten Mehrheit erforderlich ist
M = Stimmenzahl der für das Intervall [θ_i; θ_{i+1}] aus dem Länderranking hervorgegangenen Mitglieder der mitteleuropäischen Ländergruppe mit vergleichsweise hoher Zustimmungsbereitschaft, deren Zustimmung zur Erlangung einer qualifizierten Mehrheit erforderlich ist
SO = Stimmenzahl der für das Intervall [θ_i; θ_{i+1}] aus dem Länderranking hervorgegangenen Mitglieder der süd-osteuropäischen Ländergruppe mit vergleichsweise hoher Zustimmungsbereitschaft, deren Zustimmung zur Erlangung einer qualifizierten Mehrheit erforderlich ist

skala in dem betreffenden Intervall nach dem geschlossenen oder dominierenden Länderblock als erste zur Zustimmung bereit sind und auf deren Zustimmung der geschlossene Länderblock beziehungsweise die dominierende Ländergruppe zur Erlangung der qualifizierten Mehrheit angewiesen ist. Diese Mehrheitsbeschaffer treten allerdings in dem betreffenden Intervall [θ_i, θ_{i+1}] nicht geschlossen auf, ihre Zusammensetzung kann variieren.
Generell wäre bezüglich der Wahrscheinlichkeiten, mit denen einzelne Ländergruppen den Beschlussvorlagen der Kommission erwartungsgemäß geschlossen zustimmen müssten, in Abhängigkeit von den alternativen Dichte-funktionen folgendes zu erwarten: Im Falle einer gleichförmigen Wahrscheinlichkeitsverteilung der Gesetzesentwürfe der Kommission müssten die Wahrscheinlichkeiten, dass diejenigen Länder beziehungsweise Ländergruppen, die extreme politische Positionen einnehmen, die also an den Rändern des Dendrogramms liegen, zustimmen, relativ hoch sein. Im Falle einer unimodalen Dichtefunktion müsste dagegen die Wahrscheinlichkeit der Zustimmung für Ländergruppen in Randlagen minimal sein. Dagegen müsste die Wahrscheinlichkeit der Zustimmung für eine Ländergruppe umso höher werden, je näher sie am Median liegt. Bei einer zwei- oder mehrgipfligen Dichtefunktion müssten dagegen die Wahrscheinlichkeiten, dass die im Dendrogramm identifizierbaren Länderblöcke geschlossen auftreten, relativ hoch sein, während die Wahrscheinlichkeiten, dass einzelne Mitglieder aus den verschiedenen Länderblöcken gemeinsam abstimmen, die Ländergruppen aber nicht geschlossen auftreten, relativ gering sein müssten.

Wie Tabelle 12 zu entnehmen ist, treffen die eben getroffenen Aussagen bezüglich sozialpolitischer Entscheidungen jedoch nur annähernd zu. Zunächst ist bei allen drei Dichtefunktionen die Wahrscheinlichkeit, dass einzelne Länder des konservativen mitteleuropäischen Länderblocks als Mehrheitsbeschaffer für den liberalen süd-osteuropäischen Länderblock (allerdings ohne das Mitglied Slowakei) fungieren, am höchsten. Die Wahrscheinlichkeit, dass sich der skandinavische Länderblock geschlossen bildet, ist gemäß der Analyse relativ gering. Dies ist aufgrund seiner Randlage insbesondere bei einer unimodalen und einer zweigipfligen Dichtefunktion der Fall. Bei einer gleichförmigen Dichtefunktion ist die Wahrscheinlichkeit eines geschlossenen Auftretens dieser Gruppe dagegen höher, weil ihr damit in ihrer Randlage am ehesten Rechnung getragen wird. Für den skandinavischen Länderblock entsprechen die Unterschiede in den für die drei Dichtefunktionen ermittelten Wahrscheinlichkeiten den Erwartungen. Die Tatsache, dass die Wahrscheinlichkeit eines gemeinsamen Auftretens der skandinavischen und der mitteleuropäischen Länder relativ gering ist, deckt sich mit den Ergebnissen des Dendrogramms, welches offenbart, dass die konservativen mitteleuropäischen Länder den liberalen süd- und osteuropäischen Ländern näher sind als den sozialdemokratischen skandinavischen Ländern.

Betrachtet man die drei erwähnten Ländergruppen, ist die Wahrscheinlichkeit, dass diese geschlossen auftreten für die süd- und osteuropäische Ländergruppe am größten (sofern man das Mitglied Slowakei ausnimmt). Dies steht in Einklang mit der bereits im vorangegangenen Kapitel gewonnenen Erkenntnis, dass dieser Länderblock in sich recht homogen zu sein scheint. Die Tatsache, dass die Wahrscheinlichkeit, mit der sich diese Ländergruppe geschlossen bildet, bei einer zweigipfligen Dichtefunktion geringer ist als bei einer unimodalen Dichtefunktion, ist durch die hohe Streubreite dieser Gruppe zu erklären. Da diese Gruppe die Mehrheit der Mitgliedstaaten der erweiterten EU umfasst und daher über den Median hinausreicht, sind die Wahrscheinlichkeiten eines geschlossenen Auftretens dieser Gruppe bei einer unimodalen Dichtefunktion recht hoch. Auch bei einer gleichförmigen Dichtefunktion wäre die Wahrscheinlichkeit eines geschlossenen Auftretens dieser zahlenmäßig überlegenen Gruppe naturgemäß relativ hoch. Folglich bliebe der Einfluss der mitteleuropäischen Ländergruppe nur dann gewahrt, wenn die Kommission bei der Ausgestaltung ihrer Gesetzesentwürfe abwechselnd immer den nord- und mitteleuropäischen Ländern auf der einen und den süd- und osteuropäischen Ländern auf der anderen Seite entgegenkommen würde, wie es in der zweigipfligen Dichtefunktion der Fall ist. Andernfalls würden die mitteleuropäischen Länder gemäß der vorgenommenen Analyse bei der Mehrheit der Entscheidungen als Mehrheitsbeschaffer fungieren und sowohl stimmenmäßig als auch von der Länderzahl her die Minderheit bilden. Die bereits im vorigen Unterkapitel gezogene Schlussfolgerung, dass die südeuropäischen Länder der alten EU-15, die bisher nur eine Sperrminorität hatten, sich mit den Beitrittsstaaten zusammentun und dadurch an Einfluss im Entscheidungsprozess gewinnen müssten, wird hier nochmals bestätigt. Anhand der ermittelten Wahrscheinlichkeiten für die Bildung der alternativen Ländergruppen wird nochmals deutlich, dass bei sozialpolitischen Fragestellungen zwei recht unterschiedliche Lager existieren. Dies ist daran erkennbar, dass die Wahrscheinlichkeiten, mit denen sich entweder eine Koalition aus ‚sozialdemokratisch' und ‚konservativ', oder aus ‚liberal' charakterisierten Ländern bildet und dabei jeweils relativ wenige Länder aus der jeweiligen opponierenden Gruppe als Mehrheitsbeschaffer dienen, bei sämtlichen Dichtefunktionen relativ hoch sind. Die Wahrscheinlichkeiten, dass sich Länder aus dem ‚sozialdemokratischen' und ‚konservativen' Lager mit Ländern aus dem ‚liberalen' Lager zu gleichen Anteilen mischen, sind dagegen relativ gering.

Die Stimmenverhältnisse der Mitglieder der drei verschiedenen Ländergruppen bei den in sozialpolitischen Entscheidungen als möglich erscheinenden qualifizierten Mehrheiten sind in der dritten Spalte in Tabelle 12 enthalten. Da die Zusammensetzung der potenziellen Mehrheitsbeschaffer in demjenigen Intervall $[\theta_i; \theta_{i+1}]$, in dem sich die in der ersten Spalte der Tabelle aufgeführten Länderblöcke durchweg geschlossen bilden, variiert, wurden für diese die gewogenen Stimmenzahlen verwendet. Anhand der Werte wird nochmals deutlich, dass den nord- und mitteleuropäischen Ländern selbst bei geschlossenem und gemeinsamem Auftreten noch über 100 Stimmen zur

Erlangung einer qualifizierten Mehrheit fehlen würden. Folglich würden sie einer relativ mächtigen Gruppe von Mehrheitsbeschaffern gegenüberstehen. Dies ist allerdings im Falle eines geschlossenen Auftretens der süd- und osteuropäischen Ländergruppe nicht anders, auch diese wäre noch auf über 100 Stimmen aus dem opponierenden Lager angewiesen.

Zusammenfassend kann festgehalten werden, dass nach der vorgenommenen Analyse die ‚konservative' und die ‚sozialdemokratische' Ländergruppe in der erweiterten EU, im Vergleich zur alten Europäischen Union mit 15 Mitgliedern, deutlich an Einfluss verlieren und einer großen ‚liberalen' Gruppe gegenüberstehen werden (vgl. Resultate der Clusteranalyse). Es wurde in diesem wie auch im vorangegangenen Kapitel gezeigt, dass keine der Ländergruppen allein über eine qualifizierte Mehrheit verfügt, so dass auch bei qualifizierten Mehrheitsentscheidungen Verhandlungen bei der Mehrheit der Entscheidungen zwischen nahezu gleich großen Ländergruppen (der ‚konservativen' und der ‚liberalen') erforderlich sein werden. Grundsätzliche Einflussfaktoren auf das Verhalten einzelner Länder bei diesen Verhandlungen wurden in allgemeiner Form bereits in Kapitel 5.2.2 erörtert.

Wie in diesem konkreten Fall dem Dendrogramm zu entnehmen ist, stehen die nordeuropäischen Länder in ihren sozialpolitischen Charakteristiken und Interessen den mitteleuropäischen Ländern recht nahe. Gemäß den Erkenntnissen aus Kapitel 5.2.2 haben die nordeuropäischen Länder ihrerseits einen hohen Koordinationsbedarf und ein hohes Koordinationspotenzial gegenüber den mitteleuropäischen Ländern, allerdings müssten sie sich im Integrationsprozess eher passiv bis unterordnend verhalten. Die nordeuropäischen Länder müssten also ein großes Interesse an eine sozialpolitischen Kooperation mit den mitteleuropäischen Ländern haben, allerdings verfügen sie dabei über wenig Einfluss und Gestaltungsmöglichkeiten. Demgegenüber dürfte aufgrund der relativ geringen außenwirtschaftlichen Verflechtung das Interesse der mitteleuropäischen Länder an einer sozialpolitischen Kooperation mit den nordeuropäischen Ländern eher gering sein. Zudem wurde im Rahmen der Adaptionstheorie einem Großteil der Mitglieder der mitteleuropäischen Ländergruppe dominantes Verhalten im politischen Verhandlungsprozess unterstellt, so dass in der ‚sozialdemokratisch-konservativen' Ländergruppe den ‚konservativen' Ländern ein entscheidender Einfluss zukommen müsste.

Die mitteleuropäischen, ‚konservativen' Länder müssten dagegen gegenüber den südeuropäischen und gegenüber den osteuropäischen Ländern, die hier in der ‚liberalen' Gruppe vereint sind, ein relativ hohes Kooperationspotenzial besitzen (vgl. Kapitel 5.2.2.2). In Kapitel 5.2.2.2 wurde allerdings auch den hier in der ‚liberalen' Gruppe vereinten Ländern ein hoher genereller Koordinations- und Kooperationsbedarf mit den mitteleuropäischen Ländern unterstellt. Da die letztgenannten sich jedoch im politischen Verhandlungsprozess eher dominant, die erstgenannten Länder sich jedoch eher unterordnend bis passiv verhalten müssten, werden die mitteleuropäischen ‚konservativen' Länder eher bestrebt sein, gegenüber den ‚liberalen' Ländern ihre sozialpolitischen Vorstellungen durchzusetzen, während die ‚liberalen' Länder eher zu Kompromissen neigen müssten.

Innerhalb der ‚liberalen' Gruppe müsste zwischen den in dieser Gruppe enthaltenen und in Kapitel 5.2.2.2 als ‚süd-` und ‚osteuropäisch' bezeichneten Ländern ein hoher Kooperationsbedarf und ein hohes Kooperationspotenzial bestehen. Da sich die in Kapitel 5.2.2.2 als ‚südeuropäisch' bezeichneten Länder im Verhandlungsprozess eher passiv, die als ‚osteuropäisch' bezeichneten Länder eher unterordnend verhalten müssten, dürfte bei den Verhandlungen innerhalb dieser Gruppe ‚süd-` und ‚osteuropäischen' Ländern ein ähnlicher Einfluss zukommen. Auch den in der ‚liberalen' Gruppe enthaltenen und in Kapitel 5.2.2.2 als ‚rückständig' bezeichneten Ländern wurde unterordnendes Verhalten im Integrationsprozess unterstellt, so dass auch diese in ihrem Einfluss im Verhandlungsprozess innerhalb der ‚liberalen' Ländergruppe den übrigen Gruppenmitgliedern relativ ähnlich sein müssten. Im Ergebnis lässt sich folglich festhalten, dass bei sozialpolitischen Verhandlungen der Einfluss der mitteleuropäischen, ‚konservativen' Ländergruppe, obwohl diese eine Minderheit bildet, auch in der erweiterten EU keinesfalls unterschätzt werden darf. Gleichwohl gewinnen jedoch die ‚liberalen' Länder an Einfluss. Der Einfluss einzelner Länder speziell für den Bereich Sozialpolitik soll im folgenden noch etwas genauer betrachtet werden erweitert werden.

b) Der Einfluss einzelner Länder im Entscheidungsfindungsprozess des Rates

Wie schon erwähnt, ermöglicht die hier erfolgte Analyse nicht nur Aussagen über die wahrscheinliche interessenspezifische Bildung von Ländergruppen im Entscheidungsfindungsprozess auf europäischer Ebene, sondern auch die Identifizierung derjenigen Länder, die über das Zustandekommen von Koalitionen entscheiden können. Als Indikator für die Wahrscheinlichkeit, mit der einzelne Länder in diese Situation geraten, soll hier der Shapley-Shubik-Index dienen, der die Wahrscheinlichkeit angibt, mit der ein Land einer Gruppe anderer Länder zur Stimmenmehrheit verhilft und diese dadurch zu einer *winning-coalition* werden lässt.[405] Die Wahrscheinlichkeit, mit der ein Land einer bestehenden Ländergruppe zur Stimmenmehrheit verhelfen kann, wird wesentlich von zwei Faktoren determiniert: Zum einen von der Lage des Landes auf der Präferenzskala der Mitgliedstaaten im jeweiligen Politikbereich und zum anderen von der Landesgröße und seiner Stimmenzahl. Vor allem diejenigen Länder, die an den Rändern potenzieller Koalitionen liegen, werden eine ausgeprägte Machtposition haben.

Führt man diese Analyse nun speziell für die Europäische Sozialpolitik unter der Verwendung der ermittelten Präferenzordnung durch, erhält man das in Tabelle 13 ersichtliche Ergebnis. Bei der Interpretation der in Tabelle 13 enthaltenen Ergebnisse ist zu beachten, dass die ermittelten Shapley-Shubik-Indizes lediglich für eine ganz bestimmte Präferenzordnung der Länder bezüglich politischer Maßnahmen gelten, währen der Shapley-Shubik-Index in seiner allgemeinen Form die Wahrscheinlichkeit angibt, mit der jedes einzelne Land Mehrheitsbeschaffer für alle denkbaren Länderkoalitionen wird. All diejenigen Mitgliedstaaten, die nicht in der Tabelle enthalten sind, haben der Analyse zufolge in sozialpolitischen Fragestellungen einen Shapley-Shubik-Index von null.

[405] vgl. SHAPLEY/SHUBIK (1954), S. 790

Tabelle 13

Machtposition einzelner Mitgliedstaaten in der Europäischen Sozialpolitik

Land	**Shapley-Shubik-Index bei alternativen Wahrscheinlichkeitsverteilungen der Gesetzes- und Politikentwürfe**		
	gleichförmige Dichtefunktion	**unimodale Dichtefunktion**	**zweigipflige Dichtefunktion**
F	25,9%	14,5%	31,0%
GB	17,4%	22,0%	17,8%
I	16,4%	24,1%	8,4%
IRL	14,4%	7,3%	9,9%
GR	5,8%	8,3%	8,8%
CZ	5,7%	4,7%	7,9%
PL	4,8%	4,0%	6,9%
RO	3,8%	6,1%	4,6%
LUX	2,0%	3,4%	0,1%
S	1,0%	1,3%	1,8%
EST	0,9%	1,1%	1,7%
NL	1,0%	1,7%	1,0%
CY	0,9%	1,5%	0,1%

Quelle: eigene Berechnungen

Bezüglich der in Tabelle 13 enthaltenen Länder lässt sich feststellen, dass es erwartungsgemäß die großen Länder sind, die mit hoher Wahrscheinlichkeit einer Koalition die qualifizierte Mehrheit verschaffen werden. Es muss jedoch auch hier nochmals angemerkt werden, dass die Präferenzordnung der Länder von Fall zu Fall unterschiedlich sein wird, so dass davon auszugehen ist, dass diejenigen Länder, die im Dendrogramm um die in Tabelle 13 aufgeführten Länder herum angesiedelt sind und diesen in ihren sozialpolitischen Präferenzen sehr ähnlich zu sein scheinen, ebenfalls über eine relativ hohe Machtposition verfügen. Dies gilt vor allem dann, wenn sie ungefähr von gleicher Größe und folglich gleichem politischen Einfluss sind. Als Beispiel könnte hier etwa Deutschland genannt werden, das direkt neben Frankreich angesiedelt ist und über ebensoviel Stimmen verfügt. Ebenso könnten hier Ungarn genannt werden, das direkt neben Tschechien liegt, oder Portugal und Bulgarien als Nachbarn Rumäniens von annähernd gleicher Größe. In diesen Fällen dürfen die Werte der Shapley-Shubik-Indizes der in der Tabelle enthaltenen Länder nicht überschätzt werden, da die Machtpositionen dieser Länder durch benachbarte ebenbürtige Länder gemindert werden kann.

Dennoch lässt sich festhalten, dass der Analyse zufolge die mächtigsten Länder, mit der Ausnahme Italiens, bei sozialpolitischen Entscheidungen der mitteleuropäischen Ländergruppe entstammen. Dies würde nochmals die bereits zuvor aufgestellte Hypothese untermauern, dass deren Einfluss trotz der zahlenmäßigen Unterlegenheit keinesfalls unterschätzt werden sollte und die große Gruppe der süd- und osteuropäischen Länder dadurch in ihrer Handlungsfreiheit eingeschränkt ist. Die Wahrscheinlichkeit, dass Mitgliedstaaten der nord- und mitteleuropäischen Ländergruppen ausschlaggebend sein werden für das Zustandekommen einer qualifizierten Mehrheit, ist gemäß den Berechnungen größer als die Wahrscheinlichkeit, mit der Mitglieder der süd- und osteuropäischen Ländergruppe in diese Situation geraten werden.

5.3.2 Europäische Umweltpolitik

Im Vergleich zur Sozialpolitik verfügt die Europäische Union in umweltpolitischen Fragestellungen bereits über weitreichendere Kompetenzen. Die in den letzten Jahrzehnten weltweit zunehmend zu Tage getretenen Umwelt- und Klimaprobleme haben zu einem wachsenden Bedarf an umweltpolitischen Maßnahmen, nicht nur in der Europäischen Union, geführt. Da der Umwelt- und Klimaschutz als ein internationales öffentliches Gut angesehen werden muss, sind eine Vielzahl der Umweltprobleme nur durch supranationale Regelungen und Standards in den Griff zu bekommen. In der Europäischen Union hat sich im umweltpolitischen Bereich in den vergangenen 30 Jahren bereits ein ausgeprägtes und relativ weitreichendes supranationales Regelwerk mit ungefähr 200 Rechtsvorschriften herausgebildet, welches in Zukunft vor allem hinsichtlich des Klimaschutzes, des Erhalts der Artenvielfalt und des Schutzes natürlicher Ressourcen weiterentwickelt werden soll.

5.3.2.1 Besonderheiten des Gutes ‚saubere Umwelt' und deren Konsequenzen für umweltpolitisches Handeln

Bevor eine Clusterung der 27 Mitglieder der erweiterten EU vorgenommen wird, sollen zunächst die Vor- und Nachteile, die ein koordiniertes umweltpolitisches Handeln aus einzelstaatlicher Sicht mit sich bringen kann, beschrieben werden. Als Hauptargument für eine gemeinschaftliche Umweltpolitik wären aus einzelstaatlicher Sicht positive externe Effekte umweltschonender Maßnahmen, unter Umständen der Zugang zu finanziellen Mitteln aus Umweltprogrammen der EU, Einsparpotenziale für die Produzenten durch europaweit einheitliche Umweltstandards oder die Verminderung von Wettbewerbsnachteilen bei eigenen hohen Umweltstandards zu nennen.[406] Da viele Teilbereiche einer sauberen Umwelt im Prinzip keine lokal begrenzten Güter sind, reichen nationale Maßnahmen der Umweltpolitik allein nicht aus, um eine Verbesserung oder Sicherung der Umweltqualität zu garantieren. Die Verbesserung des globalen Umweltzustandes kommt sämtlichen Ländern gleichermaßen zugute (Nichtrivalität bei der Nutzung des Gutes), und kein Land, welches beispielsweise Emissionsminderungsmaßnahmen durchführt, kann andere Länder vom Genuss des von ihm bereitgestellten Gutes ‚Umweltschutz' ausschließen (Nicht-Ausschließbarkeit). Sofern diese grenzüberschreitenden Effekte einzelstaatlicher umweltpolitischer Maßnahmen nicht internalisiert werden, bestehen wenig Anreize, sie überhaupt in den nationalen umweltpolitischen Maßnahmen angemessen zu berücksichtigen. Die einzelnen Staaten würden sich demzufolge nicht-kooperativ verhalten und versuchen, auf Kosten der Weltwohlfahrt die nationale Wohlfahrt zu maximieren. Diese

[406] vgl. PECH (1994), S. 244

Situation entspricht dann dem Gefangenendilemma und liefert ein suboptimales Ergebnis.[407]

Zur weltweit optimalen Bereitstellung des öffentlichen Gutes ‚saubere Umwelt' ist also auf internationaler Ebene, analog zur Bereitstellung öffentlicher Güter auf nationaler Ebene, eine supranationale Institution unabdingbar, die entweder das Gut ‚saubere Umwelt' selbst bereitstellt oder die Bereitstellung auf nationalen Ebenen überwacht.[408] Man kann somit davon ausgehen, dass bei vielen umweltpolitischen Aufgabenfeldern eine Verlagerung auf die supranationale Ebene mit der Überwindung des Marktversagens, verursacht durch externe Effekte und den Kollektivgutcharakter der sauberen Umwelt, verbunden ist.[409] Darüber hinaus muss davon ausgegangen werden, dass unilaterales Handeln Direktinvestitionen ressourcenintensiver Industrien in Ländern mit geringeren Umweltstandards fördert und somit Fehlallokationen bewirkt, die langfristig für alle Beteiligten wohlfahrtsmindernd sind.[410]

Allerdings ist zu berücksichtigen, dass eine saubere Umwelt ein öffentliches Gut ist, welches sämtlichen gesellschaftlichen Gruppierungen gleichermaßen zugute kommt. Die zur Gewährung einer sauberen Umwelt erforderlichen Maßnahmen können dagegen bestimmte gesellschaftliche Gruppierungen in besonderem Maße treffen. In Anlehnung an die Neue Politische Ökonomie sind Politiker und Bürokraten die Anbieter umweltpolitischer Maßnahmen, während die Wähler, welche sich in Konsumenten und Produzenten unterteilen lassen, als Nachfrager umweltpolitischer Maßnahmen fungieren. Während sich die Konsumenten eher für den Umweltschutz aussprechen, ist das Bild bei den Produzenten uneinheitlich: Umweltpolitische Maßnahmen werden diejenigen Produzenten benachteiligen, die durch Umweltauflagen belastet werden, im Gegenzug aber diejenigen bevorteilen, die umweltfreundliche Güter oder umweltschonende Technologien anbieten.[411] Unter Berücksichtigung der Aussagen der ökonomischen Theorie der Interessengruppen erfüllen vor allem

[407] vgl. KÖDDING (1997), S. 33
[408] vgl. KRUMM (1996), S. 6
[409] vgl. KRUMM (1996), S. 9
[410] vgl. LÖSCHEL/MRAZ (2001), S. 7f.
[411] vgl. WECK-HANNEMANN (1994), S. 104

die Produzenten umweltschädigender Güter die Voraussetzungen für eine schlagkräftige Interessenorganisation, da sie nicht nur eine kleine Gruppe mit homogenen Interessen bilden, sondern darüber hinaus mit Produktionseinschränkungen und Arbeitsplatzverlusten drohen können und die Kosten umweltpolitischer Maßnahmen dadurch unmittelbar monetär messbar sind. Die Nutzen umweltpolitischer Maßnahmen werden dagegen erst mit zeitlicher Verzögerung eintreten und sind lediglich qualitativer, jedoch nicht quantitativer Art und zudem nicht individuell zurechenbar.[412] Gemäß dieser theoretischen Überlegungen müssten sich folglich die durch die Umweltpolitik belasteten Produzenten relativ intensiv gegen umweltpolitische Maßnahmen wenden, während die Allgemeinheit, die von umweltpolitischen Maßnahmen langfristig profitiert, diesen Nutzen entweder nicht einzuschätzen weiß oder aber aufgrund des Trittbrettfahrerproblems nur unzureichend organisiert ist und im politischen Entscheidungsprozess weniger Gehör findet.

Nach den polit-ökonomischen und spieltheoretischen Überlegungen ist die umweltpolitische Harmonisierung und Koordination für ein Land folglich nur dann sinnvoll, wenn sich dadurch die Wettbewerbsposition seiner Industrien gegenüber anderen Ländern verbessert. Für den Zusammenschluss von Ländern im Rahmen verstärkter Zusammenarbeit oder beim koordinierten Vorgehen zur Durchsetzung politischer Beschlüsse in den EU-Institutionen würde dies bedeuten, dass die Zustimmung derjenigen Länder, für die die Implementierung eines Politik- oder Gesetzesentwurfs mit Kosten verbunden wäre, erkauft werden müsste. Inwieweit derartige Zugeständnisse innerhalb der Ländergruppen, seien sie politischer oder finanzieller Art, erforderlich sind, hängt ab von den Konsequenzen, die die zu verabschiedenden Politiken für die einzelnen Länder haben werden.

Inwieweit Länder mit höheren Umweltstandards bereit sind, Ländern mit geringeren Standards Zugeständnisse zu gewähren, hängt vom Stellenwert der Umweltpolitik in den betreffenden Ländern ab. Diese Präferenz für umweltpolitische Belange kann durch den Anteil der Umweltausgaben an den

---

[412] vgl. WECK-HANNEMANN (1994), S. 107

staatlichen Gesamtausgaben gemessen werden.[413] Inwieweit Länder mit geringeren Umweltstandards bereit sind, sich in ihren Standards fortschrittlicheren Ländern anzunähern, hängt von den Konsequenzen dieser Annäherung ab. Diese werden umso negativer sein, je rückständiger ein Land in umweltpolitischer Hinsicht ist und je größer der Verlust an internationaler Wettbewerbsfähigkeit sein wird. Als Indikator hierfür können die strukturellen Unterschiede und die Außenhandelsintensität der betreffenden Länder herangezogen werden. Ein Land wird umso mehr Zugeständnisse für die Zustimmung zu Politik- oder Gesetzesentwürfen verlangen, je niedriger seine Umweltstandards im Vergleich zu anderen Ländern sind. Als weitere Indikatoren für eine ablehnende Haltung eines Landes gegenüber intensivierten umweltpolitischen Maßnahmen können dessen komparative Vorteile bei ressourcenintensiven Industrien, der Schadstoffausstoß des industriellen Sektors sowie die Außenhandelsintensität mit Ländern mit höheren Standards verwendet werden.[414]

In der Europäischen Union ist die Umweltpolitik seit der Verabschiedung der Einheitlichen Europäischen Akte Anfang der neunziger Jahre als Gemeinschaftsaufgabe festgelegt. Wichtige erklärte Ziele sind neben dem Erhalt und dem Schutz der Umwelt und der Verbesserung ihrer Qualität die umsichtige und rationelle Verwendung natürlicher Ressourcen sowie die Förderung von Maßnahmen auf internationaler Ebene zur Bewältigung regionaler oder globaler Umweltprobleme. Es wird jedoch betont, dass bei der Erarbeitung der Umweltpolitik der Gemeinschaft stets die regionalen Unterschiede, eine ausgewogene Entwicklung der Regionen sowie die wirtschaftliche und soziale Entwicklung der Gemeinschaft insgesamt zu berücksichtigen sind.[415] Das im Jahre 2002 verabschiedete ‚6. Aktionsprogramm Umwelt' sieht für die Zukunft vor, die nationale Implementierung der EU-Vorschriften zu verbessern,

---

413 Dabei wird vernachlässigt, dass ein Großteil umweltpolitischer Maßnahmen aus Umweltauflagen besteht, die jedoch schwer zu erfassen sind. Es soll hier davon ausgegangen werden, dass Umweltauflagen kein Substitut für Umweltausgaben darstellen, sondern dass beide positiv miteinander korreliert sind.

414 vgl. LÖSCHEL/MRAZ (2001), S. 16ff.

415 vgl. Art.174 EG-Vertrag

Umweltbelange in andere politische Maßnahmen zu integrieren, Unternehmen und Verbraucher in die Lösung der Umweltprobleme einzubeziehen und eine breitere Informationsgrundlage zu schaffen sowie eine umweltgerechte Raumplanung in den Mitgliedstaaten zu fördern.[416]

5.3.2.2 Verwendete Indikatoren

Die empirische Analyse der Perspektiven der Umweltpolitik erfolgt in Anlehnung an das Umweltindikatoren-System der OECD.[417] Dieses nimmt eine Analyse und Bewertung von Umweltproblemen sowie die Umsetzung und Kontrolle von Umweltschutzmaßnahmen vor. Die beschreibenden Umweltindikatoren werden nach diesem System unterteilt in Indikatoren für die Belastung der Umwelt (Pressure-Indikatoren), Indikatoren für den Zustand der Umwelt (State-Indikatoren) und Indikatoren für die politischen und gesellschaftlichen Reaktionen auf die Umweltprobleme (Response-Indikatoren).[418] Im Hinblick auf das Untersuchungsziel und aufgrund der Datenverfügbarkeit wurden hier die Pressure-Indikatoren in die Gruppe der State-Indikatoren integriert. Da hier das Hauptaugenmerk auf die umweltpolitischen Maßnahmen gerichtet ist, wurden aus der Gruppe der Response-Indikatoren sogenannte Policy-Response-Indikatoren herausgenommen, Indikatoren also, die die nationalen umweltpolitischen Maßnahmen erfassen, und in einer gesonderten Gruppe betrachtet (vgl. Tabelle 14).

Die Analyse der Policy-Response-Indikatoren soll in Anlehnung an das 6. Rahmenprogramm, welches bis zum Jahre 2010 umgesetzt sein soll, erfolgen. Dieses setzt sich aus den 4 Teilbereichen ‚Nachhaltige Entwicklung und Bewirtschaftung von Abfällen', ‚Umwelt und biologische Vielfalt', ‚Umwelt

[416] vgl. EU-KOMMISSION (2001), S. 3ff.
[417] vgl. OECD (1994)
[418] vgl. LAUFS (1998), S. 113

Tabelle 14

Indikatoren zur Beurteilung der Umweltzustände und umweltpolitischer Präferenzen

I. State-Indikatoren	**II. Response-Indikatoren**	**III. Policy-Response-Indikatoren**
- landwirtschaftlich genutzte Fläche (in Prozent der Landesfläche) - Düngemitteleinsatz (100g/ha genutzter Fläche) - Naturschutzgebiete (in Prozent der Landesfläche) - Energieeffizienz (BIP pro Einheit verbrauchter Energie) - Verbrauch herkömmlicher Brennstoffe (in Prozent des gesamten Energie-verbrauchs) - Stromanteil aus Kohlekraftwerken - Emission von CO_2-(Äquivalenten) in Prozent des BIP (kg/$ BIP) - Anteil bedrohter Tierarten - Energieverbrauch in Prozent des BIP - Ausstoß von Luftpartikeln in der größten Stadt (Mikrogr./m^3) - Frischwasserverbrauch/Kopf (m^3)	- Einsatz von Düngemitteln (Veränderung 1995-2000 in %) - CO_2-Emissionen (Veränderung 1995-2000 in %) - Stromverbrauch pro Kopf (Veränderung 1995-2000) - Stromanteil aus Kohlekraftwerken (Veränderung 1995-2000 in %) - Stromanteil aus Erdgas (Veränderung 1995-2000 in %) - Veränderung der Waldbestände (1995-2000 in %) - Grundwasserverunreinigung (Veränderung 1995-2000 in %)	a) Bereich ‚nachhaltige Entwicklung': - Transportwesen - Energieeffizienz - Abfallvermeidung - erneuerbare Energien - Recycling b) Bereich ‚Umweltqualität und natürliche Ressourcen' - Schutz der Natur und der biologischen Vielfalt - Schutz der Wälder - Gewässer-/Grundwasserschutz c) Bereich ‚Umwelt und Gesundheit' - Information/Substitution /Vermeidung gefährlicher Chemikalien - Verminderung der Schwermetalle in der Luft - Kontrolle der Freisetzung genetisch veränderter Organismen d) Bereich ‚Klimawandel' - Verringerung der Treibhausgase - Veränderung von FCKW/fluorierten Gasen e) Umweltsteuern und –abgaben in Prozent des BIP

Datenquellen: siehe Anhang ‚Datendokumentation'

und Gesundheit' und ‚Bekämpfung des Klimawandels' zusammen, innerhalb derer wiederum Unterkapitel formuliert sind. Die bisher auf nationaler Ebene verfolgten Umweltpolitiken sollen mit Hilfe der Policy-Response-Indikatoren auf ihre Übereinstimmung mit diesem Rahmenprogramm überprüft werden. Es soll dabei aber nicht nur der Frage nachgegangen werden, ob die einzelnen Länder in den im Rahmenprogramm enthaltenen Bereichen nationale Maßnahmen ergriffen haben, sondern auch auf welche Art und Weise dies geschieht.

Ein erklärtes Ziel der EU ist es, in der Umweltpolitik vermehrt auf marktwirtschaftliche Instrumente zu setzen. Die national angewendeten umweltpolitischen Instrumente wurden differenziert nach Vorschriften (Ge- und Verbote, Standards, Richtlinien etc.), marktwirtschaftlichen Instrumenten (Steuern, Beiträge, Auflagenhandel etc.), planerischen Instrumenten (Verkehrs-, Raumplanung), zwangsfreien Instrumenten (Stärkung des Umweltbewusstseins z.B. durch Kampagnen, Bildungsmaßnahmen etc.) und gar keine Maßnahmen in dem betrachteten Bereich. Da die EU in einigen der im 6. Rahmenprogramm genannten Bereichen bereits Richtlinien und Verordnungen erlassen hat und das 6. Rahmenprogramm somit in manchen Bereichen lediglich eine Forcierung, aber keine Implementierung einer völlig neuen Politik bedeutet, ist mittels dieser instrumentellen Klassifizierung zu erkennen, welchen Stellenwert der jeweilige umweltpolitische Teilbereich in den einzelnen Ländern einnimmt. Den in den verschiedenen Teilbereichen seitens der Einzelstaaten getroffenen Maßnahmen, die dann im folgenden als Variablen verwendet werden sollen, sollen Beobachtungswerte in der Form zugewiesen werden, dass der effektivsten Form des Umweltschutzes der Wert null, der am wenigsten wirksamen umweltpolitischen Maßnahme der Wert eins zugeordnet wird. Alle anderen Maßnahmen nehmen gemäß des Grades ihrer Wirksamkeit Werte zwischen null und eins an. Demzufolge nehmen die Policy-Indikatoren, je nach umweltpolitischer Maßnahme bzw. umweltpolitischem Instrumenteneinsatz, folgende Variablenwerte an:

- polizeiliche Instrumente	0,00
- marktwirtschaftliche Instrumente	0,25
- technisch-planerische Instrumente	0,50
- zwangsfreie Instrumente	0,75
- gar keine Maßnahmen	1,00

Es wird also unterstellt, dass polizeiliche Instrumente, etwa in Form von Auflagen, Ge- oder Verboten, die effektivste Schutzwirkung haben und dass im Falle gar keiner umweltpolitischen Maßnahmen die Schutzwirkungen minimal und die resultierenden negativen Umweltwirkungen am höchsten sind. Da in jedem Land in den hier betrachteten umweltpolitischen Aufgabengebieten natürlich mehrere Instrumente zum Einsatz gelangen, wurde jeweils dasjenige Instrument gewählt, welches in einem Land vergleichsweise intensiv genutzt wird, beziehungsweise in Zukunft vermehrt eingesetzt werden soll.

In den anderen beiden Indikatorengruppen, also den State- und Response-Indikatoren, sind Indikatoren aus dem OECD-Indikatorensatz enthalten, wobei hier aufgrund der mangelnden Datenverfügbarkeit Abstriche hingenommen werden mussten. Dennoch wird deutlich, dass mit dem OECD-Indikatorensatz im wesentlichen diejenigen Problembereiche erfasst werden, die auch im Umweltrahmenprogramm der EU enthalten sind.[419] Da es sich bei diesen Indikatoren, die als Variablen in die Analyse eingehen sollen, hinsichtlich der Beobachtungswerte um metrisch skalierte Werte handelt, wurden diese, um eine gleichmäßige Gewichtung zu gewährleisten, standardisiert. Dies wurde derart vorgenommen, dass demjenigen Land mit dem umweltfreundlichsten Beobachtungswert eines Indikators der Variablenwert null und demjenigen Land mit dem umweltschädlichsten Beobachtungswert eines Indikators der Variablenwert eins zugeordnet wurde. Diese Systematik ermöglicht es, dass bei der für die Clusterung erforderlichen Aggregation aller drei Indikatorengruppen die aufsummierten Werte der Variablen Auskunft über den Umweltzustand, das Ausmaß seiner Veränderung und die Qualität der Umweltpolitik liefern. Je niedriger die Summe oder der Durchschnitt der Variablenwerte eines Landes ist,

[419] vgl. LAUFS (1998), S. 110

umso besser ist der Umweltzustand in dem betreffenden Land, umso höher ist die Verbesserung der Umweltqualität und umso effektiver und umwelt-schonender sind die politischen Maßnahmen des Landes. Dadurch wird es möglich, nicht nur das Ausmaß der Ähnlichkeiten und Unterschiede zwischen den Ländern zu erfassen, es können vielmehr auch die Richtungsunterschiede für Einzelindikatoren oder Indikatorengruppen erfasst werden.

5.3.2.3 Resultate der Clusteranalyse

Zur Clusterung der 27 Länder einer erweiterten Europäischen Union wurden die drei Indikatorengruppen einfach aggregiert. Da die einzelnen Variablen nicht gewichtet wurden und die Gruppe der Policy-Response-Indikatoren aus 14, die Gruppe der State-Indikatoren aus 11, die Gruppe der Response-Indikatoren aber nur aus 7 Variablen besteht, fallen die State- und die Policy-Response-Indikatoren etwas stärker ins Gewicht als die Response-Indikatoren. In Tabelle 15 sind die Mitgliedstaaten der erweiterten EU gemäß ihrer Umweltzustände und ihrer umweltpolitischen Maßnahmen gelistet, beginnend mit dem Land mit dem besten Umweltzustand bzw. den strengsten Umweltschutzmaßnahmen.

Tabelle 15

Durchschnittswerte und Standardabweichungen der 32 Inputvariablen

Land	Durchschnittswert der 32 normalisierten Variablen	Standardabweichung
DK	0,20	0,25
S	0,22	0,31
D	0,24	0,28
A	0,24	0,32
GB	0,26	0,28
SF	0,28	0,32
B/LUX	0,32	0,32
NL	0,32	0,33
IRL	0,32	0,35
LET	0,36	0,37
F	0,37	0,37
CY	0,37	0,38
LIT	0,39	0,36
P	0,40	0,37
HU	0,41	0,35
E	0,41	0,38
I	0,41	0,38
MAL	0,41	0,40
SLO	0,42	0,33
PL	0,42	0,36
SK	0,42	0,37
CZ	0,44	0,34
GR	0,44	0,34
EST	0,49	0,39
RO	0,51	0,38
BG	0,53	0,40
Durchschnitt	0,37	

Quellen: siehe Anhang ‚Datendokumentation' (Daten aus dem Jahr 2002), eigene Berechnungen

Die Abfolge der Zusammenschlüsse und die euklidischen Abstände (d_{ij}) zwischen den fusionierenden Ländern sind dem Dendrogramm (Schaubild 11) zu entnehmen.

Schaubild 11

Dendrogramm zur Clusteranalyse im Bereich Umweltpolitik

average-linkage-method, euklidische Abstände

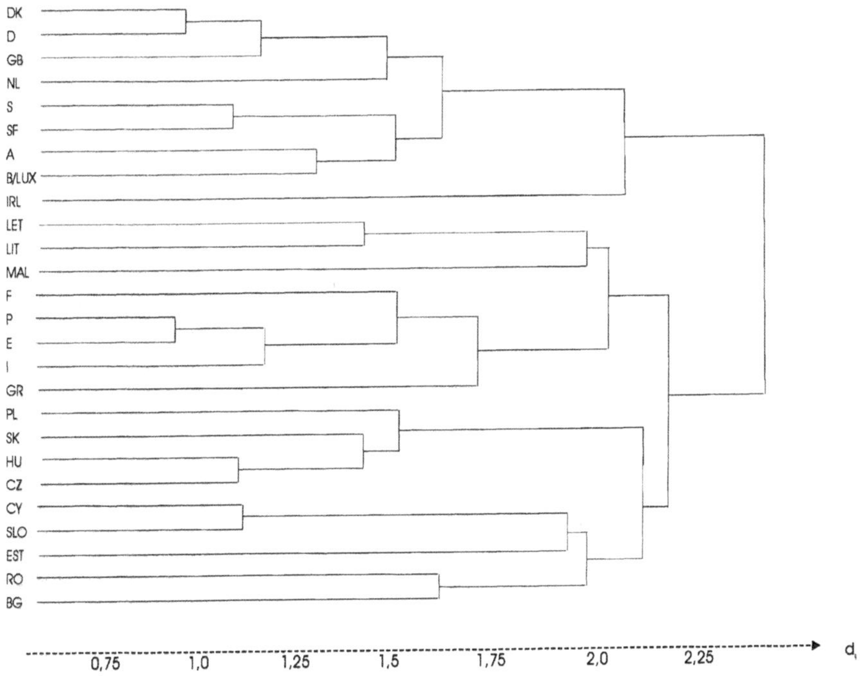

Quellen: siehe Anhang ‚Datendokumentation' (Daten aus dem Jahr 2002), eigene Berechnungen

Der Fortgang der Zusammenschlüsse der einzelnen Länder beziehungsweise Ländergruppen erscheint recht plausibel. Es sind deutliche Parallelen zu erkennen zwischen den strukturellen Charakteristiken und den umweltpolitischen Präferenzen der Länder. Es wird anhand des Ergebnisses jedoch deutlich, dass sich der Clusteranalyse zufolge auch in der Umweltpolitik auf Anhieb keine Ländergruppe bildet, die die für eine qualifizierte Mehrheit erforderlichen 258 Stimmen besitzt. Was jedoch deutlich wird, ist die Tatsache, dass sich im Vergleich zur alten EU der 15 Mitgliedstaaten die Gewichte deutlich verlagern und eine Gruppe bestehend aus süd- und osteuropäischen

Ländern gegenüber einer anderen Gruppe bestehend aus mittel- und nordeuropäischen Ländern deutlich an Einfluss gewinnt. Im Vergleich zu dem zuvor analysierten Politikbereich ist für den Bereich Umweltpolitik anhand des Dendrogramms erkennbar, dass sich die erweiterte EU hinsichtlich der umweltpolitischen Präferenzen ihrer Mitglieder scheinbar in mehrere kleine Ländergruppen, zumeist bestehend aus vier bis fünf Ländern, unterteilt, zwischen denen relativ große Unterschiede bestehen. Auch wenn in der weiteren Analyse der Einfachheit halber die Mitglieder der erweiterten EU bezüglich ihrer umweltpolitischen Präferenzen in drei Gruppen zusammengefasst werden, muss dennoch bedacht werden, dass diese Gruppen in sich weitaus weniger homogen zu sein scheinen als dies in der Sozialpolitik der Fall war. Fraglich ist nun, welche Konsequenzen sich aus den Ergebnissen der Clusteranalyse für die Zukunft der Umweltpolitik in der erweiterten Union ergeben.

Als erstes Ergebnis lässt sich festhalten, dass die 10 Mitgliedstaaten umfassende Ländergruppe bestehend aus Belgien/Luxemburg, Dänemark, Deutschland, Finnland, Großbritannien, Irland, den Niederlanden, Österreich und Schweden aufgrund einer relativ hohen Interessenkorrelation, die sich in einer niedrigen Varianz der euklidischen Abstände niederschlägt, sich in der alten EU der 15 Mitgliedstaaten für eine verstärkte Zusammenarbeit im Bereich Umweltpolitik geeignet hätte. Die Unterschiede zwischen diesem im folgenden als nord-mitteleuropäische Ländergruppe bezeichneten Cluster und den anderen beiden großen Ländergruppen liegen vor allem in den umweltpolitischen Präferenzen und den Umweltzuständen begründet, während bei den Veränderungen der Umweltbedingungen keine allzu großen Unterschiede zwischen den Ländern erkennbar sind.

Aus Schaubild 11 geht hervor, dass der im folgenden als südeuropäische Ländergruppe bezeichnete Cluster (bestehend aus Lettland, Litauen, Malta, Frankreich, Portugal, Spanien, Italien und Griechenland) zwischen der nord-mitteleuropäischen Gruppe und der im folgenden als osteuropäisch bezeichneten Ländergruppe (bestehend aus Polen, der Slowakei, Ungarn, Tschechien, Zypern, Slowenien, Estland, Rumänien und Bulgarien) angesiedelt ist. Offensichtlich scheint die südeuropäische Gruppe jedoch bezüglich ihrer umweltpolitischen

Charakteristiken und Präferenzen der osteuropäischen Ländergruppe ähnlicher zu sein als der nord-mitteleuropäischen Gruppe. Folglich käme die südeuropäische Ländergruppe durch die Bildung einer politischen Koalition mit der osteuropäischen Gruppe einer qualifizierten Mehrheit relativ nahe. Betrachtet man hingegen lediglich die Mitglieder der alten EU-15, hätten dort die südeuropäischen Mitgliedstaaten eine Minderheit gegenüber den nord- und mitteleuropäischen Staaten gebildet, wenngleich aber auch dort die nord- und mitteleuropäischen Länder nicht über die erforderliche Stimmenzahl für eine qualifizierte Mehrheit verfügt hätten.

Die Stabilität der einzelnen Ländergruppen in politischen Verhandlungs- und Entscheidungsprozessen kann wiederum anhand der durchschnittlichen euklidischen Abstände der Einzelstaaten zu den Mitgliedern der verschiedenen Ländergruppen analysiert werden. Die nord-mitteleuropäische Ländergruppe, bestehend aus den Staaten mit dem höchsten Entwicklungsniveau in der erweiterten EU, müsste eben gerade aufgrund dieses hohen Entwicklungsniveaus ein Interesse daran haben, ihre Umweltstandards auf EU-Ebene zu implementieren, wodurch die süd- wie auch die osteuropäische Ländergruppe jedoch negativ betroffen wären und sich daher für eine laszivere Umweltpolitik stark machen müssten. Obwohl die südeuropäische gemeinsam mit der osteuropäischen Ländergruppe im Falle von Mehrheitsentscheidungen sehr viel näher an der dafür erforderlichen Stimmenzahl liegt, ist die Organisation einer Mehrheit vermutlich aus verschiedenen Gründen mit Schwierigkeiten verbunden: Zum einen ist es für ein einzelnes Mitglied der nord-mitteleuropäischen Ländergruppe relativ irrational, zur südeuropäischen Gruppe überzuwechseln, um gemeinsam mit dessen Mitgliedern umweltpolitische Maßnahmen zu beschließen, die unter seinen nationalen Standards liegen. Es wäre vermutlich sinnvoller, als ‚blocking minority' geschlossen zu bleiben und aus einer relativ starken, gemeinsam vertretenen Position heraus mit der südeuropäischen Ländergruppe nach Verhandlungslösungen zu suchen. Zum zweiten scheint den einzelstaatlichen euklidischen Abständen gegenüber den übrigen Gruppenmitgliedern zufolge die nord-mitteleuropäische Ländergruppe in sich relativ homogen zu sein, was bei der süd- wie auch bei der osteuropäischen Gruppe nicht in dem Maße zutrifft. Dies verdeutlicht Tabelle 16, in der für die einzelnen Mitglieder der drei verschiedenen Ländergruppen wiederum die durchschnittlichen euklidischen Abstände zu den übrigen Mitgliedern der eigenen Gruppe als auch zu den Mitgliedern der ‚nächstgelegenen' opponierenden Ländergruppe enthalten sind.

Es muss hierbei nochmals unterschieden werden zwischen der Varianz beziehungsweise der Standardabweichung und den euklidischen Abständen, also den Heterogenitätsmaßen, zwischen den Merkmalsträgern. Eine hohe Varianz kommt bei der vorliegenden Betrachtung dadurch zustande, dass die Beobachtungswerte der verschiedenen Indikatoren jedes einzelnen Merkmalsträgers stark schwanken, was aber noch nichts aussagt über die Übereinstimmung der Beobachtungswerte zwischen den in einem Cluster enthaltenen Merkmalsträgern. Ist der euklidische Abstand D_{ij} fusionierter Merkmalsträger gering, die Varianz innerhalb des neu entstandenen Clusters aber hoch, bedeutet dies, dass zwar eine relativ hohe Übereinstimmung der Einzelvariablen zwischen den Merkmalsträgern vorliegt, dass jedoch die Variablenwerte bei

Tabelle 16

Entfernungsmaße zur Beurteilung der Stabilität einzelner Ländergruppen im Bereich Umweltpolitik

a) Mitglieder der nord- und mitteleuropäischen Ländergruppe:

Land	$\overline{D_{ij}^N}$	$\overline{D_{ij}^S}$	$\overline{D_{ij}^O}$	$\frac{\overline{D_{ij}^S}}{\overline{D_{ij}^N}}$ bzw. $\frac{\overline{D_{ij}^O}}{\overline{D_{ij}^N}}$
DK	1,58	2,33	2,52	1,47 (S)
D	1,41	2,21	2,48	1,57 (S)
GB	1,57	2,27	2,27	1,45 (S)
NL	1,63	2,00	2,24	1,23 (S)
S	1,67	2,04	2,55	1,22 (S)
SF	1,60	1,95	2,17	1,22 (S)
A	1,53	2,20	2,40	1,44 (S)
B/LUX	1,57	2,01	1,89	1,20 (O)
IRL	2,07	2,24	2,47	1,08 (S)

b) Mitglieder der südeuropäischen Ländergruppe:

Land	$\overline{D_{ij}^S}$	$\overline{D_{ij}^N}$	$\overline{D_{ij}^O}$	Minimum aus $\frac{\overline{D_{ij}^O}}{\overline{D_{ij}^S}}$ und $\frac{\overline{D_{ij}^N}}{\overline{D_{ij}^S}}$
LET	2,09	2,24	2,26	1,07 (N)
LIT	1,78	2,02	1,84	1,03 (O)
MAL	1,95	2,42	2,24	1,15 (O)
F	1,85	1,90	2,09	1,03 (N)
P	1,59	2,20	2,16	1,36 (O)
E	1,59	2,22	2,21	1,39 (O)
I	1,51	2,05	1,93	1,28 (O)
GR	1,94	2,29	2,25	1,16 (O)

c) Mitglieder der osteuropäischen Ländergruppe:

Land	$\overline{D_{ij}^O}$	$\overline{D_{ij}^N}$	$\overline{D_{ij}^S}$	$\frac{\overline{D_{ij}^O}}{\overline{D_{ij}^S}}$
PL	1,89	2,25	2,07	1,09
SK	1,72	2,27	1,74	1,01
HU	1,59	1,97	1,91	1,20
CZ	1,53	2,22	2,10	1,37
CY	1,86	2,11	1,86	1,00
SLO	1,79	2,02	1,87	1,04
EST	2,12	2,71	2,60	1,23
RO	1,97	2,68	2,36	1,19
BG	2,21	2,74	2,57	1,16

Legende: $\overline{D_{ij}^N}$: durchschnittlicher euklidischer Abstand zu den Mitgliedern der nord- und mitteleuropäischen Ländergruppe (DK, D, GB, NL, S, SF, A, B/LUX, IRL)

$\overline{D_{ij}^S}$: durchschnittlicher euklidischer Abstand zu den Mitgliedern der südeuropäischen Ländergruppe (LET, LIT, MAL, F, P, E, I, GR)

$\overline{D_{ij}^O}$: durchschnittlicher euklidischer Abstand zu den Mitgliedern der osteuropäischen Ländergruppe (PL, SK, HU, CZ, CY, SLO, EST, RO, BG)

jedem einzelnen Merkmalsträger relativ stark streuen. Letzteres würde bei der hier vorgenommenen Skalierung der Variablen zwischen null (für umweltfreundliche Werte) und eins (für umweltschädliche Werte) bedeuten, dass die betreffenden Merkmalsträger bezüglich des Umweltzustands und der umweltpolitischen Maßnahmen schwer klassifizierbar sind. Als Beispiel für einen solchen Fall könnten Spanien und Portugal genannt werden. Eine geringe Klassifizierbarkeit bzw. eine hohe Streuung der Beobachtungswerte bei einem Merkmalsträger würde bedeuten, dass dieser weder als eindeutig umweltbewusst noch als eindeutig umweltfeindlich eingestuft werden kann und deshalb als Wackelkandidat gelten muss, dessen Präferenzen und Abstimmungsverhalten als instabil bezeichnet werden können. Diesen Ländern würde, zumindest in bezug auf die umweltpolitische Grundhaltung, die Rolle der Unentschlossenen zukommen, wobei jedoch bei spezifischen Einzelfragen durchaus eindeutige Präferenzen vorliegen können.

Sind bei einem Cluster sowohl die euklidischen Abstände D_{ij} zwischen den fusionierten Merkmalsträgern als auch die Varianzen der Beobachtungswerte bei jedem einzelnen Merkmalsträger relativ gering, sind die betrachteten Länder sowohl umweltpolitisch relativ eindeutig klassifizierbar als auch untereinander relativ homogen. Dies hätte zur Konsequenz, dass sämtliche Clustermitglieder gleichermaßen eindeutige Positionen in umweltpolitischen Fragen beziehen und somit entweder als *Schrittmacher* oder als *Verhinderer* auftreten müssten.

Vor dem Hintergrund dieser Überlegungen wird nochmals deutlich, dass die nord-mitteleuropäische Ländergruppe, mit der Ausnahme Irlands, eine relativ stabile Länderkoalition darstellt. Bei sämtlichen Mitgliedern der nord-mitteleuropäischen Gruppe, außer Irland, sind die euklidischen Abstände zu den Mitgliedern der angrenzenden südeuropäischen Gruppe deutlich höher als zu den übrigen Mitgliedern der eigenen Gruppe. Bei einer Vielzahl der Mitglieder der süd-, insbesondere aber der osteuropäischen Ländergruppe scheint dies weniger der Fall zu sein, wie den Quotienten in der fünften Spalte in Tabelle 16 zu entnehmen ist. Die Homogenität und Stabilität der süd-, insbesondere aber der osteuropäischen Ländergruppe scheint folglich deutlich geringer ausgeprägt zu sein als bei der nord-mitteleuropäischen Gruppe. Hinzu kommt, dass bei den Mitgliedern der süd- und osteuropäischen Ländergruppe auch die Standardabweichungen höher sind als bei den Mitgliedern der nord-mitteleuropäischen

Gruppe (vgl. Tabelle 15). Dies bedeutet, dass deren umweltpolitische Präferenzen weniger klassifizierbar sind, was wiederum die Möglichkeiten seitens der nord-mitteleuropäischen Ländergruppe erhöht, Länder aus der süd- und osteuropäischen Gruppe bei Einzelentscheidungen abzuwerben.

Tabelle 16 zeigt für sämtliche Mitglieder der nord-mitteleuropäischen Gruppe, außer Belgien/Luxemburg, eine größere Homogenität zur südeuropäischen als zur osteuropäischen Gruppe. Würden sich die süd- und osteuropäische Ländergruppe zusammenschließen, kämen für sie als Mehrheitsbeschaffer aus der nord-mitteleuropäischen Gruppe am ehesten Irland und Belgien/Luxemburg in Frage. Zur Erlangung einer qualifizierten Stimmenmehrheit müssten jedoch zusätzlich noch Schweden, Finnland und die Niederlande abgeworben werden. Die letztgenannten Länder der nord-mitteleuropäischen Gruppe sind dort jedoch relativ fest verankert und weisen zudem eine so geringe Standardabweichung bei den Beobachtungswerten auf, dass ein Wechsel als höchst unwahrscheinlich erscheint.

Noch schwieriger dürfte dagegen die Organisation einer qualifizierten Mehrheit für die nord-mitteleuropäische Gruppe sein. Für diese wäre es erforderlich, die gesamte südeuropäische Gruppe zum Stimmentausch zu bewegen zuzüglich eines Mitglieds der osteuropäischen Gruppe. Obgleich dies unwahrscheinlich erscheint, müssen bei derartigen Überlegungen die Ergebnisse der Analyse des einzelstaatlichen Verhaltens im Integrationsprozess berücksichtigt werden. Ähnlich wie in der Sozialpolitik hat sich auch in der Umweltpolitik ein Ländercluster gebildet (hier als nord-mitteleuropäische Ländergruppe bezeichnet), der Mitglieder der in Kapitel 5.2.2.2 hervorgegangenen nord- und mitteleuropäischen Ländergruppe enthält. Die Mitglieder der hier als süd- und osteuropäisch bezeichneten Ländergruppen decken sich dagegen nicht mit den in Kapitel 5.2.2.2 gemäß realwirtschaftlicher Charakteristiken vorgenommenen Gruppierungen. Beide Gruppen enthalten sowohl Mitglieder der in Kapitel 5.2.2.2 als ‚osteuropäisch' bezeichneten, als auch der dort als ‚südeuropäisch' oder rückständig bezeichneten Ländergruppe. Zwischen den hier als südeuropäisch und osteuropäisch bezeichneten Ländergruppen müsste gemäß Kapitel 5.2.2.2 sowohl Koordinationsbedarf als auch –potenzial bestehen.

Allerdings müssten sich gemäß der Adaptionstheorie die Mitglieder der hier als osteuropäisch bezeichneten Ländergruppe im Verhandlungsprozess eher unterordnend verhalten, während die Mitglieder der hier als südeuropäisch bezeichneten Gruppe dominant bis passiv auftreten müssten. Dies spricht dafür, dass in den Verhandlungsprozessen die südeuropäische Gruppe gegenüber der osteuropäischen Gruppe eher versuchen wird, ihre Interessen durchzusetzen, als dies umgekehrt der Fall sein wird.

Vor allem die mitteleuropäischen Mitglieder der nord-mitteleuropäischen Gruppe werden ein Interesse an einer umweltpolitischen Zusammenarbeit mit der an sie angrenzenden südeuropäischen Gruppe haben. Allerdings ist davon auszugehen, dass die mitteleuropäischen Länder bestrebt sein werden, den südeuropäischen Ländern durch dominantes Verhalten im Verhandlungsprozess ihre Interessen so weit wie möglich aufzuzwingen. Ebenso wie in der Sozialpolitik darf folglich auch in der Umweltpolitik der Einfluss der nord-mitteleuropäischen Länder im politischen Verhandlungsprozess nicht unterschätzt werden. Auch in der Umweltpolitik ist jedoch vermutlich fraglich, inwieweit diese aufgrund ihrer zahlenmäßigen Unterlegenheit ihren Einfluss geltend machen können.

Generell ist zu berücksichtigen, dass ein Zusammenschluss der nord-mitteleuropäischen Länder mit den südeuropäischen Ländern zu einer Koalition die hohe Homogenität der nord-mitteleuropäischen Gruppe stark beeinträchtigen würde und mit Kosten in Form von Homogenitätsverlusten verbunden wäre. Aufgrund dieser Heterogenität zwischen den beiden Gruppen wäre für die nur zehn Mitglieder der nord-mitteleuropäischen Gruppe ein Stimmentausch mit den Mitgliedern der südeuropäischen Gruppe vermutlich doch mit zu hohen finanziellen oder politischen Zugeständnissen verbunden. Es gestaltet sich folglich äußerst schwierig, Aussagen über möglicherweise häufig auftretende Länderkoalitionen bei umweltpolitischen Entscheidungen zu treffen. Als Ausweg bliebe letztlich die Verhandlungslösung als Kompromiss, wobei dabei jedoch die umweltpolitisch rückständigeren Länder deutlich an Gewicht gewinnen würden.

5.3.2.4 Erweiterung der Analyse um weitere Einflussfaktoren im Europäischen Entscheidungsprozess

a) Der Einfluss der Kommission auf die Entscheidungsfindung des Rates

Auch für die Europäische Umweltpolitik soll, in gleicher Weise wie zuvor für die Europäische Sozialpolitik, ermittelt werden, mit welchen Wahrscheinlichkeiten sich die aus der Clusteranalyse hervorgegangenen Ländergruppen im europäischen Gesetzgebungs- und Entscheidungsprozess auch tatsächlich bilden werden. Dies wird wiederum vom strategischen Verhalten der Europäischen Kommission abhängig sein. Auch hier wurden wiederum dreierlei Wahrscheinlichkeitsverteilungen für die inhaltliche Ausgestaltung der Gesetzes- und Politikentwürfe der Kommission unterstellt: Erstens eine gleichförmige Wahrscheinlichkeitsverteilung, bei der die Kommission bei ihren Gesetzesentwürfen die Interessen der Mitgliedstaaten der EU in gleicher Weise berücksichtigt. Zweitens eine unimodale Wahrscheinlichkeitsverteilung, bei der die Kommission ihre Entwürfe mehrheitlich am Median-Land ausrichtet (in diesem Fall Frankreich), welches die Mitte zwischen den politischen Extremen bildet und als repräsentativer Vertreter der Interessen der EU-27 angesehen werden soll. Drittens bliebe noch eine mehrgipflige Wahrscheinlichkeitsverteilung. Wie dem Dendrogramm (Schaubild 11) zu entnehmen ist, können die 27 EU-Mitglieder im Bereich Umweltpolitik in drei große Ländergruppen unterteilt werden: Eine Gruppe bestehend aus nord- und mitteleuropäischen Ländern (außer Frankreich) mit relativ hohen Präferenzen für Umweltschutzmaßnahmen, eine zweite Gruppe bestehend aus den Beitrittsstaaten außer Lettland, Litauen und Malta mit eher geringen Präferenzen für Umweltschutzmaßnahmen und eine dritte Gruppe bestehend aus den südeuropäischen Ländern, Frankreich, Lettland, Litauen und Malta, die zwischen den beiden erstgenannten Gruppen angesiedelt ist. Aus diesem Grund wurde hier eine dreigipflige Wahrscheinlichkeitsverteilung gewählt, bei der unterstellt wurde, dass die Europäische Kommission bei der Wahl dieser Strategie ihre Gesetzes- und Politikentwürfe mit jeweils zwanzigprozentiger

Wahrscheinlichkeit am Median-Land jeder der drei genannten Gruppen ausrichtet. Die Dichtefunktion wurde so konstruiert, dass die Wahrscheinlichkeit, mit der die Kommission ihre Entwürfe entweder an den Präferenzen eines Mitglieds der Gruppe der nord- und mitteleuropäischen oder an den Präferenzen eines Mitglieds der Gruppe der osteuropäischen Beitrittsstaaten (außer Lettland, Litauen und Malta) ausrichtet, insgesamt jeweils 34 Prozent beträgt. Beide Ländergruppen bestehen aus jeweils neun Ländern. Die Gruppe der südeuropäischen Länder einschließlich Frankreich, Lettland, Litauen und Malta besteht lediglich aus acht Ländern, so dass die Wahrscheinlichkeit, dass die Kommission ihre Entwürfe an den Interessen dieser Gruppe ausrichtet aufgrund dieser Tatsache nur bei 32 Prozent liegt. Die Ergebnisse der Analyse sind Tabelle 17 zu entnehmen:

Wie Tabelle 17 entnommen werden kann, scheint bei umweltpolitischen Entscheidungen immer mindestens eine der drei aus der Clusteranalyse hervorgegangenen großen Ländergruppen mehr oder weniger geschlossen aufzutreten. Nur bei der osteuropäischen Ländergruppe ist auffallend, dass Bulgarien und die Slowakei aus dem Rahmen fallen. Erwartungsgemäß bilden sich die nord- und mitteleuropäischen und die osteuropäischen Randgruppen bei einer unimodalen Dichtefunktion mit geringerer Wahrscheinlichkeit, bei einer gleichförmigen Dichtefunktion dagegen mit größerer Wahrscheinlichkeit. Im Umkehrschluss würde bei unimodaler Dichtefunktion die um den Median liegende Gruppe der südeuropäischen Länder (einschließlich Frankreich, Lettland, Litauen und Malta) mit relativ großer Wahrscheinlichkeit geschlossen auftreten. Allerdings scheint sich die Gruppe der osteuropäischen Länder (außer Lettland und Litauen) mit etwas geringerer Wahrscheinlichkeit zu bilden als die Gruppen der nord- und mitteleuropäischen und der südeuropäischen Länder. Dies ist vermutlich auf deren geringere Homogenität zurückzuführen. Es ist erkennbar, dass sich gemäß der Berechnungen mit relativ großen Wahrscheinlichkeiten immer eine der drei aus der Clusteranalyse hervorgegangenen Gruppen geschlossen zusammenfinden wird. Im Unterschied zur Sozialpolitik müssten zur Bildung einer mehrheitsfähigen Länderkoalition

Tabelle 17

Koalitionenbildung im Bereich Umweltpolitik in Abhängigkeit von der inhaltlichen Ausgestaltung der Gesetzesvorlagen der Europäischen Kommission

geschlossene/r Länderblock bzw. Länderblöcke mit vergleichsweise hoher Zustimmungsbereitschaft	potenzielle Mehrheitsbeschaffer	Stimmenzahlen der Mitglieder aus den verschiedenen Ländergruppen im Rat (qualif. Mehrheitsentscheidungen)	Wahrscheinlichkeiten p(Θ)		
			gleichförmige Dichtefunktion	unimodale Dichtefunktion	dreigipflige Dichtefunktion
		NM/S/O*			
mittel- und nordeuropäische Länder (DK, D, GB, NL, S, SF, A, B/LUX, IRL)	E, F, GR, I, P, CY, CZ, HU, LET, LIT, PL, SLO	128/100/41	38,0%	32,7%	30,5%
mittel- und nordeuropäische Länder (DK, D, GB, NL, S, SF, A, B/LUX, IRL); südeuropäische Ländergruppe ohne MAL (E, F, GR, I, P, LET, LIT)	CY, HU, SLO	128/120/20	4,0%	2,6%	7,4%
südeuropäische Länder einschl. F, LET, LIT, MAL (E, F, GR, I, P, LET, LIT, MAL), Gruppe CY, CZ, HU, PL, SK, SLO	D, GB, A, S, NL, B/LUX, SF, IRL, RO	72/123/68	34,0%	53,3%	34,0%
osteuropäische Ländergruppe ohne BG (CY, CZ, EST, HU, PL, RO, SK, SLO)	GB, NL, B/LUX, SF, E, F, GR, I, P, LIT, MAL	65/119/84	16,0%	10,1%	24,4%
osteuropäische Ländergruppe (BG, CY, CZ, EST, HU, PL, RO, SK, SLO)	GB, NL, B/LUX, SF, E, F, I, P, LIT, MAL	65/107/94	4,0%	1,0%	2,8%
süd- und osteuropäische Länder (E, F, GR, I, P, BG, CY, CZ, EST, HU, LET, LIT, MAL, PL, RO, SK, SLO)	GB, NL, B/LUX, SF	65/123/94	4,0%	0,3%	0,9%

Legende zu Tabelle 17

*: **NM** = Stimmenzahl der für das Intervall [θ_i; θ_{i+1}] aus dem Länderranking hervorgegangenen Mitglieder der nord- und mitteleuropäischen Ländergruppe mit vergleichsweise hoher Zustimmungsbereitschaft, deren Zustimmung zur Erlangung einer qualifizierten Mehrheit erforderlich ist

S = Stimmenzahl der für das Intervall [θ_i; θ_{i+1}] aus dem Länderranking hervorgegangenen Mitglieder der südeuropäischen Ländergruppe mit vergleichsweise hoher Zustimmungsbereitschaft, deren Zustimmung zur Erlangung einer qualifizierten Mehrheit erforderlich ist

O = Stimmenzahl der für das Intervall [θ_i; θ_{i+1}] aus dem Länderranking hervorgegangenen Mitglieder der osteuropäischen Ländergruppe mit vergleichsweise hoher Zustimmungsbereitschaft, deren Zustimmung zur Erlangung einer qualifizierten Mehrheit erforderlich ist

jedoch Mitglieder aus den jeweils beiden anderen opponierenden Ländergruppen gewonnen werden, so dass immer Verhandlungen zwischen allen drei, relativ heterogenen Ländergruppen erforderlich sein werden, von denen keine eine dominierende Stellung einnimmt.

Wie schon in der Sozialpolitik wird auch in diesem Politikbereich deutlich, dass die nord- und mitteleuropäischen Länder auf einen übermächtigen Block von Mehrheitsbeschaffern aus dem süd- und osteuropäischen Lager angewiesen wären (vgl. Spalte 3 in Tabelle 17). Es wird jedoch deutlich, dass ein Großteil der für die qualifizierte Mehrheit erforderlichen Stimmen aus der Gruppe der südeuropäischen Länder bezogen werden kann. Würde sich dagegen entweder die Gruppe der südeuropäischen oder die Gruppe der osteuropäischen Länder oder gar beide Gruppen gemeinsam geschlossen bilden und würden sich diese, wie aus der Clusteranalyse hervorgegangen, zusammentun, wären diese nur auf vergleichsweise wenige Stimmen aus dem nord- und mitteleuropäischen Lager angewiesen.

Ein außergewöhnlich großer Einfluss in der Europäischen Umweltpolitik scheint den südeuropäischen Ländern zuzukommen, da diese gemäß Tabelle 17 in 42 bis 56 Prozent der Entscheidungen geschlossen auftreten müssten und darüber hinaus in 30,5 bis 38 Prozent der Entscheidungen als Mehrheitsbeschaffer der nord- und mitteleuropäischen Ländergruppe fungieren, dies allerdings nicht geschlossen. Aus der osteuropäischen Gruppe scheinen nach

Tabelle 17 die Länder Tschechien, Ungarn und Slowenien in einer ähnlichen Position zu sein.

In umweltpolitischen Entscheidungen hatten, sofern die vorgenommenen Untersuchungen die umweltpolitischen Präferenzen der Mitgliedstaaten korrekt wiedergeben, in der alten EU der 15 Mitglieder die nord- und mitteleuropäischen Länder eine vorherrschende Position. Sofern es gelungen wäre, Frankreich, das den nord- und mitteleuropäischen Ländern recht ähnlich zu sein scheint, aus der südeuropäischen Gruppe zum Stimmentausch zu bewegen, hätten die nord- und mitteleuropäischen Länder über eine qualifizierte Mehrheit verfügt. In der erweiterten EU stellt sich die Situation jedoch so dar, dass qualifizierte Mehrheiten nur durch die Kooperation von Ländern aus allen drei Ländergruppen zu erzielen sind, was Einigungen erschweren müsste. Es soll nun abschließend noch der Frage nachgegangen werden, welche Länder sich im Bereich Umweltpolitik in einer besonders mächtigen Position befinden.

b) Der Einfluss einzelner Länder im Entscheidungsfindungsprozess des Rates

Die Ermittlung der Shapley-Shubik-Indizes für einzelne Länder unter Berücksichtigung der im Rahmen der Clusteranalyse ermittelten Präferenzordnung liefert für die Europäische Umweltpolitik das folgende Ergebnis:

Im Unterschied zur Europäischen Sozialpolitik kann jedoch für die Europäische Umweltpolitik festgehalten werden, dass in allen drei der im Rahmen der Clusteranalyse ermittelten Länderblöcke Mitglieder mit relativ hohem Machtpotenzial vorhanden sind. Somit ist der Einfluss der drei Ländergruppen im umweltpolitischen Entscheidungsprozess nach den vorgenommenen Untersuchungen relativ ausgewogen, wenngleich die Mitglieder der nord- und mitteleuropäischen Ländergruppe mit der höchsten Wahrscheinlichkeit ausschlaggebend für die Bildung mehrheitsfähiger Koalitio-

Tabelle 18

Machtposition einzelner Mitgliedstaaten in der Europäischen Umweltpolitik

Land	Shapley-Shubik-Index bei alternativen Wahrscheinlichkeitsverteilungen der Gesetzes- und Politikentwürfe		
	gleichförmige Dichtefunktion	**unimodale Dichtefunktion**	**dreigipflige Dichtefunktion**
D	22,0%	38,2%	25,8%
CZ	22,0%	11,9%	19,8%
E	9,0%	13,5%	5,0%
GR	9,0%	4,5%	13,2%
PL	8,5%	9,9%	7,4%
NL	7,0%	4,5%	10,5%
GB	9,0%	6,6%	2,4%
RO	5,0%	4,9%	5,6%
P	3,0%	1,9%	5,5%
BG	3,0%	0,8%	2,3%
IRL	2,0%	2,2%	2,3%
S	0,5%	0,9%	0,6%

Quelle: eigene Berechnungen

nen sein werden, dicht gefolgt von den Mitgliedern der osteuropäischen Gruppe. Für die Mitglieder der südeuropäischen Gruppe ist diese Wahrscheinlichkeit dagegen etwas geringer. Da auch hier wiederum davon ausgegangen werden muss, dass sich die Präferenzordnung der EU-Mitgliedstaaten in umweltpolitischen Fragestellungen von Fall zu Fall leicht ändern kann, müsste das aus Tabelle 18 hervorgehende hohe Machtpotenzial Tschechiens gemindert und teilweise auf das im Dendrogramm benachbarte Ungarn, welches über die selber Stimmenzahl wie Tschechien verfügt, übertragen werden. Gleiches gilt für Deutschland und Großbritannien oder auch Spanien und Italien (vgl. Schaubild 11).

5.3.3 Die Gemeinsame Agrarpolitik

Die Gemeinsame Agrarpolitik kann als wichtigste Gemeinschaftspolitik der Europäischen Union angesehen werden, da die Union für diesen Politikbereich nach wie vor die Hälfte ihrer Ausgaben aufwendet. Die Aufnahme der 12 neuen Mitgliedstaaten stellt aufgrund deren struktureller Prägung insbesondere diesen Politikbereich vor neue Herausforderungen. Obwohl in diesem Politikbereich für die Beitrittsländer Übergangsregelungen vereinbart wurden mit dem Ziel, die Finanzierungslasten für die Nettozahlerländer bei den Agrar- und Strukturfonds nicht ausufern zu lassen, werden langfristig auch die Beitrittsländer gleichberechtigte Partner in der Gemeinsamen Agrarpolitik sein. Mit welchen Veränderungen in der Agrarpolitik in einer erweiterten Union zu rechnen ist, soll anhand eines Vergleichs der Agrarstrukturen zwischen den 27 zukünftigen Mitgliedstaaten analysiert werden. Diese geben Aufschluss über die Unterschiede in den agrarpolitischen Interessen der Mitgliedstaaten.

Bevor im folgenden Kapitel das derzeitige Instrumentarium sowie die Reformvorhaben in der Gemeinsamen Agrarpolitik betrachtet werden, sollen der Vollständigkeit halber zunächst kurz die ursprünglichen Zielsetzungen und Prinzipien der Europäischen Agrarpolitik erörtert werden.

5.3.3.1 Grundlegende Prinzipien und Perspektiven der EU-Agrarpolitik

Die Ziele der Gemeinsamen Agrarpolitik wurden im Jahre 1956 in den Römischen Verträgen formuliert und bestanden in der Erhöhung der Produktivität der landwirtschaftlichen Produktion, in der Sicherung einer angemessenen Lebenshaltung für die ländliche Bevölkerung, in der Stabilisierung der Märkte (implizit der Preise) und in der Gewährleistung der Versorgung der Konsumenten, wobei letztere zu angemessenen Preisen erfolgen sollte.[420] Die Gemeinsame Agrarpolitik besteht aus drei grundlegenden Prinzipien, denen jeder Mitgliedstaat seine nationale Agrarpolitik unterordnen

---

[420] vgl. Art. 33(1) EG-Vertrag i.d. Fassg. v. Amsterdam

muss: Zum Ersten aus dem Prinzip der Markteinheit, welches den freien Warenverkehr bei Agrarprodukten innerhalb der EU und EU-weit einheitliche Preise für diese Produkte vorsieht, zum Zweiten aus dem Prinzip der Gemeinschaftspräferenz, welches Agrarprodukten aus der Union den Vorrang vor Importprodukten einräumt, und zum Dritten aus dem Prinzip der finanziellen Solidarität, welches die Finanzierung der mit der Gemeinsamen Agrarpolitik verbundenen Kosten aus einem gemeinsamen Haushalt (im wesentlichen dem Europäischen Ausrichtungs- und Garantiefonds für die Landwirtschaft, EAGFL) vorsieht.[421]

Zur Erreichung der genannten Ziele und zur Umsetzung der Prinzipien der Agrarpolitik stehen diverse Instrumente zur Verfügung. Diese umfassen im Außenschutz Agrarzölle (früher Abschöpfungen) und Ausfuhrerstattungen und bei den Binnenmarktregelungen einheitliche Preise, Mengenbeschränkungen, Prämienzahlungen und direkte Einkommensbeihilfen. Trotz des zunehmenden Drucks auf die Europäische Union bei den Verhandlungen über eine weitere Liberalisierung und Öffnung der Agrarmärkte im Rahmen der WTO bestehen nach wie vor ausreichend Spielräume für protektionistische Maßnahmen, so dass die Markt- und Preispolitiken nach wie vor ein wesentliches Element der Gemeinsamen Agrarpolitik bilden.[422]

Zwar lässt sich in bezug auf die Ziele der Gemeinsamen Agrarpolitik die Notwendigkeit von Markt- und Preispolitiken relativ leicht widerlegen. Die These, dass garantierte Mindestpreise Investitionen und damit die Produktivität fördern, steht nicht in Einklang mit den Aussagen der Wettbewerbstheorie, nach der gerade durch den Preiswettbewerb Innovationen und technischer Fortschritt gefördert werden. Auch die Versorgung der Verbraucher zu angemessenen Preisen wird durch Garantiepreise konterkariert. Selbst das Ziel einer sicheren Versorgung rechtfertigt mittlerweile nicht mehr die Markt- und Preispolitiken, da die Versorgung mit Nahrungsmitteln in Friedenszeiten nicht notwendigerweise von der Eigenproduktion, sondern von der Fähigkeit, ausreichend Nahrungsmittel zu importieren, abhängig ist. Am ehesten wäre die

---

[421] vgl. KOESTER (1996), S. 143ff.

[422] vgl. OSKAM (2000), S. 53

Markt- und Preispolitik noch gerechtfertigt im Hinblick auf die Sicherung einer angemessenen Lebenshaltung für die ländliche Bevölkerung und die Stabilisierung der Märkte (bzw. der Preise). Das erstgenannte Ziel ließe sich jedoch auch durch Transfers erreichen, bei letzterem Ziel ist zu fragen, ob die damit verbundenen Kosten den Nutzen rechtfertigen. Der vermutlich entscheidende Grund für einen Fortbestand der Markt- und Preispolitiken im Rahmen der Gemeinsamen Agrarpolitik liegt folglich in politischen ‚Notwendigkeiten'. Als die Römischen Verträge verabschiedet wurden, waren in den damaligen Mitgliedstaaten der EWG noch 20 Prozent der Bevölkerung im Agrarsektor beschäftigt. Obwohl sich dieser Anteil mittlerweile deutlich verringert hat und die bäuerlichen Nachfahren ihr Einkommen in anderen Sektoren erzielen, ist der Vermögensbestand des primären Sektors nach wie vor vorhanden und damit auch das Interesse der Landeigentümer an einer weiteren Förderung des primären Sektors. In den Beitrittsländern ist der Beschäftigtenanteil im primären Sektor heute noch so hoch wie in der alten EU vor einigen Jahrzehnten, was eine Abkehr von der bisherigen Politik als noch unwahrscheinlicher erscheinen lässt.[423]

Dennoch werden aber die bereits in der Vergangenheit zum Abbau der hohen Überschüsse eingeführten direkten Einkommenstransfers zukünftig vermehrt zum Einsatz kommen, da die Gemeinsame Agrarpolitik der EU in Zukunft mehreren Restriktionen unterworfen sein wird. So wird der Druck seitens der WTO zum Abbau von Exportsubventionen weiter anhalten. Für die EU bedeuten die Exportsubventionen ohnehin einen Teufelskreis, da der Einfluss der EU auf die Weltmarktpreise einiger Agrarprodukte nicht unerheblich ist und eine Exportförderung die Weltmarktpreise negativ beeinflusst, was wiederum höhere Subventionen nach sich zieht. Durch die Vergrößerung der EU im Rahmen der Osterweiterung würde dieses Problem weiter verschärft. Zudem hat sich die EU in bilateralen Handelsabkommen verpflichtet, den Markt für ausländische Agrarprodukte zu öffnen, so etwa gegenüber 48 Entwicklungsländern oder gegenüber dem Mercosur. Darüber hinaus ist eine Übertragung der Agrarpolitik in ihrer heutigen Form auf die agrarisch geprägten

[423] vgl. MARSH (2000), S. 84ff.

Beitrittsstaaten im derzeitigen Finanzierungsrahmen langfristig nicht ohne Einbußen für die jetzigen Empfängerländer realisierbar.[424]

Die genannten Gründe schränken die Optionen der EU, gerade vor dem Hintergrund der Osterweiterung, bei der zukünftigen Ausgestaltung der Agrarpolitik relativ stark ein. Eine Beibehaltung der bisherigen Preispolitik wäre mit hohen Überschüssen verbunden, doch auch eine weitere Reduktion der Interventionspreise und ein Übergang zu Ausgleichszahlungen würde den EU-Haushalt immens belasten. Solange die direkten Einkommenstransfers an die Produktion gekoppelt blieben, wäre auch nicht mit einem Rückgang der Produktion zu rechnen. Somit müssten, sofern die Agrarausgabenquote der EU nicht steigen und Produktionsüberschüsse in der erweiterten Union verhindert werden sollen, in Zukunft weitere Preissenkungen und eine Entkoppelung der direkten Transfers von der Produktion erfolgen. Bereits in den vergangenen Jahren hat die EU-Agrarpolitik einen Pfad zur vermehrten Förderung der Entwicklung des ländlichen Raumes und des Umweltschutzes eingeschlagen. Die Kommission wird vermutlich bestrebt sein, dies weiter zu entwickeln.[425] Dennoch werden aber an die Produktion gekoppelte Fördermaßnahmen auf absehbare Zeit, wenn auch in abgeschwächter Form, erhalten bleiben.[426] Im Jahre 2003 wurden Reformmaßnahmen hin zu einer Entkoppelung der Beihilfen vom Produktionsvolumen beschlossen. Dennoch werden auch zukünftig zumindest Getreide und Rindfleisch in Abhängigkeit von der Produktion gefördert und der Getreideinterventionspreis bleibt erhalten.

Für die Zukunft bieten sich der Gemeinsamen Agrarpolitik langfristig prinzipiell jedoch nur drei mehr oder weniger realistische Politikalternativen an. Die erste bestünde in der Verbesserung der Wettbewerbsfähigkeit des landwirtschaftlichen Sektors der EU mit dem Ziel, dem internationalen Wettbewerb auch ohne protektionistische Maßnahmen Stand zu halten. Dies wäre nur durch ein Ausscheiden der ineffizienten Produzenten aus dem Markt durch den Wegfall der Preis- und Mengenpolitik bzw. der Ausgleichszahlungen zu

[424] vgl. KOESTER (2001), S. 7
[425] vgl. KOESTER (2001), S. 10
[426] vgl. MARSH (2000), S. 90

erreichen. Da dies aber mit erheblichen strukturellen Veränderungen verbunden und mit erheblichen gesellschaftlichen Widerständen zu rechnen wäre, ließe sich dies nur sehr langfristig realisieren. Die zweite Alternative bestünde in der Beibehaltung des derzeitigen protektionistischen Systems. Die politische Strategie würde darauf abzielen, in den WTO-Verhandlungen das maximal mögliche Protektionsniveau auszuhandeln. Von Seiten der EU würde dabei lediglich die Budgetrestriktion die Obergrenze bilden. Es müsste dabei nach außen hin der Anschein erweckt werden, dass die Kompensationszahlungen für Preisminderungen an die europäischen Landwirte von der Produktion entkoppelt, die Exportsubventionen der Sicherung eines fairen Anteils der EU am Weltmarkt dienen und dass die Importbeschränkungen aus Umwelt- oder Verbraucherschutzgründen erfolgen. Die dritte Alternative bestünde letztlich in einer Ausweitung der politischen Instrumente zur besseren Erreichung politischer Ziele. Damit müssten die Preis- und Mengenpolitik und der Außenschutz nicht mehr zur Erreichung sozialer oder umweltpolitischer Ziele herhalten und könnten gemäß dem in internationalen Handelsabkommen geforderten Rahmen angepasst werden. Zur Erreichung von Zielen des Umwelt- und Verbraucherschutzes, der Entwicklung des ländlichen Raums und der Einkommenssicherung müssten dann umwelt-, regional- oder sozialpolitische Maßnahmen ergriffen werden.[427] Welche dieser Alternativen langfristig als wahrscheinlich angesehen werden kann, ist im folgenden zu analysieren.

Die Perspektiven dieser drei Alternativen können nicht unabhängig vom bestehenden System der Agrarpolitik betrachtet werden. Derzeit erfolgen in der EU die Interventionen bei pflanzlichen Produkten bereits weitestgehend durch direkte Kompensationszahlungen, Kontingentierungen, Flächenstillegungsprämien, tarifären Außenschutz und Exportsubventionen, die Preispolitik spielt in diesem Bereich nur noch eine untergeordnete Rolle.[428] Allerdings ist die Begünstigung der Produzenten durch den Großteil dieser Instrumente abhängig von der Betriebsgröße. Bei tierischen Produkten erfolgen die Interventionen, neben Importzöllen und Exportsubventionen, hauptsächlich über Quoten-

[427] vgl. MARSH (2000), S. 88ff.
[428] vgl. OSKAM (2000), S. 63

regelungen und Prämien, wobei hier der Fokus hauptsächlich auf Milchprodukte, Rind- und Lammfleisch gerichtet ist.[429]

Auch in den Beitrittsstaaten wurde der Agrarsektor bereits zu kommunistischen Zeiten stark gefördert. Mittlerweile haben diese Staaten ihre nationalen Agrarpolitiken der Gemeinsamen Agrarpolitik der EU angenähert. Allerdings wurde in der EU die tierische Produktion stärker geschützt als dies in einer Vielzahl mittel- und osteuropäischer Länder früher der Fall war, was vermutlich auf die relativ hohe Arbeitsintensität der tierischen Produktion zurückgeführt werden kann. Estland zeichnete sich als einziges Beitrittsland durch eine sehr liberale Agrarpolitik aus. Auch die in den Beitrittsstaaten verwendeten agrarpolitischen Instrumente entsprachen weitgehend denen der EU-Agrarpolitik und bestehen hauptsächlich aus Quotenregelungen und Direktzahlungen. Wenig verbreitet sind in den mittel- und osteuropäischen Ländern allerdings Maßnahmen zur Förderung der Umwelt und des Landschaftsschutzes. Es kann somit festgehalten werden, dass sich der Instrumenteneinsatz in der Agrarpolitik zwischen den alten und den neuen EU-Mitgliedern bereits vor der Erweiterung relativ geähnelt hat, nicht aber das Protektionsniveau, welches in der EU der 15 Mitgliedstaaten deutlich höher war.[430]

Es soll im folgenden der Versuch unternommen werden, Prognosen über die zukünftige Ausgestaltung der Gemeinsamen Agrarpolitik zu treffen. Dies soll dergestalt geschehen, dass zunächst die Einstellung sämtlicher Mitgliedstaaten der erweiterten EU zum derzeitigen protektionistischen Agrarsystem der Union ermittelt werden soll. Zum zweiten soll dann die zu erwartende Ausgestaltung des Protektionismus abgeleitet werden, wobei hier nicht der Instrumenteneinsatz, sondern die Förderziele im Vordergrund stehen sollen.

---

[429] vgl. OSKAM (2000), S. 66

[430] vgl. RABINOWICZ (2000), S. 223ff.

5.3.3.2 Verwendete Indikatoren

Für die empirische Analyse wurden insgesamt vier Variablengruppen gewählt (vgl. Tabelle 19), die sich zu zwei Obergruppen aggregieren lassen. Zur Ermittlung der einzelstaatlichen Präferenzen für protektionistische Maßnahmen dienen die Variablen der Untergruppen c) und d). Die Variablen der Untergruppen a) und b) bilden die Präferenzen bei der zukünftigen Ausgestaltung protektionistischer Maßnahmen ab.

Ebenso wie bei den vorhergehenden Politikbereichen wurden auch hier die Beobachtungswerte normalisiert, um eine gleichmäßige Gewichtung zu gewährleisten. In der Variablengruppe a) wurde demjenigen Land, welches bei einem Produkt den höchsten Beobachtungswert aufweist, der Wert eins und entsprechend demjenigen Land, welches bei einem Produkt den niedrigsten Beobachtungswert aufweist, der Wert null zugewiesen. Die Tatsache, dass für die pflanzliche Produktion sieben und für die tierische Produktion acht verschiedene Indikatoren zur Verfügung stehen ist allerdings aus zweierlei Gründen problematisch: Zum einen würde dadurch die Produktionsstruktur mit 15 von insgesamt 38 Indikatoren besonders stark ins Gewicht fallen, zum anderen können sowohl die 7 Indikatoren der pflanzlichen als auch die 8 Indikatoren der tierischen Produktion, weil es sich nicht um Absolutgrößen, sondern um relative Größen handelt, nicht als unabhängig voneinander angesehen werden. Aus diesem Grund wurden die einzelnen Indikatoren der pflanzlichen Produktion gesiebtelt, die der tierischen Produktion geachtelt.

Mit Hilfe der Indikatoren der Gruppe b) soll die Einstellung einzelner Mitgliedstaaten gegenüber einer zunehmenden Förderung von extensiver Bewirtschaftung, Landschaftsschutz, ökologischen Zielen und des ländlichen Raumes ermittelt werden. Die Methodik wurde dabei so gewählt, dass die Identifikation eines Mitgliedstaates mit den genannten Zielen umso höher ist, je näher der normalisierte Beobachtungswert an eins heranreicht. Dazu mussten die normalisierten Beobachtungswerte teilweise durch eine Subtraktion von eins transformiert werden. Dies gilt etwa für den Düngemitteleinsatz, bei dem demjenigen Land mit dem höchsten normalisierten Wert (also eins) durch die

Tabelle 19

Verwendete Indikatoren für die Clusteranalyse im Bereich 'Gemeinsame Agrarpolitik'

Indikator	Gewichtungsfaktor	Transformation (1-x)	Bemerkungen
a) Produktion			
Pflanzliche Produktion			
Getreide (Anbaufläche in % der landw. genutzten Fläche)	1/7		
Mais (Anbaufläche in % der landw. genutzten Fläche)	1/7		
Kartoffeln (Anbaufläche in % der landw. genutzten Fläche)	1/7		
Zuckerrüben (Anbaufläche in % der landw. genutzten Fläche)	1/7		
Sonnenblumen (Anbaufläche in % der landw. genutzten Fläche)	1/7		
Gemüse (t/landw. genutzter Fläche)	1/7		
Früchte (t/landw. genutzter Fläche)	1/7		
Tierische Produktion			
Rindfleisch (in % der gesamten Fleischproduktion)	1/8		
Schweinefleisch (in % der gesamten Fleischproduktion)	1/8		
Hammel- und Lammfleisch (in % der gesamten Fleischproduktion)	1/8		
Geflügelfleisch (in % der gesamten Fleischproduktion)	1/8		
Kuhmilch (mt/Tsd. Einwohner)	1/8		
Schafsmilch (mt/Tsd. Einwohner)	1/8		
Eier (mt/Tsd. Einwohner)	1/8		
Fischfang (mt/Tsd. Einwohner)	1/8		
b) Landschaftsschutz und Entwicklung des ländl. Raumes			
Flächenbewirtschaftung:			
Anteil der landw. genutzten Fläche an der Landesfläche	1	ja	je größer die Flächennutzung, umso geringer der Landschaftsschutz
davon – Ackerland	1/2	ja	je mehr Ackerland, umso intensiver die Bewirtschaftung
- Dauerkulturen	1/2		je mehr Dauerkulturen, umso extensiver die Bewirtschaftung
Düngemitteleinsatz je ha landw. genutzter Fläche	1	ja	
Abholzung	1	ja	

Tabelle 19 (Fortsetzung)

Indikator	Gewichtungs-faktor	Transfor-mation (1-x)	Bemerkungen
ökologisch bewirtschaftete Fläche (in % der landw. genutzten Fläche)	1		
Ländliche Bevölkerung (in % der Gesamt-bevölkerung)	1/2		je höher der Anteil der Landbevölkerung, umso bedeutender die Entwicklung des ländlichen Raumes
c) Bedeutung des Agrarsektors, Schutzbedürftigkeit und Nutzen aus der Gemeinsamen Agrarpolitik			
Agrarausgaben in % des BIP	1		
Anteil des primären Sektors am BIP	1/2		
Anteil der Beschäftigten im primären Sektor	1/2		
Wertschöpfung pro Beschäftigten im primären Sektor (Tsd. €)	1	ja	
RCA-Koeffizient bei Agrarprodukten	1	ja	Revealed-Comparative-Advantage-Koeffizient
Anteil der Agrarprodukte am Gesamtexport	1		
Ländliche Bevölkerung (in % der Gesamtbevölkerung)	1/2		Indikator bereits in Gruppe b) vorhanden, jeweils mit ½ gewichtet, ist in die Clusteranalyse also nur einfach eingegangen
Durchschnittsgröße landw. Betriebe in ha	1		
Erwartete Nettoposition EAGFL pro Kopf der Bevölkerung 2013	1		Durchschnittswert aus drei alternativen Reformszenarien für die EU-Agrarpolitik
d) Erträge und Technisierungsgrad			
Getreideertrag (KG/ha)	1/3	ja	
Kartoffelertrag (KG/ha)	1/3	ja	
Zuckerrübenertrag (KG/ha)	1/3	ja	
Rindfleisch (KG/Tier)	1/4	ja	
Schweinefleisch (KG/Tier)	1/4	ja	
Lammfleisch (KG/Tier)	1/4	ja	
Kuhmilch (KG/Tier)	1/4	ja	
Technisierungsgrad (Traktoren/1000 ha Ackerland)	1	ja	

Quellen: siehe Anhang ‚Datendokumentation'

Transformation der niedrigste Wert (null) und damit die am wenigsten extensive Bewirtschaftung zugewiesen wurde. Welche Indikatoren auf diese Weise transformiert wurden, ist der dritten Spalte von Tabelle 19 zu entnehmen. Die Indikatoren ‚Anteil des Ackerlandes an der landwirtschaftlich genutzten Fläche' und ‚Anteil der Dauerkulturen an der landwirtschaftlich genutzten Fläche' wurden mit dem Faktor ½ gewichtet, weil sie sich gegenseitig bedingen und im Prinzip über den selben Sachverhalt, nämlich die Intensität bzw. Extensität der Flächennutzung, Auskunft geben sollen.

Von den Indikatoren der Gruppe c) spiegeln der Anteil des Agrarsektors am Bruttoinlandsprodukt, der Beschäftigtenanteil im primären Sektor und der Anteil von Agrarprodukten am Export die einzelstaatliche Bedeutung des primären Sektors wider. Die Agrarausgaben in Prozent des Bruttoinlandsprodukts, die Produktivität pro Beschäftigten im primären Sektor, der RCA-Koeffizient bei Agrarprodukten sowie der Anteil der ländlichen Bevölkerung an der Gesamtbevölkerung dienen als Indikator für die protektionistischen Präferenzen, die durchschnittliche Betriebsgröße sowie die zu erwartenden Nettopositionen pro Kopf der Bevölkerung beim Europäischen Ausrichtungs- und Garantiefonds für die Landwirtschaft (EAGFL) geben Auskunft über den einzelstaatlichen Nutzen aus dem derzeitigen Agrarsystem. Es wurde dabei unterstellt, dass der Nutzen aus den derzeitigen produktionsmengenabhängigen Zuwendungen an die Landwirte positiv abhängig ist von der Betriebsgröße. Für die in der erweiterten Union langfristig unterstellten Nettopositionen (pro Kopf der Bevölkerung) der einzelnen Mitgliedstaaten beim EAGFL wurde für jeden der künftig 27 Mitgliedstaaten der zu erwartende Durchschnittswert im Jahre 2013 aus drei denkbaren Reformszenarien für die Agrarpolitik berechnet.[431] Auch in dieser Indikatorengruppe mussten die Werte teilweise transformiert werden, wie Tabelle 19 zu entnehmen ist. Da der Anteil des primären Sektors am Bruttoinlandsprodukt und der Beschäftigtenanteil des primären Sektors gleichermaßen die Bedeutung des Agrarsektors widerspiegeln, wurden diese beiden Indikatoren mit dem Faktor ½ gewichtet.

---

[431] vgl. WEISE/BANSE (2001), S. 25

Die Indikatoren der Gruppe d) dienen zusätzlich als Indikatoren für die Schutzbedürftigkeit einzelner Produktsparten und enthalten zudem den Technisierungsgrad als Produktivitätsindikator. In dieser Variablengruppe wurden sämtliche Werte transformiert, da die Schutzbedürftigkeit der Produktion mit zunehmender Produktivität abnimmt. Da die Produktivitäten sowohl in der pflanzlichen als auch in der tierischen Produktion in den einzelnen Ländern, unabhängig von einzelnen Pflanzen- oder Tierarten, relativ ähnlich sind, wurden auch diese Indikatoren mit Gewichtungsfaktoren versehen, die verhindern sollen, dass die Produktivitäten übermäßig ins Gewicht fallen.

Führt man für die 27 Mitgliedstaaten der erweiterten EU zunächst eine Normalisierung und Transformation der Beobachtungswerte gemäß der in Tabelle 19 enthaltenen Systematik durch, gelangt man für die Variablengruppen b), c) und d), die die Einstellung der einzelnen Mitgliedstaaten zum Protektionismus und zum Landschaftsschutz abbilden sollen, zu dem in Tabelle 20 ersichtlichen Ergebnis.

Die höchsten Präferenzen für Protektionismus müsste dasjenige Land mit dem höchsten Durchschnittswert aller Indikatoren der Gruppen c) und d) haben (in diesem Fall also Rumänien). Es wird deutlich, dass die Beitrittsstaaten ein deutlich höheres Interesse an protektionistischen Maßnahmen im Agrarbereich und an einer Beibehaltung des derzeitigen Schutzes haben müssten als die 15 alten EU-Mitgliedstaaten. Ein etwas anderes Bild liefert die Reihung der Länder gemäß ihrer Präferenzen für eine zunehmende Förderung des Landschaftsschutzes und der Entwicklung des ländlichen Raumes. Nur für Schweden und Finnland lassen die Werte der Indikatoren, die die Präferenzen für diese Politikrichtung abbilden sollen, auf eine starke Unterstützung dieser Ziele schließen. Die übrigen mitteleuropäischen Mitgliedsstaaten sind, mit der Ausnahme Österreichs, aufgrund ihrer durch intensiven Ackerbau geprägten Agrarstruktur, die durch die derzeitige Agrarpolitik besonders begünstigt wird, relativ weit abgeschlagen. Dagegen scheint für die südeuropäischen Länder, deren Agrarstruktur eher durch extensiven Gartenbau und Dauerkulturen ge-

Tabelle 20

Präferenzordnung der Mitgliedstaaten im Bereich ‚Gemeinsame Agrarpolitik'

Land	Durch-schnittswerte der Variablen der Gruppen c) und d)	Standardab-weichungen der Variablen der Gruppen c) und d)	Land	Durch-schnittswerte der Variablen-gruppe b)	Standardab-weichungen der Variablen der Gruppen a) und b)
RO	0,76	0,20	SF	0,61	0,31
LET	0,69	0,21	S	0,60	0,29
EST	0,67	0,27	P	0,60	0,24
BG	0,65	0,26	I	0,60	0,24
LIT	0,64	0,21	A	0,58	0,28
GR	0,60	0,26	GR	0,54	0,30
SK	0,59	0,21	E	0,52	0,21
PL	0,58	0,24	CY	0,51	0,31
P	0,55	0,23	IRL	0,45	0,27
SLO	0,47	0,26	SLO	0,44	0,29
SF	0,47	0,24	MAL	0,42	0,32
CY	0,46	0,24	GB	0,42	0,23
CZ	0,45	0,22	SK	0,42	0,21
MAL	0,44	0,38	EST	0,41	0,22
HU	0,43	0,27	LET	0,38	0,20
E	0,43	0,22	CZ	0,37	0,20
IRL	0,42	0,25	D	0,34	0,25
I	0,39	0,23	F	0,33	0,20
S	0,35	0,24	BG	0,32	0,21
A	0,35	0,21	B	0,31	0,22
F	0,33	0,19	NL	0,30	0,23
DK	0,31	0,21	RO	0,29	0,26
GB	0,30	0,22	DK	0,27	0,31
B	0,29	0,22	LIT	0,24	0,15
D	0,29	0,19	HU	0,24	0,29
NL	0,23	0,18	PL	0,22	0,23

Quellen: siehe Anhang ‚Datendokumentation' (Daten aus dem Jahr 2002), eigene Berechnungen

kennzeichnet ist, ein Wandel hin zu mehr Landschaftsschutz und einer Förderung der Entwicklung des ländlichen Raumes weniger problematisch zu sein.

5.3.3.3 Resultate der Clusteranalyse

Führt man nun mit Hilfe der in Tabelle 19 enthaltenen Indikatoren eine Clusteranalyse durch, gelangt man zu den im nachstehenden Dendrogramm ersichtlichen Resultaten.

Wie dem Dendrogramm zu entnehmen ist, scheinen die Mitgliedstaaten der erweiterten EU bezüglich ihrer Agrarstrukturen und damit auch ihrer agrarpolitischen Interessen relativ heterogen zu sein. Ähnlich wie im Bereich Umweltpolitik hat die Clusteranalyse viele kleine Ländergruppen oder auch vollkommen isolierte einzelne Länder hervorgebracht, zwischen denen relativ große Unterschiede bestehen. Dennoch entspricht aber die Zusammenführung der Länder nach agrarpolitischen Charakteristiken und Interessen im wesentlichen den Erwartungen. Es finden sich in den einzelnen Clustern hauptsächlich diejenigen Länder wieder, die auch gesamtwirtschaftlich ähnlich strukturiert sind. Die Abfolge der Länder im Dendrogramm, die ja den zwischenstaatlichen Ähnlichkeiten entspricht, scheint plausibel zu sein. Erwartungsgemäß wird darüber hinaus die Gruppierung der Länder in diesem Politikbereich allem Anschein nach durch geografische und klimatische Faktoren beeinflusst. Dennoch existieren einige Ausnahmen. So weicht etwa Dänemark von den übrigen mittel- wie auch nordeuropäischen Ländern vor allem durch die hohe Flächennutzung und die Produktionsstruktur (vornehmlich Getreideanbau und hohe Bedeutung des Fischfangs) ab. Die Abweichung Irlands lässt sich insbesondere durch die relativ hohe Bedeutung und Förderung des Agrarsektors sowie durch die rurale Struktur des Landes erklären. Außerdem ist die Struktur der agrarischen Produktion auf die Tierzucht und die Grünlandbewirtschaftung konzentriert und demzufolge recht extensiv.

Die Mitgliedstaaten der alten EU-15 betreffend ist festzuhalten, dass sich die Ergebnisse der Clusteranalyse weitgehend mit den bisher bei politischen Entscheidungen zu Tage getretenen agrarpolitischen Interessen der einzelnen Mitgliedstaaten decken. So besteht eine relativ hohe Homogenität in den Agrarstrukturen zwischen Deutschland und Frankreich, lediglich Schweden und Finnland beziehungsweise Belgien/Luxemburg und die Niederlande sind sich in ihren Agrarstrukturen noch ähnlicher. Auch die besonderen agrarpolitischen

Schaubild 12

Dendrogramm zur Clusteranalyse im Bereich Agrarpolitik

average-linkage-method, euklidische Abstände

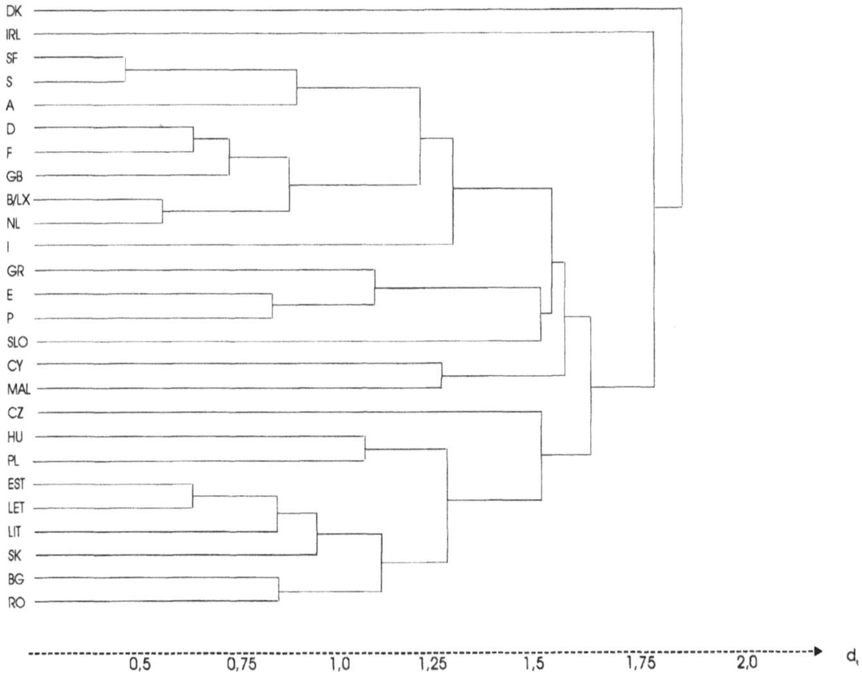

Quellen: siehe Anhang ‚Datendokumentation' (Daten aus dem Jahr 2002), eigene Berechnungen

Strukturen Irlands kommen in der Clusteranalyse zum Ausdruck. In der alten EU der 15 Mitgliedstaaten hatte der Cluster, dem die drei großen Länder Deutschland, Frankreich und Großbritannien angehören, eine Sperrminorität und damit entscheidenden Einfluss auf agrarpolitische Entscheidungen. Ebenso hatten die Mitglieder des südeuropäischen Clusters, also Portugal, Spanien und Griechenland, zusammen mit Italien, welches hier zunächst mit der Gruppe der mittel- und nordeuropäischen Länder fusioniert wurde (allerdings erst relativ spät und mit einem relativ großen euklidischen Abstand), in der alten EU eine Sperrminorität. Für beide Ländergruppen entfallen in der erweiterten EU diese Sperrminoritäten. Deutschland, Frankreich und Großbritannien müssten sich dann mit Belgien und den Niederlanden einigen, um qualifizierte Mehrheitsentscheidungen zu stoppen.

Ebenso interessant ist die Tatsache, dass im Bereich der Agrarpolitik, anders als im Falle der Umwelt- und Sozialpolitik, die südeuropäischen Länder, einschließlich Malta, Zypern und Slowenien als einzigem osteuropäischen Beitrittsland, letztlich dem mitteleuropäischen Cluster zugeordnet werden. Dies würde bedeuten, dass die Unterschiede in den Agrarstrukturen zwischen den südeuropäischen Ländern und den übrigen Beitrittsländern (außer Malta, Zypern und Slowenien), die einen eigenen Cluster bilden, größer sind als die Unterschiede zwischen den südeuropäischen und den mittel- und nord-europäischen Ländern. Sofern die Agrarstrukturen die agrarpolitischen Interessen der einzelnen Mitgliedstaaten determinieren, würde dies die allgemein erwartete Erschwerung agrarpolitischer Entscheidungen in der erweiterten Union bestätigen. Bei den Beitrittsländern setzen sich, neben den bereits genannten Ländern Malta, Zypern und Slowenien, vor allem die Tschechische Republik, Ungarn und Polen vom Rest der Beitrittsstaaten ab. Allerdings hat dieser Rest keine Sperrminorität, lediglich zusammen mit Polen und Ungarn.

Es muss jedoch festgehalten werden, dass die euklidischen Abstände der südeuropäischen Länder Griechenland, Spanien und Portugal sowie der Inseln Malta und Zypern zum osteuropäischen Cluster kaum größer sind als zu den übrigen Mitgliedern des Clusters der süd-, west- und mitteleuropäischen Länder (vgl. Tabelle 22). Somit muss die in der Clusteranalyse erfolgte Zuordnung dieser Länder zum Cluster der mittel- und nordeuropäischen Länder als relativ instabil angesehen werden, da von Fall zu Fall ein Wechsel dieser Länder zum osteuropäischen Cluster relativ wahrscheinlich ist. Die Mitglieder des osteuropäischen Clusters scheinen dagegen nach der vorliegenden Analyse recht fest in dieser Ländergruppe verankert zu sein, lediglich für die Tschechische Republik gilt aufgrund einer relativ hohen Homogenität ein fallweiser Wechsel in den Cluster der süd-, mittel- und nordeuropäischen Länder als wahrscheinlich. Abschließend lässt sich für die Gemeinsame Agrarpolitik festhalten, dass sich auch für diesen Politikbereich mit der hier verwendeten Methodik für die erweiterte EU keine eindeutig dominierende Ländergruppe ausmachen lässt. Es stehen auch hier die mittel- und nordeuropäischen Länder der Gruppe der Beitrittsstaaten gegenüber. Die südeuropäischen Länder, die in der alten EU als eine Ländergruppe mit spezifischen agrarpolitischen Interessen galten, sind bezüglich ihrer Agrarstrukturen und der daraus ableitbaren agrarpolitischen Interessen zwischen den Beitrittsstaaten und den mittel- und nordeuropäischen Staaten angesiedelt, so dass in der erweiterten EU die politischen Verhandlungslösungen ihren Interessen näher kommen müssten als dies bisher der Fall war.

Hinsichtlich des generellen Interesses an politischer Zusammenarbeit zwischen den drei Ländergruppen ist auch hier wiederum festzustellen, dass die Gruppe bestehend aus nord- und mitteleuropäischen Ländern ein Interesse an politischer Koordination insbesondere gegenüber den südeuropäischen Mitgliedern des angrenzenden, oben als südeuropäisch bezeichneten Clusters haben müssten. Dieses Interesse müsste auch umgekehrt seitens der südeuropäischen Mitglieder des als südeuropäisch bezeichneten Clusters vorhanden sein (vgl. Kapitel 5.2.2.2). Es muss jedoch wiederum davon ausgegangen werden, dass bei Verhandlungen zwischen den beiden Gruppen insbesondere die großen mitteleuropäischen Länder aufgrund ihres dominanten Verhaltens im Verhandlungsprozess bestrebt sein werden, ihre Interessen durchzusetzen. Die dritte aus der Clusteranalyse hervorgegangene und oben als osteuropäisch bezeichnete Ländergruppe besteht aus Mitgliedern, die zwar ein Interesse an politischer Koordination sowohl gegenüber den Mitgliedern der süd- als auch gegenüber den Mitgliedern der nord- und mitteleuropäischen Länder haben müssten. Allerdings wurde sämtlichen Mitgliedern dieser Gruppe in der Adaptionstheorie passives bis unterordnendes Verhalten unterstellt. Aufgrund der geringen Stimmenzahl dieser Gruppe im Rat scheinen daher ihre Einflussmöglichkeiten im agrarpolitischen Verhandlungsprozess relativ gering zu sein.

5.3.3.4 Erweiterung der Analyse um weitere Einflussfaktoren im Europäischen Entscheidungsprozess

a) Der Einfluss der Kommission auf die Entscheidungsfindung des Rates

Wie schon dem Dendrogramm (Schaubild 12) zu entnehmen ist, scheinen die Mitgliedstaaten der erweiterten EU bezüglich ihrer agrarpolitischen Interessen relativ heterogen und in viele kleine Untergruppen unterteilt zu sein. Der Einfachheit halber soll jedoch auch im folgenden die schon im vorhergehenden Kapitel vorgenommene Unterteilung der 27 Mitgliedstaaten in drei Gruppen beibehalten werden. Obwohl die Länder Dänemark und Irland in der Clusteranalyse keinem der drei Länderblöcke zugeordnet wurden, sollen beide der Gruppe der nord- und mitteleuropäischen Länder zugeteilt werden. Diese Vorgehensweise lässt sich an späterer Stelle noch rechtfertigen.

Auch hier soll wiederum unterstellt werden, dass die Kommission drei alternative Strategien bei der Ausarbeitung von Gesetzes- und Politikentwürfen verfolgen kann. So kann sie bei ihren Entwürfen erstens die Interessen der 27 Mitgliedstaaten abwechselnd in gleicher Weise berücksichtigen, also eine gleichförmige Wahrscheinlichkeitsverteilung ihrer Entwürfe auf die einzelstaatlichen Präferenzen wählen. Sie kann zweitens ihre Entwürfe vornehmlich am Medianland, im Falle der Agrarpolitik wären dies Spanien und Portugal gleichermaßen. Es wurde auch hier unterstellt, dass die Kommission mit fünfzigprozentiger Wahrscheinlichkeit den Median als Bezugspunkt ihrer Gesetzes- und Politikentwürfe wählt. Als dritte Strategie soll die Kommission ihre Entwürfe immer an den Präferenzen eines der drei großen Länderblöcke, also dem nord- und mitteleuropäischen, dem südeuropäischen oder dem osteuropäischen Länderblock, ausrichten, was eine dreigipflige Wahrscheinlichkeitsverteilung zur Folge hätte. Diese wurde so konstruiert, dass die Kommission ihre Entwürfe mit 42-prozentiger Wahrscheinlichkeit an den Präferenzen des nord- und mitteleuropäischen Länderblocks, der insgesamt aus elf Mitgliedstaaten besteht, ausrichtet und mit 20-prozentiger Wahrscheinlichkeit das Medianland dieser Gruppe (Deutschland) als Bezugspunkt wählt. Der südeuropäische Länderblock, bestehend aus sechs Ländern, soll mit 24-prozentiger Wahrscheinlichkeit als Orientierungspunkt der Kommission dienen. Auch hier sollen die Entwürfe wiederum mit 20-prozentiger Wahrscheinlichkeit an den Präferenzen des Medians der Gruppe ausgerichtet werden. Der dritte große, osteuropäische Länderblock, bestehend aus neun Mitgliedstaaten, soll mit 34-prozentiger Wahrscheinlichkeit berücksichtigt werden und auch hier soll die Wahrscheinlichkeit, dass ein Entwurf den Präferenzen des Medians der Gruppe entspricht, wiederum zwanzig Prozent betragen. Für die Gemeinsame Agrarpolitik liefert die Analyse das in Tabelle 21 ersichtliche Ergebnis.

Für alle drei Dichtefunktionen scheint die Wahrscheinlichkeit, dass sich der nord- und mitteleuropäische Länderblock bildet, eindeutig am größten zu sein, so dass diesem ein entscheidender Einfluss im agrarpolitischen Gesetzgebungs- und Entscheidungsprozess zukommen müsste. Allerdings kommt dieses Ergebnis nur zustande, wenn man vom frühen Austritt Dänemarks und Irlands aus dieser Ländergruppe absieht. Ohne Dänemark und Irland scheint nach dem Dendrogramm die Gruppe der nord- und mitteleuropäischen Länder im Vergleich zu den beiden anderen Ländergruppen relativ homogen zu sein (mit der Ausnahme Italiens), was deren häufiges geschlossenes Auftreten erklärt. Zudem sind die drei großen Länder Deutschland, Frankreich und Großbritannien sowie Belgien/Luxemburg, die Niederlande und Finnland, sofern sich ihre Gruppe nicht geschlossen bildet, Mehrheitsbeschaffer.

Vergleichsweise selten scheint sich die Gruppe der südeuropäischen Länder Griechenland, Spanien, Portugal, Slowenien, Malta und Zypern geschlossen zu bilden. Allerdings treten sämtliche südeuropäischen Länder als Mehrheitsbe-

Tabelle 21

Koalitionenbildung im Bereich ‚Gemeinsame Agrarpolitik' in Abhängigkeit von den Gesetzesvorlagen der Europäischen Kommission

geschlossene/r Länderblock bzw. Länderblöcke mit vergleichsweise hoher Zustimmungsbereitschaft	potenzielle Mehrheitsbeschaffer	Stimmenzahlen der Mitglieder aus den verschiedenen Ländergruppen im Rat (qualif. Mehrheitsentscheidungen)	Wahrscheinlichkeiten p(Θ)		
			gleichförmige Dichtefunktion	unimodale Dichtefunktion	dreigipflige Dichtefunktion
		NM/S/O*			
nord- und mitteleuropäische Länder (DK, IRL, SF, S, A, D, F, GB, B/LUX, NL, I)	E, P, CY, CZ, EST, LET, PL, SK, SLO	186/41/39	23,0%	10,6%	24,9%
nord- und mitteleuropäische Länder außer IRL (DK, SF, S, A, D, F, GB, B/LUX, NL, I)	E, P, CY, GR, MAL, CZ, EST, LET, PL, SK, SLO	179/46/49	18,0%	23,0%	17,1%
nord- und mitteleuropäische Länder außer DK, IRL (SF, S, A, D, F, GB, B/LUX, NL, I)	E, P, CY, MAL, BG, CZ, EST, LET, RO, SK, SLO	172/54/33	12,0%	19,2%	3,8%
nord- und mitteleuropäische Länder außer DK, IRL (SF, S, A, D, F, GB, B/LUX, NL); südeuropäische Länder (E, GR, P, SLO, CY, MAL)	BG, EST, LET, PL, SK	172/62/33	3,0%	4,5%	1,7%
D, F, GB, B/LUX, NL, I, S, SF	E, P, SLO, CY, MAL, BG, CZ, HU, EST, LET, SK	162/47/49	3,0%	3,5%	1,6%
südeuropäische Länder außer MAL (E, GR, P, SLO, CY)	D, F, GB, B/LUX, NL, SF, BG, EST, HU, LET, PL, SK	158/59/43	13,0%	23,5%	18,9%
osteuropäische Länder außer SLO (BG, CZ, HU, EST, LET, LIT, PL, RO, SK)	D, F, GB, B/LUX, NL, SF, E, GR, P, CY, MAL, SLO	114/53/97	28,0%	15,7%	32,0%

Legende zu Tabelle 21

*: **NM** = Stimmenzahl der für das Intervall [θ_i; θ_{i+1}] aus dem Länderranking hervorgegangenen Mitglieder der nord- und mitteleuropäischen Ländergruppe mit vergleichsweise hoher Zustimmungsbereitschaft, deren Zustimmung zur Erlangung einer qualifizierten Mehrheit erforderlich ist
S = Stimmenzahl der für das Intervall [θ_i; θ_{i+1}] aus dem Länderranking hervorgegangenen Mitglieder der südeuropäischen Ländergruppe mit vergleichsweise hoher Zustimmungsbereitschaft, deren Zustimmung zur Erlangung einer qualifizierten Mehrheit erforderlich ist
O = Stimmenzahl der für das Intervall [θ_i; θ_{i+1}] aus dem Länderranking hervorgegangenen Mitglieder der osteuropäischen Ländergruppe mit vergleichsweise hoher Zustimmungsbereitschaft, deren Zustimmung zur Erlangung einer qualifizierten Mehrheit erforderlich ist

schaffer sowohl des nord- und mitteleuropäischen als auch des osteuropäischen Länderblocks auf, doch auch hier nicht geschlossen. Dies deutet auf eine relativ hohe Heterogenität dieser Gruppe hin. Die Gruppe der osteuropäischen Länder würde sich dagegen häufiger geschlossen bilden.

In diesem Politikbereich hätte die Gruppe der nord- und mitteleuropäischen Länder, sofern sie sich geschlossen bildet, eine relativ dominierende Position im Vergleich zu denjenigen Ländern, die als Mehrheitsbeschaffer fungieren würden (wenngleich auch letztere nicht unterschätzt werden dürfen). Es wird deutlich, dass die nord- und mitteleuropäischen Länder auf relativ wenig stimmen aus der südeuropäischen Gruppe, zu der gemäß der Clusteranalyse relativ große Unterschiede bestehen, angewiesen sind. Die osteuropäische Ländergruppe verfügt nur über relativ wenige Stimmen und kann vermutlich die südeuropäischen Länder nur relativ schwer zum Stimmentausch bewegen, da diese dem Dendrogramm zufolge der nord- und mitteleuropäischen Ländergruppe immer noch ähnlicher zu sein scheinen als der osteuropäischen. Dies würde im Prinzip bedeuten, dass der Einfluss der Beitrittsstaaten auf die Gemeinsame Agrarpolitik recht gering ist. Allerdings können die nord- und mitteleuropäischen Länder in der erweiterten EU Beschlüsse nach qualifizierter Mehrheit nur gemeinsam mit Mitgliedern der süd- und osteuropäischen Ländergruppe verabschieden, während sie in der alten EU, sofern sie Irland und Italien zur Zustimmung bewegen konnten, die drei südeuropäischen Länder überstimmen konnten.

Genauere Aussagen über den Zusammenhalt und die Stabilität der einzelnen Ländergruppen liefert Tabelle 22.

Tabelle 22 rechtfertigt zunächst die Einbeziehung Dänemarks und Irlands in die Gruppe der nord- und mitteleuropäischen Länder, da die durchschnittlichen euklidischen Abstände beider Länder sowohl zur Gruppe der süd- als auch zur Gruppe der osteuropäischen Länder höher sind als zur Gruppe der nord- und mitteleuropäischen Länder. Allerdings ist Irland den südeuropäischen Ländern fast ebenso nahe wie den nord- und mitteleuropäischen. Ferner ist der Tabelle zu entnehmen, dass sowohl die nord- und mitteleuropäischen als auch die osteuropäischen Länder relativ homogene und geschlossene Gruppen bilden. In der nord- und mitteleuropäischen Ländergruppe scheint ein Wechsel in die nächstgelegene südeuropäische Gruppe neben Irland allenfalls für Italien in Frage zu kommen. Die Mitglieder der osteuropäischen Gruppe scheinen allesamt recht fest in ihrer Gruppe verankert zu sein und sich deutlich von den anderen beiden Gruppen zu unterscheiden. In den agrarpolitischen Präferenzen scheinen die osteuropäischen Länder demzufolge wesentlich homogener, aber

Tabelle 22

Entfernungsmaße zur Beurteilung der Stabilität einzelner Ländergruppen im Bereich ‚Gemeinsame Agrarpolitik'

a) Mitglieder der nord- und mitteleuropäischen Ländergruppe:

Land	$\overline{D_{ij}^{N}}$	$\overline{D_{ij}^{S}}$	$\overline{D_{ij}^{O}}$	$\frac{\overline{D_{ij}^{S}}}{\overline{D_{ij}^{N}}}$
DK	1,67	2,03	1,88	1,22
IRL	1,75	1,76	1,88	1,01
SF	1,29	1,55	1,64	1,20
S	1,24	1,59	1,80	1,28
A	1,28	1,59	1,78	1,24
D	1,10	1,48	1,58	1,35
F	1,14	1,36	1,43	1,19
GB	1,10	1,47	1,62	1,34
B/LUX	1,11	1,39	1,60	1,25
NL	1,25	1,53	1,77	1,22
I	1,40	1,47	1,69	1,05

Tabelle 22 (Fortsetzung)

b) Mitglieder der südeuropäischen Ländergruppe:

Land	$\overline{D_{ij}^S}$	$\overline{D_{ij}^N}$	$\overline{D_{ij}^O}$	Minimum aus $\frac{\overline{D_{ij}^N}}{\overline{D_{ij}^S}}$ und $\frac{\overline{D_{ij}^O}}{\overline{D_{ij}^S}}$
GR	1,56	1,86	1,56	1,00 (O)
E	1,25	1,34	1,35	1,08 (N)
P	1,24	1,46	1,27	1,02 (O)
SLO	1,51	1,52	1,78	1,01 (N)
CY	1,33	1,48	1,50	1,11 (N)
MAL	1,66	1,73	1,74	1,04 (N)

c) Mitglieder der osteuropäischen Ländergruppe:

Land	$\overline{D_{ij}^O}$	$\overline{D_{ij}^N}$	$\overline{D_{ij}^S}$	$\frac{\overline{D_{ij}^S}}{\overline{D_{ij}^O}}$
CZ	1,50	1,56	1,70	1,13
HU	1,36	1,76	1,63	1,20
PL	1,19	1,69	1,57	1,32
EST	1,20	1,71	1,51	1,26
LET	1,12	1,68	1,48	1,32
LIT	1,08	1,79	1,57	1,45
SK	1,04	1,41	1,21	1,16
BG	1,16	1,81	1,49	1,28
RO	1,18	1,88	1,57	1,33

Legende: $\overline{D_{ij}^N}$: durchschnittlicher euklidischer Abstand zu den Mitgliedern der nordeuropäischen Ländergruppe (DK, IRL, SF, S, A, D, F, GB, B/LUX, NL, I)
$\overline{D_{ij}^S}$: durchschnittlicher euklidischer Abstand zu den Mitgliedern der südeuropäischen Ländergruppe (GR, E, P, SLO, CY, MAL)
$\overline{D_{ij}^O}$: durchschnittlicher euklidischer Abstand zu den Mitgliedern der osteuropäischen Ländergruppe (CZ, HU, PL, EST, LET, LIT, SK, BG, RO)

auch weiter entfernt von den übrigen Mitgliedern der erweiterten EU zu sein als in den beiden zuvor untersuchten Politikbereichen. Die Mitglieder der südeuropäischen Gruppe sind sowohl untereinander relativ heterogen als auch den beiden opponierenden Gruppen relativ ähnlich. Griechenland und Portugal sind sogar der osteuropäischen Gruppe etwas ähnlicher als der nord- und mitteleuropäischen. Dies erklärt die verhältnismäßig geringe Wahrscheinlichkeit, mit der sich diese Ländergruppe geschlossen bildet. Sowohl für die nord- und mitteleuropäischen als auch für die osteuropäischen Länder müsste nach diesen Ergebnissen ein Anwerben bestimmter südeuropäischer Länder zum Stimmentausch ohne umfangreiche Zugeständnisse möglich sein.

Zusammenfassend kann festgehalten werden, dass im Bereich Agrarpolitik die Gruppe der nord- und mitteleuropäischen Länder trotz ihrer Größe mit über 50-prozentiger Wahrscheinlichkeit bei den Gesetzgebungs- und Entscheidungsprozessen in der erweiterten EU relativ geschlossen auftreten müsste. Dies müsste gemäß den Berechnungen, trotz der Randlage der Gruppe, selbst bei einer unimodalen Wahrscheinlichkeitsverteilung der Entscheidungsvorlagen der Kommission der Fall sein. Bei agrarpolitischen Entscheidungen wären gemäß der Analyse jedoch, ähnlich wie bei umweltpolitischen Entscheidungen, stets Einigungen zwischen drei annähernd gleich großen, aber recht heterogenen Ländergruppen erforderlich, um qualifizierte Mehrheiten zu organisieren. In der alten EU der 15 Mitglieder hätte dagegen bereits die Gruppe der nord- und mitteleuropäischen Länder (einschließlich Italiens) auch ohne die Stimmen Dänemarks und Irlands über eine qualifizierte Mehrheit verfügt. Die südeuropäischen Länder hätten nur durch eine Abwerbung Italiens über eine Sperrminorität verfügt.

b) Der Einfluss einzelner Länder im Entscheidungsfindungsprozess des Rates

Abschließend sollen auch in diesem Kapitel die Machtpositionen einzelner Mitgliedstaaten in den Verhandlungen speziell für das Gebiet der Gemeinsamen Agrarpolitik ermittelt werden. Wie bereits in den vorherigen Politikbereichen sollen dazu auch hier wieder die Shapley-Shubik-Indizes ermittelt werden unter der Annahme, dass die Länder gemäß ihrer Präferenzen in den in der Clusteranalyse ermittelten Koalitionen auftreten.

Verglichen mit den Bereichen Umwelt- und Sozialpolitik scheint sich das Machtpotenzial in der Agrarpolitik auf mehr Länder zu verteilen. Auffallend ist die Vormachtstellung Polens, die relativ unangefochten zu sein scheint, da Polen in der aus dem Dendrogramm gewonnenen Präferenzordnung von keinem Land ähnlicher Größe (bzw. Stimmenzahl) umgeben ist, das ihm die Vormachtstellung streitig machen könnte. Für die folgenden Länder stellt sich dies schon anders dar. Die Niederlande etwa sind laut Dendrogramm Belgien und Luxemburg sehr ähnlich, was die Machtposition der Niederlande fallweise zu Gunsten Belgiens bzw. Luxemburgs schmälern könnte. Ähnliches gilt für die

Tabelle 23

Machtposition einzelner Mitgliedstaaten in der Gemeinsamen Agrarpolitik

Land	Shapley-Shubik-Index bei alternativen Wahrscheinlichkeitsverteilungen der Gesetzes- und Politikentwürfe		
	gleichförmige Dichtefunktion	unimodale Dichtefunktion	dreigipflige Dichtefunktion
PL	37,0%	41,2%	30,8%
NL	11,0%	12,4%	14,2%
SF	10,0%	8,2%	13,8%
A	6,0%	8,5%	2,4%
D	7,0%	2,1%	6,2%
EST	4,0%	2,7%	6,5%
HU	3,0%	5,1%	3,7%
DK	3,0%	2,5%	5,8%
GR	3,0%	2,1%	5,7%
S	2,0%	3,9%	2,3%
RO	3,0%	3,9%	1,1%
I	2,0%	2,3%	1,2%
LET	1,0%	1,9%	1,8%
SLO	1,0%	1,9%	1,6%
MAL	1,0%	0,9%	1,9%
LIT	3,0%	0,2%	0,4%
GB	2,0%	0,1%	0,3%
IRL	1,0%	0,1%	0,3%

Quelle: eigene Berechnungen

Länder Finnland, das seine Macht mit Schweden teilen müsste, Deutschland, dem Frankreich in seinen agrarpolitischen Präferenzen recht ähnlich sein müsste und deshalb mit nicht geringer Wahrscheinlichkeit bei Verhandlungen und Abstimmungen die Rolle Deutschlands übernehmen könnte. Die Shapley-Shubik-Indizes für die Agrarpolitik zeigen, dass in diesem Politikbereich auch kleinere Länder nicht unerheblichen politischen Einfluss haben können. In diesem Politikbereich sind es, sofern die aus der Clusteranalyse gewonnene Präferenzordnung Gültigkeit besitzt, weniger die großen Länder, denen ein hohes Einflusspotenzial zukommt, sondern eher diejenigen Länder, die an den Rändern der einzelnen, in diesem Politikbereich relativ zahlreichen Untergruppen liegen.

Insgesamt gesehen ist hier die Wahrscheinlichkeit, dass Länder aus der osteuropäischen Gruppe die Bildung einer mehrheitsfähigen Koalition verhindern beziehungsweise ermöglichen können, am größten. Nur geringfügig kleiner ist diese Wahrscheinlichkeit für Mitglieder der nord- und mitteleuropäischen Gruppe. Verschwindend gering ist diese Wahrscheinlichkeit dagegen für die Mitglieder der südeuropäischen Gruppe. Dies ist darauf zurückzuführen, dass die südeuropäische Ländergruppe allein weder der nord- und mitteleuropäischen noch der osteuropäischen Gruppe zu einer qualifizierten Mehrheit verhelfen kann.

5.3.4 Außenbeziehungen und Handelspolitik

Neben den drei bis dato betrachteten, binnenwirtschaftlich relevanten EU-Politiken sollen abschließend die Perspektiven der außenpolitischen Aktivitäten der Union ermittelt werden. Obgleich die Mitgliedstaaten der ehemaligen Europäischen Gemeinschaft im Jahre 1958 nicht bereit waren, der Gemeinschaft eine Generalbefugnis für die auswärtigen Beziehungen zu übertragen, musste aufgrund der wirtschaftlichen Integration im Zuge der Einführung der Zollunion bereits die Handelspolitik, die ein Teilelement der Außenpolitik bildet, an die Gemeinschaft abgetreten werden. Dabei handelte es sich ausschließlich um die

Regelung der Außenwirtschaftsbeziehungen. Aufgrund des wirtschaftlichen Gewichts der Europäischen Gemeinschaft erhielten ihre (wirtschaftspolitischen) Akte gegenüber Drittländern jedoch mehr und mehr auch politische Bedeutung. Dies wurde zunehmend verstärkt durch die Vergemeinschaftung von Politikbereichen mit außenpolitischer Relevanz, wie etwa der Umwelt-, Wettbewerbs- oder Fischereipolitik.[432] Während sich zu Beginn der 70er Jahre die außenpolitischen Aktivitäten der damaligen Europäischen Gemeinschaft auf eine gegenseitige Unterrichtung mit dem Ziel der Harmonisierung der außenpolitischen Standpunkte der Mitgliedstaaten beschränkte, mündete sie im Jahre 1993 in der Einführung der Gemeinsamen Außen- und Sicherheitspolitik, mit der die Kompetenzen des Europäischen Rates in außen- und sicherheitspolitischen Fragen deutlich erweitert wurden.

Versteht man unter Außenpolitik das Verhalten eines Staates in seiner internationalen Umwelt, ist dabei zu berücksichtigen, dass dieses ‚staatliche' Verhalten stets durch die Interessen der Angehörigen des nationalstaatlichen politischen Systems, also der Regierungen, bestimmt wird. Nachdem diese Interessen ermittelt und formuliert sind, wird der Versuch unternommen, sie mit Hilfe von Macht in der internationalen Umwelt zu verwirklichen. In demokratischen Staaten leiten sich die Interessen einer Regierung gemäß den Annahmen der Neuen Politischen Ökonomie aus gesellschaftlichen Interessen ab. Der Begriff Außenpolitik bezeichnet also die Aktionen von Mitgliedern des politischen Systems in die internationale Umwelt. Diese Aktionen laufen wiederum in drei Sachbereichen der Außenpolitik ab: Sicherheit, Wohlstand und Herrschaft. In den Sachbereich ‚Sicherheit' fällt in erster Linie die Verteidigungspolitik, in den Sachbereich ‚Wohlstand' die Außenwirtschaftspolitik und in den Sachbereich ‚Herrschaft' die ‚politische Außenpolitik', welche die Macht nicht nur als Mittel einsetzt, sondern auch als Ziel anstrebt (und deshalb auch als Machtpolitik bezeichnet wird).[433] Das Hauptaugenmerk soll hier auf den Sachbereich Wohlstand, also die Außenwirtschaftspolitik, sowie auf Elemente der ‚politischen Außenpolitik' gerichtet werden. Die

[432] vgl. RHEIN (1978), S. 17f.
[433] vgl. CZEMPIEL (1987), S. 97

Sicherheitspolitik im Sinne der Verteidigungspolitik bleibt dagegen außen vor. Der außenpolitische Sachbereich ‚Sicherheit' kommt hier allenfalls im Zusammenhang mit der ökonomischen Sicherheit, etwa in Form der Sicherung der Rohstoff- und Energieversorgung aus dem Ausland, oder der kulturellen Sicherheit, also der Wahrung der kulturellen Identität, zur Geltung.[434]

5.3.4.1 Die außenpolitischen Aktivitäten der EU

Bei der Betrachtung der Außenpolitik der Europäischen Union muss zwischen den politischen Beziehungen und den Außenbeziehungen für Wirtschaft und Handel unterschieden werden. Die politischen Beziehungen werden im Rahmen der Gemeinsamen Außen- und Sicherheitspolitik (GASP) geregelt und resultieren somit aus rein intergouvernementalen Verhandlungen. Im Einzelnen reicht das Spektrum der Gemeinsamen Außen- und Sicherheitspolitik vom Konflikt- und Krisenmanagement bis hin zur Pflege der Beziehungen der Union mit den Partnern Europas im internationalen Rahmen und in internationalen Gremien.[435] Hauptelement der GASP sind somit die politischen Außenbeziehungen und die Verteidigungspolitik. Die Außenbeziehungen für Wirtschaft und Handel sind dagegen vergemeinschaftet, d.h. ihre Beschlüsse werden auf Vorschlag der Kommission und nicht notwendigerweise einstimmig getroffen und die Durchführung der Politik beziehungsweise die Einhaltung der Beschlüsse wird von der Kommission überwacht. In diesen Politikbereich fallen etwa die Handelspolitik[436], die Entwicklungspolitik[437] sowie die Assoziierungs- und Erweiterungspolitik[438] der Union. In der folgenden Analyse sollen, neben der Handelspolitik, unter dem Begriff Außenbeziehungen die politischen Beziehungen einzelner Mitgliedstaaten der erweiterten EU gegenüber Drittstaaten verstanden werden. Weitere Tätigkeitsfelder, die in die außenpolitischen

---

[434] vgl. VON BREDOW/JÄGER (1993), S. 132ff.
[435] vgl. Art. 11-27 EU-Vertrag
[436] vgl. Art. 131-134 EG-Vertrag i.d. Fassung von Amsterdam
[437] vgl. Art. 177-181 EG-Vertrag i.d. Fassung von Amsterdam
[438] vgl. Art. 182-188 EG-Vertrag i.d. Fassung von Amsterdam

Aktivitäten der EU fallen, wie zum Beispiel die Sicherheitspolitik, die Entwicklungshilfe oder humanitäre Hilfe, bleiben unberücksichtigt.

Um Aussagen über die außenpolitischen Präferenzen der Mitgliedstaaten treffen zu können, müssen zunächst die Determinanten der Außen- und Außenwirtschaftspolitik bestimmt werden. Durch die im Laufe der vergangenen Jahrzehnte ständig gewachsene grenzüberschreitende ökonomische Verflechtung der Volkswirtschaften hat für diese nicht nur aus sicherheits-, sondern auch aus wirtschaftspolitischen Gründen die Außenpolitik an Bedeutung gewonnen. Die Nationalstaaten agieren in Interdependenzzusammenhängen und müssen einerseits die Interessen der nationalen Bevölkerung gegenüber dem externen Umfeld vertreten, andererseits aber den Nationalstaat an die Bedingungen des externen Umfelds anpassen. Eine völlige Abschottung eines Staates vom externen Umfeld wäre gerade aufgrund der mittlerweile weit fortgeschrittenen internationalen ökonomischen Verflechtungen mit erheblichen Wohlfahrtsverlusten verbunden.[439]

Legt man der Ermittlung der außenpolitischen Präferenzen eines Landes politökonomische Überlegungen zugrunde, würden die Außenbeziehungen eines Landes durch dessen ökonomische Abhängigkeit vom Ausland bestimmt. Insbesondere dann, wenn diese ökonomische Abhängigkeit asymmetrisch ausgeprägt ist, ist davon auszugehen, dass das dominante Land einen Einfluss auf das politische Verhalten des abhängigen Landes hat und letzteres sich in seiner Außenpolitik ersterem annähert.[440] Ein gängiger Indikator zur Messung der ökonomischen Abhängigkeit wäre neben Entwicklungshilfezahlungen, die die EU-Staaten jedoch nicht beziehen, die relative Bedeutung bilateraler Handelsströme. Zum einen ist dabei die Bedeutung des bilateralen Handelsvolumens für ein Land zu berücksichtigen, etwa in Form der Exporte und Importe bezogen auf das Bruttoinlandsprodukt, zum anderen aber auch der Konzentrationsgrad auf Angebots- und Nachfrageseite im Außenhandel. Je höher der Exportanteil in ein bestimmtes Land beziehungsweise der Importanteil

---

[439] vgl. VON BREDOW/JÄGER (1993), S. 31f.

[440] vgl. RICHARDSON (1981), S. 90

aus einem bestimmten Land an den gesamten Ex- und Importen eines Landes ist, umso höher die außenwirtschaftliche Abhängigkeit.[441]

Gemäß den Hypothesen des Heckscher-Ohlin-Modells kann der Außenhandel, trotz der mit ihm einhergehenden Wohlfahrtsgewinne, mit strukturellen Anpassungsprozessen in den handeltreibenden Ländern verbunden sein. Gemäß den Annahmen der Neuen Politischen Ökonomie wären etwaige, durch den Außenhandel (oder auch den liberalisierten Kapitalverkehr) drohende strukturelle Anpassungsprozesse für nationale Politiker wiederum ein Motiv für handelsbeschränkende Maßnahmen. Regierungen werden die Handelspolitik nicht nur an den Bedürfnissen des Medianwählers ausrichten, da sie auch dem Druck einflussreicher Interessengruppen ausgesetzt sind und deren Partikularinteressen zu berücksichtigen haben.[442]

Die Handelspolitik eines Landes und damit die Entscheidungen bezüglich handelsbeschränkender Maßnahmen, die ein zentrales Element der Handelspolitik darstellen, können entweder kooperativ oder nicht-kooperativ erfolgen. Im Falle der nicht-kooperativen Handelspolitik würde ein Land versuchen, seine heimischen Industrien zu schützen, ohne dabei die Auswirkungen seiner Politik auf die ausländischen Handelspartner und die Konsequenzen etwaiger Gegenmaßnahmen auf die nationale Wohlfahrt zu berücksichtigen.[443] Dagegen würden die handeltreibenden Länder im Falle einer kooperativen Handelspolitik in Verhandlungen treten und bindende Vereinbarungen treffen, wie es etwa im Rahmen der WTO-Verhandlungen der Fall ist. Mittlerweile ist eine kooperative Ausrichtung der Handelspolitik, insbesondere in der EU, zur Regel geworden, während nicht-kooperative handelspolitische Maßnahmen die Ausnahme sind.[444] In beiden Fällen ist jedoch das Ausmaß protektionistischer Maßnahmen abhängig vom Einfluss derjenigen Industrien und Sektoren, die entweder durch hohe Exporte vom Außenhandel profitieren oder mit Importgütern aus dem Ausland konkurrieren, deren Produktionsfaktoren also von handelspolitischen Maßnahmen betroffen sind. Allerdings würde aus dem Verhandlungsprozess

[441] vgl. RICHARDSON (1981), S. 94ff.
[442] vgl. GROSSMAN/HELPMAN (2002), S. 111
[443] vgl. GROSSMAN/HELPMAN (2002), S. 147ff.

einer kooperativen Handelspolitik ein geringeres Protektionsniveau resultieren als aus nicht-kooperativen Handelspolitiken, bei denen die Regierungen der handeltreibenden Länder abwechselnd immer wieder versuchen würden, sich mit protektionistischen Maßnahmen gegenseitig zu überbieten. Sofern branchenspezifische Lobbies in Ländern, die über Handelsabkommen verhandeln, jeweils genau denselben Einfluss auf die Regierung hätten, wäre für letztere freier Handel am vorteilhaftesten.[445]

Obgleich weiter oben bereits unterstellt wurde, dass mit zunehmender ökonomischer Abhängigkeit zwischen Nationen auch deren politische Beziehungen und Zusammenarbeit zunimmt, sollten auch zur Absicherung dieser Hypothese Indikatoren in die Analyse mit einbezogen werden, die die bilateralen politischen Beziehungen abbilden. Da im folgenden die Beziehungen der EU gegenüber Drittstaaten untersucht werden sollen, bietet sich das für die Analyse bilateraler politischer Beziehungen oft als Indikator verwendete Abstimmungsverhalten einzelner Mitgliedstaaten der erweiterten EU in der UN-Vollversammlung an.[446]

5.3.4.2 Verwendete Indikatoren

Wie in den vorausgegangenen Ausführungen bereits geschildert, soll sich die Analyse der Außenbeziehungen der erweiterten EU gegenüber Drittstaaten auf die Außenwirtschaftsbeziehungen und die politischen Außenbeziehungen konzentrieren. Das Ziel der Untersuchung soll darin bestehen, die außenpolitische Orientierung der erweiterten EU abzubilden. Dazu sollen für jeden einzelnen Mitgliedstaat der EU der 27 dessen Beziehungen zu ausgewählten Drittstaaten der Welt betrachtet werden. Die Außenwirtschaftsbeziehungen wurden gegenüber 30 Drittstaaten ermittelt. Diese wurden jeweils zu den Regionen Nordamerika (Kanada, USA, Mexiko), Südamerika (Argentinien,

---

444 vgl. GROSSMAN/HELPMAN (2002), S. 148
445 vgl. GROSSMAN/HELPMAN (2002), S. 168
446 vgl. z.B. BACHRACH/BARATZ (1963), S. 642; RAY (1981), S. 113

Brasilien), Afrika (Ägypten, Libyen, Algerien, Marokko, Südafrika), Naher Osten (Türkei, Syrien, Israel, Saudi-Arabien, Vereinigte Arabische Emirate, Iran), GUS (Russland, Weißrussland, Ukraine, Kasachstan, Usbekistan), Asien (Indien, Thailand, Philippinen, Malaysia, China, Indonesien) und Ozeanien (Australien, Neuseeland, Japan) zusammengefasst. Die politischen Außenbeziehungen wurden zu den UN-Mitgliedern sämtlicher Kontinente erfasst. Die verwendeten Indikatoren sind in Tabelle 24 ersichtlich.

Wie Tabelle 24 zu entnehmen ist, wurden neben den in Kapitel 5.3.4.1 erwähnten und in der einschlägigen Literatur vorgeschlagenen Indikatoren noch weitere hinzugefügt. Neben Indikatoren für die politischen Außenbeziehungen und Indikatoren für die Außenwirtschaftsbeziehungen wurden noch zwei Indikatoren verwendet, die die generelle interkontinentale Ausrichtung der einzelnen Mitglieder der erweiterten EU abbilden.

Wie bereits in den vorhergehenden Politikbereichen wurden auch hier bei jedem Indikator die Beobachtungswerte in der Form normiert, dass der höchste Beobachtungswert bei einem Indikator auf den Wert eins und der niedrigste Beobachtungswert bei einem Indikator auf den Wert null transformiert wurde. Bei der Indikatorengruppe ‚Politische Außenbeziehungen' wurde beim Indikator ‚Verteilung der Botschaften im außereuropäischen Ausland' die Verteilung der Botschaften jedes einzelnen Mitgliedstaates der erweiterten EU auf die verschiedenen betrachteten Ländergruppen verwendet, weil die großen EU-Mitgliedstaaten naturgemäß mehr Botschaften im Ausland unterhalten als kleine Mitgliedstaaten. Würden hier die Absolutzahlen verwendet, würde dies in der Clusteranalyse dazu führen, dass die Ähnlichkeit zwischen den Mitgliedstaaten bezüglich ihrer Außenbeziehungen positiv mit der Landesgröße korreliert wäre. Die Verwendung der anteilsmäßigen Verteilung der Botschaften auf die insgesamt sieben Ländergruppen, zu denen die Drittstaaten zusammengefasst wurden, lässt die relative Bedeutung der Ländergruppen für jeden einzelnen EU-Mitgliedstaat erkennen. Beim Indikator ‚Abstimmungsverhalten in der UN-Vollversammlung' wurde für jedes einzelne EU-Mitglied ermittelt, wie oft es bei einer Stichprobe von Abstimmungen mit einzelnen Ländern aus den insgesamt sieben Ländergruppen abgestimmt hat. Auf diese Weise konnte für

Tabelle 24

Verwendete Indikatoren für die Clusteranalyse im Bereich ‚Außenbeziehungen und Handelspolitik'

Indikatorengruppe	Indikator	Erläuterung
1. Politische Außenbeziehungen		
	- Verteilung der Botschaften im außereuropäischen Ausland	Verteilung der Botschaften anteilig nach den genannten Ländergruppen (Nord- und Südamerika, Afrika, Naher Osten, GUS, Asien, Ozeanien)
	- Abstimmungsverhalten in der UN-Vollversammlung	gemeinsame Abstimmungen mit einzelnen Drittstaaten
	- kulturelle Verbundenheit	Sprachverwandtschaft mit Drittstaaten
	- wichtige ausländische Bevölkerungsgruppen im Inland	
2. Außenwirtschaftsbeziehungen		
	- RCA-Koeffizienten einzelner Warengruppen	RCA-Koeffizienten einzelner Produktgruppen eingeteilt nach Faktorintensitäten (Agrarprodukte, ressourcenintensive Prod., arbeitsintensive Prod., kapitalintensive Prod., humankapitalintensive Prod.)
	- RCA-Koeffizienten einzelner Dienstleistungen	RCA-Koeffizienten folgender Dienstleistungen: Fremdenverkehrsleistun-gen, Bauleistungen, Transportleistun-gen, industrienahe Leistungen, IKT-Leistungen, Finanzdienstleistungen
	- Exportquoten einzelner Produktgruppen (in % des BIP)	Produktgruppen gemäß Faktorintensitäten
	- Exportquoten einzelner Dienstleistungen (in % des BIP)	
	- geografische Verteilung des Außenhandels	Verteilung der Ex- und Importe auf einzelne Kontinente
	- Trade Restrictiveness Index	
	- Beteiligung an WTO-Streitschlichtungsverfahren als Angeklagter	
3. Interkontinentale Ausrichtung		
	- Zahl der Botschaften im außereuropäischen Ausland	
	- Extra-EU-Export- und Importquoten (in % des BIP)	

Quellen: siehe Anhang ‚Datendokumentation'

alle sieben Ländergruppen ermittelt werden, welches EU-Mitglied am häufigsten und welches EU-Mitglied am seltensten gemeinsam mit Ländern der jeweiligen Gruppe abgestimmt hat. Es wurde dabei unterstellt, dass ein EU-Mitgliedstaat umso häufiger gemeinsam mit einem Drittstaat abstimmt, je enger die politischen Beziehungen und je homogener die politischen Ansichten zwischen beiden Ländern sind. Als weiterer Indikator für die politischen Außenbeziehungen wurde die kulturelle Verbundenheit herangezogen. Diese wurde anhand der heutigen weltweiten Verbreitungsgebiete der verschiedenen indogermanischen Sprachfamilien gemessen. Sofern ein EU-Mitgliedstaat der selben Sprachfamilie angehört wie ein Drittstaat, wurden aus dieser kulturellen Homogenität enge politische Beziehungen abgeleitet. Ebenso wurde mit dem Indikator ‚ausländische Bevölkerungsgruppen im Inland' verfahren.

Mit den in der Indikatorengruppe ‚Außenwirtschaftsbeziehungen' enthaltenen Variablen sollen nicht nur die Handelsbeziehungen einzelner Mitgliedstaaten der erweiterten EU gegenüber Drittstaaten erfasst werden, sondern darüber hinaus die Unterschiede zwischen den EU-Mitgliedern bezüglich ihrer Handelsstruktur und ihrer protektionistischen Präferenzen. Die Handelsbeziehungen gegenüber Drittstaaten bildet der Indikator ‚geografische Verteilung des Außenhandels' ab. Hier wurden für jedes Land die Ex- und Importanteile nach den einzelnen, insgesamt sieben Ländergruppen ermittelt. Die Bedeutung einer Ländergruppe in den ökonomischen Außenbeziehungen jedes einzelnen EU-Mitglieds ist natürlich umso größer, je höher der Außenhandel des EU-Mitglieds mit dieser Ländergruppe bezogen auf eine nationale Basisgröße, wie etwa das Bruttoinlandsprodukt, ist. Dies würde dafür sprechen, anstelle der Ex- und Importanteile die Ex- und Importquoten zu verwenden. Allerdings wäre dies mit der bereits weiter oben im Zusammenhang mit den Botschaften angesprochenen Problematik verbunden, dass bei Verwendung von Ex- und Importquoten die Ähnlichkeit zwischen den EU-Mitgliedstaaten bezüglich ihrer ökonomischen Außenbeziehungen positiv mit der Landesgröße in Form der Bruttoinlandsprodukte korreliert wäre, da sich große Länder erfahrungsgemäß in ihrer Außenhandelsintensität von kleinen Ländern unterscheiden. Da in der vorliegenden Analyse jedoch die relative Bedeutung einzelner Ländergruppen im

Außenhandel jedes Mitgliedstaats der erweiterten EU untersucht werden sollte, waren die Anteile der Ländergruppen am Außenhandel jedes einzelnen Mitgliedstaates der geeignetere Indikator.

Mittels der RCA-Koeffizienten für den Handel mit Waren und Dienstleistungen wird die Wettbewerbsposition der Mitglieder der erweiterten EU erfasst. Allerdings sagen identische RCA-Koeffizienten zweier Länder bei einer bestimmten Warengruppe oder bei einer bestimmten Dienstleistung nicht zwangsläufig etwas aus über die Präferenzen für oder gegen protektionistische Maßnahmen. Es kann davon ausgegangen werden, dass diese zusätzlich abhängig sind von der gesamtwirtschaftlichen Bedeutung des Exports der betreffenden Warengruppe oder der betreffenden Dienstleistung, die über die produktspezifische Exportquote gemessen werden kann. Die Indikatoren ‚Trade Restrictiveness Index' und ‚Beteiligung an WTO-Streitschlichtungsverfahren' sollen die generelle Haltung der einzelnen Länder gegenüber Freihandel widerspiegeln. Der Trade Restrictiveness Index gibt für einzelne Länder das Zolläquivalent für die landesspezifischen, nicht-tarifären Handelshemmnisse an,[447] wobei hier die Index-Werte für das Jahr 2001 verwendet wurden. Die Verwicklung einzelner Länder in WTO-Konflikte wurde für die letzten acht Jahre (seit 1995) ermittelt. Sofern sich diese Verfahren gegen die EU-15 richteten (im angegebenen Zeitraum waren dies 44 Verfahren), wurden diese zu gleichen Teilen auf die 15 Mitgliedstaaten umgelegt (im angegebenen Zeitraum also knapp drei Verfahren pro Mitgliedstaat).

Zusätzlich wurde in der Indikatorengruppe ‚Bedeutung des interkontinentalen Umfelds' noch die generelle Bedeutung der Außenbeziehungen und der Handelspolitik, die ja nach der Aufnahme der Beitrittsstaaten in die EU mit der Ausnahme weniger verbleibender europäischer Länder hauptsächlich interkontinental ausgerichtet ist, für einzelne Mitgliedstaaten ermittelt.

Zusammenfassend kann festgehalten werden, dass in die Analyse dreierlei Indikatoren eingehen: Erstens Indikatoren für die protektionistischen Präferenzen (RCA-Koeffizienten, Trade Restrictiveness Index, erhobene Anklagen anderer WTO-Mitglieder), zweitens Indikatoren für die

[447] vgl. ANDERSON/NEARY (1996), S. 109ff.

einzelstaatliche Bedeutung des internationalen beziehungsweise interkontinentalen Umfelds (Extra-EU-Export- und Importquoten, Zahl der Botschaften im außereuropäischen Ausland) und drittens Indikatoren für die wirtschaftlichen und politischen Außenbeziehungen (alle bisher nicht genannten). Auch hier wurden die einzelnen Beobachtungswerte wieder normiert, so dass demjenigen Land, bei welchem ein Indikator auf die höchste Präferenz für protektionistische Maßnahmen oder für die höchste ökonomische oder politische Bedeutung des interkontinentalen Umfelds oder auf die höchste ökonomische oder politische Bedeutung einer der sieben Ländergruppen hindeutet, der Variablenwert eins zugewiesen. Entsprechend wurde demjenigen Land, bei dem ein Indikator auf die, im Vergleich zu den übrigen Ländern, geringsten protektionistischen Präferenzen, die geringste interkontinentale Orientierung beziehungsweise die am wenigsten ausgeprägten ökonomischen oder politischen Beziehungen zu einer bestimmten Ländergruppe hindeutet, der Wert null zugewiesen.

5.3.4.3 Resultate der Clusteranalyse

Dem Dendrogramm zufolge weichen die Ergebnisse der Clusteranalyse in diesem Politikbereich von denjenigen der vorhergehenden Politikbereiche insoweit ab, als hier eine eindeutigere Unterteilung der Länder in die alten EU-15-Staaten auf der einen und die Beitrittsstaaten auf der anderen Seite erfolgt ist. Lediglich Malta und Rumänien wurden der Gruppe der EU-15-Staaten zugewiesen.

Für den Politikbereich ‚Außenbeziehungen und Handelspolitik' sind jedoch im Prinzip drei Ländergruppen auszumachen: Eine bestehend aus den mittel- und nordeuropäischen Ländern der EU-15, eine zweite bestehend aus den südeuropäischen Ländern Portugal, Spanien und Italien zuzüglich Frankreich, Rumänien und Malta und eine dritte bestehend aus den verbleibenden Beitrittsstaaten einschließlich Griechenland. Im Gegensatz zu den zuvor untersuchten

Politikbereichen ist es im Falle der Außenbeziehungen und der Handelspolitik problematisch, den aus der Clusteranalyse hervorgegangenen Ländergruppen

Schaubild 13
Dendrogramm zur Clusteranalyse im Bereich Außenbeziehungen und Handelspolitik
average-linkage-method, euklidische Abstände

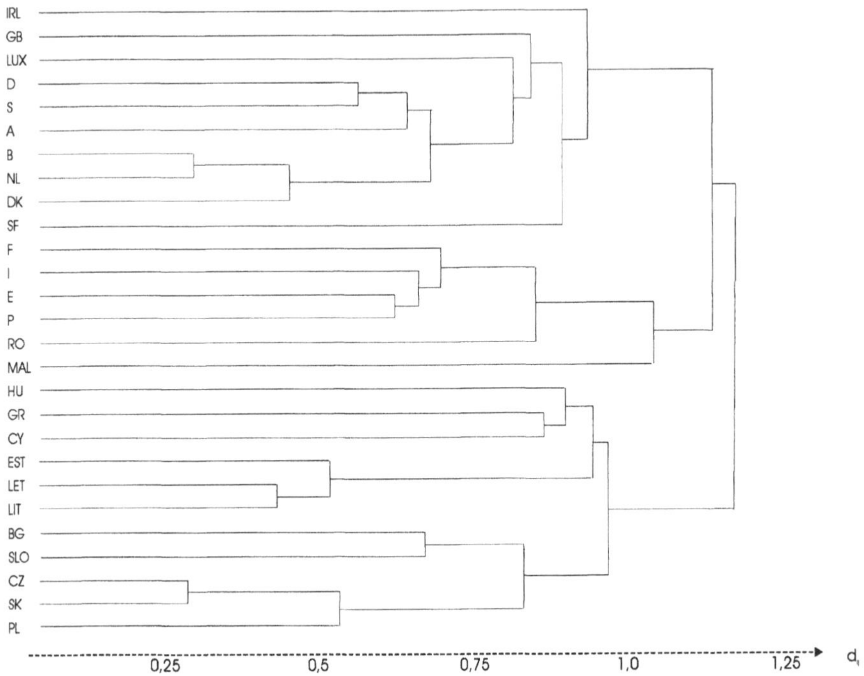

Quellen: siehe Anhang ‚Datendokumentation' (Daten aus dem Jahr 2002), eigene Berechnungen

bestimmte politische Präferenzen zuzuordnen. Dies liegt wohl darin begründet, dass die Außenbeziehungen der EU-Mitglieder gegenüber insgesamt sieben Ländergruppen untersucht wurden, so dass eine Zuordnung der EU-Mitglieder

Tabelle 25

Länderranking bei verschiedenen Indikatorengruppen im Bereich 'Außenbeziehungen und Handelspolitik'

Protektionistische Präferenz	**Bedeutung des interkontinentalen Umfelds**	**Außenbeziehungen zu verschiedenen Ländergruppen**						
		Nordamerika	Südamerika	Afrika	GUS	Naher Osten	Asien	Ozeanien
B	GB	GB	E	F	LIT	CY	A	IRL
F	D	IRL	P	P	SLO	MAL	IRL	GB
IRL	F	D	I	MAL	LET	GR	LUX	S
GR	I	S	F	CY	BG	SLO	MAL	DK
S	MAL	DK	RO	I	SK	RO	SLO	SF
A	SF	B	MAL	IRL	CZ	A	F	D
P	S	A	CZ	GR	EST	SK	I	MAL
HU	E	LUX	EST	A	PL	IRL	S	CY
RO	CY	NL	SK	S	GR	HU	RO	SLO
D	NL	MAL	S	GB	CY	LET	CY	B
BG	GR	S	BG	B	RO	BG	SF	NL
I	B	I	A	RO	E	I	DK	GR
E	IRL	F	D	D	I	CZ	GR	PL
DK	RO	HU	HU	NL	SF	F	GB	LIT
NL	DK	GR	LET	SF	MAL	B	D	F
SLO	PL	LIT	GR	DK	F	PL	HU	I
SK	A	PL	NL	PL	IRL	E	B	LUX
LUX	P	CY	SF	BG	D	S	EST	A
GB	BG	BG	IRL	E	A	LIT	BG	E
SF	CZ	RO	GB	CZ	LUX	NL	CZ	CZ
CY	HU	E	B	SLO	NL	SF	PL	P
MAL	EST	SLO	DK	LET	DK	DK	NL	LET
CZ	LIT	P	PL	LUX	B	EST	LIT	EST
PL	LET	CZ	CY	SK	P	D	P	SK
LET	SK	LET	SLO	HU	HU	GB	LET	RO
LIT	SLO	EST	LIT	LIT	S	LUX	E	HU
EST	LUX	SK	LUX	EST	GB	P	SK	BG

Quellen: siehe Anhang 'Datendokumentation' (Daten aus dem Jahr 2002), eigene Berechnungen

zu den einzelnen Gruppen gemäß ihrer außenpolitischen Präferenzen nur in einem siebendimensionalen Raum möglich wäre. Das aus der Clusteranalyse hervorgegangene Länderranking ist aus diesem Grund nur schwer zu interpretieren und beruht auf keiner bestimmten Systematik. In Tabelle 25 sind für die Indikatorengruppen ‚protektionistische Präferenzen', ‚Bedeutung des interkontinentalen Umfelds' und ‚Außenbeziehungen zu verschiedenen Ländergruppen' die Länderrankings enthalten.

Die Reihung der Länder in den ersten beiden Spalten in Tabelle 25 erfolgte absteigend, also beginnend mit demjenigen Land, bei dem die gewählten Indikatoren auf die höchsten Präferenzen für protektionistische Maßnahmen beziehungsweise die höchste interkontinentale Ausrichtung hindeuten. Bei denjenigen Indikatoren, die die Außenbeziehungen zu verschiedenen Ländergruppen abbilden, erfolgte das Ranking beginnend mit demjenigen Mitgliedstaat der erweiterten EU, für welches, im Vergleich zu den übrigen Mitgliedern, die betreffende Ländergruppe die höchste Bedeutung im Außenhandel beziehungsweise in den politischen Außenbeziehungen hat und endend mit demjenigen, für welches die Ländergruppe die geringste Bedeutung hat.

Gemäß Tabelle 25 weichen die Länderrankings bei den einzelnen Indikatorengruppen erheblich voneinander ab. Die aus der Clusteranalyse hervorgegangenen Ländergruppen sind in obiger Tabelle äußerst schwer wiederzufinden. Dies deutet darauf hin, dass im Politikbereich ‚Außenbeziehungen und Handelspolitik' eine generelle Gruppierung der Mitgliedstaaten der erweiterten EU noch schwieriger vorzunehmen ist als bei den zuvor analysierten Politikbereichen und dass in diesem Politikbereich die zu erwartenden Länderkoalitionen in noch stärkerem Maße von Einzelfall zu Einzelfall schwanken müssten.

Wie Tabelle 25 ebenfalls zu entnehmen ist, scheinen die Ergebnisse der Clusteranalyse in erster Linie durch die Außenbeziehungen der Länder determiniert zu sein. Dies ist auch allein schon deshalb plausibel, weil diejenigen Indikatoren, die die ökonomischen und politischen Außenbeziehungen der Mitglieder der erweiterten EU abbilden, in der Überzahl sind und folglich die Indikatoren für die protektionistischen Präferenzen beziehungsweise für die Bedeutung des internationalen Umfelds in der Clusteranalyse nicht so stark ins Gewicht fallen.

Den Außenbeziehungen nach zu urteilen haben die Länder des oberen Clusters, also die nord- und mitteleuropäischen Länder der EU-15 (außer Frankreich), relativ enge wirtschaftliche und politische Beziehungen zu Nordamerika und Ozeanien (vgl. Tabelle 25). Bezüglich der protektionistischen Präferenzen offenbart Tabelle 25 für einen Großteil der Länder dieses Clusters, dass diese verhältnismäßig stark ausgeprägt sind. Zudem ist in diesem Cluster der Anteil von Ländern, die ökonomisch relativ stark überregional verflochten sind und für die demzufolge auch die politischen Beziehungen zu Ländern anderer Kontinente relativ bedeutend sind, verhältnismäßig hoch.

Der darunter liegende Cluster, bestehend aus Frankreich, Portugal, Spanien, Italien, Rumänien und Malta, ist gemäß Tabelle 25 durch relativ enge Außenbeziehungen zu Südamerika und Afrika gekennzeichnet. Die Mitglieder dieses Clusters unterhalten relativ intensive ökonomische und politische Außenbeziehungen zu Ländern auf den genannten Kontinenten, teilweise auch zu Ländern des Nahen Ostens. Die protektionistischen Präferenzen müssten gemäß der Indikatoren bei dieser Ländergruppe mittelmäßig ausgeprägt sein. Die Ausnahme bildet hier Frankreich, bei dem die Indikatoren auf relativ starke protektionistische Präferenzen hindeuten. Die Tatsache, dass Frankreich in diesem Politikbereich den südeuropäischen Ländern zugeordnet wurde, ist einerseits auf die engen Beziehungen des Landes zu den ehemaligen afrikanischen Kolonien zurückzuführen (vergleichbar mit Spanien und Portugal), andererseits auf die ebenso engen französischen Beziehungen zu Südamerika. Die Zuordnung Rumäniens zu dieser Ländergruppe mag auf den ersten Blick überraschen. Allerdings hat Rumänien bereits zu kommunistischen Zeiten als einziges osteuropäisches Land einen Sonderweg in der Außenpolitik beschritten und sich um intensive politische Beziehungen zu westlichen Ländern und vor allem zu Ländern des Nahen Ostens bemüht. Bezüglich dieser Ländergruppe ist jedoch zu beachten, dass sie in ihren außenpolitischen Präferenzen von der Gruppe der osteuropäischen Länder nicht wesentlich weiter entfernt ist als von der Gruppe der nord- und mitteleuropäischen Länder, obgleich sie in der Clusteranalyse letzterer Gruppe zugeordnet wurde. Die Gruppe der südeuropäischen Länder ist also relativ indifferent zwischen der Gruppe der osteuropäischen Länder auf der einen und der Gruppe der nord- und mitteleuropäischen Länder auf der anderen Seite.

Die untere Ländergruppe im Dendrogramm, bestehend aus den Beitrittsstaaten (außer Malta und Rumänien) und Griechenland, zeichnet sich durch relativ enge ökonomische und politische Beziehungen zu Ländern der GUS und des Nahen Ostens aus. Darüber hinaus ist diese Ländergruppe verhältnismäßig wenig interkontinental ausgerichtet und müsste gemäß der verwendeten Indikatoren relativ geringe protektionistische Präferenzen besitzen.

Im Ergebnis lässt sich festhalten, dass im Bereich Außenbeziehungen und Handelspolitik eine Dreiteilung der erweiterten EU erfolgt ist. Im Vergleich zu den zuvor analysierten Politikbereichen besteht im Bereich Außenbeziehungen und Handelspolitik die Schwierigkeit darin, die einzelnen Mitglieder der erweiterten EU eindeutig zu klassifizieren. Für die Europäische Sozialpolitik, die Europäische Umweltpolitik und die Gemeinsame Agrarpolitik war es möglich, jeweils sämtliche verwendeten Indikatoren einer bestimmten Politikrichtung zuzuordnen, wobei letztere immer nur zweierlei Ausprägungen annehmen konnte. Dadurch war es möglich, die Mitgliedstaaten gemäß ihrer nationalen politischen Charakteristiken entlang einer Achse, deren Endpunkte jeweils ein politisches Extrem markierten, abzutragen (im Falle der Sozialpolitik zwischen einer sozialdemokratisch charakterisierten Sozialpolitik auf der einen und einer liberal charakterisierten Sozialpolitik auf der anderen Seite, im Falle der Umweltpolitik nach dem Stellenwert und dem Ausmaß der Umweltschutzmaßnahmen, im Falle der Agrarpolitik nach den einzelstaatlichen Vor- und Nachteilen aus der Gemeinsamen Agrarpolitik und der Haltung gegenüber Umwelt- und Landschaftsschutzzielen). Eine derartige Klassifizierung ist jedoch im Bereich der Außenbeziehungen und der Handelspolitik nur für die Indikatorengruppen ‚protektionistische Präferenzen' und ‚Bedeutung des interkontinentalen Umfelds' möglich, nicht aber für die Außenbeziehungen zu den sieben Ländergruppen. Aus diesem Grund ist es auch problematisch, die präferentiellen Unterschiede zwischen den einzelnen EU-Mitgliedstaaten beziehungsweise zwischen den Clustern inhaltlich genauer zu erfassen, da die politischen und ökonomischen Außenbeziehungen im Prinzip sieben verschiedene Ausprägungen annehmen können.

Obgleich die Europäische Kommission in diesem Politikbereich nur bei den ,vergemeinschafteten' Elementen der Außenbeziehungen Einfluss auf die Beschlussfassungen hat, nicht aber bei denjenigen Elementen, die unter die Gemeinsame Außen- und Sicherheitspolitik fallen, soll auch hier untersucht werden, mit welchen Wahrscheinlichkeiten sich die aus der Clusteranalyse hervorgegangenen Ländergruppen auch tatsächlich bilden werden. Auch im Rahmen der ,vergemeinschafteten' Elemente der Außenbeziehungen kann die Kommission beziehungsweise jeder Mitgliedstaat dem Rat Vorschläge zu Fragen der Gemeinsamen Außen- und Sicherheitspolitik unterbreiten.[448] Obwohl die Beschlüsse der Gemeinsamen Außen- und Sicherheitspolitik grundsätzlich einstimmig vom Rat gefasst werden, können sich Mitgliedstaaten der Stimme enthalten und sind lediglich dazu verpflichtet zu akzeptieren, dass der Beschluss für die Union bindend ist, müssen den Beschluss jedoch nicht durchführen. Sofern sich die gewogenen Stimmen im Rat derjenigen Mitglieder, die sich der Stimme enthalten, auf mehr als ein Drittel addieren, wird ein Beschluss nicht angenommen.[449] Darüber hinaus werden Beschlüsse zur Durchführung einer gemeinsamen Aktion oder eines gemeinsamen Standpunkts oder Beschlüsse zur Annahme gemeinsamer Aktionen oder gemeinsamer Standpunkte auf der Grundlage einer gemeinsamen Strategie mit qualifizierter Mehrheit gefasst.[450] Aus diesen Gründen ist auch hier, selbst im Bereich der ,vergemeinschafteten' Außenbeziehungen, die Bildung von Länderkoalitionen nicht irrelevant.

[448] vgl. Art. 22 (1) EU-Vertrag
[449] vgl. Art. 23 (1) EU-Vertrag
[450] vgl. Art. 23 (2) EU-Vertrag

5.3.4.4 Erweiterung der Analyse um weitere Einflussfaktoren im Europäischen Entscheidungsprozess

a) Der Einfluss der Kommission auf die Entscheidungsfindung des Rates

Auch im Bereich ‚Außenbeziehungen und Handelspolitik' führte die Clusteranalyse zu einer Gruppierung der Mitgliedstaaten der erweiterten EU in drei große Länderblöcke: Einer bestehend aus nord- und mitteleuropäischen Ländern, ein zweiter bestehend aus Frankreich, Italien, Spanien, Portugal, Rumänien und Malta (im folgenden bezeichnet als südeuropäischer Länderblock) und ein dritter bestehend aus den Beitrittsstaaten (ohne Rumänien und Malta) einschließlich Griechenlands. Aufgrund dieser drei großen Ländergruppen wurde auch hier wiederum, neben der gleichförmigen und der unimodalen, eine dreigipflige Wahrscheinlichkeitsverteilung für die Gesetzes- und Politikentwürfe, die in diesem Fall entweder von der Kommission stammen oder aber ausschließlich das Ergebnis intergouvernementaler Verhandlungen sein können, unterstellt.

Bei der dreigipfligen Wahrscheinlichkeitsverteilung wurde auch hier davon ausgegangen, dass ein Politikentwurf mit jeweils 20-prozentiger Wahrscheinlichkeit den Präferenzen des Medians jeder der drei Gruppen entspricht. Unter dieser Maßgabe wurde die dreigipflige Wahrscheinlichkeitsverteilung so konstruiert, dass ein Politikentwurf mit 36,5-prozentiger Wahrscheinlichkeit den Präferenzen der zehn nord- und mitteleuropäischen Länder entspricht, mit 23,1-prozentiger Wahrscheinlichkeit den Präferenzen der sechs südeuropäischen Länder und mit 40,4-prozentiger Wahrscheinlichkeit den Präferenzen der elf osteuropäischen Länder. Tabelle 26 zeigt für die drei alternativen Strategien der Kommission die Wahrscheinlichkeiten, mit denen sich die aufgeführten Ländergruppen bilden.

Auf den ersten Blick scheint die Gruppe der nord- und mitteleuropäischen Länder bei allen drei der Kommission unterstellten Strategien die höchsten Wahrscheinlichkeiten einer geschlossenen Zustimmungsbereitschaft zu haben, gefolgt von der Gruppe der osteuropäischen Länder. Die Wahrscheinlichkeit,

Tabelle 26

Koalitionenbildung im Bereich ‚Außenbeziehungen und Handelspolitik' in Abhängigkeit von der inhaltlichen Ausgestaltung der Gesetzesvorlagen der Europäischen Kommission

geschlossene/r Länderblock bzw. Länderblöcke mit vergleichsweise hoher Zustimmungsbereitschaft	potenzielle Mehrheitsbeschaffer	Stimmenzahlen der Mitglieder aus den verschiedenen Ländergruppen im Rat (qualif. Mehrheitsentscheidungen)	Wahrscheinlichkeiten p(Θ)		
			gleichförmige Dichtefunktion	unimodale Dichtefunktion	dreigipflige Dichtefunktion
		NM/S/O*			
nord- und mitteleuropäische Länder (IRL, GB, LUX, D, S, A, B, NL, DK, SF)	E, F, I, P, GR, CZ, HU, PL, SK	128/70/100	21,0%	21,4%	24,1%
nord- und mitteleuropäische Länder (IRL, GB, LUX, D, S, A, B, NL, DK, SF); südeuropäische Ländergruppe außer RO, MAL (E, I, F, P)	GR, CY, CZ, HU	128/97/38	18,5%	9,8%	13,1%
nord- und mitteleuropäische Länder (IRL, GB, LUX, D, S, A, B, NL, DK, SF); südeuropäische Ländergruppe außer MAL (E, I, F, P, RO)	GR, HU	128/111/24	6,5%	12,1%	6,9%
südeuropäische Ländergruppe (E, I, F, P, RO, MAL)	S, DK, B, D, GB, NL, A, LUX, SF, GR, CY, CZ, EST, HU, LET, LIT, PL, SK, SLO	96/114/59	13,0%	22,1%	15,6%
südeuropäische Ländergruppe (E, I, F, P, RO, MAL); osteuropäische Ländergruppe einschl. CY, GR (BG, CY, CZ, EST, HU, LET, LIT, PL, SK, SLO)	DK, D, NL, A, SF	60/114/103	12,0%	16,8%	6,5%
osteuropäische Ländergruppe einschl. CY, GR (BG, CY, CZ, EST, HU, LET, LIT, PL, SK, SLO)	DK, D, NL, A, LUX, SF, E, I, P, RO, MAL	70/85/103	29,0%	15,8%	33,8%

Legende zu Tabelle 26

*: **NM** = Stimmenzahl der für das Intervall [θ_i; θ_{i+1}] aus dem Länderranking hervorgegangenen Mitglieder der nord- und mitteleuropäischen Ländergruppe mit vergleichsweise hoher Zustimmungsbereitschaft, deren Zustimmung zur Erlangung einer qualifizierten Mehrheit erforderlich ist
S = Stimmenzahl der für das Intervall [θ_i; θ_{i+1}] aus dem Länderranking hervorgegangenen Mitglieder der südeuropäischen Ländergruppe mit vergleichsweise hoher Zustimmungsbereitschaft, deren Zustimmung zur Erlangung einer qualifizierten Mehrheit erforderlich ist
O = Stimmenzahl der für das Intervall [θ_i; θ_{i+1}] aus dem Länderranking hervorgegangenen Mitglieder der osteuropäischen Ländergruppe mit vergleichsweise hoher Zustimmungsbereitschaft, deren Zustimmung zur Erlangung einer qualifizierten Mehrheit erforderlich ist

dass die südeuropäische Ländergruppe einer Gesetzesvorlage geschlossen zustimmt, ist dagegen relativ gering. Dies ist auf die vergleichsweise hohe Heterogenität der Gruppe zurückzuführen, die durch die Gruppenmitglieder Rumänien und Malta verursacht wird. Bleiben diese beiden Gruppenmitglieder unberücksichtigt, ist die Wahrscheinlichkeit, dass die verbleibenden Mitglieder der südeuropäischen Gruppe einer qualifizierten Mehrheit angehören höher als bei der nord- und mitteleuropäischen beziehungsweise bei der osteuropäischen Ländergruppe. Die Ergebnisse lassen folglich den Schluss zu, dass alle drei Ländergruppen mit ungefähr gleich großer Wahrscheinlichkeit Gesetzesentwürfen geschlossen zustimmen müssten. Nur bei einer unimodalen Dichtefunktion der Politikentwürfe der Kommission würde die südeuropäische Gruppe mit deutlich höherer Wahrscheinlichkeit auftreten als die nord- und mitteleuropäische Gruppe auf der einen und die osteuropäische Gruppe auf der anderen Seite. Auch hier sollen die drei großen Ländergruppen abschließend noch im Hinblick auf ihre Homogenität und Stabilität untersucht werden.

Die Ergebnisse dieser Analyse sind in Tabelle 27 ersichtlich. In der zweiten Spalte ist für jeden einzelnen Mitgliedstaat der durchschnittliche euklidische Abstand zu den übrigen Ländern seiner Gruppe enthalten, in der dritten und vierten Spalte der durchschnittliche euklidische Abstand zu den Mitgliedern der beiden großen opponierenden Gruppen. Die letzte Spalte gibt wiederum das Verhältnis des durchschnittlichen Abstands zu den Mitgliedern einer der beiden opponierenden Ländergruppen und des durchschnittlichen Abstands zu den Mitgliedern der eigenen Ländergruppe an. Aus den beiden opponierenden

Ländergruppen wurde jeweils diejenige ausgewählt, zu der der betrachtete Mitgliedstaat den geringeren durchschnittlichen euklidischen Abstand hat.

Die in Tabelle 27 enthaltenen Ergebnisse bestätigen nochmals die bereits zuvor getroffene Aussage, dass die Anordnung der Ländergruppen im Dendrogramm in diesem Politikbereich keine eindeutigen Rückschlüsse zulässt auf die Ähnlichkeit zwischen einzelnen Ländergruppen. So sind etwa einige Mitgliedstaaten der nord- und mitteleuropäischen Ländergruppe der südeuropäischen Ländergruppe näher als der osteuropäischen, andere Länder sind aber dagegen der osteuropäischen Ländergruppe näher als der südeuropäischen (vgl. letzte Spalte in Tabelle 27). Gleiches gilt für die Mitglieder der südeuropäischen Gruppe, die teilweise der nord- und mitteleuropäischen und teilweise der osteuropäischen Ländergruppe relativ nahe stehen, wie auch für die Mitglieder der osteuropäischen Gruppe, von denen einige eine größere Nähe zur nordeuropäischen Ländergruppe und andere eine größere Nähe zur südeuropäischen Ländergruppe haben.

Tabelle 27

Entfernungsmaße zur Beurteilung der Stabilität einzelner Ländergruppen im Bereich ‚Außenbeziehungen und Handelspolitik'

a) Mitglieder der nord- und mitteleuropäischen Ländergruppe

Land	$\overline{D_{ij}^{N}}$	$\overline{D_{ij}^{S}}$	$\overline{D_{ij}^{O}}$	Minimum aus $\frac{\overline{D_{ij}^{S}}}{\overline{D_{ij}^{N}}}$ und $\frac{\overline{D_{ij}^{O}}}{\overline{D_{ij}^{N}}}$
IRL	0,866	1,267	1,353	1,463 (S)
GB	0,745	1,190	1,206	1,597 (S)
LUX	0,738	1,253	1,157	1,568 (O)
D	0,648	1,156	1,178	1,784 (S)
S	0,665	1,200	1,214	1,805 (S)
A	0,757	1,132	1,103	1,457 (O)
B	0,663	1,155	1,197	1,742 (S)
NL	0,608	1,107	1,074	1,766 (O)
DK	0,645	1,213	1,168	1,811 (O)
SF	0,870	1,080	1,031	1,185 (O)

Tabelle 27 (Fortsetzung)

b) Mitglieder der südeuropäischen Ländergruppe:

Land	$\overline{D_{ij}^S}$	$\overline{D_{ij}^N}$	$\overline{D_{ij}^O}$	Minimum aus $\frac{\overline{D_{ij}^N}}{\overline{D_{ij}^S}}$ und $\frac{\overline{D_{ij}^O}}{\overline{D_{ij}^S}}$
F	0,862	1,156	1,326	1,341 (N)
I	0,693	1,061	1,114	1,531 (N)
E	0,800	1,161	1,097	1,371 (O)
P	0,766	1,143	1,114	1,454 (O)
RO	0,810	1,204	0,998	1,232 (O)
MAL	1,012	1,308	1,318	1,292 (N)

c) Mitglieder der osteuropäischen Ländergruppe:

Land	$\overline{D_{ij}^O}$	$\overline{D_{ij}^S}$	$\overline{D_{ij}^N}$	Minimum aus $\frac{\overline{D_{ij}^S}}{\overline{D_{ij}^O}}$ und $\frac{\overline{D_{ij}^N}}{\overline{D_{ij}^O}}$
HU	0,914	1,044	1,046	1,142 (S)
GR	0,967	1,000	1,031	1,034 (S)
CY	0,953	1,077	1,183	1,130 (S)
EST	0,892	1,195	1,178	1,321 (N)
LET	0,854	1,182	1,238	1,384 (S)
LIT	0,861	1,197	1,179	1,369 (N)
BG	0,938	1,221	1,311	1,302 (S)
SLO	1,024	1,194	1,261	1,166 (S)
CZ	0,801	1,155	1,124	1,403 (N)
SK	0,822	1,154	1,156	1,404 (S)
PL	0,782	1,153	1,143	1,462 (N)

Legende: $\overline{D_{ij}^N}$: durchschnittlicher euklidischer Abstand zu den Mitgliedern der nord- und mitteleuropäischen Ländergruppe (IRL, GB, LUX, D, S, A, B, NL, DK, SF)
$\overline{D_{ij}^S}$: durchschnittlicher euklidischer Abstand zu den Mitgliedern der südeuropäischen Ländergruppe (F, I, E, P, RO, MAL)
$\overline{D_{ij}^O}$: durchschnittlicher euklidischer Abstand zu den Mitgliedern der osteuropäischen Ländergruppe (HU, GR, CY, EST, LET, LIT, BG, SLO, CZ, SK, PL)

Den Werten in der letzten Spalte der Tabelle kann wiederum entnommen werden, wie fest einzelne Länder in ihrer aus der Clusteranalyse hervorgegangenen Ländergruppe verankert sind. Wie bereits in den zuvor untersuchten Politikbereichen zeigt sich auch für den Bereich Außenbeziehungen und Handelspolitik, dass die nord- und mitteleuropäische Ländergruppe die homogenste zu sein scheint (erkennbar an den verhältnismäßig niedrigen Werten in der zweiten Spalte). Darüber hinaus scheint es für die Mitglieder dieser Ländergruppe gemäß den relativ hohen Werten in der letzten Spalte der Tabelle auch wenig Anreize zu geben, in eine opponierende Ländergruppe abzuwandern, da die durchschnittlichen euklidischen Abstände zu diesen Gruppen deutlich höher sind als der durchschnittliche euklidische Abstand zu den Mitgliedern der eigenen Gruppe (im Falle Dänemarks fast doppelt so hoch). Finnland wäre das erste Land dieser Gruppe, für das, gemäß der Untersuchungsergebnisse, bei Mehrheitsentscheidungen ein Stimmentausch mit den Mitgliedern der osteuropäischen Ländergruppe in Frage käme. Anhand der Werte in der letzten Spalte der Tabelle wird deutlich, wie uneindeutig die Beziehungen der nord- und mitteleuropäischen Ländergruppe zu den anderen beiden großen Ländergruppen sind. Obgleich die Ländergruppe zunächst mit der Gruppe der südeuropäischen Länder fusionierte, steht die Hälfte der Mitglieder der nord- und mitteleuropäischen Ländergruppe der osteuropäischen Gruppe näher als der südeuropäischen.

Wie bereits vermutet, scheint die Gruppe der südeuropäischen Länder, trotz ihrer geringen Größe, in sich weit weniger homogen zu sein als die Gruppe der nord- und mitteleuropäischen Länder (vgl. zweite Spalte in Tabelle 27). Für die Mitglieder dieser Gruppe käme zunächst für Rumänien und Spanien ein Stimmentausch mit der Gruppe der osteuropäischen Länder in Frage (vgl. letzte Spalte in Tabelle 27). Neben Rumänien kämen Portugal und Spanien eher als Mehrheitsbeschaffer für die osteuropäischen, Frankreich, Italien und Malta aber eher als Mehrheitsbeschaffer für die nord- und mitteleuropäischen Länder in Frage. Auch hier wird also deutlich, dass, obwohl die südeuropäische Ländergruppe zunächst mit der Gruppe der nord- und mitteleuropäischen Länder fusioniert wird, die Hälfte der Länder der osteuropäischen Gruppe näher sind als der nord- und mitteleuropäischen.

Auch die osteuropäische Ländergruppe ist sowohl in sich relativ inhomogen, erkennbar an den relativ hohen Werten in der zweiten Spalte in Tabelle 27 für die Länder dieser Gruppe, und auch die Abwanderungsgefahr einzelner Länder aus dieser Gruppe scheint, im Vergleich zu den anderen beiden Ländergruppen, relativ hoch zu sein. Lediglich die drei baltischen Staaten wie auch Tschechien, die Slowakei und Polen scheinen relativ fest in ihrer Gruppe verankert zu sein. Bei dieser Gruppe scheint die Mehrheit der Länder der südeuropäischen Ländergruppe bezüglich ihrer außenwirtschaftlichen und außenpolitischen Charakteristiken näher zu sein als der nord- und mitteleuropäischen.

Aufgrund dieser Erkenntnisse muss festgehalten werden, dass die genauere Betrachtung der Distanzmaße die bereits zuvor getroffene Aussage, dass im Bereich ‚Außenbeziehungen und Handelspolitik' Prognosen über mögliche Länderkoalitionen und damit über die zukünftige Ausgestaltung dieser Politik, als sehr vage angesehen werden müssen, untermauert. Würde man dennoch davon ausgehen, dass sich die relativ homogene Gruppe der nord- und mitteleuropäischen Länder bei Entscheidungen im Politikbereich Außenbeziehungen und Handelspolitik relativ häufig geschlossen bildet und dass sich, wie es aus der Clusteranalyse hervorgeht, die südeuropäische Gruppe der nord- und mitteleuropäischen anschließt, wäre diese Gruppe bei qualifizierten Mehrheitsentscheidungen lediglich auf die Zustimmung Polens als einzigem Land aus der osteuropäischen Gruppe angewiesen, um Beschlüsse zu verabschieden. Allerdings war die südeuropäische Ländergruppe recht indifferent zwischen der nord- und mitteleuropäischen Gruppe auf der einen und der osteuropäischen Gruppe auf der anderen Seite und wurde in der Clusteranalyse nur aufgrund eines marginal geringeren euklidischen Abstands der nord- und mitteleuropäischen Gruppe zugewiesen.

Würde sich die südeuropäische Ländergruppe nicht der nord- und mitteleuropäischen anschließen, könnte diese versuchen, aus der südeuropäischen und aus der osteuropäischen Gruppe jeweils diejenigen Länder durch Zugeständnisse zur Zustimmung zu bewegen, die ihr bezüglich ihrer Präferenzen relativ ähnlich sind. Doch selbst wenn die Länder Frankreich, Italien, Malta, Estland, Litauen, Tschechien und Polen der nord- und mitteleuropäischen Ländergruppe ihre

Stimmen leihen würden, wäre noch keine qualifizierte Mehrheit erreicht. Es müsste dann zusätzlich entweder Spanien oder mindestens zwei kleinere Länder gewonnen werden. Würde dagegen die Gruppe der osteuropäischen Länder geschlossen auftreten und würden diese versuchen, diejenigen Länder der nord- und mitteleuropäischen und der südeuropäischen Ländergruppe zum Stimmentausch zu bewegen, die der osteuropäischen Ländergruppe zugeneigt sind, wären sie von einer qualifizierten Mehrheit immer noch relativ weit entfernt. Die Wahrscheinlichkeit, dass die osteuropäischen Länder qualifizierte Mehrheiten organisieren, ist demnach relativ gering.

b) Der Einfluss einzelner Länder im Entscheidungsfindungsprozess des Rates

Die Machtposition einzelner Länder bei Verhandlungen in diesem Politikbereich ist Tabelle 28 zu entnehmen. Auch hier sind es wieder in erster Linie die großen Länder, die mit hoher Wahrscheinlichkeit über das Zustandekommen einer qualifizierten Mehrheit entscheiden können. Daneben sind es hauptsächlich diejenigen Länder, die an den Rändern einzelner Ländergruppen angesiedelt sind und für die Bildung mehrheitsfähiger Koalitionen ausschlaggebend sind (so z.B. Frankreich, Irland und Großbritannien, Malta und Rumänien, Polen, die Slowakei und Tschechien). Auch hier ist wieder der Frage nachzugehen, wie aussagefähig die für den Bereich Außenbeziehungen und Handelspolitik ermittelten Shapley-Shubik-Indizes sind, da von Fall zu Fall das im Dendrogramm enthaltene Länderranking variieren kann. Die hohen Werte für Deutschland müssten, sofern die in der Clusteranalyse verwendeten Indikatoren die außenpolitischen Länderpräferenzen zutreffend abbilden, relativ valide sein, da Deutschland von keinem anderen Land ähnlicher Größe und mit ähnlichen Präferenzen umgeben ist. Der euklidische Abstand zwischen Deutschland und Großbritannien scheint laut Dendrogramm schon relativ groß zu sein. Frankreich und Spanien scheinen dagegen beide Italien sehr ähnlich zu sein, was die Höhe der Shapley-Shubik-Indizes beider Länder zugunsten Italiens etwas relativiert.

Ebenso kann davon ausgegangen werden, dass aufgrund der Nähe Tschechiens zur Slowakei und zu Polen die Shapley-Shubik-Indizes der beiden letztgenannten Länder etwas unterschätzt werden.

Tabelle 28

Machtposition einzelner Mitgliedstaaten im Bereich ‚Außenbeziehungen und Handelspolitik'

Land	**Shapley-Shubik-Index bei alternativen Wahrscheinlichkeitsverteilungen der Gesetzes- und Politikentwürfe**		
	gleichförmige Dichtefunktion	**unimodale Dichtefunktion**	**dreigipflige Dichtefunktion**
D	30,5%	33,9%	33,5%
F	19,0%	19,4%	22,3%
E	16,0%	5,1%	14,0%
CZ	8,5%	15,0%	9,7%
MAL	8,5%	2,8%	6,9%
IRL	3,0%	5,3%	4,1%
SK	3,0%	5,3%	2,2%
S	5,0%	2,2%	2,2%
RO	2,5%	4,1%	1,8%
GB	2,0%	3,8%	2,3%
HU	1,0%	1,7%	1,0%
PL	1,0%	1,4%	0,1%

Quelle: eigene Berechnungen

Es fällt ins Auge, dass vor allem Mitglieder der südeuropäischen Ländergruppe insgesamt über ein relativ hohes Machtpotenzial zu verfügen scheinen. Nur bei einer unimodalen Wahrscheinlichkeitsverteilung der Gesetzesvorlagen der Kommission werden die Mitglieder der nord- und mitteleuropäischen Ländergruppe mit größerer Wahrscheinlichkeit ausschlaggebend sein für das Zustandekommen einer qualifizierten Mehrheit. Im Vergleich dazu scheint die Wahrscheinlichkeit, dass Mitglieder der osteuropäischen Ländergruppe in diese Situation gelangen werden, verhältnismäßig gering zu sein.

5.4 Zusammenfassung der zentralen Ergebnisse

Die zentralen Ergebnisse der empirischen Untersuchung der vier verschiedenen Politikbereiche sollen an dieser Stelle nochmals kurz zusammengefasst werden. Die Clusteranalyse hat in allen vier Politikbereichen im wesentlichen jeweils drei markante Ländergruppen hervorgebracht. In drei der vier Politikbereiche (Umwelt-, Agrarpolitik und Außenbeziehungen und Handelspolitik) bestanden diese jeweils aus einer nord- und mitteleuropäischen, einer südeuropäischen und einer osteuropäischen Ländergruppe. Im Bereich Sozialpolitik bildeten dagegen die süd- und osteuropäischen Länder gemeinsam eine Gruppe, die zweite bestand aus den mitteleuropäischen Ländern und eine dritte, relativ isolierte Gruppe bildeten die nordeuropäischen Länder. Die Gruppe der nord- und mitteleuropäischen Länder war in allen untersuchten Politikbereichen relativ einheitlich, nur Frankreich und Italien waren in den analysierten Politikbereichen teilweise den nord- und mitteleuropäischen und teilweise den südeuropäischen Ländern zugeordnet. Die Gruppen der südeuropäischen und der osteuropäischen Länder sind dagegen politikbereichsübergreifend weniger eindeutig abgrenzbar, in der Sozialpolitik bilden sie ohnehin gemeinsam eine Gruppe. Zur südeuropäischen Gruppe kann den Untersuchungsergebnissen zufolge, neben den klassischen südeuropäischen Ländern Spanien, Portugal und Griechenland, lediglich Malta eindeutig hinzugerechnet werden. Aus der mitteleuropäischen Ländergruppe haben, wie bereits erwähnt, Italien und Frankreich scheinbar häufig hohe Homogenitäten mit den südeuropäischen Ländern, daneben wurden jedoch von Politikbereich zu Politikbereich auch immer wieder einzelne osteuropäische Länder sowie Zypern den klassischen südeuropäischen Ländern zugeordnet (im Einzelnen Lettland, Litauen, Slowenien, Rumänien).

In sämtlichen vier Politikbereichen bilden die nord- beziehungsweise die nord- und mitteleuropäischen Länder das eine und die osteuropäischen Länder das andere Extrem entlang der politischen Präferenzskala. Die südeuropäischen Länder (inklusive der weiteren ihrer Gruppe zugewiesenen Mitgliedstaaten) sind dagegen immer zwischen diesen beiden Gruppen angesiedelt und bilden das Bindeglied. In zwei der vier Politikbereiche (Umwelt- und Sozialpolitik) scheinen die südeuropäischen Länder bezüglich ihrer politischen Präferenzen den osteuropäischen Ländern ähnlicher zu sein als den nord- und mitteleuropäischen Ländern, in den anderen beiden Politikbereichen (Agrarpolitik und Außenbeziehungen und Handelspolitik) scheinen sie dagegen den nord- und mitteleuropäischen Ländern näher zu sein als den osteuropäischen. Genauere Betrachtungen der Ähnlichkeiten zwischen den jeweils drei verschiedenen großen Ländergruppen haben jedoch in allen Politikbereichen gezeigt, dass für die südeuropäischen Länder die Nähe zur nord- und mitteleuropäischen Ländergruppe immer nur geringfügig von der Nähe zur osteuropäischen Ländergruppe differiert, so dass diese doch recht indifferent zu sein scheinen bezüglich der Bildung von Koalitionen mit einer der sie umschließenden Gruppen. Dies müsste die südeuropäischen Länder (zuzüglich der übrigen ihrer Gruppe zugewiesenen Mitgliedstaaten), insbesondere bei qualifizierten Mehrheitsentscheidungen, in eine relativ vorteilhafte Position versetzen. Würde man in allen vier untersuchten Politikbereichen nur die 15 Mitgliedstaaten der alten EU betrachten, hätten dort die südeuropäischen Länder Portugal, Spanien und Griechenland gemeinsam mit Italien, das hier in drei der vier Politikbereiche der südeuropäischen Ländergruppe zugeteilt wurde, bei qualifizierten Mehrheitsentscheidungen nur eine Sperrminorität gehabt. In der erweiterten EU sind diese Länder jedoch aus ihrer ehemaligen Randlage heraus in eine Medianposition gerückt und müssten eigentlich den ‚durchschnittlichen' EU-Mitgliedstaat repräsentieren. Dagegen sehen sich die nord- und mitteleuropäischen Länder, die in der alten EU eine dominante Stellung hatten, nun einer Mehrzahl von Ländern gegenüber, deren politische Präferenzen mehrheitlich über das ehemalige Extrem der südeuropäischen Länder hinauszugehen scheinen. Aufgrund ihrer zahlenmäßigen Unterlegenheit kommt für die nord- und mitteleuropäischen Länder in der erweiterten EU nicht einmal eine verstärkte Zusammenarbeit in Frage.

Es lassen sich in allen vier Politikbereichen weitere, relativ häufig vorkommende kleinere Ländergruppen innerhalb der genannten drei großen Gruppen identifizieren. Neben den klassischen südeuropäischen Ländern und den skandinavischen Ländern scheinen sich gemäß der Anordnungen in den Dendrogrammen etwa die vier Länder Tschechien, Ungarn, die Slowakei und Polen recht ähnlich zu sein. Eine große Ähnlichkeit scheint ebenfalls zwischen den Beneluxländern zu bestehen, zwischen Großbritannien und Irland, zwischen Lettland und Litauen, zwischen Schweden und Finnland, zwischen Deutschland und Frankreich oder auch zwischen Bulgarien und Rumänien. Daneben ist auffallend, dass bestimmte Länder in allen vier Politikbereichen erst relativ spät mit anderen Ländern ‚fusioniert' werden, was auf relativ isolierte Positionen hindeutet. Dies wären in erster Linie die Länder Irland, Malta, Griechenland und Zypern, aber auch Italien, Polen, Bulgarien und Rumänien.

Es wurde darüber hinaus ermittelt, dass die Gruppe der nord- und mitteleuropäischen Länder in allen vier Politikbereichen diejenige mit den homogensten Charakteristiken und demzufolge auch mit den homogensten politischen Präferenzen zu sein scheint. Die kleinere südeuropäische Gruppe ist, unabhängig von ihrer von Politikbereich zu Politikbereich variierenden Zusammensetzung, bereits weit weniger homogen. Am heterogensten ist dagegen in sämtlichen Politikbereichen die Gruppe der osteuropäischen Länder. Die Gruppe der nord- und mitteleuropäischen Länder müsste folglich am stabilsten sein und am häufigsten geschlossen auftreten, während die osteuropäische Gruppe die geringste Stabilität aufweisen müsste.

Die Clusteranalyse hat für einstimmige Entscheidungen des Rates der EU gezeigt, dass, im Vergleich zur alten EU der 15 Mitgliedstaaten, das politische Interessenspektrum deutlich verbreitert worden ist. Bei qualifizierten Mehrheitsentscheidungen, die zukünftig vermehrt Anwendung finden sollen, verfügt in allen vier Politikbereichen keine der größeren Gruppen allein und, außer in der Sozialpolitik, auch nicht durch einen Zusammenschluss mit einer der anderen beiden Gruppen über die zur Beschlussfassung erforderliche Stimmenzahl. Dies würde bedeuten, dass auch bei qualifizierten Mehrheitsentscheidungen Verhandlungen zwischen den jeweils drei großen Ländergruppen, sofern sich diese in der Realität tatsächlich bilden, nötig wären. Aus diesem Grund wurde in einem weiteren Schritt ermittelt, mit welchen Länderkoalitionen mit qualifizierter Stimmenmehrheit in Abhängigkeit von der inhaltlichen Ausprägung der Beschlussvorlagen der Kommission zu rechnen ist. Die Kenntnis der Mehrheitsverhältnisse und damit des Einflusses einzelner Ländergruppen in diesen Koalitionen ist von Bedeutung zur Beantwortung der Frage, wie die Beschlussvorlagen der Kommission zur Organisation einer qualifizierten Mehrheit gegebenenfalls modifiziert werden müssen.

Die Wahrscheinlichkeiten, mit denen die in jedem Politikbereich identifizierten drei Ländergruppen geschlossen auftreten, lassen sich unter der Prämisse ermitteln, dass sich die Kommission in ihren Beschlussvorlagen am Interessenspektrum der EU-Mitglieder orientiert und diese Vorlagen mit bestimmten Wahrscheinlichkeiten innerhalb des Interessenspektrums der Mitgliedstaaten verteilt. Sofern die Kommission in ihren Beschlussvorlagen also immer abwechselnd die Präferenzen der einzelnen Mitgliedstaaten berücksichtigt, müssten sich die Wahrscheinlichkeiten eines geschlossenen Auftretens von Ländergruppen mit zunehmender Gruppengröße erhöhen. Daneben müssen diese Wahrscheinlichkeiten jedoch auch positiv korreliert sein mit der Homogenität einzelner Gruppen.

Die Analyse lieferte das Ergebnis, dass sich, wiederum mit Ausnahme der Sozialpolitik, die relativ homogene Gruppe der nord- und mitteleuropäischen Länder mit vergleichsweise hoher Wahrscheinlichkeit geschlossen bilden und zustimmungswillig sein müsste, während diese Wahrscheinlichkeit für die osteuropäischen Länder insgesamt vergleichsweise gering ist. Bezüglich der Bildung von mehrheitsfähigen Koalitionen zeigt sich, dass bei umwelt- und sozialpolitischen Entscheidungen mit relativ hoher Wahrscheinlichkeit in diesen Länderkoalitionen mit qualifizierter Stimmenmehrheit die süd- und osteuropäischen Länder verhältnismäßig stark vertreten sein müssten. In der Sozialpolitik bilden die süd- und osteuropäischen Länder ohnehin eine einheitliche, dominierende Gruppe, für die Umweltpolitik ergab die

Clusteranalyse eine relativ hohe Ähnlichkeit zwischen der süd- und der osteuropäischen Ländergruppe. In agrarpolitischen Entscheidungen zeichnet sich dagegen eine Vormachtstellung der nord- und mitteleuropäischen wie der südeuropäischen Länder in diesen mehrheitsfähigen Länderkoalitionen ab. Auch dieses Ergebnis war der Clusteranalyse zufolge zu erwarten. Bei außen- und handelspolitischen Entscheidungen müssten dagegen die Mitglieder der einzelnen aus der Clusteranalyse hervorgegangenen Länderblöcke in den mehrheitsfähigen Länderkoalitionen vergleichsweise ausgeglichen vertreten sein. Obwohl die süd- und osteuropäischen Länder mit hoher Wahrscheinlichkeit in zwei von vier Politikbereichen eine dominante Stellung einnehmen werden, ist der Einfluss der Gruppe der nord- und mitteleuropäischen Länder aufgrund deren vergleichsweise hoher Stimmenzahl selbst dann, wenn Beschlussvorlagen der Kommission aufgrund ihrer inhaltlichen Ausgestaltung mehrheitlich die Zustimmung süd- und osteuropäischer Länder finden müssten, nicht zu unterschätzen. Aufgrund der Mehrheitsverhältnisse in der erweiterten EU ist insgesamt davon auszugehen, dass nicht nur einstimmige, sondern auch qualifizierte Mehrheitsentscheidungen mit wesentlich schwierigeren Verhandlungsprozessen verbunden sein werden.

Unter Rückgriff auf die Erkenntnisse der Adaptionstheorie ist in diesem Zusammenhang zu beachten, dass die Beitrittsstaaten aufgrund ihres geringen Einflusses und ihrer hohen Abhängigkeit vom Integrationsraum eher eine Strategie der Unterordnung im Integrationsprozess einnehmen müssten. Insbesondere die Gruppe der nord- und mitteleuropäischen Länder, deren Mitglieder vom Integrationsraum verhältnismäßig wenig abhängig sind und die zudem eine Vielzahl der großen Mitgliedstaaten beinhaltet, müsste sich als Ganze betrachtet vergleichsweise dominant verhalten. Die Gruppe der mitteleuropäischen Länder müsste insgesamt in ihrem Verhalten im Integrationsprozess eher zwischen diesen beiden Gruppen angesiedelt sein und sich vergleichsweise passiv verhalten. Dies ist jedoch abhängig davon, ob die als dominant einzustufenden Länder Italien und Frankreich dieser Gruppe angehören oder nicht. Dennoch würden auch diese Erkenntnisse die Hypothese untermauern, dass der Einfluss der nord- und mitteleuropäischen Länder, trotz ihrer zahlenmäßigen Unterlegenheit, in der erweiterten Union nicht unterschätzt werden sollte.

Auch an dieser Stelle muss jedoch nochmals darauf hingewiesen werden, dass aufgrund der teilweise hohen Standardabweichungen der Beobachtungswerte bei Einzelentscheidungen die sich bildenden Länderkoalitionen von den im Dendrogramm enthaltenen abweichen können. Die in den Dendrogrammen enthaltenen Länderblöcke können somit nur als langfristig in Erscheinung tretende Koalitionen mit relativ homogenen Charakteristiken und daraus abgeleitet vergleichsweise homogenen politischen Interessen angesehen werden. Die aus der Analyse der vier verschiedenen Politikbereiche hervorgegangenen Dendrogramme sind zudem bezüglich der Werte auf der Distanzskala (D_{ij}) nicht vergleichbar, da die euklidischen Abstände, die zwischen einzelnen Ländern oder Länderblöcken gemessen wurden, von der Zahl der verwendeten Variablen abhängig sind. Die Anzahl der Variablen lag hier zwischen 13 (Sozialpolitik) und 32 (Umweltpolitik), auf eine Harmonisierung der euklidischen Abstände zwischen den vier Politikbereichen wurde hier verzichtet. Eine weitere Schwierigkeit lag in der Verfügbarkeit der Daten. Während für die Mitgliedstaaten der alten EU die Anzahl der verwendeten Indikatoren auf ein Vielfaches hätte gesteigert werden können, stellte die mangelnde Datenverfügbarkeit bezüglich der Beitrittsstaaten eine erhebliche Restriktion dar, da für diese bis zum Zeitpunkt des EU-Beitritts im Mai 2004 keine Eurostat-Daten vorlagen.

6. Schlussfolgerungen

Das Ziel dieser Arbeit lag in der Erörterung der Frage, wie sich die Europäische Union nach der vollständig vollzogenen Osterweiterung auf 27 Mitgliedstaaten in politischer Hinsicht verändern könnte. Der Fokus lag dabei auf möglichen Veränderungen der EU-Politiken, die aufgrund einer gestiegenen Interessenpluralität in der erweiterten Union zu erwarten sind. Bereits die bisherigen Erweiterungsrunden, beginnend mit der Europäischen Gemeinschaft der sechs bis hin zur Europäischen Union der fünfzehn Mitgliedstaaten, haben die Union in vielerlei Hinsicht verändert. Die mit den Erweiterungen verbundene Zunahme der Diversität der Traditionen, der politischen Ziele und Interessen sowie der gesellschaftlichen Charakteristiken der Mitgliedstaaten haben die Handlungsfähigkeit der Union zunehmend eingeschränkt und die Gestaltung ihrer Politiken beeinflusst. Allerdings waren allem Anschein nach bei keiner der zurückliegenden Erweiterungen die zu erwartenden ökonomischen und politischen Konsequenzen so immens wie bei der kürzlich vollzogenen Osterweiterung um 10 Mitgliedstaaten, die bis zum Jahre 2007 mit der Aufnahme Bulgariens und Rumäniens fortgeführt werden soll.

Es wurde dargelegt, dass nach der Osterweiterung realwirtschaftliche Unterschiede zwischen den einzelnen Mitgliedstaaten, etwa in bezug auf den Entwicklungsstand oder die sektorale Struktur, in bisher unbekanntem Ausmaß bestehen werden. Gleichwohl wurde gezeigt, dass sowohl die Mitgliedstaaten der alten EU wie auch die Beitrittsstaaten ökonomisch in unterschiedlichem Ausmaß von der Erweiterung betroffen sein werden, so dass sich für die einzelnen Länder unterschiedliche Perspektiven bezüglich einer voranschreitenden Marktintegration und der realwirtschaftlichen Entwicklung ergeben.

Es wurde daraufhin der Versuch unternommen, in vier ausgewählten Politikbereichen die politischen Präferenzen der 27 zukünftigen Mitgliedstaaten der EU zu ermitteln. Dies sollte die Möglichkeit bieten, herauszufinden, inwieweit sich realwirtschaftliche Unterschiede zwischen den Mitgliedern der

EU auch in unterschiedlichen politischen Präferenzen manifestieren und ob neben der realwirtschaftlichen Heterogenität auch politische Differenzen zu erwarten sind. Daraus konnten Erkenntnisse bezüglich der mit der Osterweiterung einhergehenden Auswirkungen auf den politischen Entscheidungsprozess auf EU-Ebene gewonnen werden. Dies geschah auf der Grundlage polit-ökonomischer und spieltheoretischer Überlegungen. Basierend auf diesen theoretischen Ansätzen wurde zunächst versucht, in ausgewählten Politikbereichen, in denen die Europäische Union mehr oder weniger weitreichende Kompetenzen besitzt, Unterschiede in den politischen Interessen der zukünftig 27 Mitglieder der EU abzuleiten. Dies ist erforderlich, weil unterstellt werden kann, dass die Mitglieder der beiden wichtigsten Entscheidungsorgane auf EU-Ebene, dem Europäischen Rat beziehungsweise dem Rat der EU, gemäß ihres aus der Neuen Politischen Ökonomie abgeleiteten Nutzenkalküls die Interessen ihrer nationalen Wählerschaft vertreten und versuchen werden, diese in den Beschlüssen auf EU-Ebene durchzusetzen. Denn sofern die nationalen politischen Entscheidungsträger in ihrem Handeln von den Interessen ihrer Wählerschaft geleitet würden, hätte dies zur Konsequenz, dass die inhaltliche Ausgestaltung der einzelnen nationalen Politiken den jeweiligen nationalen Wählerinteressen entspricht. Folglich wäre der Nutzen, den ein Mitgliedstaat beziehungsweise seine Bevölkerung aus einer EU-Politik zieht, umso größer, je ähnlicher die EU-Politik der nationalen Politik ist, so dass die Ländervertreter bestrebt sein werden, ihre nationalen Politiken auf die EU-Ebene zu transferieren. Mit Hilfe geeigneter Indikatoren wurden für die 27 Mitgliedstaaten der erweiterten EU die nationalen Ausgestaltungen der Sozialpolitik, der Umweltpolitik, der Agrarpolitik und der Außen- und Handelspolitik (im Falle der Agrarpolitik die Agrarstrukturen) charakterisiert, um daraus Rückschlüsse auf die Interessenwahrnehmung der einzelnen Ländervertreter auf EU-Ebene ziehen zu können.

Auf der Grundlage der auf diesem Wege ermittelten nationalen Interessen wurden im folgenden Konsequenzen für den europäischen Gesetzgebungs- und Entscheidungsprozess ermittelt. Das Ziel dieser Analyse sollte darin bestehen, zunächst Länder mit ähnlichen politischen Interessen zu identifizieren, um dann

Aussagen über mögliche Länderkoalitionen und einflussreiche Länderblöcke im europäischen Entscheidungsprozess treffen zu können. Als empirische Methode wurde dafür die Clusteranalyse verwendet, die es ermöglicht, durch einen paarweisen Vergleich der 27 (zukünftigen) Mitgliedstaaten die zwischenstaatlichen Unterschiede in der Ausgestaltung der nationalen Politiken zu ermitteln. Somit konnten die Mitgliedstaaten nach dem Kriterium der Ähnlichkeit ihrer politischen Präferenzen gruppiert beziehungsweise voneinander abgegrenzt werden.

Die Ergebnisse der Untersuchungen der vier erwähnten Politikbereiche lassen, was die Gruppierung der Länder nach dem Kriterium der Ähnlichkeit ihrer politikbereichsspezifischen Charakteristiken angeht, zunächst relativ eindeutige Rückschlüsse zu. In allen vier Politikbereichen haben sich jeweils drei Ländergruppen herausgebildet, die aufgrund relativ homogener Charakteristiken ähnliche politische Interessen haben müssten. Während diese drei Ländergruppen in den Bereichen Umwelt-, Agrarpolitik und Außenbeziehungen und Handelspolitik aus den nord- und mitteleuropäischen, den südeuropäischen und den osteuropäischen Ländern bestehen, hat sich im Bereich Sozialpolitik eine nordeuropäische, eine mitteleuropäische und eine südosteuropäische Ländergruppe gebildet. Die Zusammensetzung der nord- und mitteleuropäischen Ländergruppen ist in allen Politikbereichen relativ einheitlich, nur Frankreich und Italien wurden teilweise der mittel- und teilweise der südeuropäischen Gruppe zugeordnet. Zwischen der südeuropäischen und der osteuropäischen Ländergruppe ist jedoch keine eindeutige Trennlinie vorhanden und die Gruppenmitglieder variieren von Politikbereich zu Politikbereich (die gewählten Bezeichnungen ‚südeuropäisch' und ‚osteuropäisch' sind demnach nicht ganz korrekt, sie orientieren sich an der geografischen Lage der Mehrheit der Mitglieder der jeweiligen Gruppe).

Weniger eindeutig sind Aussagen bezüglich der Unterschiede zwischen den verschiedenen Ländergruppen. In zwei der drei untersuchten Politikbereiche sind die südeuropäischen Länder den osteuropäischen Ländern näher als den nord- und mitteleuropäischen, in den übrigen beiden Politikbereichen stellt sich dies umgekehrt dar. Aus den Untersuchungen geht hervor, dass die nord- und mitteleuropäischen Länder, die gemäß der vorgenommenen Analyse in der alten EU einem relativ kleinen Länderblock bestehend aus südeuropäischen Ländern, gegebenenfalls zuzüglich Italien und/oder Frankreich, gegenüber standen, in Zukunft zwei Länderblöcken (im Falle der Sozialpolitik einem Länderblock) gegenüberstehen werden und in eine Minderheitenposition geraten. Die süd-europäischen Länder sind in drei der vier Politikbereiche im Hinblick auf ihre politischen Interessen zwischen den nord- und mitteleuropäischen Ländern auf der einen und den osteuropäischen Beitrittsstaaten auf der anderen Seite angesiedelt. Während die südeuropäischen Länder in der alten EU eher als Randgruppe galten und dort bei qualifizierten Mehrheitsentscheidungen allenfalls eine Sperrminorität besaßen, rücken sie den Untersuchungsergebnissen zufolge in der erweiterten EU in eine Medianposition.

Aus den gewonnenen Resultaten können für die Zukunft der EU-Politiken folgende Schlüsse gezogen werden: Einstimmige Entscheidungen werden aufgrund der Tatsache, dass sich in der erweiterten EU offenbar in der Mehrzahl der Politikbereiche drei Länderblöcke mit unterschiedlichen Interessen gegen-überstehen, sehr viel schwieriger zu erzielen sein als in der alten EU der 15 Mitgliedstaaten, was vermutlich eine voranschreitende Vertiefung der Union weiter erschwert. Doch auch qualifizierte Mehrheitsentscheidungen, die in Zukunft vermehrt Anwendung finden sollen, sind den Analyseergebnissen zufolge mit Verhandlungen zwischen Ländern mit divergierenden Interessen verbunden, weil zwischen den drei großen Länderblöcken keine Kombinationsmöglichkeit existiert, bei der zwei der drei Gruppen eine qualifizierte Stimmenmehrheit erreichen können (mit Ausnahme der Sozialpolitik). Auch hier würden also mehrheitsfähige Koalitionen stets Länder aus allen drei Gruppen, wenn auch zu unterschiedlichen Anteilen, umfassen. Allerdings käme dabei den südeuropäischen Ländern als Bindeglied zwischen Nord-Mitteleuropa und Osteuropa eine entscheidende Rolle zu.

Die Gruppierung der Mitgliedstaaten der erweiterten EU nach politischen Präferenzen zeigt durchaus Parallelen zu einer Gruppierung nach real-wirtschaftlichen Ähnlichkeiten. So haben die südeuropäischen Mitgliedstaaten, die vom ökonomischen Entwicklungsstand und von ihren strukturellen

Charakteristiken her einigen Beitrittsstaaten nachweislich mehr ähneln als den mittel- und vor allem den nordeuropäischen Ländern der alten EU-15, offensichtlich auch in ihren politischen Interessen und Präferenzen eine relativ hohe Homogenität mit den Beitrittsländern. Dies ist naheliegend für die agrarpolitischen Präferenzen, da die Agrarpolitik eine sektorale Politik darstellt und die politischen Präferenzen in nicht unerheblichem Ausmaß von den sektoralen Strukturen der Mitgliedstaaten abhängig sind. Für die Umwelt- und Sozialpolitik lässt sich die relativ hohe Homogenität der politischen Präferenzen zwischen den südeuropäischen Ländern und den Beitrittsländern auf der einen und den mittel- und nordeuropäischen Ländern auf der anderen Seite durch die Abhängigkeit der Nachfrage nach umwelt- und sozialpolitischen Maßnahmen vom pro Kopf-Einkommen erklären. Die Differenzen der pro Kopf-Einkommen zwischen den südeuropäischen Ländern und den Beitrittsländern sind, wie bereits erwähnt, geringer als die Differenzen der pro Kopf-Einkommen zwischen den südeuropäischen Ländern einerseits und den mittel- und nordeuropäischen Ländern der alten EU andererseits.

Neben diesen grundlegenden Resultaten lassen sich jedoch noch weitere Schlussfolgerungen ziehen. Die bislang erwähnten großen Ländergruppen lassen sich weiter in Untergruppen unterteilen. In der EU-15 bilden zumeist die skandinavischen Länder eine Untergruppe, ebenso Großbritannien und Irland, die Beneluxstaaten zusammen mit Frankreich, Deutschland und Österreich oder die südeuropäischen Länder Griechenland, Italien, Spanien und Portugal. Bei den Beitrittsländern bilden dagegen häufig Tschechien, Ungarn und Polen eine Untergruppe, ebenso wie Bulgarien und Rumänien oder Lettland und Litauen. Allerdings sind bei den Beitrittsstaaten diese Untergruppen weniger eindeutig auszumachen, treten dort also seltener auf, als bei den nord- und mitteleuropäischen Ländern der EU-15. Zudem offenbart die Untersuchung, dass bei den großen Ländergruppen diejenige Gruppe, die, mit wenigen Ausnahmen, aus den nord- und mitteleuropäischen Ländern der alten EU-15 besteht, sehr viel homogener zu sein scheint als die Gruppe der süd-, vor allem aber als die Gruppe der osteuropäischen Länder.

Allein die Abgrenzung der 27 Mitgliedstaaten der erweiterten EU gemäß ihrer politischen Präferenzen sagt jedoch noch nichts darüber aus, mit welchen Länderkoalitionen bei qualifizierten Mehrheitsentscheidungen tatsächlich zu rechnen ist. Die Clusteranalyse hat in keinem der vier Politikbereiche eine große Ländergruppe hervorgebracht, die über eine qualifizierte Mehrheit verfügt. Welche der drei großen Gruppen sich gegebenenfalls zusammenschließen und welche Länder aus der verbleibenden Gruppe als Mehrheitsbeschaffer fungieren könnten, ist einerseits abhängig von der inhaltlichen Ausgestaltung eines Politikentwurfs seitens der Kommission, andererseits von der Interessenhomogenität der verschiedenen Ländergruppen. Sofern davon ausgegangen wird, dass die Kommission die Gesamtheit ihrer Politikentwürfe wechselnd an den Interessen einzelner Mitgliedstaaten oder einzelner Länderblöcke ausrichtet, lassen sich bei Kenntnis der Präferenzordnung der Mitgliedstaaten deren Zustimmungsbereitschaften ermitteln. Diese Analyse hat zu dem Ergebnis geführt, dass sich in allen vier untersuchten Politikbereichen mit hohen Wahrscheinlichkeiten immer mindestens eine, häufig jedoch auch zwei der drei großen Ländergruppen geschlossen bilden und jeweils einzelne Länder aus der oder den opponierenden Gruppen als Mehrheitsbeschaffer fungieren. Die Wahrscheinlichkeit, dass sich aus jeder Gruppe einzelne Mitglieder herauslösen und mit einzelnen Mitgliedern der opponierenden Gruppe(n) Entwürfen zustimmen, ist jedoch relativ gering. Dies kann wiederum auf die hohe Diskrepanz der politischen Interessen zwischen den großen Ländergruppen zurückgeführt werden und deutet im Prinzip auf ein Europa mehrerer Lager hin. Darüber hinaus bestätigt dieses Ergebnis die Resultate der Clusteranalysen.

Betrachtet man in diesem Zusammenhang die Zusammensetzung der theoretisch möglichen und mit gewissen Wahrscheinlichkeiten auftretenden qualifizierten Mehrheiten, zeichnet sich für zwei der vier Politikbereiche (namentlich für die Umwelt- und die Sozialpolitik) eine Vormachtstellung der süd- und osteuropäischen Länder ab, wenngleich diese Länder immer noch auf eine beträchtliche Stimmenzahl von Mehrheitsbeschaffern aus der nord- und mitteleuropäischen Ländergruppe angewiesen sind. In der Agrarpolitik scheint dagegen die Gruppe der nord- und mitteleuropäischen Länder gemeinsam mit der Gruppe der südeuropäischen Länder bei einer Vielzahl der Entscheidungen im Rat der EU eine Vormachtstellung einzunehmen, während die Beitrittsstaaten bei der Mehrzahl der Entscheidungen eine Minderheit bilden müssten. Bei den Entscheidungen im Bereich Außenbeziehungen und Handelspolitik wurde dagegen eine relativ ausgeglichene Zusammensetzung der einen Politikentwurf bejahenden Länder, relativ unabhängig von dessen Ausprägung, prognostiziert.

Die Kenntnis der Zusammensetzung der einem bestimmten Politikentwurf am ehesten zustimmenden Länder aus Mitgliedern der jeweils drei Ländergruppen ist deshalb von Interesse, weil die Organisation qualifizierter Mehrheiten mit Verhandlungen über Modifikationen der Politikentwürfe und über Zugeständnisse an die Mehrheitsbeschaffer verbunden sein werden. Die Kompromisslösungen, die diese Verhandlungen hervorbringen, werden nicht unwesentlich determiniert sein durch die Mehrheitsverhältnisse in der Länderkoalition, die potenziell eine qualifizierte Mehrheit ausmacht. Obwohl in zwei der vier Politikbereiche die süd- und osteuropäischen Länder in diesen potenziellen Koalitionen mit relativ hohen Wahrscheinlichkeiten über die Stimmenmehrheit verfügen, bilden die nord- und mitteleuropäischen Länder immer noch den stärkeren Länderbund und sind, aufgrund der in den meisten Fällen dieser Gruppe angehörenden großen westeuropäischen Länder, in diesen potenziellen Koalitionen, selbst wenn sie nicht die Stimmenmehrheit stellen, immer noch stark vertreten. Es kann also davon ausgegangen werden, dass die Mitgliedstaaten der alten EU-15 nach der Erweiterung logischerweise an politischem Einfluss einbüßen. Dennoch ist die Gefahr, dass bestimmte Ländergruppen bei qualifizierten Mehrheitsentscheidungen völlig an Einfluss verlieren und dauerhaft mehrheitlich überstimmt werden, relativ gering. Sie besteht allenfalls für die an den Extrempunkten der Skalen der politischen Präferenzen angesiedelten Länder. Dies könnten auf der einen Seite die skandinavischen, auf der anderen Seite die rückständigen Länder Bulgarien und Rumänien und gegebenenfalls auch Lettland und Litauen sein.

ANHANG

Datendokumentation

Datenquellen für die Regressionsanalysen (Kapitel 4.1):

Indikator	Quelle
- bilaterale Warenexportquoten 2002	International Monetary Fund (2003b): Direction of Trade Statistics Yearbook 2002
- Bruttoinlandsprodukte zu Marktpreisen 2002	Statistisches Bundesamt (2002): Statistisches Jahrbuch für das Ausland 2002
- Bevölkerungszahlen 2002	Statistisches Bundesamt (2002): Statistisches Jahrbuch für das Ausland 2002
- Bevölkerungsprognosen für das Jahr 2020	Statistisches Bundesamt (2002): Statistisches Jahrbuch für das Ausland 2002
- Entfernungen zwischen den Hauptstädten der Länder	Internet-Quelle: http://www.autotransinfo.ru/tc.php3, zugegriffen am 28.4.2001

Datenquellen für die Indikatoren zur Ermittlung der realwirtschaftlichen Divergenzen zwischen den Mitgliedstaaten (Kapitel 5.2.2.2)

Indikator	Quelle
- Bruttoinlandsprodukt pro Kopf in KKS 2002	World Bank (2003a): World Development Indicators 2002
- Beschäftigungsquote (insgesamt) 2002	International Labour Office (2003): Yearbook of Labour Statistics 2002
- Langzeitarbeitslosenquote (insgesamt) 2002	International Labour Office (2003): Yearbook of Labour Statistics 2002
- Arbeitsproduktivität pro Beschäftigten 2002 (Tsd. €)	World Bank (2003a): World Development Indicators 2002; International Labour Office (2003): Yearbook of Labour Statistics 2002, eigene Berechnungen

Indikator	Quelle
- Bildungsstand der Jugendlichen 2002, gemessen über die Beschulungsrate im Tertiarbereich (Oberschulen)	World Bank (2003a): World Development Indicators 2002
- Bruttoanlageinvestitionen in Prozent des Bruttoinlandsprodukts 2002	World Bank (2003a): World Development Indicators 2002
- Forschungs- und Entwicklungsausgaben in Prozent des Bruttoinlandsprodukts 2002	World Bank (2003a): World Development Indicators 2002
- Emission von Treibhausgasen in CO_2-Äquivalenten pro Kopf 2002	World Bank (2003a): World Development Indicators 2002
- Energieverbrauch in Prozent des Bruttoinlandsprodukts	World Bank (2003a): World Development Indicators 2002
- durchschnittliche Wachstumsrate des Bruttoinlandsprodukts 2000-2002	World Bank (2003a): World Development Indicators 2002; eigene Berechnungen
- Zahl der Computer pro Tsd. Einwohner 2002	World Bank (2003a): World Development Indicators 2002
- GINI-Koeffizient 2002	World Bank (2003a): World Development Indicators 2002
- Exportstruktur (unterteilt in Agrarprodukte, Rohstoffe und Industriegüter, 2002)	OECD (2003): International Trade by Commodity Statistics 2002
- Beschäftigtenanteile nach Sektoren 2002	World Bank (2003a): World Development Indicators 2002
- Anteile einzelner Sektoren am Bruttoinlandsprodukt 2002	World Bank (2003a): World Development Indicators 2002
- Staatsausgaben in Prozent des Bruttoinlandsprodukts 2002	International Monetary Fund (2003c): Government Finance Statistics Yearbook 2002; World Bank (2003a): World Development Indicators 2002; eigene Berechnungen

Datenquellen für die Clusteranalysen in den verschiedenen Politikbereichen

- **Europäische Sozialpolitik (Kapitel 5.3.1):**

Indikatorengruppe ‚Voraussetzungen für die Anspruchsberechtigung'

Indikator	**Quelle**
- sämtliche Indikatoren für die alten EU-Mitglieder	MISSOC – Social Protection in the EU Member States and the European Economic Area, Stand 1.1.2002, Internet-Quelle: http://www.europa.eu.int/comm/employment_social/missoc/index_en.html, zugegriffen am 29.6.2003
- sämtliche Indikatoren für die Beitrittsländer	MISSCEEC II – Mutual Information System on Social Protection in Central and Eastern European Countries, Stand 1.1.2002, Internet-Quelle: http://www.europa.eu.int/comm/employment_social/missceec/index_en.html, zugegriffen am 29.6.2003; Gesellschaft für Versicherungs-wissenschaft und –gestaltung e.V. (2003): Studies on the Social Protection Systems in the 13 Applicant Countries, Internet-Quelle: http://www.gvg-koeln.de/deutsch/projekte.html, zugegriffen am 30.6.2003

Indikatorengruppe ‚Sozialstandards'

Indikator	**Quelle**
- Sozialausgaben in Prozent des Bruttoinlandsprodukts 2002	International Monetary Fund (2003c): Government Finance Statistics Yearbook 2002; World Bank (2003a): World Development Indicators 2002; eigene Berechnungen
- durchschnittliches Arbeitslosengeld und durchschnittliches Rentenniveau in Prozent des (letzten) Nettolohnes 2002	Quelle für die alten EU-Mitgliedstaaten: MISSOC – Social Protection in the EU Member States and the European Economic Area, Stand 1.1.2002, Internet-Quelle: http://www.europa.eu.int/comm/employment_social/missoc/index_en.html, zugegriffen am 29.6.2003 Quelle für die Beitrittsstaaten: Gesellschaft für Versicherungswissenschaft und -gestaltung e.V. (2003): Studies on the Social Protection Systems in the 13 Applicant Countries, Internet-Quelle: http://www.gvg-koeln.de/deutsch/projekte.html, zugegriffen am 30.6.2003

Indikatorengruppe ‚Finanzierung des Sozialsystems'

Indikator	**Quelle**
- Verhältnis der Finanzierung durch Beiträge zur Finanzierung durch Steuern (2002)	International Monetary Fund (2003c): Government Finance Statistics Yearbook 2002; eigene Berechnungen
- Verhältnis privater Gesundheitsausgaben zu den gesamten Gesundheitsausgaben (privat und staatlich) 2002	World Bank (2003a): World Development Indicators 2002; eigene Berechnungen

Indikatorengruppe ‚(Um-)Verteilung'

Indikator	**Quelle**
- GINI-Koeffizient 2002	World Bank (2003a): World Development Indicators 2002
- Verhältnis des Spiteznsteuersatzes zum Durchschnittssteuersatz (Einkommensteuer) 2002	World Bank (2003a): World Development Indicators 2002; eigene Berechnungen
- Verhältnis der Sozialversicherungs-beiträge der Arbeitgeber zu den Sozialversicherungsbeiträgen der Arbeitnehmer im Jahre 2002	International Monetary Fund (2003c): Government Finance Statistics Yearbook 2002; eigene Berechnungen

- **Europäische Umweltpolitik (Kapitel 5.3.2):**

Indikatoren	**Quelle**
- State- und Response-Indikatoren für das Jahr 2002	World Bank (2003b): The Little Green Data Book 2002, Internet-Quelle: http://www.lnweb18.worldbank.org/ESSD/envext/nsf/44ByDocName/ TheLittleGreenDataBook2003/ $FILE/The+Little+Green+Data+Book+ 2003.pdf, zugegriffen am 12.1.2003
- Policy-Response-Indikatoren ▪ Indikatoren der Bereiche ‚Nachhaltige Entwicklung', ‚Umweltqualität und natürliche Ressourcen', ‚Umwelt und Gesundheit' ▪ Umweltsteuern und –abgaben in Prozent des Bruttoinlandsprodukts 2002 ▪ Indikatoren des Bereichs ‚Klimawandel'	Homepages der Umweltministerien der Mitglied- staaten, zugegriffen über http://www.europa.eu.int/abc/ governments/index_de.htm#members International Monetary Fund (2003c): Government Finance Statistics Yearbook 2002; World Bank (2003a): World Development Indicators 2002; eigene Berechnungen World Bank (2003a): World Development Indicators 2002

- **Gemeinsame Agrarpolitik (Kapitel 5.3.3):**

Indikatorengruppe ‚Produktion'

Indikator	**Quelle**
- sämtliche Indikatoren für das Jahr 2002	FAO, United Nations (2003): Production Yearbook 2002; FAO, United Nations (2003): Fishery Statistics Yearbook 2002; eigene Berechnungen

Indikatorengruppe ‚Landschaftsschutz und Entwicklung des ländlichen Raumes'

Indikator	**Quelle**
- Anteil der landw. genutzten Fläche an der Landesfläche, unterteilt in Ackerland und Dauerkulturen 2002	World Bank (2003a): World Development Indicators 2002
- Düngemitteleinsatz je ha landw. genutzter Fläche 2002	World Bank (2003a): World Development Indicators 2002
- Abholzung 2002	World Bank (2003a): World Development Indicators 2002
- ökologisch bewirtschaftete Fläche in Prozent der landw. genutzten Fläche 2002	Statistisches Bundesamt (2002): Statistisches Jahrbuch für das Ausland 2002
- ländliche Bevölkerung (in Prozent der Gesamtbevölkerung) 2002	World Bank (2003a): World Development Indicators 2002

Indikatorengruppe ‚Bedeutung des Agrarsektors, Schutzbedürftigkeit und Nutzen aus der Gemeinsamen Agrarpolitik'

Indikator	**Quelle**
- Agrarausgaben in Prozent des Bruttoinlandsprodukts 2002	International Monetary Fund (2003c): Government Finance Statistics Yearbook 2002; World Bank (2003a): World Development Indicators 2002; eigene Berechnungen

Indikator	Quelle
- Anteil des primären Sektors am Bruttoinlandsprodukt	World Bank (2003a): World Development Indicators 2002; eigene Berechnungen
- Anteil der Beschäftigten im primären Sektor	International Labour Office (2003): Yearbook of Labour Statistics 2002; eigene Berechnungen
- Wertschöpfung pro Beschäftigten im primären Sektor im Jahre 2002 (Tsd. €)	World Bank (2003a): World Development Indicators 2002; International Labour Office (2003): Yearbook of Labour Statistics 2002; eigene Berechnungen
- RCA-Koeffizient bei Agrarprodukten	OECD (2003): International Trade by Commodity Statistics 2002; eigene Berechnungen
- Anteil der Agrarprodukte am Gesamtexport	OECD (2003): International Trade by Commodity Statistics 2002; eigene Berechnungen
- ländliche Bevölkerung (in Prozent der Gesamtbevölkerung)	World Bank (2003a): World Development Indicators 2002
- Durchschnittsgröße landw. Betriebe in ha	Quelle für die alten EU-Mitgliedstaaten: Internet-Quelle: http://europa.eu.int/comm/agriculture/agrista/2001/table_en/en3541full.pdf, zugegriffen am 6.2.2004 Quellen für die Beitrittsstaaten: Internet-Quellen: http://heiwww.unige.ch/~baldwin/papers/BW/slides/Slides%20Chapter%208.ppt; http://www.uni-hohenheim.de/i410b/download/gewisola/papers/fuchs.pdf, zugegriffen am 6.2.2004
- erwartete Nettoposition EAGFL pro Kopf der Bevölkerung in 2013	Weise (2001): EU-Osterweiterung finanzierbar – Reformdruck wächst. Szenarien für den EU-Haushalt 2007 und 2013, Internet-Quelle: http://www.diw.de/deutsch/produkte/publikationen/wochenberichte/docs/01-36-1.html#TAB5, zugegriffen am 5.2.2004

Indikatorengruppe ‚Erträge und Technisierungsgrad'

Indikator	**Quelle**
- sämtliche Indikatoren der Gruppe für das Jahr 2002	FAO, United Nations (2003): Production Yearbook 2002

- **Außenbeziehungen und Handelspolitik (Kapitel 5.3.4):**

Indikatorengruppe ‚Politische Außenbeziehungen'

Indikator	**Quelle**
- Zahl der Botschaften im außereuropäischen Ausland	Homepages der Außenministerien der Mitglied-staaten, zugegriffen über http://www.europa.eu.int/abc/governments/index_de.htm#members
- Abstimmungsverhalten in der UN-Vollversammlung	Internet-Quelle: http://www.un.org/documents/resga.htm, zugegriffen am 26.3.2004
- kulturelle Verbundenheit	Internet-Quelle: http://www.weikopf.de/herkunft_ausbreitung.html, zugegriffen am 25.3.2004
- wichtige ausländische Bevölkerungsgruppen im Inland 2002	Internet-Quelle: http://www.ilo.org/public/english/Protection/migrant/ilmdb/ilmdb.htm, zugegriffen am 27.3.2004

Indikatorengruppe 'Außenwirtschaftsbeziehungen'

Indikator	**Quelle**
- RCA-Koeffizienten einzelner Warengruppen 2002	OECD (2003): International Trade by Commodity Statistics 2002; eigene Berechnungen
- RCA-Koeffizienten einzelner Dienstleistungen 2002	International Monetary Fund (2003a): Balance of Payments Statistics Yearbook 2002; eigene Berechnungen

Indikator	Quelle
- Exportquoten einzelner Produktgruppen (in Prozent des Bruttoinlandsprodukts)	OECD (2003): International Trade by Commodity Statistics 2002; World Bank (2003a): World Development Indicators 2002; eigene Berechnungen
- Exportquoten einzelner Dienstleistungen (in Prozent des Bruttoinlandsprodukts)	International Monetary Fund (2003a): Balance of Payments Statistics Yearbook 2002; World Bank (2003a): World Development Indicators 2002; eigene Berechnungen
- geografische Verteilung des Außenhandels	International Monetary Fund (2003b): Direction of Trade Statistics Yearbook 2002; eigene Berechnungen
- Trade Restrictiveness Index	Quelle für die alten EU-Mitgliedstaaten: World Trade Organization (2003): World Trade Report 2003 Quelle für die Beitrittsstaaten: European Bank for Reconstruction and Development (2003): Transition Report 2002
- Beteiligung an WTO-Streitschlichtungsverfahren als Angeklagter	Internet-Quelle: http://www.wto.org/english/Tratop_e/dispu_e/dispu_status_e.htm, zugegriffen am 25.3.2004

Indikatorengruppe 'Interkontinentale Ausrichtung'

Indikator	Quelle
- Zahl der Botschaften im außereuropäischen Ausland	Homepages der Außenministerien der Mitgliedstaaten, zugegriffen über http://www.europa.eu.int/abc/governments/index_de.htm#members
- Extra-EU-Export- und Importquoten (in Prozent des Bruttoinlandsprodukts)	International Monetary Fund (2003b): Direction of Trade Statistics Yearbook 2002; World Bank (2003a): World Development Indicators; eigene Berechnungen

Literaturverzeichnis

ABRAMOWITZ, Morton (1986): Catching Up, Forging Ahead, and Falling Behind, in: Journal of Economic History, Vol. 46, S. 285-406

ABRAMS, Robert (1980): Foundations of Political Analysis: An Introduction to the Theory of Collective Choice, New York

AGARWAL, Jamuna P.; DONGES, Jürgen B.; HORN, Ernst-Jürgen; NEU, Axel D. (1975): Übertragung von Technologien an Entwicklungsländer, Tübingen

ALDENDERFER, Mark S.; BLASHFIELD, Roger K. (1989): Cluster Analysis, 6th Printing, Beverly Hills

ANDERSEN, James E.; NEARY, J. Peter (1996): A new Approach to Evaluating Trade Policy, in: Review of Economic Studies, Vol. 63, No. 2, S. 107-125

ANDERSEN, Mikael S.; LIFFERINK, Duncan (1997): European Environmental Policy. The Pioneers, Manchester

ARROW, Kenneth J. (1969): The Organization of Economic Activity: Issues Pertinent to the Choice of Market versus Nonmarket Allocation, in: Joint Economic Committee (Hrsg.): The Analysis and Evaluation of Public Expenditures; The PBB-System, A Compendium of Papers, Vol. 1, Part 1, Section A, S. 47-64

AXELROD, Robert (1984): The Evolution of Corporation, New York

BACHRACH, Peter; BARATZ, Morteon S. (1963): Decisions and Non-Decisions: An Analytical Framework, in: American Political Science Review, Vol. 57, S. 632-642

BALDONE, Salvatore; SDOGATI, Fabio; TAJOLI, Lucia (2001): Patterns and Determinants of International Fragmentation of Production: Evidence from Outward Processing Trade between the EU and Central Eastern European Countries, in: Weltwirtschaftliches Archiv, Band 137, S. 80-104

BALDWIN, Richard E. (1993): On the Measurement of Dynamic Effects of Integration, in: Empirica, Vol. 20, S. 129-145

BALDWIN, Richard E.; FRANCOIS, Joseph F.; PORTES, Richard (1997): The Costs and Benefits of Eastern Enlargement: The Impact on the EU and Central Europe, in: Economic Policy, Vol. 24, S. 125-176

BARR, Jason; PASSARELLI, Francesco (2003): Who has the Power in the EU?, http://www.andromeda.rutgers.edu/~jmbarr/ eupowerjan 30.pdf, zugegriffen am 14.2.2004

BECKER, Gary S. (1996): Interessengruppen und politisches Verhalten, in: Becker, Gary S.: Familie, Gesellschaft und Politik, Tübingen, S. 163-184

BECKER, Gary S. (1983): A Theory of Competition among Pressure Groups for Political Influence, in: The Quarterly Journal of Economics, Vol. 97, No. 3, S. 371-400

BEHRENDS, Sylke (2001): Neue Politische Ökonomie, München

BEHRENDS, Sylke (1999): Erklärung von Gruppenphänomenen in der Wirtschaftspolitik – Politologische und volkswirtschaftliche Theorien sowie Analyseansätze, Berlin

BELKE, Ansgar; HEBLER, Martin (2002): Towards a European Social Union: Impacts on Labour Markets in the Acceding Countries, in: Constitutional Political Economy, Vol. 13, S. 313-335

DE BENEDICTIS, Luca; PADOAN, Pier Carlo (1991): The Integration of Eastern Europe into the E.C. – A Club Theory – Intereset Group Approach, CIDEI (Centro Interdipartimentale di Economia Internazionale), Working Paper No. 9, Rome

BERNHOLZ, Peter; BREYER, Friedrich (1994): Grundlagen der Politischen Ökonomie, Band 2: Ökonomische Theorie der Politik, 3., völlig überarbeitete Auflage, Tübingen

BERTHOLD, Norbert (1993): Sozialunion in Europa – Notwendig oder überflüssig?, in: Wirtschaftsdienst, 73. Jahrgang, Heft 8, S. 414-418

BEYERS, Jan; KERREMANS, Bart; BURSENS, Peter (2001): Belgium, The Netherlands, and Luxemburg: Diversity among the Benelux Countries, in: Zeff, E.E.; Pirro, E.B. (Hrsg.): The European Union and the Member States. Cooperation, Coordination, and Compromise, Boulder, S. 59-88

BORCHARDT, Klaus-Dieter (1999): Das ABC des Gemeinschaftsrechts, Luxemburg

VON BORRIES, Reimer (1996): Subsidiaritätsbericht der Bundesregierung, in: Zeitschrift für Gesetzgebung, 12. Jg., S. 275-276

BÖRZEL, Tanja A. (2002): Pace-Setting, Foot-Dragging, and Fence-Sitting: Member State Responses to Europeanization, in: Journal of Common Market Studies, Vol. 40, S.193-214

BOSS, Alfred; ROSENSCHON, Astrid (2000): Subventionen in Deutschland: Eine Aktualisierung, Kiel

BRAMS, Steven J. (1975): Game Theory and Politics, New York

BRANCH, Ann P.; ØHRGAARD, Jacob C. (1999): Trapped in the Supranational-Intergovernmental Dichotomy: A Response to Stone Sweet and Sandholtz, in: Journal of European Public Policy, Vol. 6, S. 123-143

VON BREDOW, Wilfried; JÄGER, Thomas (1993): Neue deutsche Außenpolitik – Nationale Interessen in internationalen Beziehungen, Opladen

BRENNAN, Geoffrey; BUCHANAN, James M. (1980): The Power to Tax: Analytical Foundations of a Fiscal Constitution, Cambridge

BRÜCKER, Herbert (2001): Werden unsere Löhne künftig in Warschau festgesetzt?, in: LIST-Forum für Wirtschafts- und Finanzpolitik, Band 27(2001), S. 71-92

BUCHANAN, James M. (1984): Constitutional Restrictions on the Power of Government, in: Buchanan, James M./Tollison, Robert D.: The Theory of Public Choice II, Ann Arbour, S. 439-452

BUCHANAN, James M. (1965): An Economic Theory of Clubs, in: Economica, Vol. 32, S.1-14

BUCHANAN, James M.; TULLOCK, Gordon (1962): The Calculus of Consent – Logical Foundations of Constitutional Democracy, Ann Arbour

BUCHANAN, James M.; FAITH, Roger L. (1987): Secession and the Limits of Taxation: Towards a Theory of Internal Exit, in: American Economic Review, Vol. 77, No. 5, S. 1023-1031

BUTTERWORTH, Robert L. (1971): A Research Note on the Size of Winning Coalitions, in: American Political Science Review, Vol. 65, S. 741-748

CASE, Anne C.; ROSEN, Harvey S.; HINES, James R. jr. (1993): Budget Spillovers and Fiscal Policy Interdependence – Evidence from the States, in: Journal of Public Economics, Vol. 52, S. 285-307

CHIPMAN, John S. (1986): Intra-Industry Trade, Factor Proportions and Aggregation, in: Diskussionsbeiträge des Sonderforschungsbereichs 178 'Internationalisierung der Wirtschaft' der Universität Konstanz, Serie II – Nr.1, Konstanz

CRAM, Laura (1997): Policy Making in the EU: Conceptual Lenses and the Integration Process, London, New York

CZEMPIEL, Ernst-Otto (1987): Machtpolitik, in: von Beyme, Klaus; Czempiel, Ernst-Otto u.a. (Hrsg.): Politikwissenschaft – Eine Grundlegung, Band III: Außenpolitik und Internationale Politik, Stuttgart, S. 97-127

DESDOIGTS, Alain (1999): Patterns of Economic Development and the Formation of Clubs, in: Journal of Economic Growth, Vol. 4, S. 305-330

DOWNS, Anthony (1968): Ökonomische Theorie der Demokratie, Tübingen

DOWNS, Anthony (1966): Inside Bureaucracy, Boston

DOWNS, Anthony (1957): An Economic Theory of Democracy, New York

DUNNING, John H. (1994): Multinational Enterprises and the Global Economy, Wokingham

EASTON, David (1967): A System Analysis of Political Life, 2. Auflage, Chicago

EASTON, David (1953): The Political System: An Inquiry into the State of Political Science, New York

EBBINGHAUS, Bernhard (1998): European Labor Relations and Welfare-State-Regimes: A Comparative Analysis of their 'Elective Affinities', http://www.mpi-fg-koeln.de/people/es/Papers/Ebbinghaus_Wahl_1998.pdf, zugegriffen am 16.8.2003

EGGER, Peter (2001): European Integration in Trade and FDI: A Dynamic Perspective, in: CESifo Forum 2 (2), S. 30-35

EL-AGRAA, Ali M.; JONES, Anthony J. (1981): Theory of Customs Unions, Oxford

ELSTER, John (1987): The Multiple Self, Cambridge

ESPING-ANDERSEN, Gøsta (1994): Welfare States and the Economy, in: Smelser, Neil J.; Swedberg, Richard (Hrsg.): The Handbook of Economic Sociology, Princeton, S. 711-732

ESPING-ANDERSEN, Gøsta (1990): The three Worlds of Welfare Capitalism, Oxford

ETZIONI, Amitai (1967): Soziologie der Organisationen, München

EUROPÄISCHE KOMMISSION (2004): Bericht der Kommission für die Frühjahrstagung des Europäischen Rates 2004, Brüssel

EUROPÄISCHE KOMMISSION (2001): Mitteilung der Kommission an den Rat, das Europäische Parlament, den Wirtschafts- und Sozialausschuss und den Ausschuss der Regionen zum sechsten Aktionsprogramm der Europäischen Gemeinschaft für die Umwelt, Brüssel

EUROPEAN BANK FOR RECONSTRUCTION AND DEVELOPMENT (2003): Transition Report 2003, London

EVERITT, Brian S. (1993): Cluster Analysis, 3rd ed., London

FAFCHAMPS, Marcel; DE JANVRY, Alain; SADOULET, Elisabeth (1999): Social Heterogenity and wasteful Lobbying, in: Public Choice, Vol. 98, Nos. 1-2, S. 5-27

FAO – Food and Agriculture Organization of the United Nations (2003): Fishery Statistics Yearbook 2002, Rom

FAO – Food and Agriculture Organization of the United Nations (2003): Production Yearbook 2002, Rom

FAO – Food and Agriculture Organization of the United Nations (2003): Trade Yearbook 2002, Rom

FISHER, Stanley; SAHAY, Ratna; VEGH, Carlos A. (1998): How far is Eastern Europe from Brussels?, International Monetary Fund, IMF Working Paper No.53, Washington

FONT, Nuria; MORATA, Francesc (1998): Spain: Environmental Policy and Public Administration. A Marriage of Convenience Officiated by the EU?, in: Hanf, K.; Jansen, A.I. (Hrsg.): Governance and Environment in Western Europe: Politics, Policy and Administration, Harlow, S. 208-229

FREY, Bruno S. (1970): Die ökonomische Theorie der Politik oder die neue politische Ökonomie in: Zeitschrift für die gesamte Staatswissenschaft 126, S. 1-22

FRIEDMAN, James W. (1989): Game Theory with Application to Economics, New York

GABRISCH, Hubert (2000): Die Entwicklung der Handelsstrukturen der Transformationsländer, in: Brunner, Georg (Hrsg.): Politische und ökonomische Transformation in Osteuropa, Berlin, S. 211-233

GEORGE, Stephen; BACHE, Ian (2001): Politics in the European Union, Oxford

GESELLSCHAFT FÜR VERSICHERUNGSWISSENSCHAFT UND -GESTALTUNG e.V. (2003): Studies on the Social Protection Systems in the 13 Applicant Countries, http://www.gvg-koeln.de/deutsch/projekte.html, zugegriffen am 30.6.2003

GROSSMAN, Gene M.; HELPMAN, Elhanan (2002): Interest Groups and Trade Policy, Princeton

GROSSMAN, Gene M.; HELPMAN, Elhanan (1994): Endogenous Innovation in the Theory of Growth, in: Journal of Economic Perspectives, Vol. 8, S.23-44

GROSSMAN, Gene M.; HELPMAN, Elhanan (1991): Trade, Knowledge Spillovers and Growth, in: European Economic Review 35, S.517-526

GRUBEL, Herbert J.; LLOYD, Peter J. (1975): Intra-Industry Trade, London

GRUBER, Torsten; OHR, Renate (2001): Zur Theorie regionaler Integration in: Ohr, Renate; Theurl, Theresia (Hrsg.): Kompendium Europäische Wirtschaftspolitik, München, S. 1-39

GYGI, Beat (1991): Internationale Organisationen aus der Sicht der Neuen Politischen Ökonomie, Heidelberg

HAAS, Ernst B. (1958): The Uniting of Europe: Political, Social, and Economic Forces 1950-1957, London

HAMILTON, Carl B.; WINTERS, L. Alan (1992): Opening up International Trade with Eastern Europe, in: Economic Policy, Vol. 14, S. 77-104

HANSEN, Peter (1974): Adaptive Behaviour of Small States: The Case of Denmark and the European Community, in: Sage International Yearbook of Foreign Policy Studies, Vol. 2, S. 143-174

HARE, Paul (2001): Trade Policy During the Transition: Lessons from the 1990s, in: The World Economy, Vol. 24, S. 483-511

RHEIN, Eberhard (1979): Die Außenwirtschaftsbeziehungen: Ansatz für eine europäische Außenpolitik, in: Hasenpflug, Hajo (Hrsg.): Die EG-Außenbeziehungen – Stand und Perspektiven, Hamburg, S. 13-30

VAN HASTENBERG, Hans (1999): Foreign Direct Investment in Hungary: The Effects on the Modernization of the Manufacturing Industry and the Demand for Labor, Netherlands Geographical Studies 256, Utrecht

HAUSER, Heinz; KAMM, Marcel (1998): Wie homogen ist der gesamteuropäische Freihandelsraum EU-EFTA-Osteuropa?, Berlin

HAYES-RENSCHAW, Fiona; LEQUESNE, Christian; MAYOR LOPEZ, Pedro (1989): The Permanent Representations of the Member States to the European Communities, in: Journal of Common Market Studies, Vol. 28, S. 121-137

HAYES-RENSHAW, Fiona; WALLACE, Helen (1997): The Council of Ministers, Basingstoke, London

HERITIER, Adrienne; KNILL, Christoph; MINGERS, Susanne (1996): Ringing the Changes in Europe. Regulatory Competition and the Redefinition of the State: Britain, France, Germany, Berlin, New York

HINDESS, Barry (1988): Choice, Rationality and Social Theory, London

HIRSCHMAN, Albert O. (1974): Abwanderung und Widerspruch: Reaktionen auf Leistungsabfall bei Unternehmungen, Organisationen und Staaten (deutsche Übersetzung), Tübingen

HIX, Simon; LORD, Christopher (1997): Political Parties in the European Union, Basingstoke, London

HOLLER, Manfred J.; ILLING, Gerhard (1996): Einführung in die Spieltheorie, 3. Auflage, Berlin

HOTELLING, Harold (1929): Stability in Competititon, in: The Economic Journal, Vol. 39, S. 41-57

INOTAI, Andras (1994): Some Remarks on Developments in Foreign Trade in Central and Eastern European Economies, Budapest

INTERNATIONAL LABOUR OFFICE (2003): Yearbook of Labour Statistics 2002, Geneva

INTERNATIONAL MONETARY FUND (2003a): Balance of Payments Statistics Yearbook 2002, Washington D.C.

INTERNATIONAL MONETARY FUND (2003b): Direction of Trade Statistics Yearbook 2002, Washington D.C.

INTERNATIONAL MONETARY FUND (2003c): Government Finance Statistics Yearbook 2002, Washington D.C.

INTERNATIONAL MONETARY FUND (1997): Balance of Payments Manual, 5th ed., Washington D.C.

JOHNSON, Richard A.; WICHERN, Dean W. (1998): Applied Multivariate Statistical Analysis, 4th ed., Englewood Cliffs

KATZENSTEIN, Peter J. (Hrsg., 1978): Between Power and Plenty: Foreign Economic Policies of advanced Industrial States, Madison

KEOHANE, Robert O. (1989): The Demand for International Regimes, in: Keohane, Robert O. (Hrsg.): International Institutions and State Power, Boulder, S. 101-131

KEPPLER, H.; MUND, H.; DEITERS, K. (1987): Die sektorale und regionale Struktur des internationalen Dienstleistungsaustausches der Industrieländer, in: Diskussionsbeiträge zur Telekommunikationsforschung, Nr. 30, Bad Honnef

KIRCHGÄSSNER, Gebhard (1986): Überprüfung der Hypothese rationaler Erwartungen anhand von Popularitätsdaten in: Zeitschrift für Wirtschafts- und Sozialwissenschaften 106, S. 363-286

KIRCHSTEIGER, Georg; PUPPE, Clemens (1997): On the Formation of Political Coalitions, in: Journal of Institutional and Theoretical Economics, Vol. 153, No. 2, S. 293-319

KLEIN, Hans H. (1997): Die Funktion des Parlaments im politischen Prozess, in: Zeitschrift für Gesetzgebung, 12. Jg., S. 209-232

KÖDDING, Gerd (1997): Lösungsansätze für grenzüberschreitende Umweltprobleme bei internationaler Handelsverflechtung, Frankfurt/Main

KOESTER, Ulrich (2001): Impact of EU Enlargement on European Agriculture, Kiel

KOESTER, Ulrich (1996): Gemeinsame Agrarmarktordnungen der EU, in: Ohr, Renate (Hrsg.): Europäische Integration, Stuttgart, S. 141-172

KOHLER, Wilhelm (1999): Die Osterweiterung der EU aus der Sicht bestehender Mitgliedsländer: Was lehrt uns die Theorie der ökonomischen Integration?, in: Perspektiven der Wirtschaftspolitik, Vol. 1, S. 115-141

KOHLER-KOCH, Beate; WOYKE, Wichard (1996): Die Europäische Union, in: Nohlen, Dieter (hrsg.): Lexikon der Politik, Band 5, München, S. 162-171

KRAUS, Margit (2000): Social Security Strategies and Redistributive Effects in European Social Transfer Systems, ZEW Discussion Paper No. 00-40, Mannheim

KRUEGER, Anne O. (1974): The Political Economy of the Rent-Seeking Society, in: The American Economic Review, Vol. 64, S. 291-303

KRUMM, Raimund (1996): Internationale Umweltpolitik – Eine Analyse aus umweltökonomischer Sicht, Berlin

LANE, Jan-Erik (2003): Relevance of the Principal-Agent-Framework to Public Policy and Implementation, http://www.fas.nus.edu.sg/ppp/wp/wp29.pdf, zugegriffen am 18.7.2003

LANGHAMMER, Rolf J. (1991): Trade in Services between Brazil and the European Community: Empirical Trends and preliminary Hypotheses on Determinants, Kiel

LAUFS, Paul (1998): Umweltpolitik: Konzeption und Umsetzung, Beiträge zur Umweltgestaltung, Band A 138, Berlin

LEHMBRUCH, Gerhard (1983): Neokorporatismus in Westeuropa: Hauptprobleme im internationalen Vergleich, in: Journal für Sozialforschung 23, S. 407-420

LEHNER, Franz (1981): Einführung in die Neue Politische Ökonomie, Königstein/Taunus

LEWANSKI, Rudolf (1998): Italy: Environmental Policy in a Fragmented State, in: Hanf, K.; Jansen, A.I. (Hrsg.): Governance and Environment in Western Europe: Politics, Policy and Administration, Harlow, S. 131-151

LEWIS, Jeffrey (1998): Is the 'Hard Bargaining' Image of the Council Misleading? The Committee of Permanent Representatives and the Local Elections Directive, in: Journal of Common Market Studies, Vol. 36, S. 479-504

LINNEMANN, Hans (1966): An Economic Study of International Trade Flows, Amsterdam

LÖSCHEL, Andreas; MRAZ, Marian (2001): EU Enlargement and Environmental Policy, ZEW Discussion Paper No. 01-52, Mannheim

LUCE, R. Duncan; RAIFFA, Howard (1957): Games and Decisions: Introduction and critical Survey, Bureau of Applied Social Search, Columbia University, New York

MANDL, Ulrike (2003): European Policy Making – Die offene Methode der Koordinierung als Alternative zur Gemeinschaftsmethode?, Working Paper IV/2003 des Österreichischen Bundesministeriums für Finanzen, http://www.bmf.gv.at/service/publikationen/download/workingpapers/wp4_2003.pdf, zugegriffen am 28.4.2004

MARINO, Marco (1999): Social Protection and European Integration: An unfinished Process, in: European Journal of Social Security, Vol. 1, No. 3, S. 283-294

MARKS, Gary; HOOGHE, Liesbet; BLANK, Kermit (1996): European Integration from the 1980s: State-Centric vs. Multi-Level Governance, in: Journal of Common Market Studies, Vol. 34, S. 341-378

MARSH, John (2000): Reflections on the Future of Agricultural Policy in the EU, in: Burrell, A.; Oskam, A. (Hrsg.): Agricultural Policy and the Enlargement of the European Union, Wageningen, S. 81-90

MAURER, Andreas (2001): Der Vertrag von Nizza – Kurzanalyse im Lichte der Vertragsfortbildungen seit 1952, Köln

MAYERHOFER, Peter; PALME, Gerhard (2001): Sachgüterproduktion und Dienstleistungen: Sektorale Wettbewerbsfähigkeit und regionale Integrationsfolgen, Teilprojekt im Rahmen des Projekts ‚Strukturpolitik und Raumplanung in den Regionen an der mitteleuropäischen Außengrenze zur Vorbereitung auf die EU-Osterweiterung', Preparity – Transnationales Projekt zur

Vorbereitung der EU-Erweiterung, http://www.arge28.at/docs/pdf/Oesterreich/A_WettbewSachgueter-2001_deutsch.pdf, zugegriffen am 28.3.2003

McGUIRE, Martin (1972): Private Good Clubs and Public Good Clubs: Economic Models of Group Formation, in: The Swedish Journal of Economics, Vol. 74, S. 84-99

MISSOC - Mutual Information System on Social Protection in the Member States of the European Union (2002): Social Protection in the EU Member States and the European Economic Area, Situation on January 1st 2002 and Evolution, http://www.europa.eu.int/comm/employment_social/missoc/index_en.html

MITCHELL, William C. (1968): The New Political Economy, in: SOCIAL Research, Vol. 35, No. 1, S. 76-110

MOBERG, Axel (2002): The Nice Treaty and Voting Rules in the Council, in: Journal of Common Market Studies, Vol.40, S. 259-282

MOE, Terry M. (1980): The Organization of Interests, Chicago

MONISSEN, Hans G. (1982): Makroökonomische Theorie, Bd. 1, Köln

MORAVCSIK, Andrew (1993): Preferences and Power in the European Community: A Liberal Intergovernmentalist Approach, in: Journal of Common Market Studies, Vol. 31, S. 473-524

MORROW, James D. (1994): Game Theory for Political Scientists, Princeton

MOURITZEN, Hans (1993): The Two Musterknaben and the Naughty Boy: Sweden, Finland and Denmark in the Process of European Integration, in: Cooperation and Conflict, Vol. 28, S. 373-402

MUELLER, Dennis C. (1990): Public Choice II, Revised Edition of Public Choice, Cambridge

MUNCK, Gerardo L. (2001): Game Theory and Comparative Politics – New Perspectives and old Concerns, in: World Politics – A Quarterly Journal of International Relations, Vol. 53, No. 2, S. 173-204

MUNDELL, Robert A. (1964): Tariff Preferences and the Terms of Trade, in: Manchester School of Economics and Social Studies, Vol. 32, S. 1-13

MUSSLER, Werner; STREIT, Manfred E. (1996): Integrationspolitische Strategien in der EU, in: Ohr, Renate (Hrsg.): Europäische Integration, Stuttgart, S. 265-292

NAGY, Anca Monika (1997): Eastern Europe's Trade Potential. A Gravity Model Approach, The University of Birmingham, Department of Economics Discussion Paper No. 97-20, Birmingham

VON NEUMANN, John; MORGENSTERN, Oskar (1947): Theory of Games and Economic Behaviour, 2nd edition, Princeton

NISKANEN, William D. (1971): Bureaucracy and Representative Government, Chicago

O'DRISCOLL, Gerald P.; FEULNER, Edwin J.; O'GRADY, Mary A. (2003): 2003 Index of Economic Freedom, Washington D.C.

OFFE, Claus (1969): Politische Herrschaft und Klassenstrukturen: Zur Analyse spätkapitalistischer Gesellschaftssysteme, in: Kress, Gisela/ Senghaas, Dieter (Hrsg.): Politikwissenschaft: Eine Einführung in ihre Probleme, Frankfurt am Main, S. 155-189

OHR, Renate (2003): Perspektiven der europäischen Integration: Einige clubtheoretische Überlegungen, in: Reitz, Stefan (Hrsg.): Theoretische und wirtschaftspolitische Aspekte der internationalen Integration, Berlin, S. 119-136

OLSEN, Johan P. (1991): Political Science and Organization Theory – Parallel Agendas but Mutual Disregard, in: Czada, Roland M.; Windhoff-Heritier, Adrienne (Hrsg.): Political Choice – Institutions, Rules and the Limits of Rationality, Frankfurt/Main, S. 87-119

OLSON, Mancur (1991): Aufstieg und Niedergang von Nationen: Ökonomisches Wachstum, Stagflation und soziale Starrheit, 2. Auflage, Tübingen

OLSON, Mancur (1982): The Rise and Decline of Nations: Economic Growth, Stagflation and Social Rigidities, New Haven

OLSON, Mancur (1965): The Logic of Collective Action – Public Goods and the Theory of Groups, Cambridge; deutsche Übersetzung (1992): Die Logik des kollektiven Handelns – Kollektivgüter und die Theorie der Gruppen, 3. Auflage, Tübingen

ORDESHOOK, Peter C. (1986): Game Theory and Political Theory: An Introduction, Cambridge

ORGANIZSTION FOR ECONOMIC COOPERATION AND DEVELOPMENT (2003): International Trade by Commodity Statistics 2002, Paris

ORGANIZATION FOR ECONOMIC COOPERATION AND DEVELOPMENT (1994): OECD Environment Indicators, Paris

ORGANIZATION FOR ECONOMIC COOPERATION AND DEVELOPMENT (1986): Trade in Services and Developing Countries, Paris

OSKAM, Arie (2000): Current Market and Price Policies of the CAP, in: Burrell, A.; Oskam, A. (Hrsg.): Agricultural Policy and the Enlargement of the European Union, Wageningen, S. 53-68

PECH, Susanne (1994): Umweltpolitik in der Europäischen Union, in: Bartel, Rainer; Hackl, Franz (Hrsg.): Einführung in die Umweltpolitik, München, S. 243-264

PELKMANS, Jacques (2001): European Integration: Methods and Economic Analysis, London

PETERS, Hans-Rudolf (2000a): Wirtschaftspolitik, 3. Auflage, München, Wien

PETERS, Hans-Rudolf (2000b): Strukturpolitik, in: Woll, Artur (Hrsg.): Wirtschaftslexikon, 9. Auflage, München, Wien, S. 699-702

PETERSEN, Nikolaj (1998): National Strategies in the Integration Dilemma: An Adaptation Approach, in: Journal of Common Market Studies, Vol. 36, No. 1, S. 33-54

PIAZOLO, Daniel (1997): Trade Integration between Eastern and Western Europe: Policies follow the Market, in: Journal of Economic Integration, Vol. 12, S. 259-297

PLUM, Monika (1994): Auswirkungen von Direktinvestitionen in Empfängerländern, Köln

POLLACK, Mark A. (1997): The Commission as an Agent, in: Nugent, N. (Hrsg.): At the Heart of the Union: Studies of the European Commission, Basingstoke, London, S. 111-130

POPPER, Karl W. (1992): Die offene Gesellschaft und ihre Feinde II, 7. Auflage, Tübingen

DE LA PORTE, Caroline (2001): The Stakes of the Social Dimension of Enlargement and the Outlook for the Future, in: Belgian Review of Social Security, Special Issue, Vol. 43, S. 233-251

PUNTSCHER-RIEKMANN, Sonja (2000): Die Meister und ihr Instrument – Institutionenkonflikte und Legitimitätsprobleme in der Europäischen Union, IWE- Working Paper Series No. 10, Österreichische Akademie der Wissenschaften, Forschungsstelle für institutionellen Wandel und Europäische Integration, Wien

PUTNAM, Robert D. (1988): Diplomacy and Domestic Politics: The Logic of Two-Level Games, in: International Organization, Vol. 42, S. 427-460

RABINOWICZ, Ewa (2000): Agricultural Policies and Agricultural Policy Perspectives for CEECs joining the EU, in: Burrell, A.; Oskam, A. (Hrsg.): Agricultural Policy and the Enlargement of the European Union, Wageningen, S. 217-232

RAY, James Lee (1981): Dependence, Political Compliance, and Economic Performance: Latin America and Eastern Europe, in: Kegley, Charles W. Jr.; McGowan, Pat (Hrsg.): The Political Economy of Foreign Policy Behavior, Beverly Hills, S. 111-136

RICHARDSON, Neil R. (1981): Economic Dependence and Foreign Policy Compliance: Bringing Measurement Closer to Conception, in: Kegley, Charles W. Jr.; McGowan, Pat (Hrsg.): The Political Economy of Foreign Policy Behavior, Beverly Hills, S. 87-110

RIECK, Christian (1993): Spieltheorie – Einführung für Wirtschafts- und Sozialwissenschaftler, Wiesbaden

RIKER, William H. (1972): The Theory of Political Coalitions, 5th Printing, New Haven

RITTENBRUCH, Klaus (1990): Makroökonomie, 7. Auflage, München

ROMER, Paul M. (1994): The Origins of Endogenous Growth, in: Journal of Economic Perspectives, Vol. 8, S. 3-22

ROSE, Klaus; SAUERNHEIMER, Karlhans (1999): Theorie der Außenwirtschaft, 13. Auflage, München

ROSS, Stephan A. (1973): The Economic Theory of Agency: The Principals Problem, in: American Economic Review, Vol. 63, No. 2, S. 134-139

SAMUELSON, Paul A. (1948): Economics: An introductory Analysis, New York

SCHALTEGGER, Christoph A.; KÜTTEL, Dominik (2002): Exit, Voice and Mimicking Behaviour: Evidence from Swiss Cantons, in: Public Choice, Vol. 113, S. 1-23

SCHUMACHER, Dieter; TRÜBSWETTER, Parvati (2000): Volume and Comparative Advantage in East-West Trade, DIW Discussion Papers, Discussion Paper No. 223, Berlin

SCHUMANN, Rolf (1999): Direktinvestitionen und ihre Bedeutung für die Internationalisierung und die Integration von Volkswirtschaften, Frankfurt am Main

SHAPLEY, Lloyd S.; SHUBIK, Martin (1954): A Method for Evaluating the Distribution of Power in a Committee System, in: American Political Science Review, Vol. 48, No. 3, S. 787-792

SINN, Hans-Werner (2000): Sozialstaat im Wandel, in: Hauser, Richard (Hrsg.): Die Zukunft des Sozialstaats, Berlin, S. 15-34

SMITH, Andy (2003): Why European Commissioners Matter, in: Journal of Common Market Studies, Vol. 41, No. 1, S. 137-155

SNIDAL, Duncan (1985): The Game Theory of International Politics, in: World Politics – A Quarterly Journal of International Relations, Vol. 38, No. 1, S. 25-57

SNYDER, Glenn H.; DIESING, Paul (1977): Conflict among Nations: Bargaining, Decision Making, and System Structure in International Crises, Princeton

STATISTISCHES BUNDESAMT (2002): Statistisches Jahrbuch für das Ausland 2002, Stuttgart

STIBORA, Joachim J.; DE VAAL, Albert (1997): Services and Services Trade – A Theoretical Inquiry, Tinbergen Institute Research Series No. 97, Rotterdam

STIER, Winfried (1996): Empirische Forschungsmethoden, Berlin u.a.

STIGLER, George (1971): The Theory of Economic Regulation, in: The Bell Journal of Economics and Management Science 2, S. 3-21

STONE SWEET, Alec; SANDHOLTZ, Wayne (1997): European Integration and Supranational Governance, in: Journal of European Public Policy, Vol. 4, S. 297-317

STRAUBHAAR, Thomas (1998): Wirtschaftliche Konvergenz: Was, Wie, Wozu?, in: Fischer, Bernhard; Straubhaar, Thomas (Hrsg.): Ökonomische Konvergenz in Theorie und Praxis, Baden-Baden, S. 9-31

STREIT, Manfred E.; VOIGT, Stefan (1996): Toward Ever Closer Union – Or Ever Larger? Or Both? Entry to the European Union from the Perspective of Constitutional Economics, in: International Review of Law and Economics, Vol. 16, No. 1, S. 385-388

SUTTER, Daniel (2002): Constitutional Prohibitions in Rent-Seeking Model, in: Public Choice, Band 111, 1/2, S.105-125

SZANYI, Miklos (1997): Experiences with Foreign Direct Investment in Eastern Europe: Advantages and Disadvantages, Institute for World Economics, Hungarian Academy of Sciences, Working Paper No. 85, Budapest

TABELLINI, Guido (2002): Principles of Policymaking in the European Union: An economic Perspective, in: CESifo Forum 2/2002, Ifo Institute for Economic Research, S. 16-22

TAUSCH, Arno (2004): Der EU-Erweiterungsprozess und die soziale Konvergenz, Working-Paper zur Globalisierung und wachsenden Ungleichheit im neuen und alten Europa, http://druckversion.studien-von-zeitfragen.net/Soziale%20 Konvergenz%20EU-Erweiterung.pdf, zugegriffen am 16.4.2004

THOYER, Sophie (2001): International Cooperation, Free-Riding and Coalition Building, in: Europäische Kommission (Hrsg.): Global Trade and Globalizing Society: Challenges for Governance and Sustainability, Brüssel, S. 129-132

TICHY, Gunther (1992): Theoretical and Empirical Considerations on the Dimension of an Optimum Integration Area in Europe, in: Außenwirtschaft, 47. Jahrgang, Heft 1, S. 107-137

TSEBELIS, George; YATAGANAS, Xenophon (2002): Veto Players and Decision-Making in the EU after Nice: Policy Stability and Bureaucratic/Judicial Discretion, in: Journal of Common Market Studies, Vol.40, S. 283-307

TULLOCK, Gordon (1967): The Welfare Costs of Tariffs, Monopolies, and the Theft, in: Western Economic Journal, Vol. 5, S. 224-232

UNITED NATIONS (2003): World Investment Report 2003, New York/Geneva

UNITED NATIONS (2000): Economic Survey of Europe 2000, No.1, Geneva

UNITED NATIONS (1997): Trade and Development Report 1997, New York/Geneva

VAUBEL, Roland (1985): Von der normativen zu einer positiven Theorie der internationalen Organisationen, in: Giersch, Herbert (Hrsg.): Probleme und Perspektiven der weltwirtschaftlichen Entwicklung, Berlin, S. 403-421

VERNON, Raymond (1966): International Investment and International Trade in the Product Cycle, in: The Quarterly Journal of Economics, Vol. 80, S. 190-207

VINER, Jacob (1950): The Customs Union Issue, New York

WALDOW, Karl-Heinz (1992): Mesoökonomische Theorie als Grundlage sektoraler Strukturpolitik, Frankfurt am Main

WALTON, Richard E.; McKERSIE, Robert B. (1965): A Behavioural Theory of Labor Negotiations: An Analysis of a Social Interaction System, New York

WANG, Zhen Kun (1992): China's Potential Trade: An Analysis based on the Gravity Model, The University of Birmingham, Department of Economics Discussion Paper No. 92-24,

WECK-HANNEMANN, Hannelore (1994): Die politische Ökonomie der Umweltpolitik, in: Bartel, Rainer; Hackl, Franz (Hrsg.): Einführung in die Umweltpolitik, München, S. 101-117

WEIDENFELD, Werner; WESSELS, Wolfgang (2002): Europa von A bis Z – Taschenbuch der Europäischen Integration, 8. Auflage, Bonn

WEISE, Christian (2001): EU-Osterweiterung finanzierbar – Reformbedarf wächst. Szenarien für den EU-Haushalt 2007 und 2013, DIW-Wochenbericht 36/01, http://www.diw.de/deutsch/produkte/publikationen/wochenberichte/docs/01-36-1.html#TAB5, zugegriffen am 5.2.2004

WEISE, Christian; BANSE, Martin et al (2001): Reformbedarf bei den EU-Politiken im Zuge der Osterweiterung der EU, Berlin

WEISE, Christian; BRÜCKER, Herbert u.a. (1997): Ostmitteleuropa auf dem Weg in die EU – Transformation, Verflechtung, Reformbedarf, Berlin

WERNER, Josua (1957): Die Wirtschaftsverbände in der Marktwirtschaft, Zürich

WILSON, James Q. (1973): Political Organizations, New York

WILSON, James Q. (1980): The Politics of Regulation, New York

VAN WINDEN, Frans (1999): On the Economic Theory of Interest Groups: Towards a Group Frame of Reference in Political Economics, in: Public Choice, Vol. 100, No. 1, S. 1-29

WORLD BANK GROUP (2003a): World Development Indicators 2003, Washington D.C.

WORLD BANK GROUP (2003b): The Little Green Data Book 2003, http://lnweb18.worldbank.org/ESSD/envext.nsf/44ByDocName/TheLittleGreenDataBook2003/$FILE/The+Little+Green+Data+Book+2003.pdf, zugegriffen am 17.1.2003

WORLD BANK GROUP (2000): World Development Report 1999/2000, New York

WORLD TRADE ORGANIZATION (2003): World Trade Report 2003, Geneva

YEARLEY, Susan; BAKER, Steven; MILTON, Kay (1994): Environmental Policy and Peripheral Regions of the European Union: An Introduction, in: Regional Politics and Policy, Vol. 4, No. 1, S. 1-21

ZILTENER, Patrick (2001): Wirtschaftliche Effekte der europäischen Integration – Theoriebildung und empirische Forschung, Max-Planck-Institut für Gesellschaftsforschung, MPIfG Working Paper 01/7, Köln

ZIPPELIUS, Reinhold (1999): Allgemeine Staatslehre, 13. Auflage, München

CeGE-Schriften

Das CeGE – Center for Globalization and Europeanization of the Economy – wurde 1999 von der Wirtschaftswissenschaftlichen Fakultät der Georg-August-Universität Göttingen gegründet. Das Zentrum dient als Forum zur internationalen und interdisziplinären Zusammenarbeit bei der Analyse ökonomischer Fragestellungen von europäischer oder globaler Bedeutung. In den CeGE-Schriften werden Forschungsergebnisse aus Dissertationen, Habilitationen und anderen Forschungsprojekten des Zentrums veröffentlicht.

Band 1 Axel Gerloff: Wechselkurspolitik in Mittel- und Osteuropa. Eine theoretische Analyse unter besonderer Berücksichtigung der Erfahrungen der zehn Kandidaten für eine EU-Osterweiterung. 2001.

Band 2 Ingo Konrad: Zur Integration ausgewählter mittel- und osteuropäischer Länder in die währungspolitische Ordnung Europas. 2002.

Band 3 Axel Hennighausen: Wegekostenfinanzierung und Lenkung im deregulierten europäischen Verkehrsmarkt. 2002.

Band 4 Wolfgang Münch: Effects of EU Enlargement to the Central European Countries on Agricultural Markets. 2002.

Band 5 Holger Niermann: Welchen Finanzausgleich braucht Europa? Ein konkreter Vorschlag zur Neugestaltung der europäischen Finanzbeziehungen mit Simulationsmodell. 2002.

Band 6 Jens Südekum: Agglomeration and Regional Unemployment Disparities. A Theoretical Analysis with Reference to the European Union. 2003.

Band 7 Christoph Schinke: Der Geldmarkt im Euro-Währungsraum. Geldmarktgeschäfte, Zinsbildung und die Taylor Rule. 2004.

Band 8 Kai Stukenbrock: The Stability of Currency Boards. 2004.

Band 9 Harald Grethe: Effects of Including Agricultural Products in the Customs Union between Turkey and the EU. A Partial Equilibrium Analysis for Turkey. 2004.

Band 10 Götz Zeddies: Perspektiven der Gemeinschaftspolitiken in der erweiterten EU. 2005.

Kolibri 360 GmbH
Ferdinand-Jühlke-Straße 7
99095 Erfurt, Deutschland
produktsicherheit@kolibri360.de

Druck:
CPI Druckdienstleistungen GmbH
im Auftrag der
Kolibri 360 GmbH
Ferdinand-Jühlke-Str. 7
99095 Erfurt